JN099143

日本国憲法を学ぶ 第3版

The Constitution of Japan

著
橋本基弘
Hashimoto Motohiro

中央経済社

第3版の刊行にあたって

第2版の改訂から4年が経過した。この間，重要な憲法判例や学説の進展も見られる。そこで，思い切って版を改めて，内容をアップデートすることにした。

本書の基本的な姿勢は，これまでと変わらない。日本国憲法の現状をできる限り冷静に記述し，その論争点を示すとともに，考え方の筋道を明らかにすることが本書の課題である。

本書は，読者の関心に従って，いくつかの読み方ができるようにしてある。まず，日本国憲法の概略を知りたい読者にとっては，本文を読み進めてもらえれば，この憲法には何が書かれ，それはどのような意味なのかが理解できるように記述してある。次いで，今日本国憲法ではいかなる点が争われ，どのような裁判例があるのかを知るには，論点を読み進めてもらえればよい。さらに，大学の授業で用いたり，資格試験の参考書として使用する場合には，通読をお勧めする。それによって，独力で問題に対処できる能力が身につくものと確信する。

本書は，筆者の中央大学法学部における『憲法１（人権)』，『憲法２（統治)』のテキストとして書かれたものである。内容をアップデートするに際しては，授業における学生諸君とのやりとりの中で，新たに気づかされた問題点に触れている。また，『専門演習（ゼミナール)』では，常にゼミ生諸君から触発され，これまでの考えを改めたところもある。その意味で，本書は，学生諸君との対話の中で生まれた共同作業の結果でもある。

法律学の使命は，問題点を明らかにし，裁判例や学者の研究を用いて分析し，その結果をできる限り明快に示すことにある。本書もまた，明快な記述を心がけた。そのために，データや図表を随所にちりばめてある。

憲法のテキストは，世の中にたくさんあり，本書をそこに付け加えることの意味を考えたこともある。

しかし，単独のテキストという形でしか示せないものもあるのではないか，本書の執筆は，このような動機に基づいている。

第３版の出版に当たっても，中央経済社・露本敦氏にお世話になった。改めて御礼申し上げる。

2023年１月20日

中央大学法学部教授　橋 本 基 弘

はじめに

誕生から69年が経過した憲法は，今，大きな曲がり角にさしかかっている。政府解釈によって，憲法の意味を変えることができるのか，憲法改正に着手すべきなのか，そもそも憲法は何のためにあるのか等，憲法の議論が行われようとしている。これらの多くは，政治的な意見の対立として現れているので，私たちの日常からは離れたところにあるようにも思われるが，決してそうではない。憲法は，今ここにあるルールとして，見えないところで私たちの生活を支えている。

そうであるならば，憲法を自分の視点で考える気概をもってはどうか。身の丈に合った憲法論とでもいえばいいだろうか，生活者の視点で，あるいはひとりの主権者の視点で，日本国憲法が歩んできた道のりやこれからの行く末を考えてみることがなにより大切ではないか。

本書では，憲法を考える際，どうしても必要な知識やものの見方を提供したいと考えている。憲法は条文も少なく，その書きぶりも抽象的なので，条文を補う「理論（理屈)」がどうしても必要となる。また，憲法は，人類の長い歴史の産物なので，歴史を知ることも必要である。理屈を縦軸に，歴史を横軸に憲法を考えることがその理解を助けることになるであろう。

憲法は，立憲主義という人類が考え出した「より悪くない」システムを具体化している。憲法は，立憲主義の考え方を実現するルールであるともいえる。立憲主義がわかれば，憲法の考え方が理解できる。そして，まさに今，この立憲主義のありように揺さぶりがかけられ，憲法というルールのあり方が大きな分岐点を迎えようとしている。それゆえ，立憲主義をどうしていくのかが，今，私たちに向けられた，憲法の課題であるということもできるであろう。

本書の中でも繰り返し述べているように，憲法とは，これが憲法だと人々が考えている規範を意味する。憲法を憲法たらしめている力は人々の憲法意識であって，国家権力の解釈ではない。かつては合憲とされた法令が時の流れにともなう国民の憲法意識の変化によって違憲となった例を我々は知っている。

本書では，日本国憲法の現在をできる限り客観的に記述するとともに，そこで議論されている解釈上の問題を明らかにし，それに対する考え方を示している。その考え方は，裁判所の解釈や多くの学説に与するものもあれば，少数説に分類されるものもある。しかし，憲法の解釈において大切なことは，いかに多くの人々が幸福になり得るかというプラグマティックな視点ではなかろうか。

本書は，中央大学法学部における講義ノートをベースにしている。記述にあたって，平易かつ明快にを心がけたつもりではある。しかし，憲法という特性からして，この執筆方針には限界があった。分量や構成についても一定の配慮を行った。何でも書いてある辞書のような基本書ではなく，必要な知識を過不足なく提供することを方針とした。解釈の論点を示したので，この箇所だけを読むことでも，日々の勉強には対応できると考えている。

中央経済社・露本敦氏から「単独の憲法基本書を出してはどうか」との要請を受けて出版を決意したのは，昨年の秋のことである。大学人として抱えている様々な仕事との両立は簡単ではなかったものの，出版にこぎ着けることができたのは露本氏の力によるところが大きい。ここに改めて御礼申し上げる。

2015年7月

橋本　基弘

■日本国憲法を学ぶ（第3版）

目　次

第2章 日本国憲法が定める政治のしくみ

第3章　基本的人権

第4章　精神的自由権

第5章　経済活動の自由

第6章　人身の自由

第7章　社会権

第８章　国務請求権・国民の義務

参考文献案内　憲法を学ぶためのガイド

憲法はもちろん，法律学を学ぶのにはコツがある。いきなり難しい本に取り組まないこと，分からないことに臆病にならないこと，慌てないこと等，勉強をすること一般に通じるポイントも常に頭に置いておく必要がある。

その意味では，憲法を始め勉強しようとする分野全体を見渡せる本をまず読んでおくとよい。たとえば，**戸松秀典『プレップ憲法［第4版］』（弘文堂・2016年）**は，平易でしかしレベルの高い最適な入門書といえる。格調の高さという点では，**伊藤正己『憲法入門［第4版補訂版］』（有斐閣・2006年）**もすぐれた入門書といえる。**樋口陽一『六訂　憲法入門』（勁草書房・2017年）**は，日本国憲法を歴史と文化の文脈の中に位置づける読み物として，市民がまず手に取るべき本である。

憲法を学ぶことは歴史を学ぶことでもある。**樋口陽一『比較の中の日本国憲法』（岩波新書・1979年）**は，私たちの世代が憲法に興味を持つきっかけを作った古典的名著であった。この本を読んだ後，**同『比較憲法［全訂第3版］』（青林書院・1992年）**を通過して，多くの学生が憲法の研究者を志した。わが国というより，世界的な視点で見ても比較憲法を学問として確立させた名著である。

その意味では，日本近代史の泰斗**板野潤治『日本近代史』（ちくま新書・2012年）**は，近代国家日本がどのように立憲主義を確立してきたのかを平易に解き明かした名著である。同じ著者の**『日本憲政史』（東京大学出版会・2008年）**は，明治憲法の栄光と挫折を知るための必読文献である。**瀧井一博『明治国家をつくった人々』（講談社現代新書・2013年）**，それと同時に，「そうであったかもしれない未来」にも思いをめぐらせる必要がある。**畑中章宏『忘れられた日本憲法』（亜紀書房・2022年）**は，自由民権運動をきっかけとして，民衆が自分たちの憲法を作ろうとして，挫折した歴史やより反動的な憲法の試みがあったことを丹念にたどっている。**色川大吉の名著『自由民権』（岩波新書・1981年）**も憲法学習の必須文献である。日本において立憲主義がどのように確立してきたかを知る必読文献である。

日本国憲法が強い影響を受けたアメリカ憲法については，**阿川尚之『憲法で読むアメリカ史（全）』（ちくま学芸文庫・2013年）**が有益である。憲法が政治を作り，国を作るダイナミズムを本書から知ることができる。**高橋和之編『世界憲法集［第2版］』（岩波文庫・2007年）**，**高木八尺他『人権宣言集』（岩波文庫・1957年）**も参照するとよいであろう。

憲法をより深く勉強したい者は，本格的な学術書を読む必要がある。私が憲法を学んだ1980年前後は，戦後憲法学のスーパースターたちの書いた「基本書」が影響力を持っていた。有斐閣法律学全集の**清宮四郎『憲法Ｉ［第3版］』（有斐閣・1979年）**，

宮沢俊義『憲法2［新版改訂］』（有斐閣・1974年）は古典ではあるが，今もなお参照されることの多い本である。私の師匠，**橋本公亘『日本国憲法［改訂版］』（有斐閣・1988年）**は，憲法変遷論を説いたことで有名な本であるが，その平明にして美しい文体とともに，今も再読に値する文献である。

1980年代以降主流となった，憲法訴訟論を初めてテキストに盛り込んだ，**佐藤幸治『憲法［第3版］』（青林書院・1995年）**は，それ以降の憲法学の基本書の原型となった。同書を継承したものに，**同『日本国憲法論［第2版］』（成文堂・2020年）**がある。**芦部信喜『憲法［第7版］』（岩波書店・2019年）**は，高橋和之教授の補訂により，常にアップデートされているが，現在の憲法学のランドマークといえる。簡潔であるがゆえに難しい本ではあるが，読み返すたび新しい発見がある。

これらが，憲法学の水準点を示すテキストであるとするならば，その後の世代は，この水準点を超えるべくチャレンジングな業績を明らかにしている。**高橋和之『立憲主義と現代国家［第4版］』（有斐閣・2017年）**は，日本国憲法や憲法について，思いもよらない視点を提供してくれる。**長谷部恭男『憲法［第8版］』（新世社・2022年）**もまた，その発想力と構想力に目を見開かれる本である。**大石眞『憲法概論Ⅰ総説・統治機構』『憲法概論Ⅱ基本権保障（有斐閣・2021年）**は，筆者の独自の体系と問題意識による，詳細かつ包括的な基本書であって，大石憲法学の集大成と呼ぶべき文献である。また，**長尾一紘『日本国憲法全訂第4版』（世界思想社・2011年）**からは，学問とはそぎ落とすことでもあると教えられる。

これ以降の世代が書いた憲法テキストにも優れたものが多い。**毛利透・小泉良幸・浅野博宣・松本哲治『憲法Ⅰ総論・統治［第3版］』（有斐閣・2022年），同『憲法Ⅱ人権［第3版］』（有斐閣・2022年）**は，ほとんどすべての憲法問題を網羅した基本書である。**渡辺康行・宍戸常寿・松本和彦・工藤達朗『憲法Ⅰ基本権』（日本評論社・2016年）**は三段階審査理論を全面的に取り入れた，テキストである。**同じ共著者による『憲法Ⅱ総論・統治』（日本評論社・2020年）**と合わせて，新しいスタンダードとなっていくであろう。さらに，**青井未帆・山本達彦著『憲法Ⅰ人権』（有斐閣・2016年），同『憲法Ⅱ総論・統治』（有斐閣・2022年）**は，本書とも共通する視点に立った，簡潔で，明快な基本書である。また，**安西文雄・巻美矢紀・宍戸常寿『憲法学読本［第3版］』（有斐閣・2018年）**は，憲法を学ぶ上で必要な知識を過不足なく網羅した見事なテキストである。これ以外にも特徴的な憲法テキストが毎年のように公にされているが，ここではすべてを網羅することはできない。

憲法を学ぶ上で判例が果たす役割は年々増えている。**長谷部恭男・石川健治・宍戸常寿編『憲法判例百選Ⅰ・Ⅱ［第7版］』（有斐閣・2019年）**を参照しない憲法学習は考えられなくなっている。

法科大学院の設置や予備試験への関心の高まりとともに，演習書にも良書が多く出版されている。ここではその中でも，**岡山大学法科大学院公法系講座編著『憲法　事例問題起案の基礎』（岡山大学出版会・2018年）**を挙げておきたい。同書は，学部学生にも参照を勧めたい，良書である。

第1章

憲法の基礎

I　憲法とは何か

1　近代立憲主義とは何か

(1)　近代立憲主義の意義

①　国家と憲法

国家があるところには必ず憲法があるといわれる。これはどんな意味があるのだろうか。まず，国家とは何か。その答えは学問分野によって異なる。法学的にいうと，国家とは，領土，国民，統治権の三つの要素をそなえた人工組織であると説明される。法学的な意味での国家とは，後で見る主権と重なり合い，他の国家や他の人工組織に対して，自分たちが独自であることを主張するレトリックでもある。

国家とは何かを説明するとき，なぜ国家が必要なのかから考える思想がある。それが社会契約論であって，国家がなければどのような不都合が生じるのかという発想に立ち，国家の必要性や役割を論証しようとする。およそ人間が作る組織は，リスクに対応することを目的としているから，国家もまた会社や組合と同じように，問題解決のしくみとして理解することができる。ケネス・アローは，リスクに備えるための情報コストを少なくするため，組織が作られると説明した（ケネス・アロー（村上泰亮訳）『組織の限界』52頁（ちくま学芸文庫・2017年））。

人々が問題に対処するために国家を作ったと仮定しよう。その国家はどのような内容を備えていなければならないのだろうか。およそ人間が作る組織が機能するためには，誰が何をどのように決め，実行できるかが定められていなければならない。憲法は，国家というしくみの中で，このような役割分担を決めたルールであるといえる。一方で，国家が問題をうまく解決できるためには，一定の強制力が備わっていなければならない。この強制力が濫用されることがないよう，国家の作用をルールに拘束しておく必要がある。ルールに従って政治が行われなければならないという原理を**立憲主義**という。その中で，とくに，国民の自由や平等が国家の作用によって侵害されないよう，国家権力をルールに縛り付けておくべきだという考え方を近代立憲主義と呼んでいる。

②　近代立憲主義の意義

近代立憲主義とは，一言で言うと，**国家権力をルールによって制限すること**

により，国民の権利や自由を保護するという考え方あるいはしくみを意味している。政治はルールによって行われなければならないとの考え方と言ってもよい。では，なぜこの考え方が必要なのだろうか。そこには，人間に対する深い洞察が控えている。

論点　**立憲主義の広がり**

立憲主義とは，constitutionalism の訳であって，最広義では，憲法というルールに従って政治が行われることを意味している。憲法（constitution）とは，すぐれて近代的な言葉であるが，ルールに従って政治を行うこと自体は，それほど新しいことではない。国家も組織である以上は，誰かによって運営されなければ機能しない。この誰かを機関（organ）と呼ぶ。国家を始めすべての人間の組織には機関が不可欠である。

機関が行う行動が正しく，したがって構成員すべてを拘束する力があると言えるためには，その行動が正当化（justification）されなければならない。権力が神から授けられたのだという理屈（王権神授説）に立てば，神の声が用いられるのであろうが，近代ではこの論理は通用しない。ではどうするか。機関が自分自身の行動をルールに基づいているのだと主張すること以外に，正当化の方法は見当たらない。しかも，近代以降は，そのルールが特定の価値（民主主義，個人の尊厳や平等を守るために国家が構成されている）を反映していなければならなくなった。ここに近代立憲主義の考え方が完成する。近代立憲主義は，近代国家の重要な要素である。

しかし，近年，国際機関の設立や国家に比肩する国際組織の登場とともに，立憲主義の考え方に拡大がみられるようになっている。国家と同じ仕組み（立法，行政，司法）をもたない公的組織についても，立憲主義を語る傾向が登場してきた。NGO などに立憲主義を適用できるのかという問題はあるにせよ，公的な組織もまた，国家と同様に，ルールに従って運営されなければならないという意識の表れと見ることができる。

③　近代立憲主義の戦略

近代立憲主義は，国家権力を制限することを目的としている。権力は，必ず濫用される。どれほど優れて，どれほど徳の高い指導者がいたとしても，自分の権力を適正に使うという保障はない。人間は，権力に弱く，濫用の誘惑にはあらがい難い。そこで，誰が権力を握っても濫用されないようなしくみを考え出した。それが権力分立という考え方である。権力分立とは，国家の様々な権限を異なるセクション（機関といういい方をする）に分けて，担当させるしくみであるといえよう。

しかし，そのことは最終的な目的ではない。権力分立は，権力濫用が私たち一人ひとりの自由を侵害することを防ぐためにある。よって，権力分立制度の究極の目的は，国民の自由（人権）を保障することである。この点について，フランス人権宣言は，「およそ権力の分立が認められず，人権の保障が認められていない国は，憲法を持つものではない」と書いているが，それはここで述べたことを意味している。

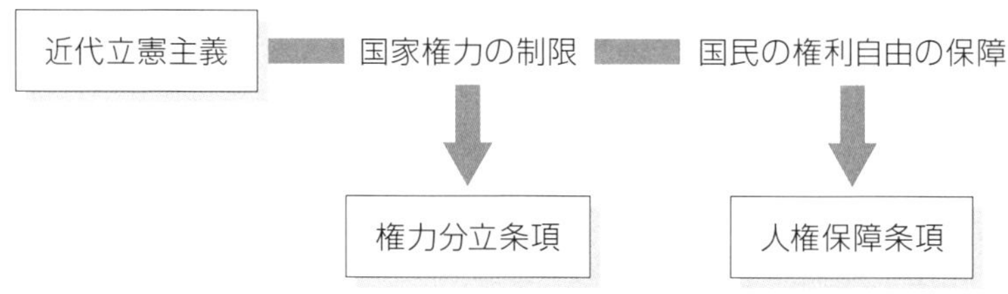

(2)　近代立憲主義と社会契約論による構成

①　社会契約論の戦略

憲法の世界では，国家は憲法によって作られたと考える（この点はしっかり理解してほしい）。近代立憲主義を理論的に支えた人々，トマス・ホッブスやジョン・ロック，ルソーといった人たちは，なぜ国家が必要なのかを論証するため，国家がなければどうなのか，という思考実験を行った。

②　社会契約論の構図

社会契約論の考え方には差があり，それぞれの思想の特徴もある。しかし，共通しているのは次の点である。国家がない状態（これを**自然状態**という）で，人々は自由に暮らしていた。しかし，人間は身勝手なので，自分の利益を優先して行動する。その結果，トラブルが生まれてしまう。トラブルを放置しておくことは，その社会の混乱を放置することになるから，これを解決する仕組みが必要となる。そこで，人々は国家というしくみを作り，法を運用して，強制力を使い，紛争を解決する道を選んだのだ，と（例えば，ホッブズ『リヴァイアサン1』216頁（水田洋訳，岩波文庫，1954年））。

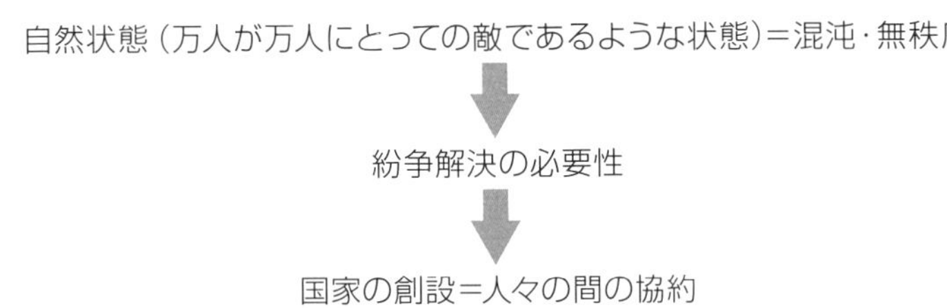

つまり，社会契約論は，国家とは，国民がその必要性によって作り出したとの立場をとる。国家を作り出すための契約を**社会契約**と呼び，社会契約に参加する資格を持った人々のことを**憲法制定権力**と言う。憲法ができた後，憲法制定権力は主権となる。近代立憲主義を考える際，憲法が作り出されたものであるとの視点が大切である。日本国憲法前文は，「そもそも国政は，国民の厳粛な信託によるものであって，その権威は国民に由来し，その権力は国民の代表者がこれを行使し，その福利は国民が享受する。これは人類普遍の原理であり，この憲法は，かかる原理に基づくものである」と宣言する。日本国憲法が社会契約の考え方に立っていることを明らかにした一節である。

2　近代立憲主義と民主主義，自由主義

(1)　主権原理と人権原理

近代国家は，立憲主義の考え方によって編成された国家である。憲法には，権力の制限と自由・平等の保障が定められる。これを図で示すと，次頁のようになる。

近代立憲主義とは，ある側面では，意思決定権限の配分に関する問題でもある。つまり，近代立憲主義のテーマは，「誰に何をどれほど，またどのように決めさせるのか」という問題でもあった。そのことから，「みんなで決めるべきこと」と「みんなで決めてはいけないこと」，言い換えると，「ひとりで決めてはいけないこと」と「ひとりで決めること」の区別が導き出される。前者は**主権原理**に，後者は**人権原理**に結びつく。それゆえ，近代立憲主義は公の事項（みんなで決めること）と私の事項（私が決めること）を区別する。**公私二分論**が近代立憲主義の基本的な発想となる。

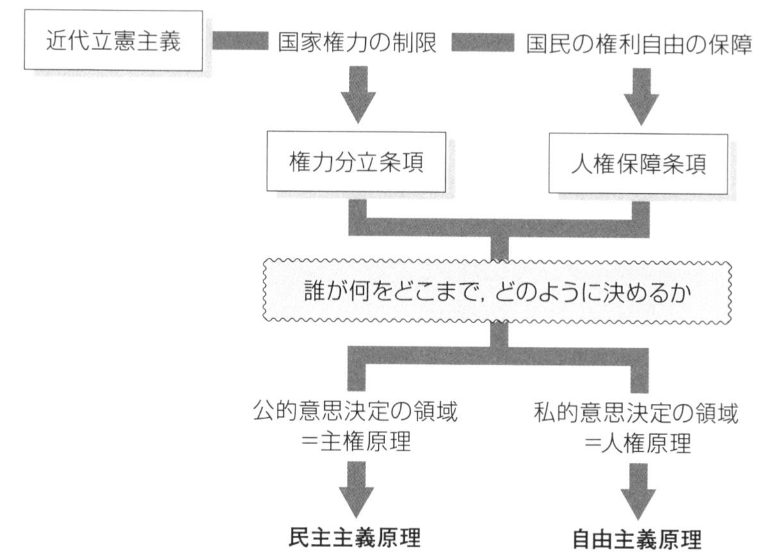

(2)　主権原理と人権原理の関係

しかし，**主権原理**と**人権原理**は究極的には対立する。主権原理がないがしろにされると，そこには独裁が待ち受けている。みんなのことをみんなで決めることは，民主主義原理の大前提である。しかし，民主主義が万能となると，個人の領域が侵害される。多数決で，個人の人格を否定するような法律を制定することは許されない。主権原理＝民主主義原理の限界を確定する条項が人権条項であって，その手段が権力分立制度であるとすることもできよう。憲法とは，誰が何をどこまで決められるのか（決められないのか）をメインテーマとしている。

3　憲法を憲法とする力は何か

(1)　憲法は国家に対する押しつけである

憲法は，他のルールと異なり，国民が国家に対して課した義務からなっている。「何々をしてはならない」とか，「何々しなければならない」と言う表現を用いている条文はもちろん，「国民は…権利を有する」という表現も，その裏返しとして，国家の義務を定めている。よく，憲法は国家に対する押しつけであると言われるのは，こういうことを意味している。したがって，「もっと憲法には国民の義務を書き込むべきだ」との主張があるが，これは憲法の本質を理解していない。憲法は国民に押しつけるものではない。

⑵　憲法に違反した国家行為はどうなるのか

憲法に違反する国家の行為は，「効力がない」(98条1項)。これが民法の「無効」と同じかどうかははっきりとはしない。無効という法律用語は，「初めから効力がない」という意味で使われる。ただ，無効といっても，誰が無効と判断するのだろうか。憲法は，最高裁判所を頂点とした司法権に，その役割を与えている。

このように，国家の行為が憲法に違反しているかどうかを裁判所が判断する制度を**違憲審査制度**と呼んでいる。この制度は，第二次世界大戦後，世界中に急速に普及した。この制度は，元々アメリカで発展してきた制度ではあるが，アメリカや日本のように通常の裁判所が通常の事件の中で違憲審査を行う制度を「**司法審査制度**」と呼び，ヨーロッパなどのように特別の裁判所（憲法裁判所）が違憲審査を行う制度と区別している。

日本の場合，これまで11の法令違憲判決（法律そのものが憲法違反であるとするケース）と13の適用違憲（法律の適用や支出が憲法違反だとするケース）が下されている（2022年12月現在)。また，憲法違反とまでは判断しないが，憲法違反の状態にあるというような判断も下される場合がある（議員定数不均衡のケース)。

法律などが憲法に違反すると判断されたなら，その法律の効力は否定される。国は法律改正などの措置をとる義務を負う。少なくとも無効と判断された法律を適用し続けるようなことがあってはいけない。そして，これまで違憲だと判断されてきた法律に対しては，速やかな改正が行われてきた。

では，裁判所（とくに最高裁）が憲法違反だと判断した法律を適用し続けたり，判決を無視するとどうなるのだろうか。実は，憲法にはそのような場合の制裁規定はない。憲法を守らないといけない，**憲法擁護義務**（99条）が定められているが，守らなかった場合の制裁は，憲法自体には用意されていない。私たちは，この事実にきちんと向き合う必要がある。憲法に違反する国家の行為は無効である。それは裁判所が判断する。わが国は，このことを比較的忠実に守ってきた。だが，憲法を無視して，憲法に違反する行為をし続けるような状況に対処するすべは憲法自体には書かれていない。

(3)　憲法を守らせる力とはどんな力なのか

しかし，わが国の歴代政権は，戦後80年近く，日本国憲法にしたがって政治を行ってきた。憲法改正を党是として掲げる政権もとりあえず憲法に従ってきた。それはなぜなのだろうか。その答えは，日本国憲法の条文にはない。条文を超えた力が憲法を守らせてきたのである。

この点アメリカ合衆国憲法が示唆を与えてくれる。合衆国憲法は1788年に発効した，世界最古の成文憲法である。この中に，日本国民としては，違和感を感じる条文がある。合衆国憲法第2修正という条文は次のように定めている。

> 合衆国憲法第2修正　「規律ある民兵は，自由な州の安全にとって必要であるから，人民が武器を保有する権利は侵害してはならない」。

アメリカが武器社会で，銃による悲惨な事件が後を絶たないのは，悲しむべきことである。そして，その元凶こそがこの条文にあることも否定できない。しかし，アメリカ国民は，この条文の存在自体に疑いを差し挟むことはない。では，このことは何を意味するのだろうか。

2008年，この条文の意味が争われた事件があった。銃の保有に制限を課そうとした連邦法が違憲ではないかと争われた「コロンビア特別区対ヘラー（D. C. Columbia vs Heller, 554 U.S. 570（2008).)」事件である。裁判官の意見は激しく対立した。しかし，その意見の中で，裁判官にはひとつの意識が共有されていた。それは，人民が武器を取って闘う相手は連邦政府だということである。つまり，憲法を破壊するような政府が現れたとき，最終的には人民が武器を取って政府と闘う。そのために銃を保有する権利がこの条文に具体化されているという意識である。

憲法秩序を破壊する政府に対しては，人民が最終的に戦いを挑む。憲法を守らせる力は，人民が握っている。このような権利を**抵抗権**と呼ぶ場合がある。私たちは，自分たちにとって必要だから，約束を交わして国家を作った。その国家が私たちに刃向かう場合，一人ひとりの国民が銃を取って政府を倒す。実は，憲法が憲法として守られるためには，このような血なまぐさい力が控えているのだということを忘れてはいけない。

合衆国憲法第2修正は例外的な条文かもしれない。しかし，どの国の憲法もその憲法の外に（あるいは背後に），人々の力が控えていて，その力が憲法を守らせている。銃を取るところまでいかなくても，国民の声とかけ離れた憲法解釈が許されないのは，憲法を守らせる力がそこに動いているからだとみることもできるであろう。

憲法を憲法たらしめている力は人々の憲法意識であって，最終的には，いかなる形をとるかは別としても，人々が憲法を守らせているのである。最終的には人々が担い手となって憲法を運用していくという考え方を「**人民主義的立憲主義**（popular constitutionalism）」と呼ぶ。本書もまた同様な立場に立っている。

論点　抵抗権と国家緊急権

抵抗権は，国家が国民に対して牙をむくとき，国民が実力などで国家に立ち向かう権利である。これに対して，国家緊急権とは，国家もしくは憲法の秩序がなんらかの外的な要因（自然災害，戦争，恐慌など）で破壊されようとするとき，憲法の秩序を一時停止して，国家の権限を行政権に集中させることをいう。

国家の緊急事態は必ず起こる。それに対して，今ある法規定では対処できない場合があることも否定できない。問題は，緊急事態が生じたとき，今のルールを停止させることを認めるか，認めるとして，その要件をどう考えるか，緊急事態が去ったとき，ルールをどう回復させるかなどに向けられる。

今の法制度では対応できない事態が生じたとき，国家が何もしないということは許されないし，またあり得ないことでもある。また，今ある制度では対応できない事態をどう想定するかというのもナンセンスである。想定し得ないから緊急事態なのであって，想定できるのであれば現行法の枠の中で対応できたはずだからである。だから，想定できない事態に対応する国家の権限は，実定法の枠外にあると考えることもできるであろう。

抵抗権と国家緊急権は，コインの表と裏の関係にある。国家が憲法秩序を破るとき，国民はこれに武力で抵抗し，憲法秩序を回復させる権利がある。逆に，災害や侵略のような外的な要因で憲法秩序が損なわれるとき，国家が憲法秩序を停止することで，これに立ち向かう義務が生じる。ロックは，「信託」という言葉にこの両面性を見た（ジョン・ロック『完訳　統治二論』490頁（加藤節訳・岩波文庫2010年）。

しかし，これを無制限に許すと，国家による立憲主義の破壊を招きかねない。したがって，緊急事態とは何か，それに対して誰が対応するか，対応が終わったとき，誰がその間の措置をオーソライズするかについて，おおまかな指針を決めておくことは必要である。

たとえば，ドイツ共和国基本法150ａ条以下には，詳細な規定が定められている。

では，日本国憲法の解釈として，国家緊急権をどう考えるべきか。まず，本来，国家の役割として，緊急事態に対応する権限が認められるべきところ，この規定が欠けていると解釈する立場がある。この立場は，憲法改正により国家緊急権条項を付け加えるべきだと主張する。次に，国家緊急権条項がないことには意味があると解釈する立場がある。これは，国家緊急権条項が濫用される危険性を強調する。また，国家緊急権は，独立した国家である以上当然に認められ，憲法に条文がなかろうと，国家は緊急事態に対応する責任と権限があると解釈する立場もある。日本国憲法が「信託」契約であること（前文）を考えると，最後の説が妥当である。実際には，災害対策基本法などによって，緊急事態への対応が図られるため，憲法改正の必要性は高いとは言えないのではなかろうか。

4　憲法の目的

(1)　硬性憲法の意味

①　硬性憲法の意味

近代立憲主義を具体化する憲法は，誰が何をどのように決めることができるのかについての取り決めである。しかし，この取り決め自身が常に不安定であったり，不明確であったらどうであろうか。憲法とは，さしあたり大きな意思決定の枠組を定め，その枠組の中で日常的な政治の決定が行われるように方向性を示すルールである。したがって，憲法そのものをどうするのかという決定は，日常的な政治の決定とはレベルが異なる。そして，この上位レベルの枠組がぐらつかないよう，憲法の変更は通常の決定と切り離す方法がとられることがある。憲法改正は，通常の多数決による決定とは異なるレベルで行われ，より厳格な手続で行われるという**硬性憲法**の発想はここから生まれている。

②　コミットメント

日常的な意思決定を誰が行うのかを憲法が決めていないと，政治的な決定は，いきおい不安定になってしまう。意思決定の正当性をめぐり議論が行われ始めると，国家という共同体の運営は危機にさらされる。その意味で憲法とは，「通常決められることを決めておく」，「決める枠組自体については決めさせない」取り決めである。このように，あらかじめ「決めてよいことと決めてはいけないことを決めておく」やり方を**コミットメント**（commitment）あるいは**プリコミットメント**（precommitment）と呼んでいる。

⑵　憲法の目的

①　権力制限規範と授権規範

近代憲法の目的は，権力を制限して，人々の自由を守ることにある。いわば，立憲主義的な目的が近代憲法の共通の要素である。ところで，権力を制限するためには二つの方法が考えられる。ひとつは，「これこれしかじかのことを行え」とか「これこれしかじかのことを行うな」というように，権限を制限する方法である。これを**権力制限規範**（regulative rule）とでも呼んでおこう。一方，一定の枠内で一定の意思決定ができると定める方法がある。これを**授権規範**（constitutive rule）と呼んでおこう。これら二つの方法によって，国家権力は何をなし得，何をなし得ないかを判断することができる。また，その規範によってみずからの判断の正当性が与えられることになる。

②　価値序列と憲法

憲法には，その国家において何が優先されるべきで，何を価値の序列の上位に設定するかという選択が明らかにされている。日本国憲法の場合，**個人の尊重**がこれにあたる。その意味で憲法は価値中立的な規範ではない。国会の立法作用はフリーハンドではなく，憲法が託した価値の実現を使命とし，これら価値によって拘束されている。

しかし，それにもかかわらず，憲法は一定の価値の中で様々な選択の余地を国民もしくは国民代表に委ねている。国会における討論や熟慮，あるいは妥協を通じて，国家は，その都度の利害調整と公的な利益の実現を行っていく。決めてはいけないことを守りながら，決められることを決める枠組を設定するのが憲法の目的でもある。

5　憲法の解釈とは何か

⑴　条文の解釈

①　解　釈

文学作品を読むときには，そこで使われている言葉の意味を考えなければならないときがある。作者は，たくさんの言葉の中からあえて一つの言葉を選んだのだから，そこには意図がある。その意図を探る行為を解釈と呼ぶ。法律の条文の場合，立法者が何を意図したのか，そこで狙った効果とは何なのかを考える必要がある。もちろん，解釈の余地がない条文もあるが，多くの条文は解釈の作業をまって，はじめてその意味が明らかとなる。

②　法律条文の解釈

法律の条文は文学作品とは異なる。それは,「何々すべし」とか「何々してはいけない」というような義務や「AのときBとなる」のような条件（要件）と効果を定めているからである。解釈次第で義務を免れ，法律上の効果が発生したり，しなかったりする。法律の条文を解釈するとは，目の前にある紛争を解決するため条文に訴え，条文を適用するという意識的な行為である。それゆえに，法律を解釈するとは，条文の意味を確定して，具体的な問題に当てはめ，これを解決することを意味する。

(2)　言葉の操作をどう行うか

①　文理解釈と論理解釈

言葉は狭くも広くも解釈することができる。「飲料水」にアルコールを含めることも，除外して考えることもできる。言葉の意味を広げたり狭めたりする解釈の方法を**文理解釈**と呼ぶ場合がある。

言葉の意味が一義的に決まっていないと都合の悪い法律には定義規定が置かれている。しかし，それでも解釈の余地がなくなるわけではない。

たとえば，行政機関の保有する情報の公開に関する法律（情報公開法）2条2項には「行政文書」の定義が事細かに定められている。すなわち「この法律において『行政情報』とは，行政機関の職員が職務上作成し，又は取得した文書，図画及び電磁的記録（電子的方式，磁気的方式その他他人の知覚によっては認識することができない方式で作られた記録をいう。以下同じ）であって，当該行政機関の職員が組織的に用いるものとして，当該行政機関が保有しているものをいう。」と定めている。しかし,「職務上作成し，又は取得し」とは何か,「組織的に用いる」とは何かは解釈による必要がある。このとき，法律の趣旨や目的，理念などから言葉の意味を定めることを**論理解釈**と呼ぶことがある。文理解釈は論理解釈によって支えられ，正当化される。

憲法も実定法である以上は，条文を出発点にして解釈を行わなければならない。条文が持つ日常的な意味や通常の意味から離れる解釈をするときには，なぜそういう解釈ができるのかを説明する必要がある。この説明に説得力がなければ，解釈としては失格となる。

論点　憲法条文の文言と解釈のギャップ

たとえば，憲法25条１項は，「すべて国民は，健康で文化的な生活を営む権利を有する」と定めている。ところが，多くの憲法学説は，ここにいう「権利」は法的な権利ではないとか，権利だとしても他の人権とは違う性格のものだと解釈する。しかし，この解釈はいかにもおかしい。権利と書いてあるのに権利ではないと解釈するには相応の説明が要る。

また，憲法41条は，「国会は国権の最高機関であ」ると定めている。ところが，これまでの学説は，この「最高」とは一種の美辞麗句でしかないと解釈してきた。これは明らかに文言から離れた解釈であって，なぜそう言えるのかをきちんと説明しなければ解釈としては成り立たない。

②　論理解釈の種類

条文の外にあって，条文の解釈を導き出す論理にはいくつかの種類がある。

第一に，その言葉が憲法制定当時どのような意味で使われていたのかを手がかりにする解釈がある。たとえば，憲法９条１項にいう戦争は，1945年から46年にかけてどのような意味で使われていたのかを参照することで，戦争の意味を確定するような解釈である。もっとも，その際，憲法改正を審議していた帝国議会で用いられていた意味を重視することもできるし，一般の国民がイメージしていた意味を重視することもできる。憲法条文のオリジナルな意味（**原意**）に手がかりを求める解釈である。

第二に，これまで積み重ねられてきた先例や判例を手がかりにする解釈がある。条文の意味とは，長い時間をかけて形作られてきた結果であって，先例を重んじることが法的な安定性を保つことになるという立場である。たとえば，憲法21条１項にいう表現の自由には知る権利が含まれることに異論はない。これは，最高裁判所が解釈し，その後の判例もこの解釈を維持してきたことから確立した解釈となっている。先例主義と呼んでもよいであろう。

第三に，憲法の構造から解釈を導く方法がある。たとえば，衆議院を解散できるのは憲法69条によって，内閣不信任決議案が可決されたときに限定されるのか，それ以外でも解散できる場合はあるのかという問題に対して，ある解釈は，日本国憲法が議院内閣制という政治制度をとっていることから解散権を広く認めているという結論を導き出す。これは，憲法には書かれていないものの，憲法全体の構造から特定の解釈を正当化する方法といえる。憲法が採用している国際協調主義から集団的自衛権を正当化するのも同じである。

第四に，解釈がもたらす結果を重視して条文の意味を確定する解釈がある。憲法問題の多くは国家のあり方や政治のあり方に直結する争点を含んでいる。争点が重大であればあるほど，裁判所の解釈の結果は政治的なインパクトを持つようになる。そこで，ある解釈をとると，政治的な混乱が生じるような場合には，あえて判断を避けたり，混乱を回避するような解釈が行われることもある。たとえば，自衛隊が憲法違反かどうかが争われた事件で，最高裁は，このような問題が「国家の存立の基礎に極めて重大な関わりをもつ高度の政治性を有する」事柄であって，裁判所の判断にはなじまないと判断したことがある（砂川事件最高裁大法廷判決：最大判昭和34・12・16)。また，一連の定数不均衡訴訟の中で，最高裁は，不平等な定数配分規定が違憲であるとしながら，選挙の効力を維持する，事情判決の手法を用いているが，この解釈もまたこの種類に分類することができるであろう。

第五に，時間軸や空間軸を使った解釈も行われる。時間軸を使う解釈は，時間の流れにともなって社会状況が変化して，憲法や法律の意味が変化するという発想に基づいている。とくに憲法の改正が難しい場合には，社会状況変化に伴う国民の憲法意識の変化を理由にして，憲法の意味が変わったと主張することが行われる（後で見る「憲法の変遷」)。最高裁は，非嫡出子法定相続分について，あるいは国籍法に定める認知について，あるいは再婚禁止期間について，この時間の軸を用いた解釈を行っている（そこで変化したと言われたのは直接には法律の方であるが)。たとえば，憲法24条1項にいう「婚姻」について，社会状況変化に伴う国民の婚姻意識の変化を理由として，ここには同性同士の結合も含まれるようになったと判断する余地はある。

最後に，空間軸を用いた解釈は，他の国の憲法や憲法判例，実例を参考にして，あるいは直接の根拠にして解釈を導くような方法である。外国の憲法裁判所においては，自分の国以外の憲法判例を根拠にして判決を書くことが頻繁に行われている（たとえば，イスラエル憲法裁判所がドイツ連邦憲法裁判所判例を根拠にして判決を書くように)。このような方法が世界標準となったならば，わが国の最高裁判所も他国の判例を参考にして判決を下すことも考えられる。

憲法の解釈とは，事柄に応じて，これらのうちのどれかを，また，複数を用いて行われる問題解決行動である。言い換えると，自分が出そうとしている結論をよりよく説明してくれる（正当化する）手法を選ぶことでもある。

論点　比較法と憲法の解釈

憲法を作る際に，わが国はドイツやフランス，アメリカなどの制度を輸入した。したがって，作った憲法の運用（解釈・適用）に当たっては，諸外国の歴史や法律学が頼りであった。その意味で，わが国の憲法解釈は，比較憲法（学）とならざるを得なかった。戦前の美濃部達吉憲法理論も戦後の憲法解釈学もその素材となる概念は輸入品であった。この輸入品をいかにカスタマイズするかが憲法理論の出来不出来に影響した。この傾向は，1870年代の自由民権運動から変わっていない。

しかし，21世紀に入り，ヨーロッパやアメリカでも比較憲法の研究が盛んになりつつある。グローバル化やインターネットを通じた情報の流通がこの動きを加速させている。他国の憲法判例をリアルタイムで知ることができることも大きい。この点から考えると，わが国の憲法学の姿勢は世界的傾向を先取りしていたとも言える。課題は，情報発信があまりに少ない点や法や裁判に対する特殊日本的な分かりにくさにある。

演習問題

① 近代立憲主義の意味について説明しなさい。

② 憲法を憲法たらしめている力は国民の憲法意識であるという考え方は，憲法解釈の最後の拠り所は国民の憲法解釈であるという考え方とどう結びついているか説明しなさい。

③ 憲法９条は自衛のために必要な最小限度の戦力は放棄していないとする解釈は，どのような解釈の方法を拠り所としているか。

④ 時間軸を用いた憲法（法令）解釈にはどういう利点があるだろうか。また，その問題点は何か。

Ⅱ　国民主権と立憲主義

1　国民主権とは何か

(1)　公私二分論

憲法とは，誰が何を決められるかに関する取り決めであった。したがって，国家における決定権の配分に関する規範こそ憲法の領分であるといえる。決定権を配分する際，近代立憲主義は，公に関する決定権と私に関する決定権を分ける。自分のことは自分で決める（自己決定権）。公のことはみんなで決める。前者は自由の領域に，後者は民主主義の領域に関わっている。近代の憲法は，公と私それぞれの領域を区別する，公私二分論に立っている。

公に関する意思決定はさらに二つのレベルに分けられる。一つは国家の枠組や国家の在り方に関する意思決定である（これを**レベルⅠの意思決定**と呼んでおこう）。これに対して，出来上がった国家の中での意思決定がある（これを**レベルⅡの意思決定**と呼んでおこう）。枠組自身を決めるのは憲法を作った者（憲法制定権力）であり，主権者である。レベルⅠをめぐる意思決定は「**憲法そのものに関わる政治**」(constitutional politics）であり，レベルⅡの「**憲法の下で行われる政治**」(ordinary politics）と区別される。

(2)　主権とは何か

①　主権とは何か

主権は sovereignty の訳語である。この語は，至高のものを指すときに用いられる。ところで，主権という語は，主として次の三つの場面で使われている。

第一に，国家の**統治権**が及ぶ範囲，すなわち国家の排他的支配権が及ぶ範囲を主権という。日本国の主権は，本州，北海道，九州，四国とその周辺の島々に及ぶという場合の使われ方である。

第二に，様々な権力の中で国家が最も高い権力を持つことを表す使われ方がある。国内にある権力，とりわけ教会権力に対して国家が優位することを表すときに主権の語が使用される。

第三に，国家の在り方を最終的に決定する権力を主権と呼ぶ。国民主権という使われ方は，この権力が国民にあることを意味している。

② 国民主権とは何か

では，国民主権という場合，国民にある主権とは，何をどこまで決定する権限なのだろうか。これについては，二つのとらえ方の違いがあった。一つは，主権とは，権力の正当性を裏書きするものであって，そこに実際の力があるわけではないと考えるものである。主権者は国家に対して権力を用いることを付託した。それゆえに，国家の行いは正当なものと考えられる。これを**正当性の契機**と呼ぶ（「契機」とは element ＝「要素」のことである）。

二つ目は，主権とは最高の権力であるから，実際に最終的判断をなし得ることを認めなければならない。国家の在り方を最終的に決める実際の権力こそが主権であると考える立場である。これを**権力性の契機**と呼ぶ。

論点 **二つの主権概念**

このようなとらえ方の対立は，フランス革命における権力闘争に源を発している。そこでは，**ナシオン（nation）主権説とプープル主権説（peuple）**が革命の主導権争いの中で展開されていた。

ナシオン主権説は，次のように解釈する。「国民」とは，個々の国民（一人ひとりあるいはその総和）ではなく，抽象化された存在を指す。したがって，個々の国民は，国家の最終的意思決定権限を具体的に行使する立場にあるわけではなく，何らかの形で国民を代表する人々によって国家意思を形成する（平たくいえば，「国民」とは誰かなのだけれど，具体的な誰かといえばそうではなくて，匿名的な誰か，顔ははっきりしない誰かを指すと思えばよい。政治家がよく使う「国民の皆さん」にいう「国民」もここに分類される）。

これに対してプープル主権説はこのように主張する。国民とは抽象的な存在ではなく，個々の国民を指す。これらの国民は，実際に国家の最終的意思決定に関与する権限を持つ（ナシオンと違いプープルは，顔がはっきりしている誰かの集合体とだと思えばわかりやすい。「あなたとわたし，そして彼と彼女の集まり」をプープルと呼ぶ。つまり，登場人物ははっきりしている）。

ナシオン主権説は，代表民主制を前提にした考え方であり，フランス革命直後に主張された考え方であった。この考え方は，一方で国王主権を，もう一方で人民主権を否定する狙いを持っており，一定の社会階層（財産を持ち，教養を持つ人々）が政治運営の中心となるべきことを主張するための主権論であった。この主権論では，一定のエリートに政治運営を委ね，国民はその活動の成果を受け取るだけ，という自由委任（活動や意思決定を任せる）が帰結される。また，ナシオン主権説では，国民を抽象的な「全国民」ととらえ，そこには有権者ではない者も含ませる傾向がある（「誰か」はっきりしていなくていいから）。

これに対して，プープル主権説は，このようなエリート主義を批判し，広く，一般の人々に政治権力を与えようとする考え方であったといえる。プープル主権説は，直接民主制を許容する考え方である。もちろん，すべての問題について，すべての国民が常に意思決定に関わることはできないので，代替的に間接民主制を取り入れる必要があるが，その場合でも，本来一人ひとりの国民が行う意思決定を代表者に委託しているだけなので，代表者は，国民の意思に背くことが許されない。その意味で，プープル主権説は，命令的委任を認めることになる。また，この説では，国民を選挙権を持つ者（選挙人団）ととらえ，子どもなどの選挙資格を有しない者を除外する傾向がある（主権者が「誰か」はっきりしているから）。

しかし，日本国憲法の解釈としては，主権をこのいずれかに限定して解釈する必要性もまた必然性もない。日本国憲法の規定を見ると，前文と1条には，主権が権力の正当性を保障していると定めている。一方，憲法改正に当たって国民投票が課されていることは，主権が権力性の契機を持つものであることを物語っている。日本国憲法における国民主権とは，正当性の契機と権力性の契機をあわせ持つ概念であると解釈すべきであり，またそれで十分である。

したがって，国民主権とは，レベルⅠの意思決定において，憲法を制定したり，改正することで国家のあり方や枠組を決定する力（権力性の契機）であると同時に，レベルⅡにおいて，各国家機関が行う意思決定に正当性を与える（正当性の契機）ものである。

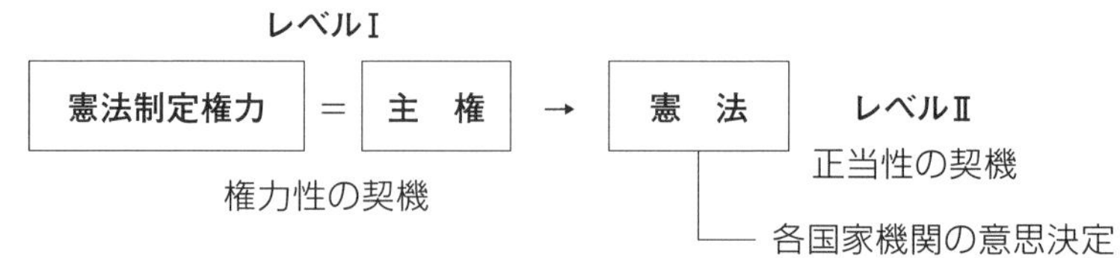

2　わが国の立憲主義と日本国憲法

(1)　始まりとしての明治維新

明治時代の政治家は，優れた国家観を持っていた。新しい国家を作るには，まず憲法を作らなければならないことをきちんと理解していたからである。彼らは，憲法によって国家が作られることをよく知っていた。その意味で，明治の政治家や国民は立憲主義の意味を正確に理解していた。同時に，新しい国家は，法によって治められるべきだと考えていたので，民法や刑法を整備すると当時に，その担い手を育てる必要性を認識していたのである。ここに日本の法学教育の原点がある。

論点　国のかたちを選ぶことと憲法の制定

1867年に大政奉還が行われ，翌年から明治時代が始まった。明治天皇は五箇条の御誓文を公にすることで，新しい政治指針を示したのであった。その第一項目に掲げられた「広く会議を興す」をより具体化するため，明治天皇は1875年詔勅を出し，議会設立の方針を明らかにしたのであった。これに先立つ1874年，征韓論が理由で下野した板垣退助，後藤象二郎，江藤新平らは，愛国公党を結成するとともに，民選議院設立建白書を当時の立法機関である左院に提出した。これをひとつのきっかけとして，広く国民が政治に参加すべきであるとの主張が全国に広まることになる。

国民の政治参加への要求とともに，新しい国家の建設には憲法が不可欠であるとの意識も共有されていく。植木枝盛による著名な憲法草案を始め，数多くの民間憲法試案（私擬憲法）が全国で策定され，様々な形で提案されることになった。その中には，五日市に在住していた千葉卓三郎の手による「五日市憲法」のように，地域社会における憲法学習の素材となり，またその成果となった憲法試案も少なからず存在しているのである（詳細については，色川大吉『自由民権』（岩波新書・1981年），新井勝紘『五日市憲法』（岩波新書・2018年））。

このような私擬憲法の中で，とりわけ光を放つのは，福沢諭吉とその門弟らによって作成された「交詢社憲法草案」ではないかと思われる。英国流の議院内閣制を国の政治の形として中心に据えたこの案は，政権交代による政治の選択の大切さを説いており，相当な理論水準にあったことがうかがわれる。これは，民選議院設立建白書が国民の政治参加を主張するものであったのに対して，むしろ代議制を中心にした国家建設を主張するものであって，両者の間にはあるべき国家像に対する鋭い対立があったというべきである。言い換えると，中江兆民や植木枝盛のようなフランス流人民主権論と福沢や大隈重信のような英国流の議院内閣制論の対立として，この時期に行われた議論を集約することもできるであろう（坂野潤治『日本憲政史』（東京大学出版会・2008年），同『明治デモクラシー』（岩波新書・2005年））。わが国にも，「ナシオン主権論」と「プープル主権論」の間の路線対立があったのである。しかし，その結果，明治政府は，フランスでも英国でもないプロイセンに国家モデルを求めたのであったが，新しい国家を作ることが憲法制定の目的であって，外国の制度や理念の研究が日常の政治レベルで議論されていたことを私たちは忘れてはならないと思う。このような憲法制定をめぐる国民的議論は，明治憲法の議院内閣制的な運用や大正デモクラシー，さらには日本国憲法の下におけるさまざまな議論（主権論や議院内閣制論など）の基層にあり続けている。

(2)　明治憲法の制定と伊藤博文

征韓論をめぐる争いは，明治政府内の権力闘争という実質があったが，これは西南戦争の終結によって収束する。それと前後して，自由民権運動が興る。自由民権運動もまた，一種の権力闘争という色彩を帯びた運動ではあったものの，建前としては，新しい政府をどのようなデザインによって作るのかという論点を含んでいた。板垣退助や大隈重信，あるいは福沢諭吉門下は，英国流の議会制民主主義を採用すべきとの意見であったが，政府はこれを退けた。1883年，ヨーロッパ視察から帰った伊藤博文は，ドイツ（プロイセン）流の政治制度を採用すべく，憲法の起草に着手する。それが1889年の明治憲法（大日本帝国憲法）として結実する。

伊藤博文は，憲法は，「権力を制限する」ためのルールであることをきちんと認識していた（伊藤之雄『伊藤博文』213頁（講談社学術文庫・2015年））。つまり，伊藤は近代立憲主義の正確な意味を理解していたといえる。それゆえに，明治憲法には「臣民の権利」が定められ，明治政府は，法律によらない限り（というのがポイントではあるが），権利を制限してはならないとされていた。

こう考えてくると，今私たちを支える立憲主義の考え方は，今から120年も前にわが国に導入されたと考えてよい。

(3)　明治憲法の特色と解釈運用

明治憲法は，天皇が下賜した欽定憲法であった。体裁としては，議会制度と裁判制度を整備したものの，内閣制度は憲法上の規定がなく，各国務大臣は天皇の権力を輔弼する（助言すること）位置づけでしかなかった。また，軍隊に対する最高の指揮権である「**統帥権**」が定められ，また法律によって権利を制限することも許していたので，その内容は立憲主義とは名ばかりのものであった（これを「**外形的立憲主義**」と呼ぶ）。

しかし，時代とともに，明治憲法も議会制民主主義に近い運用がなされるようになっていく。議院内閣制的な運用や普通選挙運動，いわゆる大正デモクラシーの時代である。これを理論的に支えたのは，東京帝国大学の法学部の美濃部達吉であった。美濃部は，**国家法人説**という考え方を唱えたのであるが，これは，国家を法人（会社）と見立てて，天皇はその機関である（代表取締役のような存在）と考えるものであった。これが大正時代から昭和初めにかけて，わが国の政治の基本原則となっていった。

⑷　天皇機関説事件と敗戦

しかし，この動きも戦時色が濃厚となる1935年10月，「**天皇機関説事件**」とともに終わりを告げる。その後，わが国の政治体制は，2・26事件（1936年），国家総動員法の成立（1938年）等により，戦時体制に移行する。

戦争の終結は，ポツダム宣言の受諾により効力を発生したが，その中に，新しい憲法を制定することという国際法上の義務が盛り込まれていた。そこで，GHQ の要請の下，日本政府は，明治憲法の「改正」に着手する。しかし，日本政府案は，明治憲法のマイナーチェンジでしかないことを悟ったGHQ は，憲法改正草案を日本側に提示した。これを受けて，帝国議会が審議し，修正を施しつつ制定されたのが日本国憲法であった。

論点　天皇機関説事件と明治憲法体制の崩壊

東京帝国大学教授であった美濃部達吉は，明治憲法を民主的に解釈し直すことで，大正デモクラシーの基礎を築いた。この点における美濃部の業績は，統帥権の範囲を限定することや議院内閣制（議会に責任を負う内閣制度）の構築など様々な分野にわたっている。美濃部憲法学説は，大正期から昭和初期における政治の基本的な枠組を方向付けるほどの影響力があった。しかし，東京帝国大学における同僚の上杉慎吉との確執や憲法解釈による軍部への抑制が遠因となり，帝国議会における美濃部学説への排撃が行われるようになった。天皇機関説排撃の多くは，憲法論というより，むしろ言いがかり的な要素が強いものであったが，野火のように広がる批判は，やがて憲法学説への政治の介入につながり，学問の自由とともに日本の民主主義をも葬り去ることになる（山崎雅弘『「天皇機関説」事件』（集英社新書・2017年））。

3　日本国憲法の制定をめぐる問題

(1)　明治憲法の改正と日本国憲法の制定

ここで大きな問題が生じる。日本国憲法誕生に関する問題である。日本国憲法の上諭と書かれた箇所を見てみよう。そこに，「朕は…」から始まる文章があり，日本国憲法が明治憲法73条の改正手続により改正された憲法だと書かれてある。仮に，憲法改正には限界があり，憲法の前提まで改めることはできないと考えるなら（これが当時の通説であった），明治憲法における天皇主権もまた改正不能となるはずである。そして，明治憲法の改正手続では，その大前提である天皇主権を改めることはできないと考える立場が一般的であった。主権者を天皇から国民に移すなど，改正手続では不可能ではないか。それゆえ，日本国憲法は手続的には無効であるとする主張が唱えられることになる。これは同時に，憲法は，その国民が自由な意思を表明できる状況で作られるものであって，他国の占領下では，自由な意思表明ができずに無効であるという，ハーグ陸戦条約の考え方とも連動し，日本国憲法無効論として主張された。

(2)　日本国憲法無効論をめぐる問題

この主張に対応するのは容易ではない。そこで戦後主張されたのが，1945年８月15日に革命が生じたのだと考える学説である。

論点　押しつけ憲法論

東京大学の憲法教授宮沢俊義によって主張されたこの学説は，日本国憲法は，主権者を交代させる意味で「革命」であるが，その法的な体裁を整えるために明治憲法の制定手続をとったのだと説明する。しかし，有効か無効かという法的効力の問題を法の外の話で説明する点において，この説には重大な欠陥があった。「それは仕方がないんだよ」というのと同じで，問題に答えていない。

自由意思の問題については，たしかにハーグ陸戦条約から考えると，日本国憲法制定過程では，アメリカ軍が押しつけたという歴史的事実は否定できない。しかし，曲がりなりにも，日本国憲法は帝国議会での審議を経て，しかも重要事項については，日本独自の修正も施しながら可決されたという点もまた歴史的事実であることを忘れてはならない。そして，何より，日本国憲法は，当時の圧倒的多数の国民に受け入れられたこと，さらには，戦後70年以上にわたり日本国憲法が憲法として守られてきた事実は，この憲法の効力を考える上では，決定的である。憲法を憲法とする力は，国民の規範意識なのだから。

4　日本国憲法の定着と立憲主義の展開

⑴　日本国憲法の世界史における意味

①　立憲主義の確立

憲法を作って，国を作る。憲法に従って政治を行う。この立憲主義の政治が完全に定着している国は，西欧諸国以外では日本とトルコなど数少ない国しかない。その意味で，日本国民はすでに130年にも及ぶ立憲主義の歴史をもっている。もちろん，1930年代には，軍部の台頭による悲惨な時代を経たにせよ，わが国の立憲主義には，世界史の中でも特筆すべき重要性がある（アメリカ合衆国憲法の公布が1788年，フランス最初の憲法の制定が1791年であることを考えると，明治憲法が1889年に制定されていることは驚きでもある）。

②　日本国憲法の歩み

こうして制定された日本国憲法は，国民主権，基本的人権の尊重，そして平和主義を三大原理として戦後の日本社会を規律してきた。とりわけ，憲法９条を中心とした平和主義は，徹底した戦争の放棄を定めるものであり，世界史上異彩を放つ条文であるといえる。そして，少なくとも日本国憲法制定から２，３年は，憲法９条と現実の間に溝は生じていなかった。また，時の政府も国民もまた，憲法９条に希望を託したのであった。

日本国憲法の新しさは，憲法９条にとどまらない。これまでの憲法や人権宣言で定められていた自由権や平等権とは別に，生存権や労働基本権，教育を受ける権利など「社会権」と呼ばれる人権を条文の中に取り入れたからである。これは，国家が国民一人ひとりの生存にも責任を持つことを意味している。社会権を定めることで，日本は福祉国家の道を歩むことになった。

⑵　憲法９条をめぐる動き

日本国憲法の歴史を見るとき，最大の論点は，憲法９条をめぐる問題にある。日本国憲法＝憲法９条というイメージができあがったことが，日本国憲法に対するスタンスを決める要因となった。ある意味で，日本国憲法＝憲法９条というイメージができあがったために，日本国憲法全体に関する国民的議論が低調となったことは残念なことではある。

憲法９条は二つの項からなる。２項は芦田均がマッカーサーに提案し，取り入れられた条文であるといわれている。その意味では，平和主義はわが国とGHQの合作であるとも考えられてきた。「前項の目的を達成するため」との文言が挿入された意図は何であったか，そもそも前項の目的とは何かをめぐる議論は，ここから始まる。

一方，1950年8月，朝鮮戦争の勃発に合わせて，警察予備隊が設置される。翌1951年1月には，マッカーサーが再軍備の必要性を説いている。サンフランシスコ講和条約は同年9月のことであった。1954年6月自衛隊が設立された。1960年1月には，日米安全保障条約が締結される。これら一連の流れの中で，憲法9条は，半ば翻弄されてきたようにも思われる。条文の文言と現実の動きの間に溝が生じ，それが時間の経過と共に開いてきたのが戦後15年間であったといえよう。

(3)　憲法改正の動きと世論

この溝を埋めるべく，1956年，当時の政権は，内閣に憲法調査会を設置し，憲法改正を視野に入れた調査活動を始めたのである。これに対して，日本国憲法を擁護しようとする立場の人たちが集まり，内閣に対抗する形で憲法問題研究会という運動を始める。ここに湯川秀樹や都留重人といった名だたる学者，文化人がメンバーに名を連ねた。この両者の勝負は，憲法問題研究会に軍配が上がる。政府の憲法調査会は，1965年に報告書を提出して，その活動を終えることになった。その理由としては，様々な理由があるにせよ，最大の理由は，国民の支持を得られなかったことによる。

憲法改正の動きは，その後しばらくは沈静化したように思われた。この動きが，再度国民の関心事となるのは，1980年代に入ってからである。

1990年代に入り，選挙制度改革の結果，小選挙区比例代表並立制が衆議院議員選挙に導入された。この制度は，実際の得票率よりも多くの議席を配分させる特徴があるため，衆議院において憲法改正の発議に必要な3分の2以上の多数を獲得することが容易になり，憲法改正がにわかに現実味を帯びてきたのであった。また，旧社会党のような憲法改正反対を明確に主張する政党が後退したことも憲法改正の議論に拍車をかけてきたと言えよう。2013年に入り，自由民主党は，独自の憲法改正案を公にしている。

このような状況を前にして，憲法改正に対する国民の世論は割れている。憲法改正が必要であると考える国民と不要であるとする国民の割合は拮抗し，不要とする意見は女性の方が多く，若い層にいくほど，どちらとも言えないとする慎重論が多くなるとの結果もある。憲法9条に関する意見は，国際情勢の変化により左右される。ただし，9条改正に関する意見は，多くの世論調査で拮抗している。わが国をめぐる周辺諸国の状況への懸念を持ちつつ，9条が形成してきた，戦後日本社会のありようを維持したいとの意識が表れているといえようか。世論調査がただちに憲法に対する国民の意識を表すとは限らないにしても，このような世論が政府の憲法解釈や憲法に対する姿勢に影響を及ぼしていることは否定できない（柄谷行人『憲法の無意識』29頁（岩波新書・2016年））。

このような動きは，憲法というルールが一国の「かたち」を決める重要な規範であるとの認識が広く共有されている証拠であるともいえる。

(4)　最高裁判所と憲法裁判

一方，司法の世界に目を転ずると，この69年の間に，最高裁判所は，数多くの憲法裁判を審理し，判決を下してきた。これまでに法令違憲（法律そのものが憲法違反とされた事例）11件，適用違憲（法律の適用などが憲法違反とされた事例）13件を数えるに至っている。この数を多いと見るか，少ないと見るかは，裁判所に期待するものの大きさによって左右される。ただ，近年，最高裁がこれまでにない判決手法を用いたり，立法判断に踏み込んだ審査を行うこともあり，また，少数意見による積極的な違憲判断も目につくようになっていることも事実である。

このように考えると，日本国憲法制定から70年以上が経過した今日，憲法の理念や運用はわが国の国民生活に深く浸透してきていると考えてよいであろう。日本国憲法が押しつけであるという事実を踏まえてもこの憲法に基づく国家の運営はこれまでは安定しており，「わが国の憲法は日本国憲法である」という国民の憲法意識も定着していると考えてもよい。ただ，そのことは，日本国憲法には指一本触らせない，とか，不磨の大典であるということを意味してはいない。憲法の実施状況を点検することで，あるべき姿を考えていくこともまた，主権者である国民の使命でもある。

これらの点を踏まえて，Ⅲ節では，憲法の変遷と憲法の改正について考えていくことにしよう。

演習問題

① 最近，明治憲法（1889年憲法）を再評価する動きが生まれている。それはどのような理由によるものであろうか。

②　日本国憲法が押しつけられた憲法であり，無効であるとする主張に対してはどのような反論ができるだろうか。

Ⅲ 憲法の変動

1　生ける憲法

(1)　憲法の変動とは何か

国家は，憲法という過去に定められた条文にしたがって運営されている。国家をめぐる状況が変化したとき，憲法を変えることで国家のあり方や枠組を変更する必要が生じる。そのために憲法には，条文の訂正や削除，追加を行う改正の手続が定められている。

しかし，憲法は改正の手続を経ることなく，その意味内容が変わってしまうこともあり得る。制定当時には想像できなかった社会状況の変化や国際環境の変化に対応すべく，解釈という手続によらずに条文の意味が変わってしまうことも起こりえる。憲法が条文からなり（明文の憲法典があり），改正には厳格な手続が必要であるとき（硬性憲法），条文を改変することなく，意味内容が変化することを**憲法の変遷**と呼んでいる。

(2)　憲法の変遷

時間とともに条文の意味が変化することは，あらゆる法律に認められるところである。そのような変化に対応するため，あえて法律の文言には抽象的な表現が用いられているともいえる。実際の条文と現実の解釈の間に隔たりがあるとき，現実の解釈が条文の意味を変えてしまったといえる状況が憲法の変遷と呼ばれる事態である。問題は，どのような要件が満たされたとき，憲法の変遷が生じたといえるかにある。

論点　**憲法の変遷**

この点について，多くの学説は，憲法の条文と憲法の現実の意味に食い違いが生じてしまう事態を認めている（これを社会学的意味の変遷と呼ぶ学説もある）。しかし，その事態が直ちに憲法の規範的意味（これがルールだという意味）を変えるわけではない。条文と現実との間にずれが生じている場合，現実は違憲な状況なのであるから，憲法の条文を変えて現実に合わせるか，現実を変えて憲法の条文に合わせるかの選択が迫られることになる。しかし，このずれが生じたまま時間が経過し，多くの国民がそのずれが憲法の内容だと考えるようになったとしたら，憲法改正の手続を経ることなく憲法条文の意味が変化してしまったと考えることもできる。要するに，憲法に対する国民の規範意識に変化が生じ，国家もまたその変化した規範内容に従っている場合に憲法の変遷が生じたといえるのである。

2　憲法の改正

(1)　憲法改正手続

憲法96条1項は，「この憲法の改正は，各議院の総議員の3分の2以上の賛成で，国会が，これを発議し，国民に提案してその承認を経なければならない。この承認には，特別の国民投票又は国会の定める選挙の際行われる投票において，その過半数の賛成を必要とする。」と定め，2項は，「憲法改正について前項の承認を経たときは，天皇は，国民の名で，この憲法と一体をなすものとして，直ちにこれを公布する。」と定めている。

憲法の改正とは，憲法の条文の字句を訂正することによって，その内容に変更を加えることを意味する。改正の発議に特別多数決を課したのは，憲法改正には，国会での広いコンセンサスが必要と考えたからである。憲法改正については国民投票により，国民の過半数が賛成することが必要であるが，これは主権者（憲法制定権力あるいは憲法改正権）が国家のあり方や枠組を最終的に決める権限を持っていることを反映したものである。なお，憲法改正のための国民投票に関しては，法律が制定されている。

(2)　憲法改正には限界があるか

では，改正手続によれば，どの条文のどの項目についても変更を加えられるのだろうか。言い換えると，憲法の条文は，すべて改正できるのだろうか。

論点　憲法改正の限界をめぐる議論

たとえば，日本国憲法は，明治憲法の改正手続を経て制定されたが，そこでは国家の主権者が入れ替えられた。通常，憲法制定権力がみずからの権限を放棄することなどあり得ないので，これは８月革命として説明されてきた。つまり，憲法の改正とは，憲法のアイデンティティを変えないで，個々の条文を変更することであると考えられてきたのである。多くの憲法学説は，憲法のアイデンティティを変えるような改正は不可能であると考えてきたのである。

一方，８月革命という考え方を用いずに，明治憲法から日本国憲法への「改正」が有効だと説明するには，憲法改正に限界はないのだと考えるしかない。もともと，憲法を制定するときには制約などなかったはずで，憲法を制定した人たち（**憲法制定権力**）は，フリーハンドで改正の作業に当たったはずである。憲法ができた後，憲法制定権力は憲法改正権に姿を変える。憲法制定権力に限界がなければ，改正権にも限界がないという答えが出せる。この考え方によると，日本国憲法のいかなる条文にも手を付けることができる。主権者の変更もまた可能となる。

論点　憲法制定権力

憲法制定権力（constituent power）とは，憲法を作った者が誰か，作られた憲法が正当なものであるのはなぜか，を説明するために編み出された概念である。フランス革命時の思想家，シィエスが発案したものとされる（シィエス『第三身分とは何か』106頁，稲本洋之助他訳，岩波文庫（2011年））。しかし，その言葉とは裏腹に，憲法制定権力は，一種のフィクションであって，実体のない概念であるから，その有用性に疑問を持つ考え方も有力に主張されている（長谷部恭男『憲法　第８版』16頁（新世社・2022年)。他方で，新しく憲法制定が行われる際，この概念に訴えかけることによって，憲法制定の正当性を裏書きしようとする動きもある。この点は注目しておきたい（Mark Tushnet, Advanced Introduction to Comparative Constitutional Law, p13（2014)。たとえば，植民地が宗主国から独立する際に憲法を制定する。その制定プロセスに誰を参加させるか，というアクチュアルな問題として憲法制定権力に光が当てられている。制定された憲法が正当なものであると言えるためには，誰を制定プロセスに参加させるべきかという実践的な問題が生じているのである。

(3)　憲法改正限界説

しかし，この考え方は，わが国の憲法学説において主流とはならなかった。その理由は次のとおりである。

第一に，憲法を作り出した人たちは，憲法制定権力であり，主権者である。

憲法は，これらの人たちによって生み出されたことになっている。作り出された憲法は，作り出した権力を否定することはできない。小は大を兼ねられないからである。この考え方によると，憲法制定権力は憲法改正権より先にあり，改正権より大きな権力であると解釈される。改正権は憲法を作り出した人たちの権力を否定できない。つまり，主権者を入れ替えるような改正は，改正としてはできないということになる。

第二に，憲法にはアイデンティティと呼ばれるものがあって，それが憲法を憲法たらしめている要素である。日本国憲法の場合，三大原理がこれに当たる。憲法を作るに当たっては，何の制約もなかったのではなく，基本的な設計理念があった。これを根本規範と呼ぶ。もし，この柱に当たるような理念を否定するなら，それはもはや違う憲法になってしまう。憲法改正といいながら，別の憲法を作ってしまうことになる。この立場は，基本的人権の尊重や国民主権を否定するような改正は，改正ではないと考えるのである。

論点　憲法９条２項，96条１項の改正

憲法９条２項を例に取ってみよう。この条文が改正できるかどうかは，戦力放棄が日本国憲法のアイデンティティと呼べるかどうかに左右される。日本国憲法の根本理念である平和主義が戦力を保持しないことまで含むのかどうか。逆に，必要最小限度の自衛力保持は禁止していないと考えるならば，ルールを現実に合わせて変更する改正も可能といえる。

憲法96条１項は改正できるのであろうか。これは，硬性憲法という性質が日本国憲法のアイデンティティといえるかどうかによって答えが変わってくる。ここでは，憲法改正にあえて高いハードルを課した理由を考える必要がある。そのとき，次の点が重要である。

小選挙区比例代表並立制では衆議院で３分の２の多数をとることは難しくない。この選挙制度は，実際の得票率より議席数がはるかに多く配分されるしくみとなっているから，憲法改正発議の要件を２分の１にする必要はない。また，この選挙制度は，実際の国民の投票行動を反映しない。40%台の得票率で3分の2の多数をとれるという制度であるならば，憲法改正の発議には高いハードルを課しておく必要があるともいえる。

演習問題

① 憲法改正には限界があるとする考え方を説明しなさい。
② 日本国憲法を「改正」して，主権者を天皇と定めることは可能か。
③ 日本国憲法の改正手続では，憲法9条2項は改正することができないとする考え方がある。この考え方の根拠を示し，それを批判しなさい。
④ 憲法変遷論の意義と問題点を説明しなさい。

Ⅳ　憲法9条と平和主義

1　憲法9条と政府解釈

(1)　憲法9条をめぐる議論

①　憲法9条と政府解釈

憲法9条の解釈は，他の憲法条文の解釈とは異なり，国際政治の中で翻弄されてきた。しかし，憲法9条の解釈も法の解釈というかたちをとる以上は，解釈のルールから逸脱することは許されない。したがって「文字通り」解釈して事足りる場合もあれば，理屈を動員しないと妥当な解釈を導き出せない場合もある。そこで，まず憲法9条に関する政府の解釈を見てみよう。

1950年，朝鮮戦争の勃発と同時に，**警察予備隊**が発足する。1952年には，これを発展させた保安隊が，1954年には，自衛隊が設置された。このとき，政府は，警察予備隊が治安維持のための警察権の範囲内にとどまるものであって，憲法9条が禁止する「戦力」には該当しないと解釈していた。しかし，自衛隊の装備は，明らかに警察権の範囲を超えるものであった。そこで政府は，憲法9条は，独立国家として当然に持つべき自衛のために必要な最小限の戦力は禁止されていないのだと解釈するようになった。したがって，憲法9条が禁止する「戦力」とは，自衛のために必要最小限を超える力を指し，現行の自衛隊は，この必要最小限度の実力組織であると位置づけられた。

その後，自衛隊は増強の一途をたどる。しかし，その場合でも，政府は，認められる自衛権を**個別的自衛権**，すなわち自国が攻撃されたとき，これに反撃する権利に限定する解釈を維持してきた。自国を守るために必要最小限度の自衛権には，**集団的自衛権**が含まれないとするのが一貫した政府解釈であった。

② 個別的自衛権と集団的自衛権

個別的自衛権とは，自国が攻撃されたとき，これを反撃する国際法上の権利を指すが，集団的自衛権とは，最も広い意味では，自国ではなく，一定の同盟関係にある外国が攻撃された場合でも，その攻撃した相手国に対して自衛権を行使することができるという考え方である。国連憲章51条前段に定められている。したがって，集団的自衛権は，国際法上認められる国家の権利ではあるが，憲法９条があるため，自衛のための戦力が必要最小限に限られているので，他の同盟国に対する攻撃にまで応戦することはできないというのが確定した政府解釈であった。

③ 憲法９条と裁判所

憲法９条に関する裁判所の姿勢は，高度に政治的な問題には裁判所の審査が及ばないというものであった。司法権の限界を超えるというのである。たとえば，日米安全保障条約の合憲性が問題となった**砂川事件最高裁判決**では，憲法９条２項が「自衛のための戦力をも禁じたものであるか否かは別として」と，かなり曖昧な表現で，判断を避けている（したがって，本判決が，憲法９条には集団的自衛権まで含むと判断したと見る根拠は薄い)。

⑵ 国際状況の変化と憲法９条

湾岸戦争が終結した後，わが国の国際貢献のあり方が議論されるようになってきた。湾岸戦争時，わが国は，憲法９条の存在を根拠に，金は出すが人は出さないという姿勢を貫いてきたからである。このような批判を受けて，1992年「**国際連合平和維持活動等に対する協力に関する法律（PKO法）**」が制定される。しかし，ここでも，自衛隊の活動は，武力による威嚇又は武力の行使にあたるものであってはならないとされてきた。

2001年９月11日に起きた，同時多発テロを受けて，アメリカはアフガニスタンへの攻撃とイラク戦争に突入する。わが国は，特別措置法を制定して，アメリカ軍への後方支援活動を可能にした。しかし，ここでも戦闘活動には加わらないこと，また派遣先が戦闘地域でないことを条件とするとの制約が課されていた。この特措法は，2007年にいったん失効して，2008年に新しい特措法が制定されたが，民主党への政権交代が行われた後，延長されず，今は効力を失っている。

このような歴史を振り返ると，わが国は，一貫して，他国での武力行使を否定してきたし，それが憲法９条の考え方であると主張し続けてきたことが理解できる。自衛権は否定しない。自衛のために必要最小限度の軍事力は保有できる。しかし，他国での武力行使は認めないというのが政府の解釈であり続けてきた。言い換えると，集団的自衛権が予定するような活動は論外と見なされてきたのである。

2　憲法９条解釈と憲法学説

(1)　憲法９条をめぐる解釈

①　憲法９条をめぐる環境の変化

多くの憲法学説は，戦争に侵略も自衛もないことや，自衛のための戦力を持ったとしても，９条２項で交戦権が否定されているのだから，結局自衛戦争も憲法上禁止されているという解釈をとる。しかし，戦後一貫して自衛隊が増強され，2022年度の予算では，５兆4,000億円の規模を持つようになった。現在，自衛隊を廃止するとか，縮小するという議論は現実的ではなくなっている。それゆえ，９条の文言と現実が一層かけ離れてきたという事実は否定できない。

1980年，橋本公亘教授は，このような事態に一石を投ずるべく，憲法９条の意味が変化したのだと唱えた。先に見た，**憲法変遷論**である。憲法の意味は，時代や社会の状況，国際情勢によって変化するという。憲法９条の文言は変わらなくても，実際の意味内容が変わったのだとの解釈が提起された。

この説は，当時囂々（ごうごう）たる非難を受けた。おそらく，憲法９条を変えることも難しいが，自衛隊の存在を否定することも困難な状況にあることを踏まえて，変遷という形で，この問題に決着をつけようとの意図があったのであろう。しかし，当時，この説への支持は広まらなかった。

②　自衛隊違憲論の内容

憲法変遷で現状が説明できないのなら，憲法９条と自衛隊の問題を解決する方法は，限られる。現実に法を合わせるか（改正），現実を法に合わせるか（廃止）の選択は，いずれも大きな痛みを伴う。あるいは，憲法９条は一種の目標であり，理念であるから，ただちに違憲，合憲の問題とはならないという立場もありえよう（自衛隊が憲法９条に違反すると考える立場は，だから自衛隊を廃止せよと考える立場と，だから憲法９条を改正せよと考える立場，両方がある。自衛隊違憲論は，この二つの立場を含んでいる)。

論点　憲法９条をめぐる解釈の対立

まず，条文から見てみよう。論点となる箇所にアンダーラインを引いている。

９条１項　日本国民は，正義と秩序を基調とする国際平和を誠実に希求し，国権の発動たる戦争と，武力による威嚇又は武力の行使は，国際紛争を解決する手段としては，永久にこれを放棄する。

９条２項　前項の目的を達するため，陸海空軍その他の戦力は，これを保持しない。国の交戦権は，これを認めない。

論点１　戦争，武力による威嚇，武力の行使，国際紛争

戦争，武力による威嚇，武力の行使については，学説上あまり異論は見られない。戦争とは，宣戦布告を伴って行われ，戦時国際法の適用を受ける武力の行使を指す。また，武力による威嚇は，宣戦布告を伴わずに行われる武力行使を指す。いずれにしても，国際法上の戦争に形式的に該当するかしないかを問わず，憲法は永久にこれを放棄したことになる。

論点２　「前項の目的」　三つの解釈学説

憲法解釈上最大の論点は，２項の解釈にある。これについては，まず，前項の目的とは何か。すなわち，永久に放棄するものは何かが問題となる。解釈はだいたい三つに分かれる。

まずＡ説は，１項で放棄している戦争は，あらゆる戦争（すなわち侵略＋自衛）を意味すると解釈する。その上で，２項にいう「前項の目的」とは，「正義と秩序を基調とする国際平和を誠実に希求すること」を指すものと考える。その結果，あらゆる戦争が放棄されているというのがこの説の結論となる。

これに対してＢ説は，１項にいう「国際紛争を解決する手段としての戦争」は，侵略戦争を意味するものととらえる。したがって，自衛のための戦争や制裁戦争はこれに当たらない。これは，1928年不戦条約の解釈に沿った解釈でもある。しかし，その上で，２項にいう「前項の目的」をＡ説と同じ「正義と秩序を基調とする国際平和を誠実に希求すること」と解釈するから，結果として，あらゆる戦争が放棄されることになるので，結論はＡ説と変わるところはない。

この点で，政府の伝統的な解釈は，Ｂ説を採りながら，そもそも「自衛権に基づく，自衛のために必要な最小限度の実力は，憲法９条が禁止する『戦力』に当たらない」と解釈する。つまり，憲法上「戦力」の保持は禁止されているが，

「自衛権」は独立国家として当然に持ち続けているのであるから，「自衛力」の保持は認められ，自衛のための戦争も認められるという解釈にたどり着く。要するに，議論の前提そのものを移動させるのである。

C説は，憲法9条の起草に当たった芦田均によるものであり，1項にいう戦争は，侵略戦争に限定されることを前提にして，2項の「前項の目的」を侵略戦争の放棄ととらえる。自衛のための戦力保持や自衛のための戦争は禁止されていないと結論づける。この説に立ったとき，次の交戦権の禁止が前項の目的に係るかどうかが問題となる。

「交戦権」の禁止

この点についてA説もB説もいかなる目的で行われようと，すべての交戦権が否定されると解釈する。政府見解もまた同じであるが，わが国が国際法上有している自衛権に基づく実力行使は「交戦権」には当たらないとして，議論の次元をずらすのである。これに対して，C説は，9条2項で否定される「交戦権」は，前項の目的，すなわち侵略戦争の目的で行われる交戦権であって，自衛のための交戦権は否定されていないと考える。

A，B説とC説を分かつのは，9条2項の書きぶりによる。すなわち，この条文は，第一文を句点で区切り，「国の交戦権は，これを認めない」としているところから，「前項の目的」がかからないという読み方を取るのか，前項の目的を句点で区切らず，2項全体にかけて解釈するのかにかかっている。もし，C説のような解釈が可能であるならば，政府解釈はあえてアクロバット的な解釈を取らずに済んだのかもしれない。C説は，憲法9条の制定に直接関わった人物による解釈であるため，これを制定の意図と考えることも可能であるが，法解釈の作法として（条文の書き方に忠実な解釈を取るべきだとする姿勢），あえてC説の採用に踏み切らなかったことにもそれなりの合理性があったといえよう（なお，これらについては，佐々木高雄「戦力と自衛隊」大石・石川編『憲法の争点』52頁がもっとも明快な整理を行っている）。

〔表：憲法9条解釈の整理〕

	9条1項の意味	9条2項の意味	交戦権の否定
A説	あらゆる戦争の放棄	正義と秩序を基調とする国際平和を誠実に希求すること いかなる目的でも戦力は保持できない	あらゆる交戦権
B説	侵略戦争（自衛のため	正義と秩序を基調とす	あらゆる交戦権

	の戦争は放棄せず)	る国際平和を誠実に希求すること いかなる目的でも戦力は保持できない	
政府見解	侵略戦争（自衛のための戦争は放棄せず)	国際法上，自衛のための必要最小限度の戦力は放棄せず （独立国家の権利）	自衛権に基づく交戦権は否定されず
C説	侵略戦争（自衛のための戦争は放棄せず)	侵略戦争のための戦力は保持できない（自衛のための戦力は可能）	侵略戦争のための交戦権は否定（自衛権に基づく交戦権は否定されず）

A説）現実に法を合わせる考え方	B説）現実を法に合わせる考え方
A１説　憲法改正 A２説　憲法変遷論 A３説　９条理念説 A４説　政府見解	自衛隊廃止，縮小説

(2)　集団的自衛権と憲法９条の解釈

①　憲法改正と憲法の解釈

仮に，憲法９条も集団的自衛権を認めていると解釈できるというのであれば，これまでの解釈運用が間違いであったと認める必要がある。そうでなければ，これまでの解釈は正しかったが，その後の事情の変化で，９条の解釈の余地が広がったのだと説明するしかない。もし，事情の変化が認められたとしても，論理的には，それが法の条文の幅を広げることにはならない。社会の必要性があれば，法の意義も変わるとは言えないからである。社会の必要性があるのなら，それを認識する人（憲法改正権をもつ人＝国民）が文言を変える必要がある。憲法の改正が難しいから，解釈で内容を変えるというのは，主権原理の否定に他ならない。さらに言えば，それは立憲主義の否定である。主権者を無視して，解釈でというのは，憲法の無視といえる事態と呼ぶほかない。先に見た憲法変遷論は，あくまで国民の憲法意識を根拠にするものであった。社会状況が変わったというだけでは，憲法の意味内容は変わらない。国民の憲法意識の変化を伴わない解釈変更は，憲法そのものを破壊する。

② 従来の政府解釈の意義

これまでの政府解釈は，憲法9条の文言や趣旨を尊重しながら，自衛権を認め，国民の安全を保障する政策に裏づけられてきた。これは，国民に対して，国家として最低限の義務を果たすものだったといえるであろう。わが国の平和は，憲法9条だけがもたらしたものではなく，アメリカの極東戦略の結果であるという事実を冷静に見極めておく必要もある。しかし，それにもかかわらず，憲法9条が際限のない軍事力拡大の歯止めとなり，戦前レジームへの防波堤となってきた事実は否定できない。

論点　憲法解釈の変更による集団的自衛権の容認について

これまでの政府解釈は，憲法9条が自衛のための軍事力を持つことを禁止していないこと，ただし，その力は自国の防衛のため必要最小限度にとどめられることを強調していた。わが国と同盟関係にある国が攻撃されたとき，わが国がこの攻撃に応戦すること，あるいは，自衛隊を海外に派遣することは，憲法が禁止していると解釈してきたのであった。

しかし，政府は，湾岸戦争における国際社会からの要請に応えられなかったことを理由として，まず自衛隊の海外派遣に踏み切った。もちろんその場合も，派遣先の地域における武器使用は厳格に制限され，戦闘地域での活動も禁止されていた。このような制約を条件にして，海外派遣の禁止が解除されたのであった。

残るは，同盟国に対する他国からの攻撃に対して，同盟国として対応すること，すなわち集団的自衛権の行使をどう考えるのかという問題であった。憲法9条が禁止していると一貫して政府が解釈してきた立場を維持するかどうかが問われたのが，この問題である。

政府は，2014年7月の閣議決定において，憲法9条が集団的自衛権を容認しているとの解釈変更に踏み切った。これが2016年の法制化につながり，国論を二分する激しい議論を巻き起こした。その際，政府が持ち出した理由は，北朝鮮問題や中国をめぐる国際状況の変化，国連憲章51条が集団的自衛権を独立国家に認めていること，最高裁判決もまた集団的自衛権を否定していないことなどであった。その結果，政府は，自衛権行使に必要なこれまでの要件，すなわち，「自国に対して急迫不正の侵害が行われていること」を「わが国と密接な関係にある他国に対する武力行使が発生し，これによりわが国の存立が脅かされ，国民の生命，自由及び幸福追求の権利が根底から覆される明白な危険がある場合」へと拡大されたのである。

自国が他国から侵略されたとき，これに反撃することを個別的自衛権という。この点には異論がない。では，自国に駐留する外国軍隊の基地への攻撃が行われたとき，これに反撃することは個別的自衛権の行使なのか，集団的自衛権の行使なのか。自国領土への攻撃であることに着目すれば，このケースも個別的自衛権の延長で説明できるだろう。

他方，わが国の領土から離れた同盟国の領土が他国から侵略された場合，ただちに反撃することができるか。おそらく，集団的自衛権の範囲を最も広くとらえれば，この反撃も正当化されることになろう。

2014年７月に行われた閣議決定で変更された自衛権の解釈とその後行われた法整備は，「わが国と密接な関係にある他国に対して武力行使が発生し，これによりわが国の存立が脅かされ，国民の生命，自由及び幸福追求の権利が根底から覆される危険がある場合」の要件を課すことによって，集団的自衛権が際限なく拡大していくことへの懸念に対応したものとも言える。

憲法９条が集団的自衛権を容認していると解釈することは可能である。そのような解釈を政府自らが明らかにして，「これが憲法の意味である」と国民に示すこと，すなわち政府が独自の憲法解釈を行うことも否定されない。しかし，これまでの憲法解釈を変更するのであれば，従来の憲法解釈に基づいて国民が持っていた規範意識（これが憲法の意味だとする確信）やこの規範意識を基礎にしてできあがっていた社会的な実践に十分な配慮が払われなければならない。少なくとも憲法９条の解釈についていえば，従来の政府解釈に基づいて形作られてきた国民的な合意（自国を守るために必要な最小限度の自衛力を憲法は禁止していないとの合意）を転換するような憲法解釈は，すでに解釈の限界を超えていると見るべきであり，むしろ憲法改正に着手すべきであった。

演習問題

①　憲法９条と自衛隊に関する政府解釈の変遷を整理しなさい。

②　自衛隊を憲法に明記するためには憲法改正が必要だとする見解について論じなさい。

③　憲法９条をめぐる最高裁判所の姿勢について整理しなさい。

第2章

日本国憲法が定める政治のしくみ

I 統治の基本的な原理

1　権力分立の政治制度

国家も組織であるから，しくみについての取り決めが必要である。誰が何をどのように行えるのかが決まっていないと組織は動かない。あらゆる国家にはこのような取り決めがある。権限の配分，意思決定の配分に関する取り決め（ガバナンス）は，国家であろうと会社であろうと欠かすことができない。

先に見たように，近代立憲主義の考え方は，憲法によって国家権力を制限して，それによって人々の自由を守ることに主眼が置かれていた。したがって，近代立憲主義を採用する国家のしくみは，自由を守ることに重点を置いて定められている。それが権力の分立という考え方である。「およそ人権が保障され，権力分立が定められていない国は憲法を持つものではない」とフランス人権宣言が述べるのはこの意味においてである。

しかし，権力分立に決まったかたちがあるわけではない。その国の歴史や文化，社会状況の中から権力のあり方やその分散のあり方が決まってくる。ただし，法を使う者が法を作るなら，お手盛りなルールを認めることになる。だから，最低限，立法者と法執行者を区別しておく必要がある。立法権と執行権の区別が権力分立の最低ラインである。

日本国憲法は，法を作る者として国会を定め，法を執行する機関として行政権と司法権を区別した。行政権はもっぱら能動的主体的に法を執行して公共の福祉を実現する。司法権は，主として訴えを待って法を執行して正義を実現する。日本国憲法の権力分立は，立法，行政，司法権を分割するしくみを採用した。

論点　法の支配と権力分立

権力の濫用を防止するには，権力の集中を排除する必要がある。では，どのように権力を分散させるか。ここにはいくつかの方法があるが，近代国家は，法を作る者と使う者を分け，法を使う者を主体的に問題解決を行う者（行政）と受動的に問題解決を行う者（司法）に分けた。能動的に問題を解決するとは，自ら進んで情報収取を行い，政策を立て，これを実施することを指し，受動的に問題解決を行うとは，誰かの訴えを待って，第三者として紛争を解決することを指す。

ここには「法の支配」（Rule of Law）の考え方が反映されている。法を使う者に法を作らせると，必ずお手盛りのルールにならざるを得ないから，立法作用と執行作用は明確に区別されていなければならない（高橋和之『立憲主義と日本国憲法　第5版』24頁）。その意味で，法の支配は，インチキ防止ルールでもある。この見方は，権力分立を静的に観る立場といえる。

一方，権力分立を動的に見る立場もある。立法府は，個人の尊厳や平等を実現し，民主主義を貫徹させるために，一般的・抽象的な規範を作る。このルールを用いつつ，問題解決を主体的に行うのが行政であり，最終的に生じた紛争を解決する作用が司法というのである。これは，一般的・抽象的な規範（法律）が，プロセスを経て実現されていくと考える点で，動的な視点ということができる。この見方は，国民が法の実現のプロセスすべてに関わっている点を強調するものでもある（T.R.S. Allan, Constitutional Justice, 2001）。

法の支配は，法治主義とは異なる。国家活動が法律の根拠に基づいて行われなければならないという要請を法治主義と呼ぶなら，法の支配は，その根拠となる法律の中身が一定の価値を体現するものであることを求めている。その要請とは，個人の尊厳を守ること，平等原則に従っていること，透明であること（制定手続の公正さ），予測可能性が保たれていること（明確性，事後法の禁止）である。日本国憲法が具体的な制度の実現を法律に委ねている場合でも（法律への留保），その内容には，法の支配の実体的な要請が課されている。

2　国民主権と権力分立

(1)　立法国家から行政国家へ

近代立憲主義と国民主権が結びつくと，**自己統治**の考え方が生まれる。自分たちを拘束するルールを自分たちで作るしくみである。多くの人が集まって生きる社会では，自由と自由の間の調整が必要となる。その調整こそがルールであって，近代国家では法（法律）という形式をとる。このルール制定権限は議会（国会）に与えられる。ルールに基づく政治は，ルールを作る機関の優位を認めることになる。憲法41条は，このことを確認している。国会が国権の最高機関であるとは，法に基づく政治と同義である。

しかし，国家が担う仕事（貧困の解決，経済の舵取りなど）が増えると，状況に即応した柔軟な政治の運営が必要となる。**福祉国家**の理念を実現するため，国家は市民生活に介入し，富を再配分し，貿易を管理する。その任に当たるのは議会ではない。主体的能動的に活動できる国家機関は行政権しかない。行政権は肥大化し，行政国家現象ともいわれる国家が実現する。議会は，行政をコントロールするより，行政が活動する根拠を付与し，行政活動を後押しする。権力分立のかたちは変わらなくとも，その機能は変容している。

権力分立と国民主権が結びついた政治のしくみを「**古典的な政治モデル**」と呼んでおこう。これに対して，行政国家を推進する政治のしくみを「**現代的な政治モデル**」と呼ぶことにする。現代の日本の政治のしくみは，古典的な政治モデルの容器に現代的な政治モデルの中身を詰め込んだかのようである。

論点　憲法と政党・選挙制度

憲法は，エンジンあるいは何かを動かすためのメカニズムのようなものであると述べたのは，イタリア人政治学者ジョバンニ・サルトーリであった（Giovanni Sartori, Comparative Constitutional Engineering, 2nd. ed. (1997)）。憲法が実現しようとしていることが実現するかどうか，あるいは憲法の下でどのような政治が実際に行われるのかは，選挙制度によって決まる。この選挙制度を上手に利用するため政党が作られていく。憲法と選挙，政党の間には深いつながりがある。

イギリスの場合，政党は，1679年から1681年の間に起きた王位継承排除危機の際，カトリック信者であったヨーク公を王位継承から排除するか（ウィッグ），それに反対するか（王党派，トーリー）をめぐる対立から生まれたとされる。これが自由党と保守党に受け継がれていくが，まだ名望家政党（土地の有力者の集合体）の域を出なかった。これが現在のような政党に成長するには，選挙権の拡大が必要であった。有権者の数が増え，代弁されるべき利益が分岐していく過程で，それらをうまく組織化して，政治に反映させていくシステムが求められたからである。

有権者を組織して，政治に反映させることが必要となった背景には，議会多数派が政府を作っていく制度，すなわち議院内閣制の確立がある。政治権力を掌握するためには議会（とりわけ下院＝庶民院）で多くの議席を獲得しなければならない。そのためには，有権者の利害を代表し，集約するしくみが求められる。政党の形成には有権者の数の拡大が伴っている。

わが国における政党の発達もまたイギリスと似たところがある。明治憲法を議院内閣制に近い形で運用し，議会多数派によって政府を樹立するためには，衆議院において多数派となる必要がある。当初は，一種の政治結社としての性格が強かったわが国の政党も，このような動きの中で近代的な政党に生まれ変わることになった。

このように，憲法の中身がどのように実現されていくのかは，どのような選挙制度を採用し，そこで勝利するためにはどのような組織が必要となるのかという考慮に左右される。

(2)　政党と利益団体

現代的な政治モデルは，有限な資源を奪い合う政治モデルでもある。一国の収入には限界がある。その配分は政治の役割である。一方，人々の利害は多様化する。パイの大きさを拡大できるならともかく，大きさの変わらないパイをできるだけ多くとるため，人々は利害ごとに連帯する。政党や利益団体は，ゼロサムゲームを演じるプレーヤーである。

政党は，追求する利益や実現する目標を共有する者が集まってできている。他の利益団体と異なるのは，それが政権獲得を目指す点にある。もともと憲法は政党に関する定めを置いていなかった。自己統治は，有権者である国民が一人ひとり国家のあるべき方向を見定めて政治の運営を代表者に託すことを予定していたからである。むしろ，政党は公正な政治を阻害する「党派」として警戒されていた歴史がある。しかし，今日，政党が持つ危険性より，それが果たす利益が強調されるようになっている。最高裁も政党は民主主義の健全な発展に欠かすことができないと述べている（八幡製鉄事件：最大判昭和45・6・24）。

日本国憲法も合衆国憲法も政党に関する憲法の規定を置いていない。しかし，実質的な憲法の一部である選挙関連法には政党に関する定めがある（公選法，政治資金規正法）。日本国憲法は，政党を編入しているのである。

〔図：権力分立の古典的モデル（近代モデル）〕

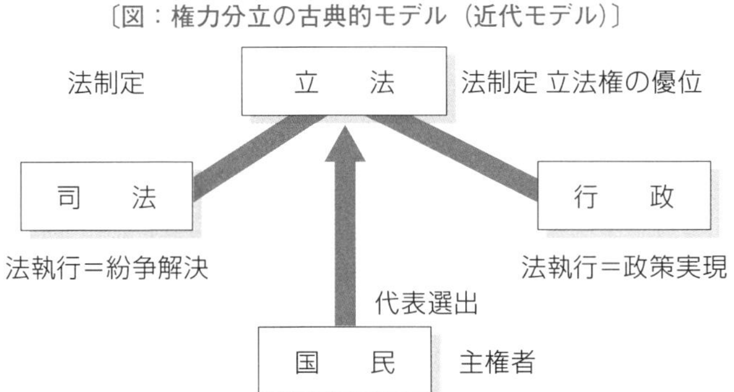

〔図：権力分立の現代的変容モデル〕

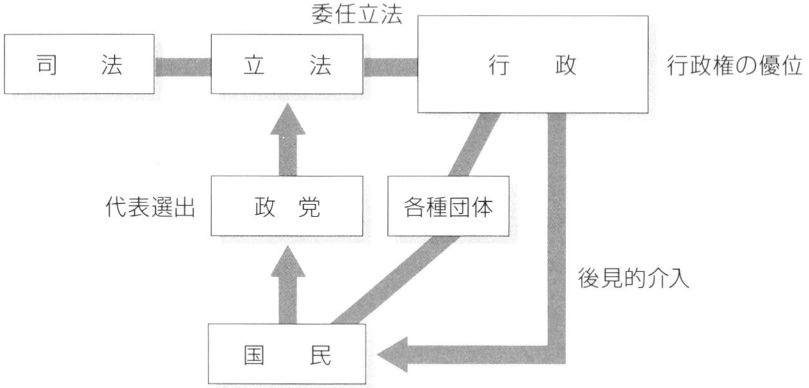

委任立法

司　法

立　法

行　政

行政権の優位

代表選出

政　党

各種団体

後見的介入

国　民

(3)　民主主義のかたちと選挙制度

憲法が定めた政治のしくみは，それを動かす者がどのように選ばれるかによって性格が決まる。民主主義は選挙制度で決まるのである。

民主主義には，大きく分けて二つの考え方がある。一つは，ともかく一票でも多く獲得した者が政治権力を100％掌握すべきだという考え方である。**多数決型民主主義**と呼ぶ。これに対して，世の中に存在する民意を忠実に反映させ，それらの間の協調と妥協で政治が行われるべきであるとする考え方がある。**コンセンサス型民主主義**という。このうち多数決型民主主義を採用するなら，それを実現するためには多数決の結果がはっきり出る選挙制度が望ましい。「勝者丸取り方式」の小選挙区制がふさわしい選挙制度である。イギリスやアメリカの選挙制度は，基本的にこの型である。一方，現実に存在する世論を忠実にくみ上げるには，得票率に議席配分をあわせる選挙制度が必要である。そのため比例代表制が好まれる。ヨーロッパ大陸の多くの国が，この選挙制度を採用している。

この二つの民主主義の型，そしてそのために導入される選挙制度には一長一短がある。多数決型民主主義は「決める政治」にはふさわしい。しかし，与党が獲得する議席は世論を反映しない。極端な場合，得票率51％で100％の議席を得ることもできる。コンセンサス型民主主義は世論を忠実に反映するには利点がある。しかし，多党が分立すると政権基盤が弱く，意思決定に当たっての妥協を避けることができない。

わが国は，衆議院議員選挙では，小選挙区制に比重を置き，11の選挙区を比例代表で争う小選挙区比例代表並立制を採用している。また，参議院議員選挙では，全国を45の選挙区に分け，各選挙区から１名から５名を選出する選挙区選挙と全国を１つの選挙区とした比例代表制を採用している。

〔図：コンセンサス型と選挙制度〕

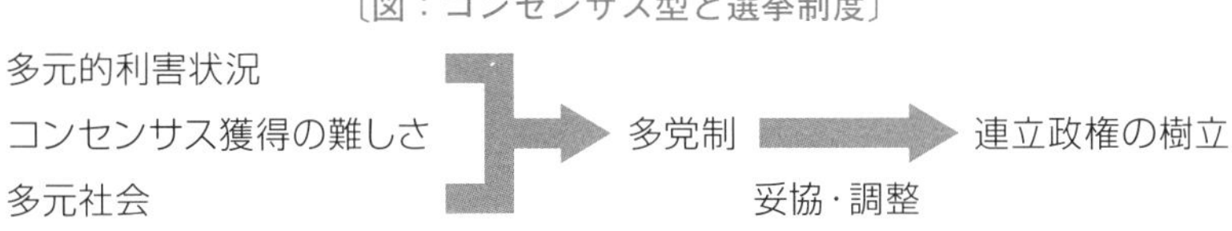

〔図：多数決型と選挙制度〕

同質的な社会状況
利害関係の二元化
社会的コンセンサスの存在
→ 二大政党制 → 政権交代
多数派の獲得

論点　現在の選挙制度の特徴と民主主義のモデル

現在，わが国の国会は以下のような構成となっている。

議院	選挙制度	議員定数	
衆議院	小選挙区比例代表並立制	465名	小選挙区　289名 比例代表区　176名
参議院	選挙区選挙 比例代表選挙	248名＊	100名（３年ごと半数改選） 148名（３年ごと半数改選）

＊2018年通常国会において2019年７月の選挙から定数が６名増となった。

衆議院議員総選挙においては，小選挙区に重きを置いた小選挙区比例代表並立制が採用され，参議院議員選挙においてはやや比例代表制に重点を置いた選挙制度が採用されている。

まず，衆議院議員総選挙においては，小選挙区選挙が重視されるので，低い投票率と低い得票率でも高い議席獲得率が確保できるという特徴が見いだされる。これは，多数派デモクラシーの理念を採用したものであり，「決める政治」を指向するものである。逆に参議院議員選挙においては，比例代表制に重きが置かれていることと，選挙区選挙も一人区は別として，一つの選挙区から数人を当選させる制度がとられていることから，民意を反映させることに重きを置いた選挙制度が採用されていると考えることができる。参議院においては，多様な意見が議席に反映されやすく，議員定数が少なく，一人の当選者が全体の議席において占める比重が重いこととあいまって，コンセンサス型の政治を具体化するような選挙制度，すなわち容易に「決めさせない」政治を指向するような制度がとられていると考えられる。

これは，よく見れば，アクセル役の衆議院に対して，ブレーキ役の参議院という役割分担が効くともいえるが，悪く見れば，ねじれが生じることによって，いつまでも決まらない政治を招いてしまうというリスクも指摘される。ただ，これまでの選挙結果を見ると，有権者は，この両者をうまく使い分けてきたとも言え，選挙の制度設計が一定の効果を生み出していると評価することもできるであろう。

3　日本国憲法の政治制度

(1)　二院制（両院制）

日本国憲法は，42条で二院制（両院制）を採用している。日本国憲法制定過程では，GHQ が一院制の導入を提案したが，日本側は二院制にこだわったといわれている。一院制は，意思決定のスピードや効率性の観点から利点がある。二院制は，慎重な審議に優れている。このほか，二院制採用の理由は，第一院の暴走を防止すること，任期が比較的長く定められ，議会解散のリスクから解放されているため，長期的な展望に立った審議が可能となること，異なる時期の世論を反映できることなどが挙げられている。

論点　二院制とねじれ

二院制の下では，それぞれの院の多数派構成が異なることが生じる。いわゆる**ねじれ**の問題である。それに備えて，憲法の規定は下院の優越を定めたり，慣行を確立してきたりしてきた。ねじれは，憲法が想定する生理現象である。ねじれを病理現象と考えるのは，憲法の想定する政治を見誤っている。ねじれを回避するため，憲法を改正し，一院制を採用すべきだとの考え方には賛成することができない。ねじれは主権者国民の選択である。ねじれの原因は上院（参議院）が強すぎるからではない。それは，小選挙区に比重を置いた選挙制度の結果，強すぎる下院（衆議院）が誕生したことに対する国民の警戒感の表れでもある。強いのは参議院ではなく，衆議院である。

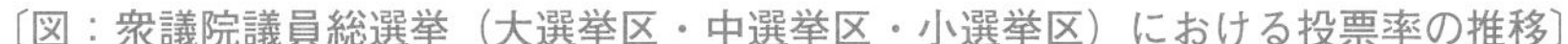

〔図：衆議院議員総選挙（大選挙区・中選挙区・小選挙区）における投票率の推移〕

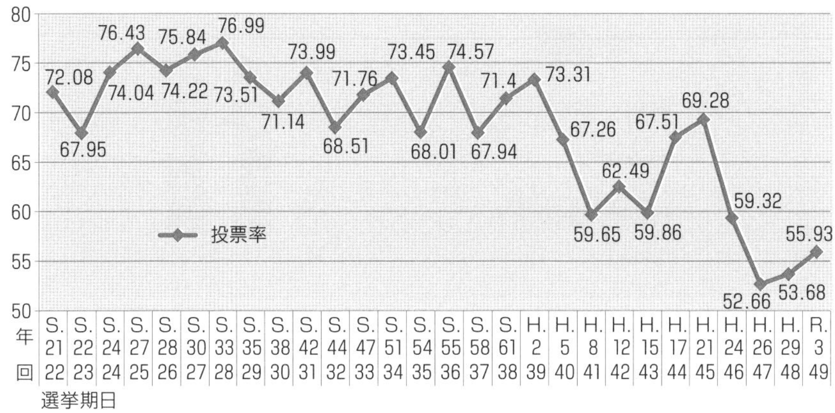

注１　昭和38年は，投票時間が２時間延長され，午後８時までであった。
注２　昭和55年及び昭和61年は衆参同日選挙であった。
注３　平成８年より，小選挙区比例代表並立制が導入された。
注４　平成12年より，投票時間が２時間延長になり，午後８時までとなった。
注５　平成17年より，期日前投票制度が導入された。
注６　平成29年より，選挙権年齢が18歳以上へ引き下げられた。
（総務省ホームページより）

〔図：参議院議員通常選挙（地方区・選挙区）における投票率の推移〕

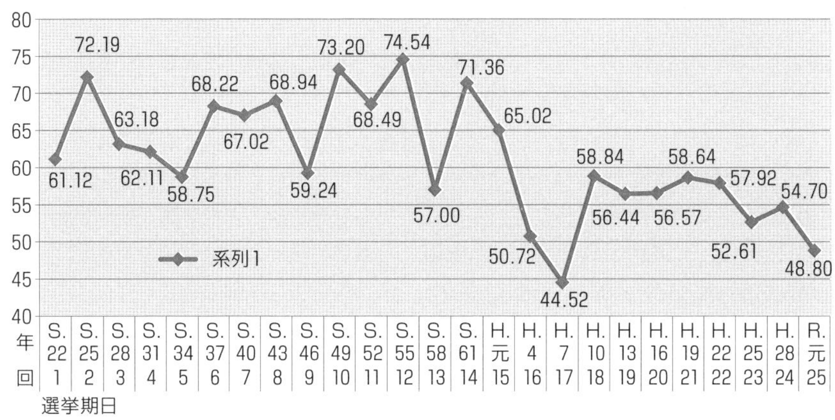

注１　昭和49年は投票時間が１時間延長され，午後７時までであった。
注２　昭和55年及び昭和61年は衆参同日選挙であった。
注３　昭和58年より拘束名簿式比例代表制が導入された。
注４　平成10年より投票時間が２時間延長になり，午後８時までとなった。
注５　平成13年に比例代表制が非拘束名簿式に変更された。
注６　平成16年より，期日前投票制度が導入された。
注７　平成28年より，選挙権年齢が18歳以上へ引き下げられた。
（総務省ホームページより）

〔図：平成29年衆議院総選挙における自民党の小選挙区得票率と議席占有率〕

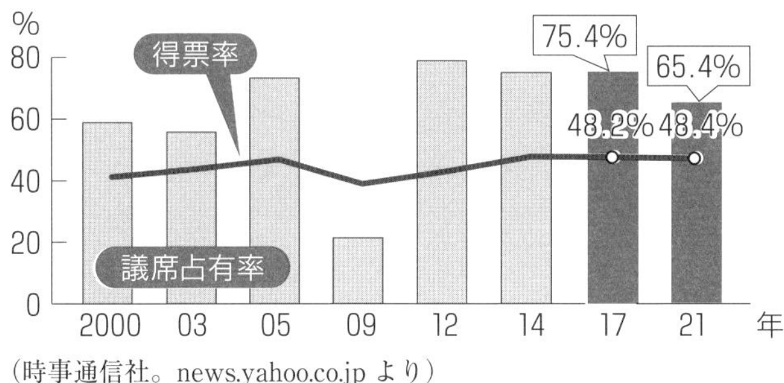

（時事通信社。news.yahoo.co.jp より）

(2)　議院内閣制

憲法66条ほかの条文は，**議院内閣制**について定めている。行政権の最高機関である内閣は，国会の信任に基づいていることを示している。内閣は，国会に対して連帯して責任を負う（66条3項）との条文が議院内閣制の本質を表している。

論点　議院内閣制の本質をめぐる議論

議院内閣制とは，parliamental cabinet の訳であると言われている。政治を司る部門を内閣として，その内閣が議会多数派（特に下院の多数派）から選ばれるしくみをこう呼んでいる。日本国憲法では，天皇の象徴化とともに，明治憲法との継続性から議院内閣制を採用した。

かつて，議院内閣制とは何かをめぐる議論があった。どのような要素が認められたなら議院内閣制と呼べるのかをめぐる議論であった。フランス第三共和政下の議会は，一度も解散されたことがなかったのであるが，これを議院内閣制と呼ぶに適しているのかという議論でもあった。議会解散権の存在とその行使こそが議院内閣制の本質なのか，そうではなく，議会の信任を内閣の存立根拠に求めることがその本質なのかという論点であった。しかし，分類学としてはともかく，法解釈の問題としては，この議論は不要である。議院内閣制とは，内閣の存立が議会の信任に基づいていて，その信頼関係の中で存続し，信頼関係が破られたり，対立関係が生じたときには国民に信を問うしくみを議院内閣制と呼べば事は足りる。

議院内閣制と対比される政治制度が大統領制度である。**大統領制度**にも様々なかたちがある。世界の政治制度を見渡すと，アメリカ合衆国のように，大統領が公選により選ばれ，独立した行政府を作る国もあれば，フランスのように議院内閣制との組み合わせにより行政が行われる国もある。したがって，単純に大統領制度と議院内閣制度を比較することはできない。

論点　大統領制と議院内閣制

強い政府を作り，首長のリーダーシップを強化するには，首相を公選で選んだ方がよいという議論がある。これは大統領制の導入に等しい。しかし，首相を公選で選べば，強い政府や強固なリーダーシップが確保できるわけではない。大統領制は，行政府の長と議会の多数派を別の選挙で選ぶので，かなりの確率でねじれが生じてしまう。アメリカ合衆国では，民主党の大統領の下，共和党多数の上下両院で意思決定を行わなければならない事態がたびたび生じている。むしろ，強い政府，強いリーダーシップという観点からは，議院内閣制の方が優れている。

一方，現代の政治制度は，行政府の長（執政長官＝政治を行うリーダー）の権限が強化される傾向があると言われている。首相の大統領化と呼ばれる現象が世界中で起きている。元々議院内閣制では，議会多数派と政府は同一の政党から構成されるから，議会と政府が対立する場面は限られていた。小選挙区制が導入され，議会における多数派構成が容易にできるようになった段階では，議会は政府の方針を正当化し，推進する役割を担うようになる。したがって，政治における対立の構造は，議会と政府の間ではなく，議会内の多数派＝与党と少数派＝野党との間に生じることになる。議会では，政府が提出した議案に対して，議論を通じた妥協と調整が行われるのではなく，政府案に対して野党が批判を行う，対決型の政治（アリーナ型政治）が通常の形になってくる。

議院内閣制では，議会多数派が行政権を握る。通常の場合，議会多数派と首相の所属会派が異なることはない。議会と内閣は協調関係にある。議会解散権は，両者の対立を解消するために用いられることも少なくなる。

憲法は，国務大臣の過半数が国会議員であることを求めている（68条1項）。他国の制度では，全員が国会議員でなければならないとするものもある。わが国は，その要件を緩和している。

(3) 象徴天皇制

① 統治権の総覧者から国民の象徴へ

わが国の政治制度は，立憲主義を採用して，権力分立と人権の保障を定めるとともに，世襲の天皇を**国家の象徴**として定めている。

天皇は，明治憲法においては，国権の総覧者としての立場にあり（明治憲法4条），主権者であった。立法，行政，司法の各機関は天皇の名において国家権力を行使していたのであるから，権力分立の意味は日本国憲法のそれとは大きく異なっている。また，天皇は，陸海軍の統帥権を持ち，軍隊を指揮命令する立場にあった。

明治憲法下での天皇への権力集中が抑圧体制を作り上げる根拠となり，それが戦争へと向かわせる力となったことを重く見て，日本国憲法は，天皇制を根本的に変更したのである。すなわち，日本国憲法は，天皇制を存続する代わりに，その地位を象徴へと改変したのであった。

② 国民の象徴とは

日本国憲法の英訳は，象徴を the symbol of the State and of the unity of the People と記している。シンボルとは，「あるものからあるものを想像できるような」物体や意匠などを指す。天皇が，日本国と日本国民の統合の象徴であるとは，天皇が日本や日本人を連想させる契機となっていることを意味している。「天皇と言えば日本」，「日本と言えば天皇」という象徴，被象徴の関係が成り立つというのである。憲法は，このことを「主権の存する日本国民の総意に基づく」ものと定めている（1条）。

他方で，日本国憲法は，天皇から実質的な権力を奪った。もちろん，天皇制は君主制の一種であることは事実であるから，君主制に特有の権限は日本国憲法にも残されている。たとえば，議会の解散権や召集権は，天皇の**国事行為**と定められている。しかし，これらは形式的な権限であって，その中身を決めるのは内閣であったり，国会であるから，天皇がこれらの行為についての裁量権を持っているわけではない。

③ 天皇の国事行為

憲法は，これらのことを「内閣の助言と承認」（3条）として定めている。そして，天皇が行うことのできる「国事行為」を7条に列挙した。

論点 天皇の国事行為とそれ以外の行為

天皇の行為は，憲法に定められた国事行為と純粋に私的な行為に分けられる。しかし，あらゆる二分法がそうであるように，その中間領域に属する行為も考えられる。

たとえば，国会開催のときに行われる「おことば」や国内の行幸は，いずれの行為と考えられるのだろうか。実際には，国事行為以外にも，国家の象徴として行わなければならない行為は考えられるので，これら中間領域の行為を「公的行為」として，何らかのかたちで内閣のコントロールが及ぶようなしくみが取られてきた。助言と承認という形式でなくとも，天皇の公的行為について内閣が責任を負えるような関与が求められているのである。

演習問題

① デモクラシーをめぐる2つの考え方の違いは選挙制度の設計に対してどのような影響を与えているか。

② わが国で採用されている選挙制度の特徴と意義，その問題点を指摘しなさい。

③ わが国のような議院内閣制とアメリカ合衆国の大統領制を比較して，議院内閣制のメリットを指摘しなさい。

Ⅱ 国 会

1 国会の地位

(1) 国権の最高機関

憲法41条は，国会を国権の最高機関と定めている。この定め方をめぐっては，いくつかのとらえ方があった。これは，「最高」という言葉で何を語ろうとするのかの違いである。

論点 最高機関とは何か

日本国憲法は，国民を主権者として，権力分立を定めているので，国会が最高機関であるとすることは政治的な意味合いしかない（法的意味合いはない）と考える立場が通説であった（政治的な美称説）。これに対しては，国会は国政全般を統括する機能を持っていることを最高機関の意味とする立場（統括機関説）や国政の総合調整を行う機関であることを最高と呼んでいると考える立場（総合調整説）が主張さている。いずれも法解釈においてはさほどの差異を生じさせるものではない。国会が主権者から直接選ばれた議員によって構成されること，国会の役割は国家活動の基礎を作ることをもって最高と呼んだと考えれば十分である。そしてそれが法的な意味なのである。政治制度の設計にあたり，強い議会を想定するのか，強い政府を想定するのかの選択が行われる。前者は19世紀の議会中心主義に，後者は20世紀以降の政治のありかたに，それぞれ呼応するものであるが，41条の書きぶりは前者の名残りであるとも言えよう。

⑵　唯一の立法機関

①　立法とはどういうことか

立法とは法律を作ることである。ここにいう法律とは，法律という名称を持った規範（**形式的意味の法律**）を意味するだけでなく，特定の内容を持った規範（実質的意味の法律）を意味する。

自己統治の政治制度は，自分たちの利害や自由の調整のためのルールを必要とする。そのルールの制定権限は代表者からなる議会に委ねられる。すなわち，議会が制定するルールとは，国民間の利害を調整し，自由の衝突を調和させるルールである。それは，各人の権利や自由を制限する。逆から言うと，国民の自由を制限するには国民代表の制定した規範によらなければならない。国民の権利を制限し，義務を課すためには法律の根拠が必要となる。**実質的意味の法律**とは，国民の権利義務に関する規範のことである。この規範を制定できるのは国会だけに限られる。

②　唯一の立法機関　二つの意味

唯一のという語が意味することには二つの側面がある。第一に，法律制定権は国会がこれを独占する。**国会中心立法の原則**という。ただし，憲法は，実質的な意味の法律であっても，国会以外の機関に制定権限を与えている場合がある。両院の議院規則や最高裁判所の規則の中には，実質的な法律と考えられるものも含まれるが，これは憲法自らが認めた例外である。

第二に，法律の制定には国会だけが関与することができる。これを**国会単独立法の原則**という。

論点　法律概念

ここで述べたように，法律とは「国民の権利義務に」かかわる規範（これを「法規」という）と理解されてきた。これは，議会の力が弱かった時代に，議会としては譲ることのできない最低限の権限を国民の権利保障の観点から認めさせたものであった。議会権限が拡大した今日，法律の概念をこのように限定する必要はないとする学説が支配的になっている。そこで，法律については，あらゆる領域について制定可能な規範として，むしろ形式的に解釈すればよいとする考え方も登場する。ただ，「国民の権利義務に関わる事項については，国民代表の同意が必要である」という点は忘れてはならない。このような法律のとらえ方は，行政法における法規概念をコピーしたものであって，憲法の概念としては，これにとらわれる必要はないとする立場も現れている。法規概念の採用によって，「国民の権利義務に関わらない規範は，法律でなくてもよい」とする解釈が導き出されるとすれば，この批判は当たっている。かつて問題となった褒章条例問題や国葬実施の要件のように，国政の重要な姿勢や儀式に関する事項は，国会の同意を要すると解すべきではないか。したがって，これらもまた法律によることが望まれる。したがって，どうしても法律という規範でなければ定められないもの（必要的法律事項）と法律でも定められる事項（任意的法律事項）を区別しておく実益はある。

論点　下位規範への委任

この点で問題となるのは，法律では基本的な枠組のみを定め，その中身を行政機関の制定する命令に委ねる，委任立法が認められるかである。法律を改正するには相当な労力が必要である。事柄によっては，法改正をまっていては必要な措置をとることができないこともある。そこで，権利を制限できる根拠を法律が定め，その具体的要件を命令に委ねることにも合理性が認められる。ただし，委任された命令が委任した法律の範囲を超えていたり，白紙委任とされる場合には，委任立法は無効となる。この点で，国家公務員に禁止される政治活動を人事院規則に委ねた国公法102条１項の合憲性が問題となった。しかし，最高裁は，規制の必要性を強調して，委任立法の合理性の判断を回避した（「猿払事件」後述）。

最近になって，最高裁は，委任立法の適法性について厳しい姿勢を見せ始めている。たとえば，薬事法（現在は薬機法と名称が変わっている）の委任を受けて定められた，施行規則が，医薬品のネット販売規制を包括的に禁止する規定を置いたところ，これが法律の委任を超えているのではないかが争われた事件において，次のように述べ，当該規則が法律の委任の範囲を超え，無効であると判断している（最判平成25・1・11）。

「憲法22条1項による保障は，狭義における職業選択の自由のみならず職業活動の自由の保障をも包含しているものと解されるところ……旧薬事法の下では違法とされていなかった郵便等販売に対する新たな規制は，郵便等販売をその事業の柱としてきた者の職業活動の自由を相当程度制約するものであることが明らかである。これらの事情の下で，厚生労働大臣が制定した郵便等販売を規制する新施行規則の規定が，これを定める根拠となる新薬事法の趣旨に適合するもの（行政手続法38条1項）であり，その委任の範囲を逸脱したものではないというためには，立法過程における議論をもしんしゃくした上で，新薬事法36条の5及び36条の6を始めとする新薬事法中の諸規定を見て，そこから，郵便等販売を規制する内容の省令の制定を委任する授権の趣旨が，上記規制の範囲や程度等に応じて明確に読み取れることを要するものというべきである。」

この姿勢は，ふるさと納税の実施に当たり，総務省の意向に従わなかったことを理由として，その実施団体から排除したことの適法性が問題となった，泉佐野市ふるさと納税事件でも継承されている（最判令和2・6・30）。要するに，委任立法の適法性は，「関係規定の文理や委任の趣旨等のほか，立法過程における議論をしんしゃくしても委任する授権の趣旨が明確に読み取れるということ」ができるかどうかがポイントとなる。

(3)　全国民の代表

①　代表とは何か

全国民の代表とは何であろうか。代表する（represent）とは国民の意思を国会で改めて表明することである。この点で，本人に代わり，本人のために意思表示を行い，その結果が本人に帰属するという代理とは異なる。多くの憲法学説は，この違いに着目して，代表とは，その行動が国民の意思を反映しているとみなされるような立場を意味すると考えてきた。両者の間には法的な権利義務の関係はないから，国民が代表者を拘束したり（委任契約），公約違反に制裁を科すようなことを許さないと考えている（命令的委任の禁止）。

また，憲法は，国会議員の行動の自由を保障している。院内での発言は法的に免責され，会期中は原則として逮捕されない。このことからも，一人ひとりの議員は特定の利害に拘束されないことが理解できる。国会議員は，全国民の代表とみなされる。

② 全国民の代表

ただし，全国民の代表であるということは，特定の利益の代弁者であってはならないことも意味している。特定の利害を離れて，全国民の利益の見地から活動することが義務づけられている。その意味で，全国民の代表とは，きわめて共和主義的な概念である。ただし，特定の利害の代弁者であってはならないということは，国民の意思とは関係なく活動してもよいことを意味しない。法的な拘束関係から自由であっても，その時々の民意をくみ取りながら活動するという政治的な義務は免れない。このような代表の考え方を**社会学的代表**と呼んでいる。

論点　**全国民の代表と党議拘束**

国会議員は所属する党の規律に服さなければならないが，具体的な投票行動まで縛られるのだろうか。アメリカの政党のように，比較的党議拘束が緩やかな国もあるが，わが国の場合は政党の方針に厳格な縛りをかける傾向が強い。党の規律違反に対する処分については，各政党の自律的判断にまかされるというのが最高裁の考え方であるので，党議拘束違反への制裁もまた司法審査が及ばない領域とされる可能性が強い。全国民の代表の理念と党活動の集約性は矛盾対立する関係にある。

(4) 選挙制度

① 選挙の基本原則

どのような民主主義を実現するのかによって，選挙制度が選択される。憲法は，選挙制度の選択を国会に委ねている（43条2項と44条）。しかし，この選択や制度の設計には，憲法が条件を課している。選挙は**普通選挙**でなければならず（15条3項），「投票の秘密はこれを犯してはならず」，また投票については「公的にも私的にも責任を問われない」（同4項）という**秘密選挙**が保障され，かつ任意選挙でなくてはならない。さらに，選挙人の資格は「人種，信条，性別，社会的身分，門地，教育又は財産によって差別してはならない」（44条）として**平等選挙**を求めている。また，条文の上からは明確でないものの，選挙にあたって，選挙人を選出するような間接選挙は予定されていないので，憲法は**直接選挙**を前提としている。この枠の中で，国会は選挙制度を設計し，実施するのである。

②　普通選挙の原則

普通選挙の原則とは，有権者の資格を年齢以外に求めてはならないとする原則である。とりわけ，財産や納税額と有権者の資格を結びつけることを禁止する。この点で，外国に居住していることを理由に選挙権を否定することが許されるかが問題となったケースがある。最高裁は，「国民の選挙権またはその行使を制限することは憲法の趣旨からして原則として許されない」として，公選法の旧規定に対して厳格な審査を施し，これを憲法違反と判断した（最大判平成17・9・14）。

論点　普通選挙の原則と厳格審査

最高裁は，在外国民に選挙権を制限していた公職選挙法について，以下のような判断を下している。

「憲法の以上の趣旨にかんがみれば，自ら選挙の公正を害する行為をした者等の選挙権について一定の制限をすることは別として，国民の選挙権又はその行使を制限することは原則として許されず，国民の選挙権又はその行使を制限するためには，そのような制限をすることがやむを得ないと認められる事由がなければならないというべきである。そして，そのような制限をすることなしには選挙の公正を確保しつつ選挙権の行使を認めることが事実上不能ないし著しく困難であると認められる場合でない限り，上記のやむを得ない事由があるとはいえず，このような事由なしに国民の選挙権の行使を制限することは，憲法15条1項及び3項，43条1項並びに44条ただし書に違反するといわざるを得ない。」

この考え方は，最高裁判所裁判官への国民審査を在外国民に対して認めていなかった国民審査法に対する違憲判決にも継承されている（最大判令和2・5・25）。このことから，最高裁は，国民が政治に参加する権利そのものを制約している場合には，厳格審査を施すことを明らかにしたといえる。

論点　公民権の停止と普通選挙の原則

また，公選法は，禁固刑以上の罪に処せられた者への公民権停止を定めている。この制約は普通選挙の原則に違反しないのであろうか。

問題は，在外邦人の選挙権訴訟において，最高裁は，選挙権を制限することは原則として許されず，そのような法律には厳格な審査が適用されるとしたこととの関係をどう見るかである。仮に，厳格な審査を行うのであれば，禁固刑以上に処せられた者を選挙のプロセスから排除するためには，「その者を選挙に関わらせることが選挙の公正自体を損なう」ほどの理由が見いだせるかが問われることになる。逆に，厳格な審査を適用しないのであれば，在外邦人の選挙権訴訟とこのケースをどのように区別するのか（できるのか）が問題となる。裁判所の考え方は分かれているが，中間段階の審査基準を用いたとしても，選挙権制限の目的を実現するには，不釣り合いが生じていると見ることもできる。なぜなら，公正な選挙の実現のためには，選挙犯罪を犯した者だけを排除すればよく，禁固刑以上の刑に処せられて刑を終えていない者すべてを排除する必要はないからである。

先に見た平成17年大法廷判決で，最高裁は「自ら選挙の公正を害する行為をした者等の選挙権について一定の制限をすることは別として」と述べていることからすると，一般犯罪と選挙犯罪は分けて考えることができるのではなかろうか。

③ 平等選挙の原則

１）定数不均衡問題

ア）判例の推移

普通選挙の原則が選挙人資格の平等を求めるのに対して，**平等選挙の原則**は投票の数的，価値的平等を求める原則である。

この点については，投票価値の平等を争った**定数不均衡問題**が問題となる。最高裁は，昭和51年の大法廷判決で，平等選挙の原則が投票価値の平等をも含むことを認め，１票の最大較差１：4.99を憲法違反と判断した（最大判昭和51・4・14）。また，参議院選挙については，当初参議院の特殊性（選挙区代表との性格）を考慮して，最大較差１：6.59を憲法には違反しないと判断していたが，その後許される較差の要件を厳格に考えるようになっている。2010年に行われた参議院選挙について最高裁は，１：５の較差を違憲と断じている（最大判平成24・10・17）。しかし，その後も抜本的改正がなされないまま，2013年に行われた選挙の最大較差１：4.7について，最高裁は**違憲状態**であると判断した（最大判平成26・11・26）。

論点　定数不均衡と違憲判断の方法

議員定数は，ある時点の人口を調査して，再配分が行われる。そうすると，憲法上許されない較差が生じていることは，その都度の調査を踏まえて認識され，是正に向けた国会審議が行われることになる。したがって，憲法上許されない較差が生じていることの認識と較差是正に向けた努力との間には時間の隔たりが生じることはやむを得ない。このことから，裁判所は，定数不均衡問題への憲法判断に当たっては，憲法上許されない較差が生じているとの認識とこれを是正するために必要な時間という二つの要素を検討することになっている。後者は合理的な期間と呼ばれているが，その具体的な長さについてははっきりとした判断がなされているわけではない。合理的期間の起算点は，許されない較差が生じていることの認識があったときであろうが，その期限が明確に定められないのであれば，この判断方法は，結局総合考慮説に近づいていく。そのこともあってか，最近の参議院議員定数不均衡訴訟において，最高裁は，合理的期間について触れず，むしろ端的に，是正のための努力が行われたか，という主観的な要素を考慮するようになっている。

論点　定数不均衡問題と裁判所の判断

最高裁は，許容される較差がどの程度なのかを明示していない。学説は，最高裁の姿勢を忖度しながら，衆議院議員選挙においては概ね１：２を基準とし，参議院選挙については概ね１：４が合憲と違憲を分ける基準ではないかと考えていたようである。もちろん，全国を一つの選挙区として定め，そこから全議席を選出する大選挙区制度を採用するなら定数不均衡問題は生じない。より小さな選挙区を全国に設け，そこから１人もしくは複数人を選出する制度をとる以上は，人口の移動や偏りによって定数不均衡問題が生じるのは避けられない。しかし，投票価値の平等は１：１を原則とするものであるから，そこからどの程度まで較差が許容されるのかは立法府に立証責任が課されるはずである。最高裁自身も，定数不均衡問題を解消するためには選挙制度自身を見直すよう求める判断を示している（衆議院選挙一人別枠方式について最大判平成23・３・23，参議院選挙について最大判平成24・10・17判決）。

イ）判断の姿勢

定数不均衡問題に対する最高裁の姿勢は，徐々に厳しくなってきている。その理由について，ある裁判官は，「今日の社会・経済の全国的な流動化が進み，情報化が飛躍的に向上した状況下では，投票価値の較差の評価において，憲法上の平等の観点から要請される人口比例原則に明らかに反する程度まで許容することの合理性は，説明できないところとなっている。多数決原理により制定される我が国の各種政策の正統性に疑義を生じさせる余地は速やかに排除していくべきであろう。」と説明している（最大判平成27・11・25。千葉勝美裁判官補足意見)。

定数不均衡による較差の是正は，法律を違憲無効と判断すればそれで片付けられるわけではない。違憲状態の判断にしても，違憲無効判決にしても，その後の是正措置を誰が，どのように行うのかが課題となる。この点から考えると，裁判所としては，憲法上許されない投票価値に較差が生じているとの判断を明らかにした上で，是正を立法府に委ねる，いわばキャッチボールを続けるしかないとも考えられる。しかし，これでは，漸進的な改革は可能となるかもしれないが，抜本的な改革は難しい。また，その都度侵害されている投票権の救済という点を全く顧慮しない姿勢であるとも言えよう。これらの問題点から，最近では，最高裁判決の中でも，選挙を無効とすべきとの個別意見も明らかにされるようになってきた。

投票権が価値の上でも平等であることはなぜ必要か。それは，投票権に等しい影響力がない場合，国政への決定に参加する資格に較差が生じていることになり，ひいては国家の意思決定の正当性，すなわち，その決定が憲法上正しく，拘束力が生まれる根拠を欠くことになるからである。投票権の影響力に較差があることは，特定の有権者にプラチナカードを与えているのに等しい。その点から考えると，選挙制度の設計は人口比例が原則であって，そこからの逸脱がどこまで，あるいはどの程度許されるかは，国会が証明責任を負うと考えるべきではないだろうか（したがって，較差がないことが前提となる)。憲法前文が掲げるように，「日本国民は，正当に選挙された代表者を通じて行動する」。選挙が正当であるためには，適法であること以上の要素が必要である。

ウ）地方議会の定数不均衡問題

以上は，国政選挙に関する考え方であるが，このことは地方選挙においても変わらない。投票権の影響力の平等は，主権の基本的要素である。ただ，公職選挙法15条8項は，「各選挙区において選挙すべき地方公共団体の議会の議員の数は，人口に比例して，条例で定めなければならない。ただし，特別の事情があるときは，おおむね人口を基準とし，地域間の均衡を考慮して定めることができる。」と定めている。このことから，地方選挙における定数不均衡問題は，「特別の事情」による正当化が認められるかどうかに向けられる（最判平成27・1・15)。この点に関して，東京都議会島部選挙区の設置に関して，その特別の取り扱いが著しい較差を生じさせていると言えない限りは，条例制定権者である都議会の裁量権の範囲内であるとした判決がある（最判平成31・2・5)。

論点　選挙制度の設計と裁判所の姿勢

憲法は，選挙に関する事項を国会の決定に委ねている（43条２項・44条，47条）。選挙の具体的な内容は国会の裁量（立法裁量）事項であるから，よほどのことがない限り（この裁量を逸脱，濫用するようなことがない限り），裁判所は独自の判断を差し挟まない。したがって，どのような選挙制度を採用するか，どのように実施するかについては，憲法が定める選挙の原則に違反しない限り，国会が独自に定めることができる。この観点から問題となった事例を挙げよう。

①　衆議院議員選挙における一人別枠方式の合憲性

衆議院議員総選挙において小選挙区制を導入するに当たり，各都道府県から必ず１名が選出されるように，あらかじめ１名の定数を振り当てる「一人別枠方式」がとられていた。しかし，この方式は各都道府県や各選挙区の有権者数とはかかわりなく配分されるものであったため，結果として定数の人口比とはかけ離れた較差を生じさせる原因となっていた。最高裁判所は，この方式が投票価値の平等に反する主たる原因であることを認め，その合理性を否定した（最大判平成23・３・23）。

②　参議院議員選挙の特殊性と投票価値の平等

二院制を採用するわが国の議会制度では，上院（参議院）は下院（衆議院）とどのような点で差別化されるのであろうか。当初，最高裁は参議院には地域代表としての性格があるとして，人口比に基づく定数配分を求めなかった（最大判昭和58・４・27）。たしかに，たとえば，アメリカ上院は各州代表としての性格があるため，人口比に基づく議員定数の配分とは異なる要請に基づいて制度設計が行われている。しかし，憲法は，明文で参議院に地域代表としての性格を付与したわけではないし，平等選挙の原則が排除されるとの規定も置いていない。そこで，最高裁は，参議院にも人口比に基づく定数配分が要請されるとの立場に立ち，都道府県の枠にとらわれない選挙区割りなどを求める判断を下したのである（最大判平成24・10・17）。その結果，徳島県選挙区と高知県選挙区，島根県選挙区と鳥取県選挙区をそれぞれ合区することで最大較差を3.08倍にまで縮小する改正が行われた。この方式の下で行われた平成28年７月の参議院議員選挙について，最高裁は，一定の是正が行われたとして，その合憲性を認めている（最大判平成29・９・27）。ただし，この較差是正では憲法上の要請が満たされていないとする反対意見がある。

③　参議院非拘束名簿方式比例代表制の合憲性

比例代表制の制度設計に当たっては，様々な計算方法があるが，名簿搭載者に対する投票がその者の所属政党に対する投票として計算される方式は，その個人

〔表：定数不均衡訴訟の概要〕

判決年月日	較 差	判 決	備 考
1 衆議院議員選挙			
① 最大判昭和51・4・14	1：4.99	違憲判決	事情判決
② 最大判昭和58・11・7	1：3.94	合憲判決	合理的期間内 改正の要望
③ 最大判昭和60・7・17	1：4.0	違憲判決	合理的期間を過ぎる 違法の宣言
④ 最判昭和63・10・21	1：2.99	合憲判決	
⑤ 最大判平成5・1・20	1：3.18	合憲判決（違憲状態）	合理的期間内（4裁判官反対意見：合理的期間徒過）
⑥ 最大判平成11・11・10	1：2.31	合憲判決	小選挙区選挙（5裁判官反対意見）
⑦ 最大判平成23・3・23	1：2.30	違憲状態	一人別枠方式に対する判断
⑧ 最大判平成25・11・20	1：2.43	違憲状態	合理的期間内（4裁判官反対意見）
⑨ 最大判平成27・11・25	1：2.129	違憲状態	合理的期間内（3裁判官反対意見）
⑩ 最大判平成30・12・19	1：1.979	合憲判決	アダムス方式への移行途中での選挙
2 参議院議員選挙			
① 最大判昭和58・4・27	1：5.37	合憲判決	地域代表という参院の性格
② 最大判平成8・9・11	1：6.59	違憲状態	合理的期間内（？）
③ 最大判平成16・1・14	1：5.06	合憲判決	9対6（4裁判官は違憲警告判決）
④ 最大判平成24・10・17	1：5.26	違憲状態	都道府県の枠ではない選挙区を示唆
⑤ 最大判平成26・11・26	1：4.77	違憲状態	都道府県にとらわれない選挙区の提言
⑥ 最大判平成29・9・27	1：2.97	合憲判決	合区と10増6減による再配分
⑦ 最大判令和2・11・18	1：2.99	合憲判決	漸進的にならざるを得ない改革（3裁判官反対意見）

には投票したいが，その政党には投票したくないとする有権者の意向を無視するものではないか（投票の意向がそのまま結果に反映されない点で，直接選挙の原則に違反するとの主張）との疑念があった。この方式の合憲性が争われた事件において，最高裁は，この制度が明らかに民意から逸脱した制度とまではいえないこと，有権者が議員選出の選挙人として投票し，その総意で当選者を確定する点で，選挙人以外の第三者が介在しないとして，直接選挙違反とはいえないとの判断を示している（最大判平成16・1・14）。

2）定数不均衡問題と選挙の効力　最高裁は，許される程度を超えた較差を憲法違反の状態と呼んでいる。一歩進んで憲法違反と判断するためには，是正のために必要な期間が過ぎているかどうかを考慮している。この期間を合理的期間と呼ぶ。合理的期間がどれほどの長さなのかは明確ではないものの，国勢調査等で較差が開いていることがわかっているにもかかわらずこれを3年放置したケースでは，**合理的期間**を過ぎているとの判断を下している（最大判昭和60・7・17）。

許される較差を超え，合理的期間を過ぎた定数不均衡状態は憲法違反である。しかし，最高裁は，選挙が憲法に違反することを宣言するにとどめ，選挙無効の判断を下したことはない。選挙を無効とした場合，較差是正を誰が行うのかという問題や無効な選挙で選ばれた代表者が制定した法律や承認した予算，条約の効力について確たる答えが見つけられなかったからである。この判決手法は，行政事件訴訟法31条にちなんで**事情判決**と呼ばれている。

論点　事情判決の合理性

選挙訴訟を定める公職選挙法は行政事件訴訟法31条を適用しないと明言している（219条1項）。したがって，事情判決を初めて採用した昭和51年判決は，行政事件訴訟法31条の背後にある「法の一般原則」を援用した。この手法によって，定数不均衡に対して憲法違反の判断を躊躇なく下すことができるようになったのである。しかし，事情判決は，問題の解決につながるとは限らない。違憲判決が下されているにもかかわらず，国会が判決を無視して，再度同一の選挙制度で選挙を行う場合もある。法的安定性を重視することが憲法の規範力を弱めてしまう結果となっている。違憲判決の効力は，判決の中で決めることができるのであるから（非嫡出子法定相続分訴訟最高裁平成25年決定），判決の効力を将来の一定の時期以降に発生させるような手法を取り入れる必要がある。

3）**直接選挙の原則**　有権者が直接候補者に投票を行い，当選を決することを**直接選挙**という。選挙人を選出し，選挙人が候補者に投票を行う間接選挙と区別される。憲法には，地方公共団体の長，議員について直接選挙を求める条文が置かれている（93条2項）。国政選挙の場合，直接選挙が当然の前提とされるため，憲法はあえて条文を置かなかったと考えられる。実際の裁判では，拘束名簿式比例代表並立制がこの原則に違反しないかが問題となった。つまり，有権者は候補者ではなく政党に投票するが，これが**間接選挙**に該当するのではないかが問われたのである。最高裁は，投票の結果と当選者の決定との間につながりがあり，他者が介在するものではないので間接選挙には該当しないと判断した（最大判平成11・11・10）。

4）**秘密投票の原則**　有権者が誰に投票するのか，しないのかを他者に開示させられないことを内容とする。投票の秘密が守られないとすれば，投票の自由が担保されなくなる。有権者の選択は「公的にも私的にも責任を問われない」（15条4項後段）のであるから，私人間においても保障される。条文自らが**私人間効力**を認めた条文である。

この点で，詐偽投票の捜査のため，投票済み投票用紙を差し押さえることができるかが問題となった事例がある。最高裁はこれを**秘密投票の原則**に違反しないと判断した（最判平成9・3・28）。

5）**任意投票の原則**　憲法条文には明文はないものの，学説は一致して任意選挙の原則を認めている。この原則は，投票するかしないかについては強制されないことを内容としている。**棄権の自由**と言っても差し支えない。

論点　任意選挙の原則と棄権の自由

棄権に対して何らかの制裁を科すことができるかどうかには議論の余地がある。選挙権を権利とみるならば，その行使は自由であるから，自由に対する制約として，公共の福祉の観点から制裁が許されるかどうかが問題となる。選挙権が公務としての性質を併せ持つ（二元説）に立つと，公務を怠ったことに対する制裁として，何をどこまで科すことができるかが問われることになる。しかし，投票しないことが有権者の意思表明のひとつと考えられる場合も少なくないのであるから，棄権もまた任意選挙の原則に含まれていると解釈することが適切である。

論点　憲法53条後段と違憲審査

憲法53条後段の規定にもかかわらず，内閣は臨時国会の召集を決定せず，あるいは，要求から数ヶ月後に決定を行うという措置をとってきた。とりわけ，第二次安倍内閣以降，この傾向は顕著となっている。

憲法53条の文言は，決定するかしないかの裁量を内閣に与えていない。その意味で，この規定はルールであって，基準ではない。憲法が一義的に明白に決定を義務づけている条文である。しかし，内閣は，この条文には決定の期限が定められていないことを理由に，義務の履行を拒絶してきたのである。これは，憲法秩序を根本から否定するものとして，明確な憲法違反と言わざるを得ない。

このような内閣の姿勢に対して，国会議員が，召集の決定がなされないことにより，国会議員の職務遂行が妨げられたとして，国家賠償を求めた裁判が提起されている。しかし，決定の拒絶が憲法違反であることは認めたものの，召集の決定を求める権利は，議員個人の権利ではないとして，国家賠償を認めなかった裁判例がある（那覇地判令和2・6・10）。国家賠償請求という争い方の当否は別としても，この種の権利が議員個人の権利ではないと判断する根拠は弱い。要求に参加した議員全員が裁判を提起した場合はどうか。既存の裁判手続では争えない，という理由が訴えを退ける理由になるかどうか，一義的に明白な憲法違反行為に対する憲法統制のあり方として，今後の検討が必要である。

2　国会のしくみと活動

(1)　国会の活動

①　国会と会期

先に述べたように，日本国憲法は**二院制**を採用している。憲法は，両院の意思が合致したとき，国会の意思が表明されたと考えている。そして，その意思表明が効率的に行われるようにするため，**会期**をはじめとするいくつかのルールが定められている。

法律用語としての国会には，いくつかの意味がある。第一にそれは，国会という国家の機関を指している。第二に，国会活動をする期間を指す場合がある。第120国会という場合がこれにあたる。後者の国会は会期を意味している。

日本国憲法は，国会の活動期間を限定する制度を採用した。これを**会期制**という。イギリスの議会のように通年を一つの会期と定め，常時活動する制度をとる方法もある。しかし，わが国の国会は，定められた期間のみ活動することになっている。期間の定めがなければ非効率な国会運営がなされるおそれがあること，議員と有権者との情報交換の機会を担保する必要があることなどが会期制をとる理由と考えられる。しかし，この根拠はすでに失われている。情報収集，支援の手段は多様化しているからである。

会期には三つの種類がある。

1）**通常国会（常会）**　毎年１回必ず召集される国会を指す。憲法52条は，「国会の常会は，毎年一回これを召集する」と定める。国会の召集は天皇が行う（７条２号)。したがって，召集の実質的権限は内閣にあるが，召集をしないことは許されない。毎年１月中に召集され（国会法２条），会期は150日と定められている（国会法10条)。両院の一致した議決で会期を１回だけ延長することができる（国会法12条１項・２項)。

2）**臨時国会（臨時会）**　臨時の必要が生じた場合に召集される国会を臨時会と呼ぶ。内閣が召集の決定を行うが，いずれかの議院の総議員の４分の１以上の要求があれば，内閣は召集の決定を行わなければならない（53条)。期間は両議員の一致で定める（国会法11条)。会期の延長は２回まで認められている（国会法12条２項)。

3）**特別国会（特別会）**　衆議院が解散された後，初めて召集される国会を特別会と呼ぶ。(54条１項)。内閣総理大臣の指名を目的とする。会期の延長は２回まで認められている（国会法12条２項)。

会期は，国会の活動期間であるので，会期内に議決に至らなかった案件は，後の国会に継続しないのが原則である（国会法68条)。先に述べた，効率的な審議の観点から認められた原則といえるが，常任委員会及び特別委員会は，国会閉会中でも各議院の議決で特に付託された案件（懲罰事犯を含む）を審査することができる（国会法47条２項)。会期中議決に至らなかった法案は**廃案**となる。このことから，会期制は，効率的な議事運営を逆に阻害したり，会期末における与野党間の駆け引きの道具として使われるという弊害もまた指摘されている。

4）**参議院の緊急集会**　衆議院が解散中に，緊急の必要が生じた場合，内閣は参議院の緊急集会を開くことを求めることができる（54条２項)。緊急集会でとられた措置は臨時のものであるから，次の国会の開会の後10日以内に，衆議院の同意がない場合には，その効力を失うとの規定がある（同３項)。緊急集会は，これまで２例あり，一つは中央選挙管理会委員の選出（1952年８月31日)，もう一つは昭和28年度暫定予算等（1953年３月18日）である。

②　会議のルール

合議機関としての国会は，活動するに当たり，いくつかのルールを定めておく必要がある。

1）定足数　何人集まれば会議を開くことができるのかの要件（議事の定足数）と議決をするときには最低何人いなければならないのかの要件（議決の定足数）がある。憲法56条1項は「両議院は，各々その総議員の3分の1以上の出席がなければ，議事を開き議決することができない」と原則を定めている。ただし，憲法改正の発議に際しては，総議員の3分の2以上の賛成が必要である（96条1項）。

2）表決数　何人以上の賛成をもって合議機関の意見とするかの要件を表決数という。原則は出席議員の過半数である。例外として，資格争訟によって議員の議席を失わせるとき（55条），秘密会を開くとき（57条1項），懲罰によって議員を除籍するとき（58条2項），衆議院における法律案の再議決（59条2項）は，出席議員の3分の2の多数により議事を決する。また，憲法改正の発議については，総議員の3分の2以上の多数による（96条1項）。

ここでいう，総議員とは，法律で定められた議員数を指すのか，現存する議員を指すのかについては争いがあった。客観的に分母を算出できる点では前者が，現実的な状況を踏まえるのであれば後者が優れている。法律は，この問題を解決するため，議員が欠けている場合には，補欠選挙を定期的に行うこととしている（公選法113条）。

また，白票や無効票を票決に当たり分母に加えるかについても議論がある。国会の先例には加えたケースと除外したケースがあるが，白票や無効票を分母に算入すると，議決のハードルが上がり，除外すると議決のハードルが下がる。多数決をもって合議機関の意思とするのが議会のルールであるならば，議決のハードルは上げておくのが望ましい。

3）会議の公開　会議は公開が原則である（57条1項）。国会の審議は，主権者国民に開かれていなければならない。何がどのように議論されているのか，誰がどのような意見を持っているのかが公開されていなければ，国民は法案等の是非を判断することができないからである。ただし，秘密会を開くことはできる（57条1項ただし書き）。

論点 **委員会の公開**

会議の公開が求められるのは，いわゆる本会議に限定される。しかし，実際の国会審議は委員会を中心にして行われている。実質的な審議は委員会レベルで尽されているが，委員会の公開は57条１項の適用外とされてきた。その理由は，議場スペースの狭さや討議環境の整備に置かれている。物理的な条件により，会議を非公開とすることもやむを得ないであろうが，報道機関を含め，一切の公開を拒むことは，本条の趣旨に反していると考えることもできる。

⑵ 国会議員の地位

① 他の国民には認められない地位

国会議員が全国民の代表として活動することについては先に述べたとおりである。そのため，国会議員には，他の国民には認められない権利（特権）が保障される。

同じ議員でも，地方議員には，これらの特権は認められない。ただし，国民代表としての立場は同じであるから，免責特権については，その趣旨を可能な限り適用する必要はある。議会において，首長の姿勢を厳しく追及するあまり，その名誉を毀損することがあったとしても，民・刑事責任を負わせることは，原則としてできないと考えるべきである。

１）不逮捕特権　　憲法50条は，「両議院の議員は，法律の定める場合を除いては，国会の会期中逮捕されず，会期前に逮捕された議員は，その議院の要求があれば，会期中これを釈放しなければならない」と定めている。これを**不逮捕特権**と呼んでいる。法律の定める場合とは，院外における現行犯逮捕の場合と議院の許諾がある場合を指している（国会法33条）。逮捕許諾請求は内閣が行う（同法34条）。

論点 **不逮捕特権の性質**

この不逮捕特権が何を目的としているのかについては議論があった。すなわち，憲法50条は，議員個人の身体の自由を保障することを目的とすると考える解釈（Ａ説）と議院の自律的な活動を保障しているとする解釈（Ｂ説）の対立である。この対立は，議院が逮捕を許諾するための要件や逮捕に条件を付けることができるかについて結論を分けると考えられてきた。Ａ説に立てば，議員個人の身体の自由が不当に侵害される逮捕でなければ，議院は許諾を与えなければならず，条件を付けることもできない。Ｂ説に立てば，逮捕に正当な理由があっても，議院の審議を阻害するような場合ならば許諾を拒むことができ，また条件を付けることもできる。しかし，両説を排他的に考える必要はなく，50条には両方の目的が含まれていると考えるべきである。不当と考えられるような逮捕は，通常議院の活動を阻害する。条件を付けるなら，むしろ許諾を拒むことで対処できる。Ａ説により，条件を付与することを否定した裁判例がある（東京地決昭和29・３・６）。

	議員の身体的自由保障説	議院の活動確保説
逮捕許諾の判断基準	逮捕請求が正当か（当該議員が議院の活動にとって必要かどうかを問わない）	逮捕請求を受けた議員が議院の活動にとってとくに必要か（逮捕請求が正当かどうかを問わない）
逮捕許諾への条件の可否	請求が正当である限り，許諾を与えなければならない	その議員が議院の活動にとって必要である場合には，逮捕に条件や期限をつけることができる

２）**免責特権**　　憲法51条は，「両議院の議員は，議院で行った演説，討論又は表決について，院外で責任を問われることはない」と定めている。議院における自由な討論を保障し，全国民の代表としての職責を果たすために設けられた**特権**である。議員であるから議院に議席を持たない者はこの対象から外される。院内での責任は追及される。責任とは，民事刑事の法的責任を指す。対象は，演説，討論又は表決に限定されるわけではなく，これらに付随する行為にまで及ぶ。しかし，暴力行為は対象外である。

国会の審議の中で，私人の権利を侵害する発言を行うことも免責の対象となり得るか。最高裁は，「国会議員がその権限の趣旨に明らかに背いてこれを行使したものと認めるような特段の事情」がない限り，国家賠償の対象とはならないという判断を示している（最判平成９・９・９）。完全に除外されると解釈していない点が注目される。

３）**歳費**　　憲法49条は，国会議員が相当額の歳費を受ける権利を保障している。ただし，裁判官と異なり，減額されない権利まで保障しているわけではない。

3　国会と議院の権能

(1)　国会の権能

①　国政の起点

権能とは，権限が及ぶ範囲を意味している。国会は，国家を運営する根拠としての法律を制定し，行政機関の長を指名し，外交関係に正当性を与え，国家財政のコントロールを行い，弾劾裁判所を設置する点で，包括的な権能を持っている。

②　法律制定権限

憲法41条に言う法律とは何かについては，先に述べた。「法律案は，憲法に特別の定めがある場合を除いては，両議院で可決したとき法律となる」(59条)。両議院の可決により法律として成立する。法律が制定されたことを公に示す行為を**公布**という。また，法律の効力を生じさせる行為を**施行**という。法律には，国務大臣の**署名**と内閣総理大臣の**連署**が必要である（74条)。法律を施行する責任を明示する意味があるとされる。

憲法に特別の定めがある場合とは，参議院の緊急集会，衆議院による再議決，そして地方自治特別法を指す。

③　財政に関するコントロール権

国会は，予算の承認，決算の承認を初め，財政民主主義（83条）を具体化する機関である。

④　外交関係に対する権限

条約の承認を中心として，外交に対するコントロールを行う。

⑤　衆議院の優越

両院制をとる以上は，両院の意思が食い違うことが前提となる。憲法は，これを想定して，両院の意思が合致しない場合の処理を定めた。**衆議院の優越**と呼ばれる制度である。

法律案の場合，両院で異なる議決が行われた場合，衆議院で３分の２の多数をもって再議決することにより法律となる（59条２項)。**両院協議会**の開催は必須ではない。予算と条約については，両院協議会を開催し，成案が得られない場合または参議院が衆議院の議決を受け取った後，国会休会中の期間を除いて30日以内に議決をしないときは，衆議院の議決を国会の議決とするルールを設けている。なお，予算，条約案をめぐる内閣と国会の権限の調整については，内閣の章で述べる。

論点　衆議院の優越―予算と法律

予算を執行するには，根拠となる法律が必要となる。仮に，予算について衆参両院で異なる議決がなされたならば，期間の経過とともに衆議院の議決が国会の議決となるが，法律案については3分の2以上の再議決が必要となるので，衆議院の勢力図次第では，予算は通ったが法律は通らないという事態を招くことになる。現行の選挙制度（衆議院では小選挙区比例代表並立制，参議院では選挙区制と比例代表制）の組み合わせから考えると，衆議院では，3分の2以上の議席を獲得することは難しくないので，ねじれ現象が問題視される以上には深刻な事態にはならない事実もある。

(2)　行政権限との調整

①　予算修正権

内閣は，予算を国会に提出する権限をもち，条約締結権を有している。しかし，予算は国会の承認を必要とし，条約についても国会の承認を効力発生の要件としている。では，内閣が提出した予算や条約を修正することはできるのであろうか。この点について，内閣の予算提出権を重視して，提出された予算の性質を変えてしまうような修正は許されないと考える立場もある。また，減額修正は可能であるが，増額修正はできないとする立場もある。しかし，国会が財政民主主義において中心的な役割を演じること，憲法が予算承認権を国会に与えている以上，修正権もそこに含まれることから，予算の修正については無制限にできると考えるべきである。

②　条約案の修正権

では，条約案についてはどうか。条約案は，予算と異なり，対外的な義務を生じさせる性質を持つので，修正された条約の効力も問題となる。

条約は，条約を締結する交渉が終了すると，二国間条約の場合には「**署名**」，多国間条約の場合には「**採択**」（その後「署名」）を行う。これを踏まえて，内閣は条約の承認を国会に求めることになる。国会の承認が得られた場合，条約が締結される。**締結**とは，その条約に拘束されることを同意する意思表示で，「**批准**」，「**加入**」，「**承諾**」などの手続を踏むことになる。これらの手続を踏まえて，条約の効力が発生する。

〔図：国会承認条約の締結手続〕

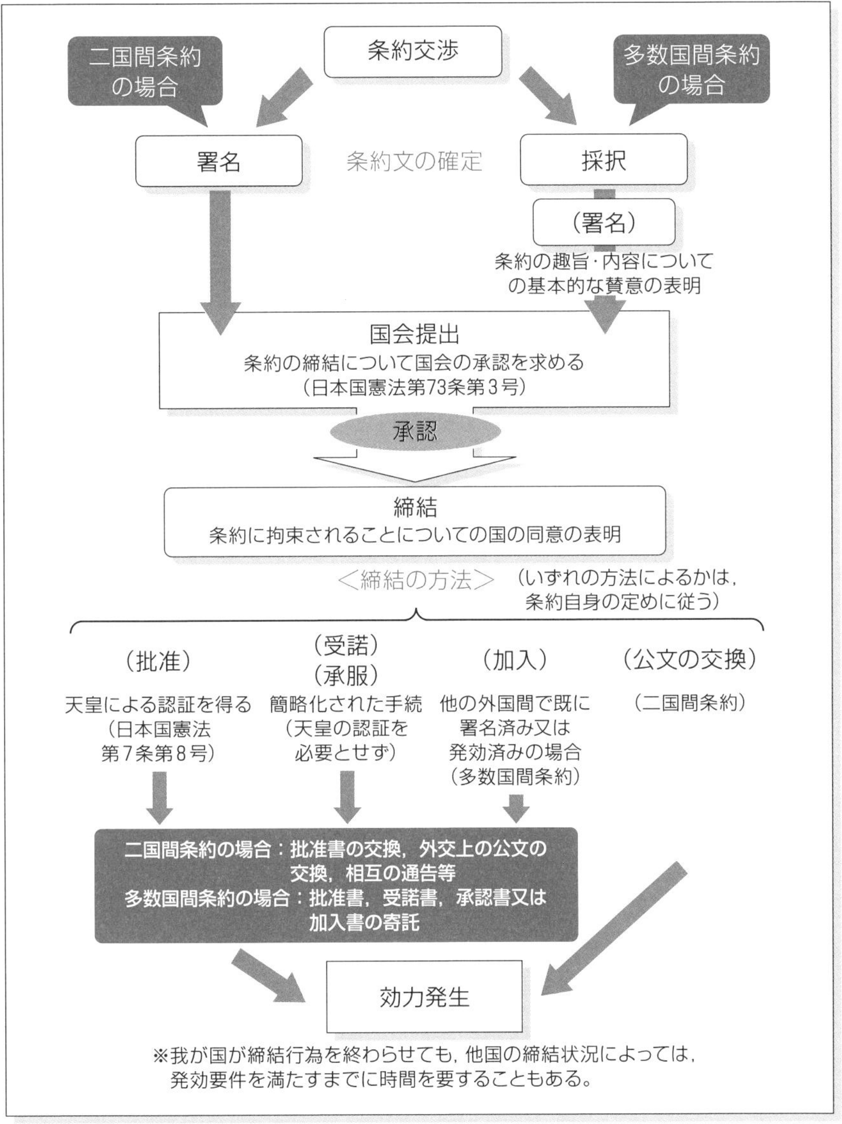

（http://www.mofa.go.jp　外務省ホームページより）

論点　国会の条約承認権・修正権と条約の効力

憲法73条3号は，「事前に，時宜によっては事後に」国会の承認を経ることを求めている。通常，条約の承認は事前に行われるので，事後の承認が問題となる余地は少ない。ただ，理論的には，事後承認が得られなかった場合の処理についても考えておく必要がある。なお，国会の承認が必要な条約は，当事国間で法的権利義務を新たに生じさせるものに限るとするのが政府の解釈である。

⑴国会の条約承認権　まず，事前の承認が得られなかった場合は，その後の手続に進むことができない。事前承認を得ようとしたところ，条約の一部について承認が得られなかった場合は，どう考えるべきか。まず，国会の承認権には修正権を含まないと解釈する立場がある（A説）。国会は，条約案を承認するかしないかの権限をもっているのであって，修正する必要があるなら承認しなければよいとする考え方でもある。仮に，この解釈をとって，国会が条約案に修正を施したならどうするか。条約が承認されなかったと考えるしかない。これに対して，国会の条約承認権には修正権が含まれるとする解釈がある（B説）。内閣は，修正された条約案をもって，相手国と再交渉する必要に迫られる。

⑵事後承認が得られなかった条約の効力　事後の承認が得られなかった場合はどうか。相手国との関係では，交渉が妥結し締結が終わっている。ここで，国際法上の効力と国内法の効力は別の次元の問題だと考える解釈が登場する（二元説）。契約で考えると，対外的には締結の意思が表明されていて，相手方も同意しているのに，会社内部での決済が得られなかったケースと同様に考えるのである。したがって，事後の同意が得られなかった条約は，国際法的には遵守の義務があるが，国内法的な効力はもたないと考える。いわば，国際間での信頼を重く見た解釈である。しかし，国際法上遵守が求められる条約が国内法的には無効であると考えるのは，いかにも不自然ではないだろうか。憲法は，国会が条約承認権を持つと定めているのであるから，条約の効力は国際法的にも国内法的にも一つであって，国会の事後承認を得られなかった条約は，効力を持たないと考えるしかない（一元説）。

4　議院の権能

(1)　議院自律権

①　議院自律権とは何か

両院制を採用している以上は，各議院は独立して権能を行使する。各院は別の国家機関である。そこで，仮に上院によって下院が支配されたり，下院が上院の権限を反故にするような行動をとるなら，両院制を導入したメリットはなくなる。各議院は，それぞれの事柄について自律的に（他者から介入を受けず）決定する権能が認められていなければならない。これは，おおむね人事と組織運営に関する自律権に分けられる。

② 人事に関する自律権

不逮捕特権に関する許諾権（50条），議員の資格訴訟に関する裁判権（55条），役員の選任（58条1項），議員の懲罰権（同条2項），については，各院の自律的決定に任される。人事に関する決定権は，組織運営の根幹をなす権限であるから，他の院からの介入はもちろん，行政権や司法権からの介入も排除するものと考えなければならない。

③ 組織運営に関する自律権

憲法58条2項は，「その会議その他の手続及び内部の規律に関する規則を定め」る権能を各院に保障している。この点で問題となるのは，国会法の存在である。

論点　議院規則と国会法

わが国には，明治憲法下での議院法を継承した国会法が存在する。この法律は憲法58条2項と抵触しないのであろうか。法律の制定は，両院の議決が合致することを必要とする。しかし，各院の規則は，各院の多数決で定めることで足りる。制定の難しさが規範の効力の優劣を決めるのなら，法律が規則に優位するとの考え方も成り立つところである（法律優位説）。この立場に立つと，国会法と議院規則が矛盾抵触する場合には，国会法の規定が優先するという答えが出てくる。一方，憲法があえて議院自律権を認めているのには，各院の強い独立性を保障する目的があると考え，議院規則が優先すべきであるとの考え方も有力である（議院規則優位説）。憲法が議院自律権を保障している趣旨に照らし合わせると，両院関係については，憲法の定めを受けた国会法の定めに委ねられるにしても，各院の内部事項や各院の議事運営に関する事項については議院規則が優先すべきである。

これは，議院が「自律的決定」によって，院の規則事項を法律に委ねることができるのかという問題でもある。各院の独立，二院制の趣旨などから考えると，これは不可能とみるべきではないか。したがって，現行国会法は，一種の紳士協定であって，これと異なる内容を各議院規則で定めた場合は，規則が優先する。

(2) 国政調査権

① 国政調査権とは何か

憲法62条は，「両議院は，各々国政に関する調査を行い，これに関して，証人の出頭及び証言並びに記録の提出を求めることができる」と定めている。これを具体化するために議院における証人の宣誓及び証言等に関する法律（議院証言法）が制定されている。

論点　国政調査権の性質

国政調査権の性質については，これを国会の権能を補完し，実現するための補助権能であると解釈する学説と，それだけでなく独立した調査権を保障していると考える学説が対立してきた。しかし，いずれの考え方をとっても，調査可能な範囲に差が生じるわけではなく，実益に乏しい論争であったと言わざるを得ない。むしろ，情報化社会における国政調査権は，国民に情報を提供する作用を営むと考え，知る権利と結びつけてとらえる解釈が妥当である。

② 国政調査権の行使の仕方

議院証言法は，国政調査の方法として，証人の出頭や証言を強制する権限を各院に認めている（議院証言法7条）。虚偽の陳述をした者は3ヶ月以上10年以下の懲役〔拘禁刑〕に処せられる（同法6条）。正当な理由がなく証言等を拒んだ者は1年以下の禁錮〔拘禁刑〕または10万円以下の罰金に処せられる（同法7条）（刑法改正により「懲役」「禁錮」は「拘禁刑」に一本化された。令和4年6月17日から起算して3年を超えない範囲内において政令で定める日より）。ただし，特定秘密保護法の施行に伴い，特定秘密の陳述に関しては，内閣声明と引き替えに，証言等を免除する規定が置かれるなど調整が図られている（同法5条の3）。

証人の喚問等をテレビ中継するには，証人の意見を聞いた上で，委員会，合同委員会に諮り，委員長もしくは合同委員会の委員長が許可を与えることになっている（同法5条の7）。

③ 国政調査権の限界

国会がその権能を十分に果たし，主権者国民に情報提供を行う上で，原則として国政調査権の行使は自由であるべきである。しかし，権力分立の観点や国民の人権との関係で一定の制約を受けることはやむを得ない。

1）行政権との関係　　**議院内閣制**を採用するわが国では，内閣は国会の信任に基礎をおいて存立する。したがって，行政権に関しては，国政調査権は全面的に及ぶと考えなければならない。しかし，その情報の公開が国家存立を左右するほどの重要性を持つ場合や検察権行使のように公正な裁判とつながるような場合には，国政調査権も制約を受けることになる。起訴・不起訴の妥当性を調査したり，具体的な事件に関して検察権限のあり方を調査することは許されないと考えるべきである。行政上の秘密や特定秘密と国政調査権の調整については，議院証言法に定めがある。

2）司法権との関係　これに対して，司法権との関係では，国政調査権は大幅な制約を受ける。憲法は，**司法権の独立**を保障しているからである（76条3項）。たとえば，量刑の当不当や訴訟指揮のあり方を調査することは許されない。ただ，訴訟手続が進んでいるケースでもそれが同時に国政上重要な事件に関わるものであれば，並行して調査をすることは差し支えない。

3）人権との関係　思想調査のような調査権行使は許されず，黙秘権行使を許さないような行使もまた憲法違反となる。名誉を傷つけ，プライバシーを侵害するような調査権行使もまた許されないが，具体的な範囲については，個別の利益衡量で決めるほかない。

演習問題

① 憲法上，政党に対する規制はどこまで許されるのか。政治資金規正法における政党規制が憲法上許されるのはなぜか。とくに，政治団体に対する届け出制や，会計報告の義務づけが許されるのはなぜか。また，会計報告書の公開を義務づけている同法20条1項，2項は憲法上許されるのかどうか考えよ。

② 公職選挙法を改正して，やむを得ない事情がある場合を除き，有権者に投票義務を課すことは許されるであろうか。許されないとすればそれはどうしてか。許されるとして，どこまでの強制なら可能であろうか。

③ 小選挙区制の導入は憲法に違反すると考える立場と憲法が要請していると考える立場の対立がある。それぞれの立場について論評せよ。

④ 日本国憲法を否定する綱領を掲げる政党の結成や活動は保障されるか。

⑤ 最高裁は，議員定数不均衡を違憲と判断するに際して，どの程度の較差を目安にしていると考えられるか。

⑥ 議員定数不均衡として許される較差はどの程度であると考えるべきか。較差を正当化する理由として参酌してもよい事項にはどのようなものがあるか。

⑦ 最高裁が採用している事情判決の手法の意義と問題点を挙げよ。

⑧　議員定数不均衡について判断する際，どのような判決手法が考えられるか。

⑨　最高裁は議員定数不均衡の問題について判断するのに積極的であるが，その理由は何か。

⑩　来年度の予算を審議している衆議院予算委員会は，投資ファンドに対する規制のあり方を検討しているが，予算委員会の委員であるＡは，現在公判中のＢに対する証人喚問を行おうとしている。これに対して，法務大臣Ｃは衆議院での証人喚問が公判の行方に影響を与えるという理由から，このような証人喚問には憲法上問題があると批判している。このような事例においてＡの立場から，Ｂに対する証人喚問が憲法上許されるということを主張しなさい。

⑪　衆議院議員Ｘは，本会議において衆議院議員Ｙの実子Ｚの実名を挙げながら，Ｚが犯罪行為に関わっていると発言した。ところが，後日，この発言内容が事実に反するものであって，Ｘの思い違いであったことが判明した。Ｚは，Ｘの発言によって名誉を傷つけられたとして，損害賠償請求を求めようとしている。このような請求は認められるであろうか。Ｚに関する情報がジャーナリストＡによってもたらされたものであり，Ｘはその真偽を確認しないまま，この情報を公にしたような場合はどうか。

Ⅲ　内　閣

1　内閣と行政権

(1)　行政とは何か

憲法65条は「行政権は，内閣に属する」と定めている。では，行政権とは何だろうか。これまでの伝統的な考え方は，行政権が形作られた歴史や政治の実態を踏まえて，行政権とは，あらゆる国家作用から立法権と司法権を引いた残りを意味すると考えてきた（控除説）。言われてみると，身も蓋もない解釈であるが，このように考えざるを得ないのが現実でもある。ただし，最近になって，行政権の活動には，決められたルールを実現する「**法執行**」と変化する世の中に即応するため，戦略を立て，利害調整の枠組を設計するなどの「**政治（執政）**」が含まれていると考える学説も登場している。

論点　**控除説の意味**

国家権力の中から立法権を引き，司法権を引いた残りが行政権だとする考え方は，近代国家ができあがってきた過程を記述しているという意味では，それなりに説得力を持つ。また，様々な国家の作用を立法，行政，司法のどこかに分類する視点からすると便利でもある。さらに，行政権に対しては立法権による民主的なコントロールが及ぶのであるから，帰属不明な国家の作用を行政権に分類しておけば，このコントロールに服させることができる意味でも実益がある。したがって，控除説には，民主主義的な意味（そこに民意を反映させられる意味）と自由主義的な意味（国家作用の独走を防止する意味）があったと考えることができる。ただし，このような行政権を内閣が独占しなければならないかというとそうではない。

論点　**行政と政治**

内閣の権能には，「法の執行（行政）」と主体的に国会の意思を作り出していく「執政（政治）」が含まれているとする考え方は，「首相のリーダーシップ」や「官邸主導」を強調する考え方ともなじむ解釈である。憲法73条が定めている内閣の権能についていえば，法を執行する作用と，積極的に政治を行う作用が混在している。ただ，具体的な憲法解釈では，憲法73条に掲げられている事項の意味や内容を考えれば十分であって，この区別は説明概念としての意義を持つにとどまるとも考えられる。

⑵　内閣の位置づけ

内閣は，行政権の頂点に位置づけられる機関である。内閣の下に，各行政組織が作られ，全体として一体的な行政活動が行われている。先に述べたように，内閣の存立は国会の意思に基づいているのであるから，国会は内閣をコントロールする立場にある。このコントロールを通じて，主権者は行政権を統制している。憲法66条３項が「内閣は，行政権の行使について，国会に連帯して責任を負う」と定めているのは，このことの裏返しである。

しかし，専門的な事柄や技術的な問題，あるいは利害調整の必要性といった側面からは，内閣から離れて活動する行政機関が求められる場合もある。原子力発電所の設置や安全性の確保については，高度に専門的な知識が求められるし，政治の圧力からも距離を置いた判断が求められよう。そのため，内閣の統制系統からは独立した行政機関が必要となる場合もある。**独立行政委員会**の問題である。

論点　独立行政委員会の合憲性

人事院や公正取引委員会のような独立行政委員会が憲法65条に違反しないかが議論となったことがある。この点については，憲法65条はすべての行政権が内閣に属することまで求めていないとしながら，内閣が何らかのかたちで（人事・予算）委員会をコントロールできていればよいとする解釈がある（A説）。また，内閣の存立が国会の信任に基づいているのと同様に独立行政委員会の存立も国会のコントロールに服するのであればよいとする解釈（B説）もある。たとえば，人事院の場合，人事官の任命は内閣が両院の同意を経て行うのであり（国家公務員法5条1項），その予算は内閣を経由して提出される。その意味では，内閣と国会の二重のコントロールに服しているようである（同13条2項）。

ただし，考えてみると，憲法は内閣が行政権を独占しなければならないとは書いていない。日々複雑化し，専門化が進む現代社会においては，専門技術的な観点から判断を行うエキスパートが必要となるし（原子力行政など），第三者的な立場に立ち，準司法的な判断を必要とするような領域（国家による情報の独占とアクセスの調整）もある。また，政治との距離を保ちつつ，しかし政治的な作用を営まざるを得ないような分野（政治腐敗の防止や責任の追及）も少なくない。憲法学者の中には，現代の国家作用を立法，司法，行政の三機関に分類することは無理であり，第四，第五の権力を構想しなければならないと考えるものもある（Mark Tushnet, Advanced Introduction to Comparative Constitutional Law, p.94 2014）。これらをいかに民主主義と自由主義の要請と調和させるかが今後の憲法理論の課題となる。

2　内閣の組織

(1)　内閣総理大臣と国務大臣

内閣は，首長たる内閣総理大臣と国務大臣から構成される**合議機関**である（66条1項）。明治憲法には，国務大臣に関する規定は置かれていたものの，内閣に関する規定は存在していなかった。各大臣は，一人ひとりが天皇を**輔弼**する機関として独立していた。また，内閣官制というルールが別に作られ，これにより内閣の運用が行われていたのである。

国務大臣の数は，内閣法で14人以内とされているが，特別の必要がある場合においては3人を限度に増員し，17人以内とすることができる（内閣法2条2項）。国務大臣には，各省庁を担当する主任の大臣と，省庁を担当しない無任所の大臣を置くことができる（同法3条2項）。法務大臣，財務大臣というのは前者に，少子化問題担当大臣などは後者に分類される。

(2) 文民条項の意味

憲法66条2項は，内閣総理大臣と国務大臣が**文民**でなければならないと定めている。これは，戦前の内閣で現役軍人が閣僚となることで軍を統制できなくなった経験から設けられた規定である。文民とは，現在職業軍人でない者を意味するとする説，これまで職業軍人であった者を排除するとする説，現在職業軍人でなく，過去も職業軍人でなかった者とする説がある。現実には，自衛官経験者が閣僚となるケースはある。

(3) 内閣総理大臣

① 内閣総理大臣の地位

「内閣総理大臣は，国会議員の中から国会の議決で，これを指名する」（67条1項）と定めている。明治憲法と異なり，日本国憲法は，内閣総理大臣を国会から選出して，内閣総理大臣の下で閣僚を選び，内閣を構成することにした。議院内閣制の採用である。内閣総理大臣の指名は，「他のあらゆる案件に先立って，これを行う」（同項）。

内閣総理大臣は，同輩中の首席ではなく，内閣存立の根拠として位置づけられている。すなわち，内閣総理大臣が欠けたとき内閣は**総辞職**し（70条），内閣総理大臣は，任意に国務大臣を**罷免**することができる（68条2項）。

論点　内閣総理大臣

1993年，政治改革関連法の一つとして，公職選挙法が改正された。これによって，従来の中選挙区制度から，小選挙区比例代表並立制が採用されることになった。この制度では，小選挙区に重きを置き代表者を選ぶ関係上，一つの選挙区に誰を候補者として立てるのかが重要となる。小選挙区で当選するためには，得票の集約が必要であるから（1票でも多く獲得する必要性），結果として二大政党制が促進され，政権交代が可能となるという点が改革の理念とされていた。

これらの要請を実現するには，政党が集約されること，政党のリーダーが内閣総理大臣になること（実質的首相公選制）が必要である。これは，同時に，強い内閣総理大臣を可能とする制度設計でもあった。そのため，各政党では，小選挙区における候補者選定，比例名簿における順位付けにおいて，党首（あるいは執行部）の意向が強く反映されるよう，リーダーの権限を強化する措置をとった。その結果，わが国の内閣総理大臣は，世界的に見ても強力な権力を持つことになったのである。

これらと併せて，2001年には中央省庁の再編が行われ，内閣総理大臣を補佐する組織として，内閣府が設けられ，内閣に関する重要な政策立案機能が集中された。また，中央省庁の重要な人事を所管する，内閣人事局を設置して，行政機関全体に対する，統制を強めている。

②　内閣総理大臣の権限

内閣総理大臣の権限は広く，また強力である。国務大臣の任免権はもとより，「内閣を代表して議案を国会に提出し，一般国務及び外交関係について国会に報告し，並びに行政各部を監督する」権限をもっている（72条）。

論点　内閣総理大臣の職務権限―ロッキード事件丸紅ルート

かつて民間航空会社が航空機の導入に際して，内閣総理大臣から働きかけを受けたところ，その働きかけについて，内閣総理大臣が航空機製造会社から多額の献金を受けていた事件があった。この献金が賄賂に当たるのではないかが争われたのがロッキード事件である。ここでは，航空機導入についての働きかけが，内閣総理大臣の職務権限に該当するかという刑法197条の解釈問題が争点となった。憲法72条は，行政各部を監督する権限を内閣総理大臣に与えている。これを受けて，内閣法は「内閣総理大臣は，閣議にかけて決定した方針に基づいて，行政各部を指揮監督する」と定めている（6条）。したがって，**閣議決定**が行われているならば，それに基づいて航空機導入を働きかけることには職務権限を認めることができる。問題は，閣議決定がない事項についての働きかけである。解釈は分かれるが，最高裁は，内閣総理大臣の職務に求められる廉直さを重く見て，「閣議にかけた方針が存在しない場合においても，内閣総理大臣の地位及び権限に照らすと，流動的で多様な行政需要に遅滞なく対応するため，内閣の明示の意思に反しない限り，行政各部に対し，随時，その所掌事務について，一定の方向で処理するよう指導，助言等の指示を与える権限を有する」と判断した（最大判平成7・2・22）。これは，収賄罪の成立という，きわめて特殊な問題における解釈というべきである。

(4) 国務大臣

内閣総理大臣以外の国務大臣は，その過半数を国会議員の中から選ばなければならない。議院内閣制の要請である。国務大臣は，閣議に参加し（66条1項），法律政令に主任の国務大臣として署名し（74条），両院の一に議席を有するかいなかにかかわらず，何時にても議案を説明するために出席することができる（63条）。答弁又は説明のために出席を求められたときは，出席しなければならない義務を負う（同条）。

3 内閣の作用

(1) 閣議—内閣の意思決定

内閣は合議機関であるから，閣僚が集まって意思を決定するしくみが必要である。これを**閣議**と呼んでいる。内閣の意思決定は**閣議決定**を必要とする。閣議決定は全会一致が必要である。内閣は一体として行政権を行使しなければならないから，閣僚間の意思の不一致が許されない。閣議で反対の意思を有する閣僚がいた場合，内閣総理大臣はこれを罷免し，全員一致を得ることとなる（たとえば，2005年8月の衆議院本会議で行われた解散において，小泉首相は，解散に反対する閣僚を罷免して，閣議決定を行った）。

(2) 内閣の権能

憲法73条は，「内閣は，他の一般行政事務の外，左の事務を行う」として，七つの項目を並べている。

一　法律を誠実に執行し，国務を総理すること

法執行機関としての内閣が負う責任としては，当然のことを定めたものである。国務を総理するとは，国政全般について目配りするという意味であって，国権の最高機関である国会，独立した司法との関係で，決して優越的立場に立っていることを意味しない。

二　外交関係を処理すること。
三　条約を締結すること。但し，事前に，時宜によっては事後に，国会の承認を経ることを必要とする。

外交に関する事項は，歴史的に行政権に属する。日本国憲法は，7条において，条約の公布，外交文書の認証，外国大使・公使の接受を天皇の国事行為と定めているが，これらは，内閣が実質的決定権を持つものである。外交に関する包括的な権限は内閣に属している。

四　法律の定める基準に従い，官吏に関する事務を掌理すること。

これを受けて国家公務員法や地方公務員法が制定されている。

五　予算を作成して国会に提出すること。

後に述べる。

六　この憲法及び法律の規定を実施するために，政令を制定すること。但し，政令には，特にその法律の委任がある場合を除いては，罰則を設けることはできない。

論点　政令制定権と憲法

一般的に，行政機関の定める規範を命令と呼んでいる。政令とは，内閣が定める命令であって，行政機関が定めることのできる最高の規範を意味する。この条文では，「憲法及び法律の規定」を実施するために政令を制定することができると読めるが，憲法を頂点とする法秩序の序列から考えると，憲法を直接実施する政令を制定することはできないと考えられている。

命令には，法律の委任をまたずに法律を実施するために制定される**執行命令**と法律の具体的な委任を根拠にする**委任命令**がある。かつて明治憲法下では，これらとは別に法律とは独立した**独立命令**の制定が許されていた。しかし，今日，国会が唯一の立法機関である以上，法律とは別の系列に属する命令が存在する余地はない。

委任命令は，法律の委任を受けて制定される命令である。この点で，しばしば法律の規定と命令の規定が齟齬を来し，命令の効力が争われる事態が生じている。委任というものの一般原則から考えて，委任した法律の内容を超えたり，変えたりするような命令の効力は認められない。この場合，授権した法律の趣旨・目的から見て，命令が法律を逸脱もしくは改変しているかどうかを判断することになる（児童福祉手当法に関する判断として最判平成14・1・31）。また，法律の内容を全面的に委任するような白紙委任も無効である。この場合には，憲法31条の要請から法律自体が無効となる。

最高裁は，泉佐野市ふるさと納税事件の中で，委任された規則が委任した法律を超えるものであるかどうかについて，法律の文理（文言），法律の趣旨，法案制定の経緯，国会の審議などを考慮して判断するという姿勢を確認し，その結果，ふるさと納税実施団体の対象外とした総務大臣の決定を違法と判断した（最判平成2・6・30）。最高裁は，委任立法について，厳しい見方をしているとも言えよう。これは，委任立法が，唯一の立法機関である国会の権限を侵害していないかどうかを慎重に判断しているということでもある。

七　大赦，特赦，減刑，刑の執行の免除及び復権を決定すること。

歴史的に見て，恩赦等を決定するのは国王の権限であった。明治憲法もまた，これらを天皇の権能として定めていた（明治憲法16条）。天皇の権能を法定事項に限定する日本国憲法の考え方から，大赦等の決定を内閣の権能に移行させたものである。大赦とは，罪や刑を定めて，これらに該当する者を一般的に赦免することを意味し，特赦とは，特定の者を赦免することを意味する。

(3)　衆議院の解散

①　解散とは

憲法69条は，「内閣は，衆議院で不信任の決議案を可決し，又は信任の決議案を否決したときは，10日以内に衆議院が解散されない限り，総辞職をしなければならない」と定めている。**解散**とは，任期満了前に議員の資格を奪う行為を指す。議会と内閣の意思が食い違うとき，議院内閣制の下では国民が審判を下す。内閣不信任決議案の可決，内閣信任決議案の否決があれば，内閣は総辞職をするか国民に信を問うかの選択を迫られる。衆議院を解散することを選択する場合，内閣は閣議を開き，閣議決定を踏まえ，天皇に助言を行うことにより，天皇が国事行為として衆議院を解散する（7条3号）。

②　議院内閣制と解散権

このように，議院内閣制では，議会と内閣の意思が対立することを想定して，その解決方法を定めている。ただし，解散権が憲法に定められていたとしても，実際には使われなかった例もある（フランス第三共和政時代）。そこで，解散権があることと議院内閣制とを結びつけない考え方もある。しかし，今日，解散権が果たしている民主主義的機能を無視することはできない。

論点　解散権は69条以外の場合に行使することができるか

憲法には，衆議院を解散できる理由が一つしか認められていない。それは，69条の場合であって，内閣不信任決議案が可決されたとき（信任案が否決されたときも同じ）のみである。憲法は，内閣と議会との間に対立が生じたとき，この解消を主権者である国民に委ねたのである。しかし，日本国憲法の下で行われた解散の実例を見ると，過去25回行われた解散のうち，69条による場合は４例を数えるのみである。よほど偶発的な事情があったか，与党が分裂するという状況でない限り，69条による解散は行われないのが実情といえる。多くの解散は７条を直接の根拠として（69条を経ないで）行われてきた。

このような条文と実務の乖離を説明するため，憲法の学説はさまざまな理屈を考えてきたのであるが，どれも成功していない。A説は，７条に定められている天皇の解散権は形式的なものであって，実質的決定権は内閣にあると説明する。しかし，実質的な決定権の根拠となる条文は69条以外にない。B説は，解散権は立法権でも，司法権でもない以上行政権なのだから内閣に帰属すると説明する。しかし，解散権が行政権であることと解散できる理由が何であるのかは関係がない。C説は，議院内閣制を採用したことから内閣に実質的解散権が認められたのだという。しかし，議院内閣制には多様なあり方が考えられるのだから，これも説明になっていない。

そこで，条文はともかく，日本国憲法の長い実例の中で，７条による解散が一種の慣習法として成立しているのだと説明するD説がもっとも無難な説明ということになる。そして，これは「国民の声を聴く」ことは悪いことではなかろうという観点から正当化される。

論点　解散権には制約はないのか

衆議院の解散は，内閣総理大臣の専権事項ではない。解散権は，内閣の権能であるから，全会一致の閣議を必要とする。閣議で一人でも反対する閣僚がいれば罷免し，全会一致を得るしかない。実際，閣議での了承が得られないために，解散を断念した例もある（三木武夫内閣）。日本国憲法において，解散権は議会の不信任決議に対する「内閣の」対抗措置として構想されている。それは，議会と対立したとき，行政権の最高意思決定機関である内閣が国民の判断を仰ぐ手段として設計されている。

したがって，仮に慣習法として憲法７条のみによる解散が認められるとしても，解散権行使の要件を厳しく限定する考え方にも説得力がある。慣習法なり，条理なりを正当化するような根拠が必要であり，その根拠によって，はじめて条文から離れた解釈が許される。条文から離れた解釈がいついかなる場合でも許されるわけではない。解釈にはおのずから許される幅というものがなくてはならない。日本国憲法は，７条だけに基づく解散を無制約に許しているとは考えられない。

明治憲法も衆議院の解散について定めを置いていた（７条)。これは天皇の権限に分類されるが，天皇自らが積極的に衆議院を解散したことはなかった。多くは，内閣による衆議院への懲罰的なものであり，むしろ解散権の濫用に近いものであったとされている（西口照男「衆議院の解散について」経営と経済32巻１号91頁)。明治憲法時代においても，憲法学説は，天皇大権としての解散権には制約があり，内閣と衆議院の意見の対立を解消するための措置としてのみ行使できるとする考え方が支配的であった（美濃部達吉『逐条憲法精義　全』192頁（有斐閣・1927年)。このような経緯から日本国憲法における解散権を考えたとき，そこにはおのずから制約があり，解散権の濫用を戒めるために69条が置かれたと見る余地がある。たとえ，解散権の行使が69条に限定されないとしても，69条に比肩するような事態（予算審議のストップ，重要な法案の審議，内閣における方針の転換など衆議院において収拾の付かないような事態が生じたとき）に限定されると見るべきなのではなかろうか。

演習問題

① 内閣の機能として，法の執行と執政を分ける考え方が有力になっている。その意味を説明しなさい。

② 人事院や公正取引委員会などの独立行政委員会の合憲性について説明しなさい。

③ 内閣総理大臣の職務権限について説明しなさい。

④ 衆議院の解散に関する学説を整理し，７条による解散には限界があるとする考え方について説明しなさい。

Ⅳ 財　政

1　財政民主主義

(1)　憲法と財政

国家が存立するために必要な資金の調達やその支出に関する行動を総称して**財政**と呼ぶ。国家も団体であるから，その活動には資金が必要である。その資金の多くは国民などからの税収で賄われる。税収には限りがある。その限られた収入を有効に配分するために政治が行われる。財政とは政治そのものである。それだけに資金の調達から支出に関する一連の活動は権力と結びついている。

民主主義の国家においては，財政に対する民主的なコントロールが必要である。そのために憲法は**財政民主主義**の原則を定めている。財政の民主化は国家の民主化と同義である。

これを受けて，憲法83条は，「国の財政を処理する権限は，国会の議決に基づいて，これを行使しなければならない」と定めている。この条文は，財政民主主義に関する総則規定であり，財源の調達から使途に関する各則は84条以下に定められている。

(2)　租税法律主義

84条は「あらたに**租税**を課し，又は現行の租税を変更するには，法律又は法律の定める要件によることを必要とする」と定めている。国民は納税の義務を負っているが，租税は国民に対して負担を課すものであるから，国民代表府である国会の同意が必要である。これを**租税法律主義**と呼ぶ。

論点　**租税法律主義にいう租税とは何か**

では，法律の根拠が必要な租税とは何であろうか。国民に対して賦課される金銭の支払いがすべてここにいう租税に該当すると考えるべきか。この点については，一般的に「国又は地方公共団体が，その課税権に基づいて，その使用する経費に充当するために，強制的に賦課徴収されるもので，特定の役務に対する対価に当たらないもの」との理解が共有されてきた。任意に支払われる金銭であったり，利用料や保険料のように役務を予定しているものはここでの租税には該当しないと考えられてきたのである。しかし，対価に対する役務を予定している金銭の支払いの中にも，料金の定め方や徴収の方法などの観点から法律の規制を及ぼした方がよいものもある。たとえば，国民健康保険料は，厳密には租税には当たらないものの，国民生活に密接に関わり，半ば租税と区別できない方法で徴収されることもある以上，租税法律主義の要請が可能な限り及ぼされるべきである。最高裁判所も国民健康保険料の賦課と84条の関係が問題となった**旭川国民健康保険料条例事件**で「租税以外の公課であっても，賦課徴収の強制の度合い等の点において租税に類似するものについては憲法84条の趣旨が及ぶ」と述べている（最大判平成18・３・１）。

法律で定めなければならない事項は，誰が納税者なのか（納税義務者），何に課税されるのか（課税物件），税額の基礎となる金額はいくらか（課税標準），どの程度の割合で課税されるのか（税率）という中身はもちろん，税の賦課徴収手続である。

論点　租税法規の遡及適用と租税法律主義

罪刑法定主義は，罪となる犯罪が「前もって法律で明確に書かれていなければならない」ことを求める原則であった。これを受けて憲法は，「何人も，実行の時に適法であった行為又は既に無罪とされた行為については，刑事上の責任を問はれない。」と定めている（39条）。刑罰法規は遡及適用が厳しく禁止されているのである。では，租税法規についてはどうか。有名なケースとして，租税特別措置法平成16年改正をめぐる問題が挙げられる。

考え方の対立点は，不利益的な遡及を認めなければ，税負担の公平さが損なわれるから，結果の公正さを重視して遡及を認めるのか，納税者の合理的な期待は保護に値するから，暦年の途中で変更された不利益的な税法改正の効力は及ぶべきではないと考えるのかにあった。また，税法については，国会に広い裁量が認められているから，裁判所としてはよほどのことがない限り立法判断を尊重するという「立法裁量論」がどこまで通用するのかという点もまた論点となった。

最高裁は，納税義務の事後的変更は財産権への事後的制約と同じと考えて，「法律で一旦定められた財産権の内容が事後の法律により変更されることによって法的安定に影響が及び得る場合における当該変更の憲法適合性については，当該財産権の性質，その内容を変更する程度及びこれを変更することによって保護される公益の性質などの諸事情を総合的に勘案し，その変更が当該財産権に対する合理的な制約として容認されるべきかどうかによって判断されるべきである」

との先例（最大判昭和53・7・12）を引用しながら，遡及適用の判断における立法府の裁量を強調しつつ，平成16年4月1日施行の租税特別措置法が同年1月1日まで遡って適用されることが憲法には違反しないと判断したのである（最判平成23・9・22）。

この判断から見ると，最高裁は，租税法律主義における租税法規の遡及適用を厳格なルールと考えてはいないようである。しかし，ここで最高裁が先例として引用している昭和53年7月12日判決は，自作農創設特別措置法により，地主から安く買い上げた農地が自作農の創出に不要となったとき，元の地主に売り払う際の価格が問題となった事例であった（元の地主は買い上げられたときの価格ではなく，再度払い下げが行われる時の時価の7割を支払う点が問題となった）。したがって，租税法律主義のように明確な条文が存在し，法の支配の原則からも厳格な運用が求められる租税法規の遡及適用の問題とは状況が異なっている。

たしかに，脱法的行為の防止や税負担の公平感，あるいは税収の確保など，租税法規を遡及適用する必要性は様々に主張されるであろう。しかし，憲法84条には法の支配の考え方が反映していることを考えたとき，少なくとも「法律は遡及適用されない」との原則から逸脱するには，その例外の必要性，合理性について丁寧かつ慎重に説明する義務があると言わなければならない。この点で，同じ平成16年改正法をめぐり，下級審判決には，「租税法規の遡及適用の可否は，遡及の程度，遡及適用の必要性，予測可能性の有無程度，遡及適用による実体的不利益の程度，代替措置の有無，内容を総合的に勘案して判断する」と判断したものもある（福岡高判平成20・10・21）。ここでは，最高裁の判断枠組よりも厳格な審査が必要とされていることが注目に値する。むしろこの下級審判決のように，個別の遡及適用に即して，バランスを考える方が納税者の納得を得やすいように思われる。

これまで見たところから判断すると，最高裁は，租税法律主義について，個別の納税者の権利（予測可能性，期待権など）よりも，税負担の公平さ（脱法的行為の防止，課税における結果としての平等）を優先していると見ることができる。自由より平等を，ということなのかもしれない。ただ，この姿勢をどこまで貫くことができるのかはわからない。グローバル社会の進展にあわせて，よりリベラルな（個人の自由に重きを置いた）制度設計が求められる可能性が高いからである。

厳密には租税に該当しないものについても，国会の議決を必要とするものもある。財政法3条は，「租税を除く外，国が国権に基いて収納する課徴金及び法律上又は事実上国の独占に属する事業における専売価格若しくは事業料金については，すべて法律又は国会の議決に基いて定められなければならない」とする。これらの賦課については，「法律又は国会の議決」と定めることによって，法律という形式に拘束されるわけではないが，なお，国会の同意を求めたものと考えることができるだろう。

論点 租税法律主義と通達

租税の実務においては，法律で税の大枠を定め，具体的な課税のありようについては通達という行政内部文書によって実質的に決定する方法がとられることがある。これを揶揄して通達課税と呼ぶ場合がある。通達は，国民を拘束するものではないので，実質的に通達が課税内容を決定するものは租税法律主義に違反する。この場合は，大枠を定めた法律が違憲無効となる。しかし，かつて最高裁は，本来課税対象に含まれるべきパチンコ玉遊器が課税対象とされてこなかったケースにおいて，後に通達で課税対象としても，「本件の課税がたまたま所論通達を機縁として行われたものであっても，通達の内容が法の正しい解釈に合致するものである以上，本件課税処分は法の根拠に基づく処分と解するに妨げが」ないと判断した（最判昭和33・3・28）。これは，通達による課税を認めたものとは読めない。法律制定以来課税対象とされてこなかったものを改めて課税するには法律による明文化が必要である。また非課税とされてきた事実に対する信頼の保護という観点からも法律による課税が必要であった。

(3) 予算制度

① 憲法85条と財政法4条

85条は，「国費を支出し，又は国が債務を負担するには，国会の議決に基づくことを必要とする」と定めている。84条が資金調達に関する国会のコントロールを定めているのに対して，本条は支出に関するコントロールを定めたものである。国費の支出に関しては，これを基礎づける法律と財政的な裏づけとなる予算が必要である。この点で注目しなければならないのは，**財政法4条**が「国の歳出は，公債又は借入金以外の歳入を以て，その財源としなければならない。但し，公共事業費，出資金及び貸付金の財源については，国会の議決を経た金額の範囲内で，公債を発行し又は借入金をなすことができる」として，国債の発行を原則として禁止していることである。これは，戦費調達のため，国債がみだりに発行されたことへの反省と警戒に基づくものといわれている。

〔図：2022年度一般会計歳出・歳入の構成（単位：億円）〕

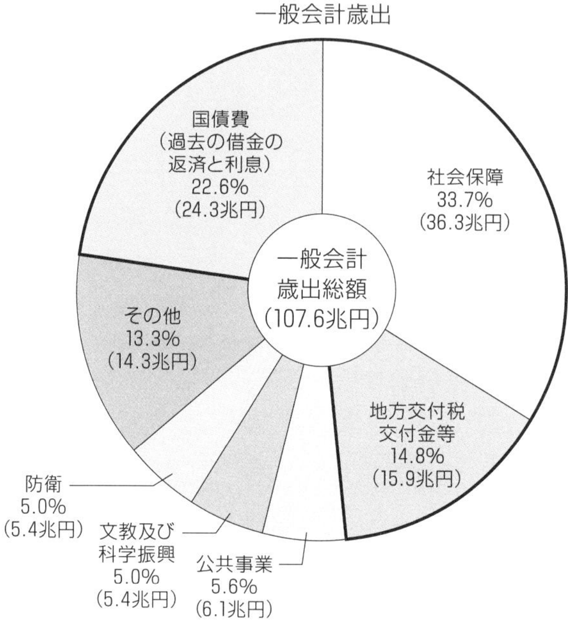

（注）「その他」には，新型コロナウイルス感染症対策予備費（4.6%（5.0兆円））が含まれる。

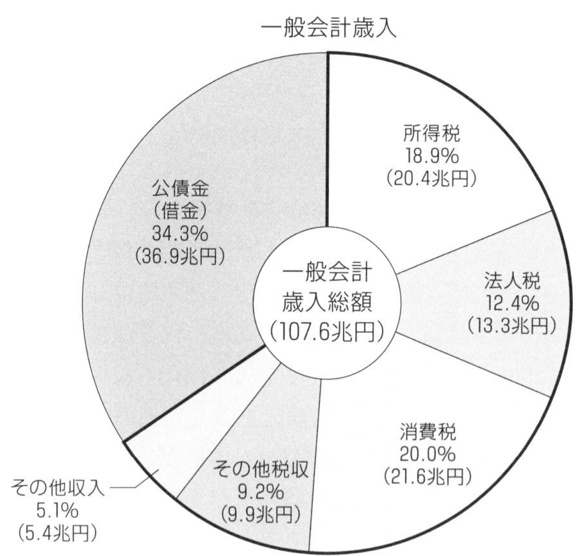

（財務省ホームページより）

その点から考えると，防衛費を増額させるために，国債を起こすことは，財政法の趣旨を根本から変えることにつながるため，慎重な議論が必要である。

② 予算制度

憲法86条は，「内閣は，毎会計年度の予算を作成し，国会に提出して，その審議を受け議決を経なければならない」と定めている。85条が定める国会の議決を**予算**という形式で行うことを定めたのが本条である。ここでいう予算とは，一会計年度における国の収入と支出の見積を指す。

論点 **予算とは**

憲法は予算という名称を持った議決を定めるだけで，何が予算なのか，予算の性質はどのようなものかについて定めを置いていない。そこで，予算の法的性格についての議論が続けられてきた。この点について，諸外国では予算も法律という形式をとって定められていることが多いことを参考に，日本国憲法においても予算は法律の一形態であると考える学説がある。この説によると，法律である以上は国民にも拘束力が生じる。予算が成立し，その執行を基礎づける法律が成立しなくても，予算は国民に対しても有効なものとして執行可能となる。しかし，多くの学説はそのように解釈していない。予算の議決は法律の制定とは異なる手続と要件で行われること，法律と異なり予算は単年度の効力しかもたないことなどがその理由である。もっとも，日本国憲法における予算は，明治憲法下における予算とは異なり純粋な行政作用とは見なされないから（国会の議決を必須としている），法律とは異なる一種の法形式と解釈するのが妥当である。またそのように解釈しても実際の不都合は生じない。

この説によると，予算を実施するには個別の法律の根拠が必要となる。しかし，予算は成立したものの執行に必要な法律が成立していない場合や逆に法律は成立したものの予算が成立しない場合（ケースとしては少ない）への対応策が求められる。このことについて国会法は，予算を伴う法律案の提出を限定することで対応している（国会法56条１項。衆議院においては議員50人以上の賛成，参議院においては議員20人以上の賛成が必要とされる）。それでも予算と法律の不一致を避けることはできない。

③ 予算提出権

予算提出権は内閣にある。国会は，これを審議議決する。予算に対する国会の修正権については，すでに述べた。国会や裁判所など，権力分立の観点から内閣による予算統制が難しい部門はどのようにして予算を作成するのか。これらの機関が行政権に服しないよう，内閣は国会や裁判所から提出された歳出見積を内閣提出予算に附記するとともに，国会が復活修正する場合の財源も明記することで対応している。これを**二重予算**と呼ぶ場合がある。また，88条は「皇室財産は，国に帰属する。すべての皇室の費用は，予算に計上して国会の議決を経なければならない」と定めている。財政民主主義を貫徹する趣旨である。

④　予備費

会計年度の途中には，当初予想しなかった事態に対応するための措置が求められる場合がある。そのため87条は**予備費**という制度を設け，この事態に対応することを認めている。予備費は，その性質上，機敏かつ柔軟に支出することが求められる。それゆえ，国会の個別の議決を必要としていない。「内閣の責任でこれを支出することができる」のである（同条１項）。しかし，財政民主主義の観点からは，これは例外とみなさなければならない。憲法は，予備費の支出については「事後に国会の承認を経なければならない」と定めている（同２項）。ただし，国会承認を得られない支出でも，その効力には影響を及ぼさない。

ただし，このような予備費の性格から，多額な予備費が国会の民主的コントロールなしに執行される点が批判されている。しかも，その使途についても明らかにされないケースも多く，財政民主主義の落とし穴となっていることにも注意が必要である。

⑤　暫定予算

会計年度開始までに予算が成立しないケースは少なくない。その事態に備えるために暫定予算の制度が認められている（財政法30条１項）。

2　公金の支出に関するコントロール

(1)　公金の支出と財政民主主意義

①　アカウンタビリティー

国家は租税等の資金によって運営される。資金の獲得については租税法律主義が制約を課しているが，資金の支出についてはいかなる制約が課されているのだろうか。憲法は，**会計検査院**を設立し（90条），各会計年度における公金の使い方について検査を行うと同時に，内閣に対して毎年１回国の財政状況に関する報告を義務づけている（91条）。つまり，国は，国民などから徴収した資金の使途について説明を行う義務を負っている。およそ団体には利害関係者（ステークホルダー）に対して財務状況を説明する責務（**アカウンタビリティー**）を負うが，憲法は国に対して説明責任を負わせているのである。

他方，地方公共団体の場合は，住民がより直接的に自治体の財務状況を統制する権限が認められている。**住民監査請求**（自治法242条）や**住民訴訟**の制度（同242条の２），あるいは情報公開制度により，自治体の財務状況に関与する住民権限が広く認められているのである。

② 決算報告

決算とは，会計年度における国の収入支出の結果が数値で表されたものをいう。決算は，結果であるから予算のように法規範として国家を拘束するものではない。それゆえに，予算とは異なり，衆議院に先に提出する必要もなければ，国会の議決を必要とするものでもない。予算執行者である内閣の政治責任を明らかにし，次年度以降の予算編成の資料とする意味がある。

しかし，決算は，法規範を持つ予算の執行を事後的に確かめる制度であるから，予算と同様に国民的関心が注がれなければならない。現状では，決算委員会は参議院にしか置かれず（国会法41条３項14号），テレビ中継の機会も少ない。それゆえ，参議院の機能強化の問題ともあわせて，決算報告の意義を高める必要性が叫ばれている。

⑵ 公金支出制限

憲法は，アカウンタビリティーという事後的な財政統制のみならず，公金の使途を制限する規定を置いている。89条は，「公金その他公の財産は，宗教上の組織若しくは団体の使用，便益若しくは維持のため，又は公の支配に属さない慈善，教育若しくは博愛の事業に対し，これを支出し，又はその利用に供してはならない」と定めている。

この条文は，憲法20条が定める**政教分離原則**を公金の支出の側面から補強した前半部分と，慈善，教育，博愛の事業に対する公金支出を制限した後半部分という，性格の異なる二つの部分から構成されている。前半部分についてはともかく，後半部分をどのように理解するのかについては，かねてより議論が続けられてきた。

論点　憲法89条後段の意味

わが国の教育，福祉事業は，その多くが民間の団体によって賄われている。これら事業は公益性が高く，公共の福祉の観点からも国家が関与すべき性質のものであるから，国家の補助金が提供されているケースが多い。**私学助成金**はその代表的な例である。しかし，憲法89条の文言をそのまま解釈すると，これら補助金を支出することも憲法違反となる可能性を否定できない。憲法学説の中には，本条を厳格に解釈し，私学助成などを憲法違反であると考えるものもある。しかし，多くの憲法学説は合憲説を支持している。（なお，89条全体を政教分離に関する規定と解釈する立場もある。）

この問題は，憲法89条の趣旨に関わる問題でもある。そこで，多くの憲法学説は，この条文の目的を公費を濫用することを防止する趣旨として理解している。教育や慈善，博愛の事業はそれ自体尊い目的を持つものであり，日本国憲法が社会福祉の実現を積極的な国家目標としていることから考えると，国家による財政支援がむしろ必要となる事業である。しかし，そうであるからこそ，どうしても公費を投入しがちとなる。そうなると，結果として国家財政に負担を生じてしまう。このような事態を避けるため89条後段が置かれたと考えるのである。

この説に立ったとき，条文の解釈上問題となるのは，「公の支配」とは何かである。多くの学説は，その事業が法律等の根拠によって実施され，団体の設立等に法律が関与し，公費の使われ方について国家が一定の監督権限を行使しているものを「公の支配」に服するものと考えている。よって，私立学校は私立学校法により設立された団体であり，主務官庁の監督に服しているため，ここでいう「公の支配」に服する団体と考えることができる。以上のような考え方に立ち，私立学校に対する公的援助が憲法上正当化されるのである。裁判例もまたこのような解釈に立っている（東京高判平成2・1・29）。

演習問題

① 財政民主主義について説明しなさい。
② 租税法律主義が及ぶ範囲について説明しなさい。
③ 私立の幼稚園に対する私学助成は憲法に違反しないのだろうか。

V 地方自治

1 日本国憲法と地方自治

(1) 地方政府

① 日本国憲法と地方自治

日本国憲法と明治憲法を比較したとき，権力のあり方に関するビジョンが大きく異なっていることが理解できる。強大な権力を天皇を中心とした国に集中させた明治憲法に対して，日本国憲法はより明確に権力分立を定めている。権力分立には，国の権能を機能別に分担させる方法（立法，司法，行政）もあれば，地域的に分担させる方法もある。地方自治は，この後者に属する政治のしくみである。ただし，わが国は**連邦制国家**とは異なり，それぞれの自治体が国と並列するような権能を行使するわけではない。統一国家の枠組の中で，国法の下で，地域に関する統治権を行うのである。

地方自治が統一国家の中で地域に関する統治権を行使するしくみである以上，地方自治は国の存在を前提にするしかない。しかし，地方自治は憲法上の要請であるから，これを国法によってどのようにでも改編できるわけではない。伝統的な憲法の学説は，地方自治を**制度的保障**の一つとして，その根幹部分は法律をもってしても改編することはできないと考えてきた。問題は，地方自治制度の根幹部分とは何かであるが，これについては後に述べる。

② 地方分権の流れと地方自治

日本国憲法制定以前にも都道府県はあり，市町村は存在した。1890年，明治憲法制定の翌年には現行の都道府県の原型となる府県制が導入され，1911年には市町村制が公布されている。また，1929年には，市町村や都道府県の独立性を強化する制度改正も行われてきた。しかし，これらは公法人として法人格をもってはいたが，その運営に住民が参加する制度ではなかった。日本国憲法における地方自治は，住民がその運営に参加する民主的な制度として作り直されたところに特徴がある。そして，地方自治制度の改革は，自治体の自主的運営の拡大という方向性をもって行われてきたのである。1999年の地方自治法改正は，このような流れを受け，それまでの事務配分を根本的に見直し，**自治事務**を拡大し，**条例制定権**を拡張した。

自治体権限の強化，拡大は，同時に市町村の規模拡大を伴っている。日本国憲法制定後，何度か市町村合併が行われてきたが，1922年に12,315あった市町村が，1962年には3,453に，2006年には1,823に，現在（2022年時点）では1,724にまで減少している。自治体の自主的運営のためには財政の安定とサービスの効率化が必要であるとの考え方に立っているものといえるだろう。

(2)　地方自治の本旨

①　地方自治の本旨とは何か

憲法92条は「地方公共団体の組織及び運営に関する事項は，地方自治の本旨に基づいて，法律でこれを定める」と規定している。解釈の上で問題となるのは，地方自治の本旨とは何を意味するかである。この点について，従来から，地方自治には，A）国とは別の政治の主体を認め，その主体が国から独立した団体であるとする**団体自治**の意味と，B）その自治体に住民が主体的に参加するとする**住民自治**の意味があると考えられてきた。A）はヨーロッパ大陸で発達した都市の自治概念から来たものであり，B）はアメリカのタウンミーティングに範をとった考え方に由来する。要するに，地方自治の本旨とは，国からは独立した統治主体に住民が主体的に参加することを意味するのである。

論点　補完性と地方自治

個人は，自分の足りなさを補うため家族を作る。家族を支えるため地域の共同体ができる。地域ではまかないきれない要求を国家が補う。このような考え方を補完性原理（subsidiarity）という。ヨーロッパの自治概念には，補完性原理が反映していると見ることもできる。これは，元々アリストテレスの社会構成原理を，後にカトリック思想が借用した考え方でもあった。この考え方は，さらにEU統合におけるリスボン条約第5条で取り入れられ，EUにおける権限配分の基礎となっている。

補完性原理にはいくつかの意味がある。地方自治の文脈では，身近な事柄はまず身近な共同体によって処理され，これが難しければ，さらに広域の共同体による対応が行われ，その共同体での対応が困難であれば，最後に国家が担当すべきだという事務配分原理としてとらえられている。この考え方が，地方自治法1条の2に具体化されているとの見方もできる。ただし，ヨーロッパにおいて展開されてきた補完性原理は，都市や地域共同体の成り立ちを異にする，わが国の法原理として，そのまま当てはまるかどうかは，改めて検討が必要である。

②　憲法上の地方公共団体とは何か

92条は，地方公共団体と述べるだけで，何が地方公共団体なのかについては沈黙している。そこで，解釈を施す必要が生じる。

論点　憲法が予定する地方公共団体とは何か

現行の地方自治制度は，都道府県という広域地方公共団体と市町村という基礎的地方公共団体から構成されている。いわば二階建ての構造からなっている。住民の日常生活に密接に関連する事項を処理する市町村が地方公共団体であり，自治の主体であることにはほぼ異論がないが，これを包括する都道府県は憲法上の地方公共団体なのだろうか。この問題は，道州制を導入する際，都道府県を廃止することが憲法上許されるのかという問題として現れる。

考え方は対立している。一つの考え方は，都道府県もまた廃藩置県以来の長い伝統を有し，地方の歴史や文化と密接に結びついて住民の生活に根ざした枠組である以上，憲法上の地方公共団体と考えるべきであるとする（Ｘ説）。この考え方によると，**道州制の導入**によっても都道府県を廃止することは憲法上許されないという結論が導かれる。都道府県制度は，制度的保障に言う制度の根幹部分に属するというのである。

もう一つの考え方は，憲法が保障している地方公共団体とは基礎的地方公共団体のことであり，都道府県という区画は行政の便宜から設けられた枠組であるとするものである（Ｙ説）。この考え方に立てば，都道府県を廃止してもただちに憲法違反と言うことにはならない。都道府県は憲法上の地方公共団体ではないので，道州制を導入し，都道府県知事を廃止して，新たにできる道州の首長を任命制にしても憲法上は許されるという考え方もある（Y1説）。また，道州制の下で首長や議会を公選制にすれば憲法上の問題は生じないと考える学説もある（Y2説）。

道州制を導入し，その首長や議会議員を**公選**で選ぶとなれば，その権力は強大化する。内閣総理大臣を直接選ぶことができない現行制度で，道州の首長を公選で選ぶならば，その権力の正当性は国の長をはるかに凌駕することになる。このことから，道州制を導入する際には，その執行機関を公選で選ぶことには抵抗が予想される。しかし，強大な領域と人口，権限から構成される道州の執行機関を内閣が任命する制度にも賛成しがたい。住民から選出される市町村長と内閣が任命する道州の首長との間で民主的正当性をめぐる問題が生じるからである。道州制の必要性が叫ばれ，しかしいまだ実現されていない背景には，このような憲法問題があることも忘れてはならない。したがって，さしあたりは，広域行政の必要性に対しては事務組合の設置や都道府県の合併というかたちで臨むことが適切であるといえよう。

このことは，東京都23区の区長，議会議員選挙とも関係する。東京23区は，憲法上の地方公共団体ではないとされてきたので，執行機関，審議機関とも公選制がとられては来なかった。この点について，最高裁判所は，憲法上の地方公共団体とは「単に，法律で地方公共団体として取り扱われていることだけでは足りず，事実上住民が経済的文化的に密接な共同生活を営み，共同体意識を持っているという社会的基盤が存在し，沿革的にみても，また，現実の行政の上においても，相当程度の自主立法権，自主行政権，自主財政権等地方自治の基本的権能を附与された地域団体であることを必要とする」と判示した（最大判昭和38・3・27）。

2　地方公共団体のしくみと権能

(1)　地方公共団体のしくみ

①　執行機関と議決機関

憲法上地方公共団体とされる団体は，その首長と議会の議員を直接公選で選ばなければならない。**執行機関**の長と**議会**の議員を公選制とするしくみは，アメリカの大統領制度に近い。同じ民主的正当性をもつ執行機関の長と議会が対峙するしくみである。都道府県の長は知事であり，市町村の長は市町村長である。任期は4年である。議会の議員の任期も4年である。

執行機関の長である知事と市町村長には，その自治体に対する**統括代表権**が認められている（地方自治法140条1項）。その権限は広く，地方自治法に列挙された事由（同149条）に限られない。他方，議会には，議決権や議会内部の事項に関する決定権だけでなく，執行機関に対する監視統制権が認められている。なお，町村には議会に代えて，**町村会**という**審議機関**を置くことが認められている（同89条）。

〔図：地方政治のしくみ〕

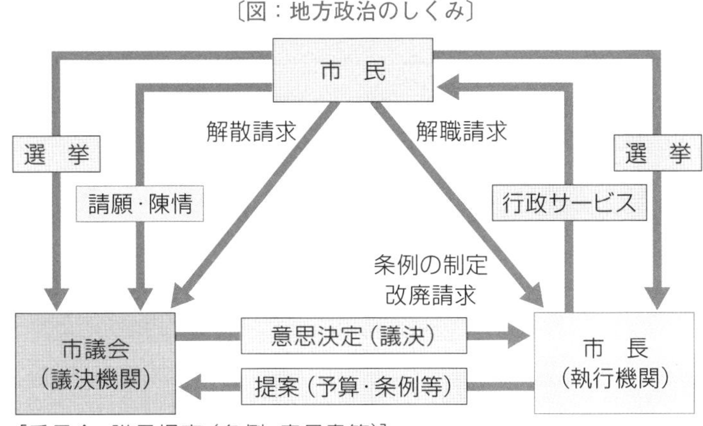

② 住　民

わが国の自治制度は，住民を一種の行政主体として想定していることが特徴である。ここにいう**行政主体**とは，住民という資格で地方公共団体の政治に関与し，意思形成に関わる存在という意味である。住民は，執行機関の長と議員を選出し，条例の制定改廃の直接請求を行い，監査請求や住民訴訟を起こし，長や議員をリコールする権能を持っている。地方自治特別法の制定においては住民投票で賛否を決することにしているので，国の政治制度における国民と地方公共団体における住民の性格には大きな違いがある。近年では，法律で定められた住民の権利以外にも，**条例**などで住民投票制度を作り，直接住民の声を聴く政治のしくみが採用されるようになっている。

論点　**住民投票の合憲性**

憲法は，一つの地方公共団体にのみ適用される法律について住民投票を義務づけている。先に見た国会単独立法の原則の例外である（95条）。かつて地方自治法は，1959年改正までは，公の施設の設置改廃を住民投票で決めることとしていたので，地方自治と住民投票の間には親和性が見て取れる。問題は，憲法や法律が予定していない住民投票を制度化し，争点ごとに住民に賛否を問う方法が憲法上許されるかである。

法定外住民投票は，1982年に高知県大方町で実施された原子力発電所設置をめぐる事案が最初の例である。その後沖縄県米軍基地の設置や道路拡張工事の是非，ゴミ処理施設建設の是非などをめぐっていくつかの自治体で実施されてきた。最近は，住民参加条例（自治基本条例）の中に住民投票を盛り込む例もあり，この手法は地方公共団体の運営にとって重要な位置を占めつつある。

しかし，法定外住民投票には憲法上いくつかの問題がある。憲法が予定する地方自治のかたちは，公選された執行機関の長と公選された審議機関が向き合って自治体を運営する大統領制類似の制度である。それを補完するため住民の直接参加制度が法律によって定められているものの，住民自らが自治体のあり方を直接決定することまで予定しているわけではない。それゆえ，住民投票は「参考意見以上の意味を持たない」としたり，「議会を拘束するものではない」と注記するものもある。だが，現実には主権者である住民の声を無視できる首長や議員がいるとは考えられない。また，首長と議会が熟慮をして意思を決定するというプロセスを省き，住民に問いかけることは，憲法が予定している政治のしくみとは異なっている。むしろ，自己の責任を回避する手段として住民投票が用いられているとしたら，それは責任ある政治の放棄につながる。

元々，地方自治制度は住民の直接参加制度と親和的であった。憲法は，一つの地方公共団体にのみ適用される法律について住民投票を認めているし（95条），町村については，議会を置かずに町村総会で代えることも認めている（自治法94条）。したがって，憲法や自治法が予定した住民投票以外の投票についても広く許容する余地がある。合併協議会の設置に係る住民投票（市町村合併特例法４条・５条）のように特別法で住民投票を認める例もあり，また，各自治体の条例で一般的に，あるいは個別の事例に対して住民投票を実施できるような措置をとっているところも多い。これは，代議制民主主義の政治制度の下でも主権者が自ら意思決定に参加する必要性や機会が増えてきたこととも関係する（イギリスの EU 離脱に関する国民投票）。そこには議会に対する不信，代表者の能力や資質に関する疑問が横たわっている。また，議会における妥協型の意思決定から国民自らが意思決定に係わる方法の優位という意識も見て取れる。その意味で，代議制民主主義は大きな曲がり角にさしかかっているというべきである。

⑵　自治体の権能

①　地方公共団体の事務

憲法94条は，「地方公共団体は，その財産を管理し，事務を処理し，及び行政を執行する権能を有し，法律の範囲内で条例を制定することができる」と定めている。

1999年の地方自治法改正までは，地方公共団体の事務は，自治体の機関に対して委任された事務が全体の7割を占める状況にあったといわれている。**機関委任事務**は本来国の事務であるから，委任された機関は国の指揮命令下に置かれた。これらの事務については，自治体独自の運用が禁止されていたので，地方自治とは名ばかりの制度であった。

地方分権の流れは，まず事務配分のあり方を見直すところから始まった。1999年の地方自治法改正によって，地方公共団体が処理する事務は，自治体固有の事務（**自治事務**）と法律によって自治体に委託された事務（**法定受託事務**）に再編され，自治体がみずからの責任と判断で実施できる事務の範囲が格段に広がったのである。

②　国と自治体の関係

憲法は独立した政治の主体として地方公共団体を**制度的に保障**した。もちろん，地方自治は連邦制とは異なるので，その権限には制約がある。しかし，地方自治＝local government という語が示すように，地方公共団体は，憲法が認めた国とは別の政治の主体である。

地方公共団体を独立した政治の主体とするため，国と地方との関係は，法的に対等な関係であると定められている。国が地方の意思決定に介入するには法律の定める手続による必要がある。地方自治法は，これを「**関与**」という言葉で整理し，関与が可能な場合や関与の種類，関与の手続について定めを置いた。国と地方との間で生じる紛争を解決するため，国地方係争処理委員会を設置して，第三者機関による裁定と，それに不服がある場合の訴訟手続も整備している。

論点　国と地方公共団体をめぐる紛争の性格

上に述べたとおり，地方自治法は，国と地方との関係を「関与」という言葉を用いて整理し，関与が可能な場合を法律で定めるよう義務づけた。同時に，関与を巡る紛争については，国地方係争処理委員会による裁定と，これに不服がある場合の訴えを整備した。

この訴えは，行政事件訴訟法上，対等な国家機関の間で争われる紛争であるから，機関訴訟に分類される。したがって，法制度があって初めて訴えが可能となる。ただし，憲法や法律によって自治体に与えられている権限が関与によって侵害されているとの訴えが提起される場合は，自治権侵害に対する救済という性格を持つことになり，その限りで，国家が私人に対して与えた不利益の救済を求める訴えと共通の要素が認められる。すでに触れた，泉佐野市ふるさと納税事件最高裁判決は，このような訴えと理解するべきなのではないだろうか。もちろん，その前提として，地方公共団体には，国によって侵害されない自治権が認められているという理解がある。

③　条例の制定

地方公共団体は政治の主体であるから，その統治権の範囲について自主的にルールを作る権限が認められる。憲法は，これを**条例**と呼ぶ。条例は「法律の範囲内で」制定することができる（94条）。

論点　条例制定権の範囲

では，条例が「法律の範囲内」にあるかどうかはどのように判断するのであろうか。まず，条例で定めようとしている事柄が地方公共団体の事務の範囲であることが必要である。しかし，地方公共団体の事務は広く，国防や外交，通貨の発行や裁判制度にかかわるものでなければ原則として条例制定の範囲に含まれると考えてよい。憲法が「法律で定める」と書いてあるものでも，たとえば財産権を制約したり，表現の自由を制約することもできると考えられている。条例は住民代表からなる地方議会によって制定されるから，法律と同様に民主的な正当性を持っていることがその根拠とされている。最高裁もまた，奈良県ため池条例事件（最大判昭38・6・26）でこのことを確認している。

次に，地方公共団体の事務に属する事項であれば，法律が定めていない事柄についても条例を制定することはできる。ただし，法律が存在しない理由が法律をもってしても定めることができない事柄である場合（思想調査のための条例がその例である）には条例制定はできない。

もっとも議論が多いのは，法律がすでに定めを置いている事柄と同じ事柄に関して，重ねて条例を制定することができるかという問題である。この問題は，とくに1960年代から70年代にかけて発生した公害問題への対処で争われてきた。法律が定める有害物質の排出基準が低い場合や法律の適用外にある物質への対応に際して，地方公共団体が独自の条例で規制することが可能かどうかが議論されてきたのである。その結果，次のような判例の基準に従って，法律の範囲内か否かを判断することで合意が見られる。

「条例が国の法令に違反するかどうかは，両者の対象事項と規定文言を対比するのみでなく，それぞれの趣旨，目的，内容及び効果を比較し，両者の間に矛盾抵触があるかどうかによってこれを決しなければならない。たとえば，特定事項についてこれを規律する国の法令と条例が併存する場合でも，後者が前者とは異なる目的に基づく規律を意図するものであり，その適用によって前者の規定の意図する目的と効果をなんら阻害することがないときや，両者が同一の目的に出たものであっても，国の法令が必ずしもその規定によって全国一律に同一内容の規制を施す趣旨ではなく，それぞれの普通地方公共団体において，その地方の実情に応じて，格段の規制を施すことを容認する趣旨であると解されるときは，国の法令と条例との間にはなんらの矛盾抵触はなく，条例が国の法令に反する問題は生じない」（徳島市公安条例事件：最大判昭和50・9・10）。

演習問題

① 地方自治の本旨とは何か。
② 都道府県を廃止して，道州制を導入することは憲法上許されるか。
③ 住民投票の意義と問題点について述べなさい。
④ 条例制定権の範囲について具体的な判例を踏まえて論じなさい。

Ⅵ 裁判所と司法権

1 裁判所と司法権

(1) 司法権とは何か

① 司法権の定義

憲法76条1項は，「すべて司法権は，最高裁判所及び法律の定めるところにより設置する下級裁判所に属する」と定めている。ここでは**司法権**が解釈のテーマとなる。

人間の歴史を見ると，紛争が生じたとき，当事者以外の誰かが間に入り，調整をしたり，裁定を行うことで解決する作用はどこにでも存在した。この作用を**裁判**というならば，裁判は国家の作用としては欠かせない要素である。しかし，日本国憲法は，裁判作用を営む組織＝裁判所に対して，「**裁判権**」ではなく，「**司法権**」を与えている。では，司法権とは何であろうか。

権力分立の観点から考えると，法を作る作用と法を執行する作用は区別されなければならない。法を執行する作用については，これを積極的に用いて望ましい国家を作り出していく作用と，公正な第三者の立場から，受動的に正義を実現する作用が区別される。行政権は前者に，司法権は後者に分類される。「訴えなければ裁判なし」とは，司法権の特質をよく言い表している。このような特質を踏まえ，司法権とは「**具体的な紛争**を前提にして，法を適用し，これを解決する作用」と定義づけられることが多い。

論点　司法権の定義

日本国憲法には司法権の定義はないから，司法権とは何かを明らかにする作業（解釈）が必要となる。明治憲法もまた「司法」という言葉を用いていたため，明治憲法と日本国憲法の司法は同じか違うのかも問題となる。

この点について，現在の判例や通説は，「具体的な事件を前提にして，法を適用して解決する作用」が司法権であると解釈している。これを裁判所法は「法律上の争訟」と表現したと考えるのである（3条1項）。この解釈は，司法権とは何かという問題と司法権が何を扱えるのかという問題を重ねて定義づけるものであるから，司法権の本質とその及ぶ範囲を混同しているのではないかとの批判も根強い。そこで，司法権を法原理部門（生の権力闘争から距離を置いて，原理と推論で妥当な結論を導き出し，解決する部門）ととらえる立場（佐藤幸治『日本国憲法論〔第2版〕』632－633頁（成文堂・2020年））。や，「適当な提訴を待って，法律の解釈・適用に関する争いを，適切な手続の下に，終局的に裁定する作用」（高橋和之『立憲主義と日本国憲法［第5版］』433頁（有斐閣・2020年））とする立場が明らかにされている。

明治憲法の解釈において，美濃部達吉は，司法権を行政権に対立する概念ととらえていた。その上で，司法権とは民事刑事の裁判を行う部門であると解釈していた。要するに，民刑事の裁判は行政権が行えないということを言いたいのであって，司法権とは民刑事裁判権のことに他ならないと考えていたのである（美濃部達吉『逐条憲法精義　全』566頁（有斐閣・1927年））。日本国憲法においては，行政事件も最終的には司法権の判断によって解決されることになったため，美濃部の定義は今日では通用しないが，司法権を積極的に定義するのではなく，その及ぶ範囲で説明に代えるというものの考え方は今も変わっていない。

司法権（judicial power）は，立法権，行政権と対立する概念であるから，立法権と行政権との違いの中で定義する必要がある。一方裁判とは国家作用の性質に関する概念であるから，それがどのような特質を持った作用なのかを説明するときに用いられる。この両者は問題となる次元を異にしている。そこで，裁判を定義づけると，裁判とは英語で trial と呼ばれたり，tribunal と言われるように，「tri」すなわち第三者による裁定という特質を持っている。したがって，司法裁判とは，法を定立したり，主体的に法の執行に当たる国家部門以外の第三者が紛争の裁定に当たる場所と定義づけられる。その上で，司法裁判所に何を担当させるのかは，その時々の必要性で決まることになるから，法律の役割が大きくなる。伝統的な民刑事裁判は司法権に始めからインプットされているとしても，それ以外に，たとえば民事裁判として扱える範囲を拡大したり，必ずしも紛争当事者の経済的な利益に還元されない事件の裁定を委ねることは法律によって可能なのである。

「法律上の争訟」概念を考えるとき，よく参照されるのがアメリカ法の case or controversy である。これは「法律上の争訟」よりはるかに広い概念と考えられており，むしろ，法的な紛争の形に還元できれば，まず司法権の対象として間口を広く設定したうえで，誰に何を争わせるのが適当なのかという考慮として，当事者適格（standing）を考えるための概念として考えられている。要は，「その問題をこの者に争わせてよいか」との政策的な考慮と司法権の概念を混同してはいけないのである。ちなみに，わが国の通説が言う「具体的に紛争を前提にして，法を適用してこれを解決する作用」とは，民事刑事の事件を言い換えたものに過ぎない。これらについては紛争の輪郭は明確で，誰と誰の利益が争われているのか，誰の権利が奪われようとしているのかが明確だからである。行政事件も個人の権利侵害が明確であればここに含ませることができる。したがって，伝統的通説の司法権概念は，司法権の性質から導き出されたというより，現実に行ってきたことを説明したという性格が強い。

したがって，結論はこうなる。司法権とは，立法・行政権には属しない国家機関が，第三者の立場で紛争を解決する国家作用である。その具体的な範囲は，民事刑事の裁判を中心として，法律で定められることになる。

司法権［ 民事事件，刑事事件，個人の権利を争う行政事件
　　　　 法律により管轄が認められた事件

論点　法の支配から見た司法権

論点「法の支配と権力分立」で見たように，権力分立には法の支配の考え方が反映されている。すなわち，議会が制定した法律は，それ自体一般的抽象的な規範にとどまっている。法律は，行政機関などを通じて具体化される。その過程も

しくは最終地点で法に関する疑義が生じたとき，これを明らかにする役割を担うのが裁判所である。法を作るのは議会だが，法を確定するのは裁判所に与えられた権限である。裁判所には，法の内容を最終的に確定する一切の権限が与えられている。その際，私人が法の確定作業に関わる。私人は，権利侵害を契機にして，裁判所に「何が法なのか」の確定を求める権利を有する（裁判を受ける権利）。その意味で，私人は，法の確定作業に参加する重要なアクターでもある。

一方，法の支配は，法治主義を意味しない。支配する法は，一定の要件を満たすものでなくてはならない。それは，デュープロセス，個人の尊厳や平等性，透明性，予測可能性などを充足するものでなくてはならない。議会の制定した法律が法として認められるかどうかを判断するのも裁判所の役割である。この点から考えると，日本国憲法が法の支配の原則を採用しているのであれば，憲法81条は確認規定であると見ることもできる。法の支配という憲法原則は，違憲審査制を当然の機能として含むものでもある。実は，このような考え方によって，合衆国最高裁判所は，憲法上規定のない違憲審査制度を導き出したのであった。

②　司法裁判所と行政裁判所

いかなる紛争をどこで解決するのかについては，その国の歴史や伝統によって左右される。法を適用して解決できる問題でも，市民生活や犯罪に関するものと行政作用に関するものを分けて，それぞれ別の裁判所が管轄するような方法も考えられる。たとえば，フランスでは，行政権との間で生じた紛争については，通常の裁判所ではなく行政裁判所が管轄権を持っている。そのため，司法裁判所と行政裁判所という二つの系統が並列する例もある。明治憲法もまたこの方法を採用していた。

しかし，日本国憲法は，フランス型の裁判制度を採用しなかった。憲法は，裁判による紛争の解決を司法裁判所に統合した。76条２項は，「特別裁判所は，これを設置することができない。行政機関は，終審として裁判を行うことができない」と定めている。これは，終局的な紛争解決のルートを司法裁判所に一元化したことを意味している。したがって，具体的な紛争を前提にして，「法を適用し，これを解決する」権能は，市民生活に関するものであれ，犯罪に関するものであれ，また行政権との紛争であれ，すべて司法裁判所によって担われるのである。

以上を受けて，裁判所法３条１項は「裁判所は，日本国憲法に特別の定めがある場合を除いて一切の法律上の争訟を裁判し，その他法律において特に定める権限を有する」と定めている。**法律上の争訟**とは，司法権の定義と同じ意味と考えられてきた。わが国の裁判所は，実際に起きている紛争を解決することに力を注ぐ機関である。

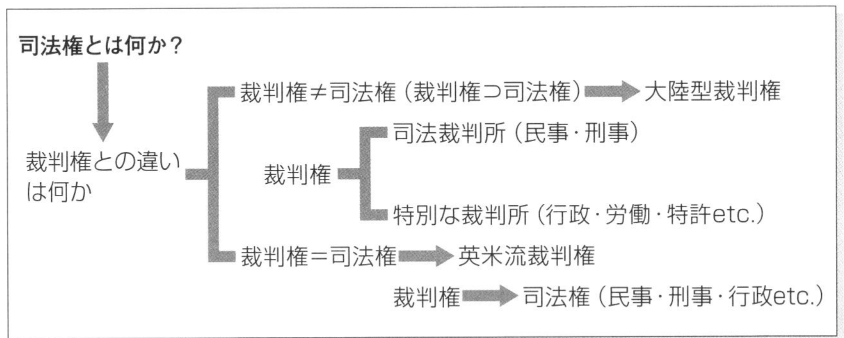

(2)　司法権の領域

①　具体的な紛争と解決可能性

裁判所が司法権を行使するためには具体的な紛争が存在しなければならない。架空の争いやいまだ紛争として成熟していない問題は裁判所が扱うことはできない。また，紛争としては存在していても法を適用して解決できない問題も裁判所は扱えない。このことについて少し詳しく見てみよう。

②　具体的な紛争の存在

具体的な紛争とは，個々人の権利義務に関する紛争を指す。したがって，個々人の権利義務とは関係なく，一般的抽象的に法律の合憲性だけを争うような紛争はこれに含まれない。

論点　主観訴訟と客観訴訟

個々人の権利や義務の存否に関する争いを**主観訴訟**と呼び，公の利益に関する紛争を**客観訴訟**と呼ぶ。前者には民事事件や刑事事件が含まれるが，後者には選挙の効力を争う選挙訴訟や自治体の財務行為の適法性を争う住民訴訟が当てはまる。そして，法律上の争訟とは前者を指し，後者は法律がとくに裁判所に付与した権能であると考える学説が通説であった。しかし，選挙訴訟は，普通選挙の原則や平等選挙の原則といった，選挙権そのものにかかわる紛争を争う性質を持っているし，住民訴訟にしても，自治体の運営にかかわる住民としての権利にかかわる性質を持っていると見ることができるため，これらもまた法律上の争訟と見ることが適切である。両者の違いは相対的なものにとどまる。

③　解決可能性

世の中に存在する紛争のすべてが法を適用して解決できる問題とは限らない。美意識や水掛け論に終わる意見の対立など，裁判所が扱えない問題もたくさん存在している。これらについて，仮に訴えが提起されても，裁判所は解決不能な問題として訴えを**却下**せざるを得ない。ただ，これらの問題でも訴えの仕方によっては法律問題として構成することも不可能ではない。このような問題について，裁判所はどのような対応をすべきなのだろうか。この典型が宗教団体内部の紛争に関する事例である。

論点　宗教団体内部の問題

宗教団体の内部紛争は多い。その中には，宗教法人の代表者の地位を争うような裁判もあれば，ご本尊の真贋が争われるような裁判もある。宗教法人の場合，宗教団体の自律という問題や裁判作用と宗教の自由という問題もあり，慎重な対応が求められている。問題が教義の中身に立ち入らず，純粋な手続問題として解決できるものであれば，法律上の争訟に当たると考えてよい。ただ，その場合でも，宗教団体の自主的決定が尊重される判断が考えられる。一方，教義そのものに立ち入らなければならない紛争については，法律上の争訟であることが否定される。判例も「板まんだら事件」で，宗教上の教義に関する判断が避けられない場合，法律上の争訟に当たらないとの判断を示している（最判昭和56・4・7）。

(3)　司法権の限界

①　法律上の争訟であっても扱えない問題

紛争が法律上の争訟に該当したならば，裁判所は必ず裁判を行わなければならないのだろうか。憲法は，権力の分立を定め，あるいは自主的な決定を尊重すべき団体を認めている。いわば，憲法自らが紛争解決のルートに例外を認めているケースが考えられるのである。法律上の争訟に該当しても，裁判所として独自の判断を差し控える紛争が認められる。

②　権力分立の観点から認められる例外

1）統治行為（政治的問題）　立法府や行政府が行う活動の中には，法律上の争訟には該当しても，裁判所として判断するのがふさわしくない問題がある。国家の存立にかかわる問題（国防問題，外交問題など）や政治判断を要する問題（衆議院の解散や総辞職など）は，たとえそれが法律上の争訟であっても司法判断にはなじまない問題であるといえる。

論点　**統治行為が認められるのはなぜか**

法律上の争訟であるにもかかわらず，裁判所が判断を差し控える事項があるのはなぜか。学説には，その理由を「裁判所は判断しない」（**自制説**）に重きを置いて説明するものと「裁判所は判断できない」（**内在的制約説**）という点を強調して説明するものがある。この点で，最高裁判所は，日米安全保障条約の合憲性が問題となった**砂川事件**で次のように述べている。「その内容の合憲性判断は，当該条約を締結した内閣及びこれを承認した国会の高度の政治的ないし自由裁量的判断と表裏をなす点が少なくない。それゆえ，この法的判断は，純司法的機能をその使命とする司法裁判所の審査には，原則としてなじまない性質のものである。したがって，一見明白に違憲無効であると認められない限りは，裁判所の審査権の範囲外のものである。それは，第一次的には右条約の締結権を有する内閣及びこれに対して承認権を有する国会の判断に従うべく，終局的には，主権を有する国民の政治判断に委ねられるべきものである」（最大判昭和34・12・16）。

最高裁の立場は内在的制約説に立ちながら，自由裁量行為（後述）の考え方を加味する独特な解釈とみることができる。要は，政治的判断の当否は，最終的に国民が判断すべきものというのが最高裁の考え方である。

２）**自由裁量行為**　裁判所は法解釈の専門家集団であって，すべての分野に通暁した組織ではない。専門的な分野に知識や経験を持たない裁判官が専門家を差し置いて法的判断をすることがかえって社会的混乱を引き起こすこともある。このように一定の専門領域については立法府や行政府の判断を優先する考え方を**自由裁量行為**と呼んでいる。ひとつの国家目標を実現するには複数の手段が考えられる。そのとき，手段選択の自由は専門機関に任される必要がある。専門機関は，与えられている資源と予想される効果を照らし合わせて手段の選択を行う。この選択は，国会なり内閣なりに委ねられる。裁判所は，裁量権を逸脱し，あるいは濫用されている場合でなければ，独自の判断を行わない。

論点　裁量統制のあり方

もっとも，自由裁量行為とされる判断がすべて裁判所の判断から免れるわけではない。専門的判断によって制約される自由や奪われる利益の性質や侵害の程度から見て，裁量を狭めた方がいい場合もある。また，裁量判断のプロセスに過誤があったり，その時々に利用できる知見を踏まえていないような判断に対しては裁判所も立ち入った審査を行うことがある（第一次教科書検定訴訟：最大判平成5・3・16）。また，公務員の懲戒に関する事件でも，処分を決定するプロセスにおいて，被処分者に有利となる事情も考慮したかどうかや公務員の行った行為と処分のバランスなどを考える傾向が見られる（最判平成24・1・16）。

3）団体内部の事項　先に触れたように，憲法の秩序には，自律的な判断が尊重されなければならない団体が含まれている。宗教団体は信教の自由の観点から自律が保障されなければならないし，大学もまた学問の自由から自治が保障される。政党には自由な政治活動が認められなければならない。これらの団体の判断には裁判所が口出しをすることがはばかられる。

このうち宗教団体については先に述べた。大学については，大学の自主的運営が尊重されなければ，23条の学問の自由が絵に描いた餅となってしまう。最高裁は，単位が認定されなかったことが違法であるとの訴えに対して，「一般市民社会の中にあってこれとは別個に自律的な法規範を有する特殊な部分社会における法律上の係争のごときは，それが一般市民法秩序と直接の関係を有しない内部的な問題にとどまる限り，その自主的，自律的解決に委ねるのを適当とし，裁判所の司法審査の対象にはならない」と述べていると述べ，単位認定については純粋な内部問題であるとした（最判昭和52・3・15）。政党についても，最高裁は同様な立場に立ち，政党の判断が「公序良俗に反するなどの特段の事情のない限り」自律的な判断が認められると判示している（最判昭和63・12・20）。

やや特殊な例として，地方議会議員への懲罰と司法審査の問題がある。最高裁は，当初，除名処分と出席停止処分を区別して，議員を議会内部にとどめ置く処分については，「自律的な法規範を持つ社会ないし団体」内部の決定を尊重する姿勢をとっていた（最大判昭和35・10・19）。最近においても，県議会議長による議院への発言取消命令の適否に関して，「その適否は県議会における内部的な問題としてその自主的，自律的な解決に委ねられるべきものというべきである」との立場が繰り返されていた（最判平成30・4・26)。また，議院における厳重注意処分とその公表が名誉毀損に当たるかどうかが争われたケースでも同様な判断が下されていた（最判平成31・2・14)。

しかし，令和2年大法廷判決は，この姿勢を転換して，地方議会議員への出席停止処分に関して，以下のように判断した。

「出席停止の懲罰は，上記の責務を負う公選の議員に対し，議会がその権能において科する処分であり，これが科されると，当該議員はその期間，会議及び委員会への出席が停止され，議事に参与して議決に加わるなどの議員としての中核的な活動をすることができず，住民の負託を受けた議員としての責務を十分に果たすことができなくなる。このような出席停止の懲罰の性質や議員活動に対する制約の程度に照らすと，これが議員の権利行使の一時的制限にすぎないものとして，その適否が専ら議会の自主的，自律的な解決に委ねられるべきであるということはできない。」（最大判令和2・11・25)。

この書きぶりからすると，厳重注意処分（それに伴う名誉毀損）などには，従来の考え方が維持されていると考えられる。これまで最高裁がとってきた，自律的団体の決定が一般市民法秩序と関わるか否かとの枠組は維持されつつ，市民法秩序と関わらない（内部にとどめ置く決定）の場合でも，議員活動が不可能となるような処分にも司法審査が及ぶとした点に意義がある。

論点　自律的団体と司法審査

自律的団体への司法審査を考えるとき，部分社会の法理と呼ばれる考え方の合理性が問題となる。部分社会とは，国家という一般的団体の中には，様々な性格の団体が含まれ，自律的に活動が行われており，これら自律的団体には，それぞれが定めたルールがある以上，まずは，その個別的ルールを尊重しようという考え方である。これは，すでに述べた補完性原理とも親和性を持つ考え方であった。つまり，問題解決は，まず小さな単位で行われるべきであって，国家が乗り出すのは，小さな単位での問題解決が困難な場合に限るという思想を反映している。そのため，国家自らが作り出し，国家の延長とも言える組織に対しては，部分社会の考え方を適用しては来なかった。たとえば，司法書士会，税理士会のような団体は，国家が政策的に作り出した特殊な組織であって，「国家の伸ばされた手」である以上，内部紛争への司法介入に躊躇する度合いは低い。

また，よく考えてみると，団体の内部紛争が裁判所で争われるのは，内部での解決がすでに困難になっているケースが多い。内部解決ができないゆえに，第三者である裁判所に紛争解決を委ねているのであるから，これらを「自律的判断」に投げ返す姿勢が貫かれると，紛争解決機関としての裁判所への信頼はなくなる。そこで，「一般市民法秩序との関わり」の有無に司法介入の基準を設けることは，自律的判断の尊重と裁判による問題解決への期待を調和させるという，苦慮の結果と言えなくもない。

2　司法権の独立と裁判所の構成，裁判所の機能

(1)　司法権の独立

①　二つの独立

憲法76条３項は「すべて裁判官は，その良心に従い独立してその職権を行い，この憲法及び法律にのみ拘束される」と定めている。ここでは，各裁判官が独立して職権を行うこと，すなわち裁判官の独立が保障されている。しかし，裁判が公正に行われ，法の支配が貫徹されるためには，各裁判官の独立だけでなく，国家権力としての裁判所全体が他の機関から独立している必要がある。人事や予算，身分保障など，裁判所が組織として独立して決定すべき事柄がある。

わが国で司法権の独立を語るとき，1891年の**大津事件**が引き合いに出されることがある。来日中のロシアの皇太子が暴漢に襲われ負傷したが，当時の法定刑では無期懲役に処するのが限度であった。犯罪の深刻さや国際関係への影響を考慮した当時の政府は，この事件に極刑を科すよう圧力をかけたが，当時の大審院長・児島惟謙がこれを拒むと同時に，担当裁判官に対して，法律に従い処断するよう働きかけた。これは，他の国家機関から裁判所の独立を守った事件であると同時に，大審院長が担当裁判官に対して，事件の処理を指示した意味では裁判官の独立を侵害する皮肉な事件でもあった。事件を担当する個々の裁判官の独立を保障する観点からは，事件の処理に対してサジェストを行うことも許されない（平賀書簡問題）。

②　裁判官の身分保障

憲法78条は，「裁判官は，裁判により，心身の故障のために職務を執ることができないと決定された場合を除いては，公の弾劾によらなければ罷免されない。裁判官の懲戒処分は，行政機関がこれを行うことはできない」と定めている。

この条文によると，裁判官がその意思に反して職を免ぜられる場合は，**心身**

の故障を理由とする裁判によるか，**公の弾劾**によらなければならない。心身の故障を理由とする裁判は，裁判官分限法に手続が定められている。また，弾劾裁判所は国会が設置する（64条1項）。弾劾裁判所は，衆参両院から同数の裁判員を選び，その中から裁判長を互選して手続を進める。裁判官を懲戒するときにも，裁判官分限法に手続が定められている。

裁判官は，その在任中減額することができないと定められている（80条2項）。ただし，財政難に伴う人件費削減の一環として，他の公務員の給与を一律に減額するのと歩調を合わせて，全裁判官の給与を引き下げることは，裁判官の独立を侵害するものではなく，本条に違反しないとされたことがある。

〔図：裁判官の身分に関する制度〕

裁判官の罷免
- 回復困難な心身の故障のため職務を執ることができないとの判断→分限裁判（裁判官分限法1条）
- 公の弾劾（憲法78条）

裁判官の懲戒
- 戒告又は1万円以下の過料（裁判官分限法2条）
  各高等裁判所→管轄の地裁，家裁等の裁判官の懲戒
  最高裁判所→最高裁裁判官，高裁裁判官の懲戒
  懲戒事由は裁判所法49条で定める

ある裁判官がツイッター上で，担当した事件などについて，当事者を揶揄するような発言をしたとして，懲戒処分を受けた事例がある。最高裁は，「同条にいう「品位を辱める行状」とは，職務上の行為であると，純然たる私的行為であるとを問わず，およそ裁判官に対する国民の信頼を損ね，又は裁判の公正を疑わせるような言動をいうものと解するのが相当である」と判断した（最大決平成30・10・17）。学説には賛否が入り交じる。

③　その良心に従い

裁判がその根拠となる様々な規範に従って行われなければ，公正な裁判を実現することはできないし，裁判に対する信頼も損なわれてしまう。しかし，憲法は，各裁判官が「その良心に従い」裁判することを求めている。

論点　裁判官の良心

では，裁判官の良心とは何であろうか。憲法19条にも「良心」という語があるが，76条3項にいう「良心」と同じ意味に解釈できるのであろうか。たとえば，

死刑廃止論者の裁判官が死刑を言い渡すべき事件で無期懲役を言い渡すことができるのかが問題となる。76条3項の良心が内心一般を指すなら，自らの信じるところに従って裁判をすることも許されるであろう。しかし，これを許すと法適用の平等という法の支配の基本条件が否定されることになる。そこで，多くの学説は，76条3項にいう「良心」とは裁判官の職業倫理を意味すると考えている。職業倫理とは，その職業をよりよく遂行していくために守るべき水準を意味する。裁判官である以上，裁判官として守るべき倫理がある。裁判官は，この職業倫理に従わなければならない。

⑵　裁判所の構成と権限

①　最高裁判所と下級裁判所

1）最高裁判所と下級裁判所　　裁判所は，最高裁判所と法律によって定められる下級裁判所に分類される（76条1項）。最高裁判所は15人の裁判官から構成される。うち1名は長官として職務を行う。長官は内閣の指名により，天皇が任命する（6条2項）。その他の裁判官は，内閣が任命する（79条1項）。

最高裁判所の裁判官は，裁判官経験者，弁護士や検察官経験者，学識経験者から任命される。2022年9月の段階では，裁判官経験者6名，弁護士経験者3名，検察官出身者3名，官僚出身者1名，学者出身者2名（計14名）から構成されている。最高裁判所の裁判官には，任命後に行われる国民審査（その後10年ごとに審査を受ける）が課され，これによりリコールされることがある。

最高裁判所は，15名の裁判官が全員で審理を行う大法廷と5人ずつに分かれて三つの法廷で審理を行う小法廷から構成されている。大法廷で審理される事件は，大まかに言って初めて憲法判断をする事例，前の憲法判断を改める事例，その他判例変更を行う事例である（裁判所法10条）。裁判所で審理できる事件には限定がある。憲法違反や憲法解釈に違反がある場合，先例に違反する事例である（刑訴法405条，民訴法312条）。最高裁の負担を軽減するとともに，最高裁の役割を法解釈の統一や憲法解釈に絞り込む意味がある。

2）個別意見制度　　最高裁に係属する事件には，その事案の解決を超えて，憲法や法律に関する考え方が問われているものが多い。それゆえに，最高裁の判決には，各裁判官の個別の意見を表示することが認められている。判決主文と判決理由に賛成しつつ，自分の考えを明らかにする「**補足意見**」，判決主文には賛成するが判決理由には与しない場合の「**意見**」，判決主文にも判決理由にも反対する「**反対意見**」がそれである。これらの意見が表示されることによって，最高裁での議論がどうであったのかをうかがい知ることができ，後の法解釈にも影響を与えることが可能となる。

3）下級裁判所　下級裁判所は，全国に八つある高等裁判所，各都道府県に置かれる地方裁判所，家事事件や少年事件を扱う家庭裁判所，少額訴訟などを扱う簡易裁判所から構成されている。また，東京高等裁判所には，知的財産権侵害などを専門に扱う知財高裁が設置されている。

②　下級裁判所裁判官の任命と再任

下級裁判所裁判官は，最高裁判所の指名した名簿に基づき，内閣が任命する。その任期は10年とされ，「再任されることができる」(80条１項)。

論点　下級裁判所裁判官の再任権

憲法80条１項の書きぶりからすると，下級裁判所裁判官は再任される当然の権利を持っているわけではない。しかし，再任されるという期待を保障しなければ，裁判官として，安心して職を遂行することが難しくなる。再任を気にして，独立した判決を下すことができなくなれば，それは公正な裁判という国家的利益をも損なうことになるからである。この点については，再任に係る裁判所の裁量をできるだけ統制したいとする学説と自由裁量を確保したい裁判所との間で解釈の対立がある。条文の表現から考えると，裁判官に再任権が保障されていると考えることはできない。しかし，再任するかしないかをまったくのフリーハンドで決めてよいかというと，疑問がぬぐいきれない。そこで，再任の制度を裁判官としての不適格者を排除する制度と考え，不適格でない以上は再任を拒むことができないとして限定する解釈が説得力を持つことになる。

③　最高裁判所の規則制定権

憲法77条１項には，「最高裁判所は，訴訟に関する手続，弁護士，裁判所の内部規律及び司法事務処理に関する事項について，規則を定める権限を有する」との定めが置かれている。２項には「検察官は，最高裁判所の定める規則に従わなければならない」との規定が置かれている。

権力分立の観点からすると，司法権を司る裁判所にも自律的なルールを定める権限が必要である。しかし，わが国には，戦前から包括的な訴訟法が定められて，現在も訴訟手続については法律によるところが大きく，裁判所規則と法律との関係については議論がある。

論点　**裁判所規則と法律との優劣関係**

現行では，訴訟に関する手続は民事訴訟法や刑事訴訟法が，弁護士に関しては弁護士法が定められているので，77条1項との関係が問題となる。これについては，裁判手続は国民の裁判を受ける権利を具体化するものであるから法律事項であるとして，裁判所規則は法律に劣るとする考え方もあり得よう。また，最高裁が自ら定めたり改めたりすることができる規則とは異なり，法律は国会の議決を要するのであるから，規範としての効力は法律が勝ると考えることもできるだろう。考え方としては，国民の裁判を受ける権利に結びつく事項は法律が優先し，純粋な内部事項については規則が優先すると考えることもできるであろう。また，法律の定めを受けて，訴訟手続の細則を定めることも規則の役割とすることもできる。

(3)　裁判の公開

①　裁判公開の意味

憲法82条1項は，「裁判の対審及び判決は，公開法廷でこれを行う」と定めている。裁判が**公開**されなければならないのは，**密室裁判**を避けるためである。正義は行われただけでは足りず，それが行われたことが公に検証される必要がある。当事者の主張，裁判所の訴訟指揮，判決が国民の目にさらされなければ公正な裁判を担保することができない。

対審とは，民事裁判においては口頭弁論，刑事裁判においては公判手続を指す。これらについては傍聴が自由に認められる。また，裁判公開は裁判についての報道の自由を含んでいる。ただし，写真撮影や録音については，法廷の秩序を維持し，当事者の利益を保護する観点から裁判所の許可が必要である（民事訴訟規則77条，刑事訴訟規則215条）。

②　訴訟事件と非訟事件

裁判所における事件の解決方法は，紛争の性質によって変わる。対等な両当事者が自分の私的利益を争うため主張と反論を尽くすような解決方法が適切な場合もあれば，裁判所が一歩踏み込んだかたちで紛争解決に乗り出すことが必要な場合もある。また，事柄がプライバシーと密接にかかわっているので公開の法廷で審理することがはばかられるケースもあるだろう。このように紛争の性格に対応して，わが国の民事訴訟手続は，対審を原則として両当事者が争う**訴訟事件**と裁判所が後見的な立場で紛争解決を行う**非訟事件**に分かれるのである。

論点　非訟事件の合憲性

成年後見や親権者の決定など，家族法に関するトラブルは，プライバシーの観点から考えると，通常の訴訟事件として扱うことが難しい。そこで，身分法に関する事件は，かつて家事審判法の手続に従い，非公開の手続で処理されてきた。2013年１月からは，家事審判法を改正した家事事件手続法が親族・相続事件の処理手続として施行されている。では，このような手続は憲法82条１項に違反しないのであろうか。また，憲法32条は裁判を受ける権利を保障しているが，それは82条１項にいう公開裁判とどのような関係にあるのだろうか。32条と82条１項を結びつけて考えたなら，公開の法廷で裁判を受ける権利が保障されていることになるが，非訟事件はこの権利の枠の外にあるのだろうか。

この点について最高裁は，夫婦同居に関する審判を非公開・非対審で行う家事審判法の手続について，法律上の実体的権利義務を確定するためには公開の手続で行う必要があるが，すでに確定している権利義務を具体化するための手続は公開で行う必要がないと判断したことがある（最大決昭和40・６・30）。32条で保障される裁判と82条１項の裁判を区別することなく，82条１項にいう裁判は訴訟事件を指すと解釈したわけである。紛争の多様性に応じて裁判所の事件処理手続が多様化することもやむを得ないことであるから，この判例のような区別もあり得よう。しかし，より実質的に，裁判所による紛争解決の実効性と当事者の利益と公開原則を利益衡量し，非訟事件を定型的に非公開とすることも許されると考えるべきである。

82条２項は，「裁判官が全員一致で，公の秩序又は善良な風俗を害する虞があると決した場合には，対審は，公開しないでこれを行うことができる」と定めている。しかし，この決定は「政治犯罪，出版に関する犯罪又はこの憲法第３章で保障する国民の権利が問題となっている事件の対審は，常にこれを公開しなければならない」として，例外が排除される場合を定めている。人権保障を裁判の公開によって担保する意味である。

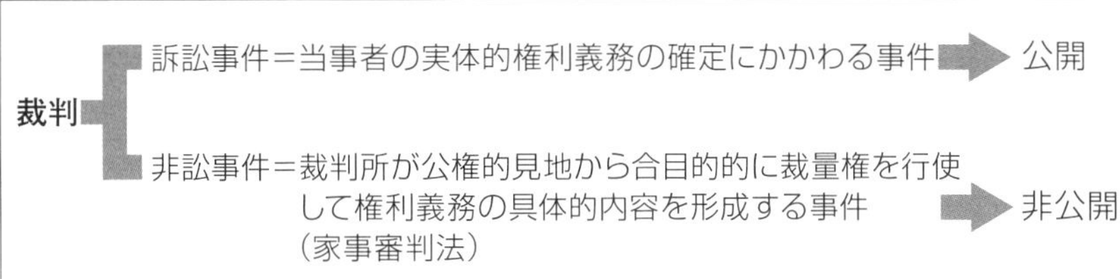

演習問題

① 裁判をめぐるアメリカ型の制度とヨーロッパ大陸型制度の違いを説明しなさい。
② 法律上の争訟について説明しなさい。
③ 司法権の独立の意味について説明しなさい。
④ いわゆる「統治行為」につき，その意義と問題点を指摘しなさい。
⑤ いわゆる部分社会の法理につき，その意義と射程を明らかにしなさい。
⑥ 裁判公開の原則と非訟事件の関係について説明しなさい。
⑦ 下級裁判所裁判官の再任権について論じなさい。

Ⅶ　違憲審査制度―裁判による憲法の保障

1　違憲審査制度とは何か

(1)　憲法の番人の歴史的背景

①　公私の区別

立憲主義とは，憲法というルールを定めることによって，国家権力を制限し，国民の自由を守る考え方であった。そこでは，「みんなのことはみんなで決める（公の意思決定）」ことと「自分のことは自分で決める（自己決定）」ことが区別されなければならなかった。このうち前者は民主主義の原理によって支えられ，後者は自由主義の原理によって支えられるものであった。しかし，「みんなで決めてはいけないこと」が決められて，自分で決めることが蹂躙されたらどうなるのであろうか。憲法の人権規定は，「みんなで決めてはいけないこと」（個人の自由に委ねられるべきこと）のカタログでもある。

人権の蹂躙に対して抵抗する権利が人々には与えられている。しかし，抵抗する権利はともすれば国家の存立を切り崩し，秩序を否定しかねない事態を招く。そうなると，本来国家を作り出した意味も否定されてしまう。暴力ではなく理性により，力ではなくルールによって，人々の権利を救済するしくみが求められるのには，このような理由がある。

②　法律の限界

19世紀の国家は，立法府が頂点に立ち，全国民の代表として公の意思を実現することを理念としていた。しかし，**福祉国家**への転換が行われ，利害を異にする集団の間で限られた資源の獲得競争が行われるようになると，立法行為は多数者の利益を実現するものへと姿を変える。法律がその時々の多数派の意思を実現する手段と化したなら，少数派の利益をないがしろにするような政治が横行することになる。

違憲審査制度は，立法行為をめぐるこのようなリアルな見方からも求められるのである。憲法の価値を守るため，その時々の多数派意思とは距離を置きつつ，民主主義を機能させ，**多数派デモクラシー**が陥る落とし穴から人々を救うためにも必要とされる。これは，**ナチス経験**によっても裏づけられる。法律は万能ではなく，また常に正義を実現するものでもなく，ときに合理的に少数派を抹殺する道具として機能したことへの反省からもまた違憲審査制度が必要とされたのであった。

(2)　違憲審査制度の型

①　付随的違憲審査制度

第二次世界大戦後，各国で違憲審査制度が広まったのは，このような理由による。ただ，違憲審査制度を歴史上初めて確立したのは，アメリカ合衆国であった。合衆国最高裁判所が1803年に下した**マーベリー対マディソン事件**は，合衆国最高裁判所に連邦法が憲法に違反しているかどうかを判断する権限があると宣言したのである。大統領の決定もまた憲法の下にあるという発想は，法の支配の考え方に基づくものでもある。

この判決は，連邦治安判事に任命されたマーベリーが自分に対する任命状の発給を求めた事例であった。このことから明らかなように，自分自身の法的な地位や利益が侵害されたとき，その根拠となる法令の違憲性を争うところにアメリカの違憲審査制度の特徴がある。その意味で，アメリカが確立した違憲審査制度には，個々人の利益の救済という目的が求められる。一人ひとりの国民の利益や権利を離れて，一般的に法令の違憲性を争うような制度は想定されてこなかった。このような制度を**付随的違憲審査制**と呼ぶこともある。付随的違憲審査制では，憲法判断は個々人の権利義務を救済するため（あるいは紛争を解決するために）必要な限りにおいて発動される。いわば，司法権という制度の枠の中で機能するしくみである。

論点　司法積極主義と司法消極主義

憲法が裁判所に割り当てた仕事は，国会が制定した法律や行政機関の処分が憲法に違反するかどうかを判断することである。しかし，国会は，曲がりなりにも国民代表から構成され，内閣も国民代表府から正当性を付与されている。裁判所のように，たとえ最高裁判事には国民審査があるにしても，国民から直接選出されていない者が国民代表の意思に口出しをするのは，民主主義原理からすると謙抑的でなければならない。よほどのことがない限り，裁判所は，国会や内閣が出した結論に介入すべきではない。したがって，政治部門の決定には一応の合憲性を認め，合理性の審査をベースにして，一見極めて明白に違憲であるとか，明確に憲法が禁止していることを政治部門が行っているような場合でなければ違憲判断を行わないというスタンスが求められる。このような考え方を司法消極主義という。

この考え方は，かつてアメリカで社会福祉立法が合衆国最高裁判所でことごとく違憲であると判断され，裁判所に対する社会的な批判が高まったことへの反省から生まれている。議会が綿密な調査に基づいて制定した最低賃金制度を契約の自由違反であると判断することが裁判所にできるのか。できるとしてもそれがふさわしい役割なのかについて，激しいやり取りが行われた。時の大統領フランクリン・ルーズベルトは，かたくなな最高裁判事に対抗するため，９人の裁判官枠を拡大して，議会判断を尊重する裁判官を任用しようとした。これに危機感を覚えた合衆国最高裁判所が連邦議会の判断を尊重する姿勢を示し始めたところから，司法消極主義が確立したのである。後に見るブランダイスルールは，この姿勢を理論化したものである。

一方，裁判所は（とりわけ最高裁判所は），積極的に憲法判断を行うべきであるという考え方を司法積極主義と呼ぶ。最高裁判所は，憲法の番人なのだから，国会行為が憲法違反なのかどうかについて結論を出さなければならない。憲法判断を求められたなら，これに応えるのが正しい姿勢であるとするのがこの考え方である。もちろん，司法積極主義をとれば違憲判断が増えるということにはならない。憲法判断についての姿勢が違憲判断の姿勢とは一致するわけではない。

裁判所は憲法判断について積極的であるべきか，消極的な姿勢をとるべきかという問題は，民主主義（国民代表による政治）と自由主義（多数派支配から少数者を守ること）の調和点をどこに求めるのかの問題でもある。その中で，表現の自由を中心とした精神的自由権への制約とそれ以外の自由（とりわけ経済活動の自由）を分け，前者に対する制約に対しては厳しい司法審査が求められるとする「二重の基準」も生まれてきた。

②　憲法裁判型違憲審査制度といわゆる「合一化傾向」

これに対して，戦後世界中に広まった違憲審査制度では，個々人の権利利益の救済というよりも，端的に法令の違憲性を争うことができるような制度設計が行われた。通常の裁判所が扱う事件としてではなく，それゆえに通常の裁判所の系列の外に憲法裁判所を設置し，特別な裁判手続で憲法問題を扱うような制度設計が行われたのである。たとえば，ドイツ連邦共和国には，**ドイツ連邦憲法裁判所**が設置され，アメリカ型の司法審査ではなく，憲法裁判の手続で違憲審査が行われている。

しかし，すでに憲法学説が一致して指摘するところであるが，付随的違憲審査制と**憲法裁判所型違憲審査制度**は，見かけほどには大きな違いがあるわけではない。付随的違憲審査制でも個々人の権利義務には解消されない案件や実質的に憲法そのものを争う案件があり，合衆国最高裁判所も個々人の訴えの利益にそれほどこだわってはいないようである。憲法裁判所型違憲審査制度でも一般的に憲法適合性審査を行う手続もあれば，個々人の権利や利益の救済を主眼とした手続もあり，両者の間には**合一化**の傾向が見られるようになって久しい。

(3)　日本国憲法における違憲審査制度の性格

では，わが国の違憲審査制度はどちらの系譜に属しているのであろうか。判例通説の考え方は，憲法81条が司法権の項目に定められていること，日本国憲法がアメリカ合衆国憲法の影響を強く受けていること，憲法裁判所型違憲審査制度を採用するような条文を置いていないことなどを理由に，付随的違憲審査制を採用したものと理解してきた。たとえば，最高裁は，警察予備隊訴訟においてこの点を明らかにしている（最大判昭和27・10・8）。

論点　日本国憲法の違憲審査制度

判例や通説は，日本国憲法が定める違憲審査制度を個別的，付随的違憲審査制であると判断してきた。これは，アメリカ合衆国の違憲審査制度を継承したこと，憲法81条は司法権の第６章司法権の中に定められていること，憲法裁判所に関する特別の定めがないことなどを理由としたものである。しかし，この解釈には論理必然性は認められない。

合衆国憲法憲法と異なり，日本国憲法には違憲審査制度を定める条文が置かれている。司法権は，法の支配を具体化する作用であって，その中には憲法をはじめとする法内容の確定作用が含まれるため，個別の条文がなくても，違憲審査制度を導き出すことは可能である。したがって，憲法81条は，この作用を確認する意味がある。それのみならず，「一切の法律，命令，規則又は処分が憲法に適合するかしないかを決定する権限」を裁判所に与え，違憲とされた法令等は「その効力を有しない」(98条１項)。したがって，個別の紛争が生じていない段階での違憲審査は想定されていないにしても，より抽象的な憲法判断は排除されていない（憲法制定過程では，違憲審査権を抑制的にとらえる解釈はなかった。むしろ，国会より裁判所に期待する意見が反映されていた。高柳・大友・田中編著『日本国憲法の制定過程Ⅱ解説』244頁（有斐閣1972年)。それゆえに，住民訴訟や選挙訴訟のような客観訴訟による憲法判断も許されている。

司法権の概念と違憲審査制度を関連付けることで，わが国の判例通説は，違憲審査の領域を自ら狭めてきたと言えよう。むしろ，違憲審査権を抑制するために，司法権を定義づけ，自らの制度をアメリカ型と呼んだ節がうかがわれる。したがって，個別の事件（個人の権利利益が侵害されたケースに限定されない）をきっかけとした，抽象的な憲法判断手続を法制化することも可能である。

論点　立法裁量と司法審査

憲法には，何らかの立法によらなければ実現できないような制度や権利が予定されている。この場合，憲法は「法律でこれを定める」(10条）と書いたり，「法律の定めるところにより」(17条）と定めるなどの書きぶりで，国会の法制定を予定している。国会は，憲法によって立法を行う義務を負うが，その内容については，ある程度自由に決定することができる。これを立法裁量と呼ぶ。この場合，裁判所は，国会の裁量を前提に審査を行う（制度準拠型審査と呼ぶ学説もある)。一方，とりわけ自由権に対する制約が問題となるケースでは，権利に対する侵害は許されないのが原則であるから，裁判所の審査には厳格さが必要である（これを権利準拠型審査と呼ぶ)。制度形成における立法の役割が期待されるケースでは，裁判所の役割は小さくなり，権利侵害そのものを問題とする場合には，裁判所により踏み込んだ審査が期待されるというのである。ただ，議員定数不均衡訴訟のように，較差是正を完全な立法裁量に委ねることは適切ではないケースがある。この場合，裁判所は，国会の裁量を意識しながら，是正を促すメッセージを送ることになる。ただし，このケースでは，較差是正は前進とならざるを得ず，国会と裁判所との間のキャッチボールが延々と続き，選挙権という主権に直結した権利の救済がないがしろになる危険性は否定できない。

2　違憲審査の手続

(1)　憲法訴訟

①　憲法訴訟と訴訟手続

日本国憲法は，具体的な紛争を離れて，憲法問題だけを扱う手続を整備していない。もちろん，具体的な紛争の中には客観訴訟も入るので，個々人の権利利益以外の問題を扱う事例も少なくない。ただ，わが国には，憲法裁判所型違憲審査制度のように抽象的な憲法問題を争う手続は今のところ定められていない。したがって，裁判所が憲法について判断する場合でも，通常の裁判手続の中で行うのであるから，民事事件や刑事事件，行政事件といった紛争の中で憲法判断が行われるに過ぎない。しかも，当事者が憲法上の争点を主張しても，裁判所はこれに答えないこともある。事件の解決上，憲法に関する判断が不必要であったり，上告理由として憲法違反が持ち出されても，それが失当である場合は，憲法判断は行わない。

②　憲法訴訟とは何か

そうすると，憲法訴訟とは，「通常の裁判所に提起される訴訟のうち，憲法上の争点を含む訴訟」と定義づけられる。したがって，憲法について争う場合でも，裁判が適法に成り立っている必要がある。民事事件や刑事事件，行政事件など訴訟手続にのっとって裁判が提起されていることを前提にして，憲法の解釈や運用を争う争点を含むものが**憲法訴訟**といわれる事例である。

③　憲法訴訟の機能

先に見たように，日本国憲法が採用した違憲審査制度はアメリカ型の司法審査制度とされている。そこでの課題は，目の前の紛争を解決することであって，一般的に憲法秩序を維持することではない。わが国の違憲審査制度は，第一義的には一人ひとりの権利や利益を救済することにある。しかし，そのことは広い目で見たときに憲法秩序全体を維持する結果につながる。個々の事件を通じて憲法を解釈することで憲法の意味内容が確定され，憲法が何を意味しているのかの理解が共有されることになる。その意味で，わが国の違憲審査制度は憲法保障の役割を担っている。

(2)　憲法について争うには

①　裁判として成り立っていること

日本国憲法の違憲審査制度は司法権の枠の中で行われるから，まず争われている事件が司法権の守備範囲に入っていることが必要である。したがって，個々人の権利利益にかかわる紛争であるか，客観訴訟のように，法律が争う資格を認めた紛争であることが必要となる。一般の民事事件や刑事事件の場合はともかく，行政事件の場合には，裁判を起こせる資格があるかどうか（行政庁の行為を争う資格があるかどうか）が問題となる場合も少なくない。

②　憲法の争点について主張することがふさわしいかどうか

個々人の権利や利益が侵害されている場合は問題とならないが，第三者の利益や社会一般の利益をベースにして憲法の争点を主張することは可能なのだろうか。住民訴訟や選挙訴訟のように法律が訴える資格を認めているならば，個々人の権利や利益とは離れた争点について争い，その中で憲法の問題を主張することは可能である。しかし，そのような特別な手続がなければ，国家によって侵害されている「本人」の権利利益だけを主張させることが適当である。なぜなら，第三者の権利を無断で持ち出すことは，第三者の裁判を受ける権利を侵害するからである。

ただ，表現の自由のような公共財としての性格を持つ権利が侵害されている場合や，裁判の中で第三者の利益を持ち出して争わないことには，その第三者から損害賠償の請求を受けるようなリスクがある場合には，例外的に「本人」以外の者の権利を主張することも許される（第三者所有物没収事件：最大判昭和37・11・28）。

論点　付随的違憲審査制度のメリット

これまでの判例通説は，わが国の違憲審査制度が付随的な制度であると解釈してきた。その理由は，違憲審査は，あくまで司法権の範囲内で行われること（違憲審査制度が司法権の章に置かれていること），アメリカの制度をお手本に作られたことに求められてきた。付随的とは，裁判の主たる目的は個々の紛争を解決することであって，憲法適合性を抽象的に審査することではないという意味でとらえられてきた。事件の解決にとって必要であれば憲法判断を行うというのが付随的審査制度の意味である。

付随的審査制度が抽象的な審査制度にくらべて憲法保障の機能が低いかという

と，決してそうではない。付随的審査制度は，自己の権利利益を主張する者であれば誰もが出訴資格を持つから，憲法を争う資格が万人に認められることになる。その上で，争わせることがふさわしくないなら当事者適格（standing）を否定し，上告を制限することで最高裁の役割を明確化しようとする。憲法保障の担い手は国民であるという「人民主権的な立憲主義」（populor constitutionalism）の考え方からすると，付随的違憲審査制度こそが望ましいということなる。

また，付随的違憲審査制度は，司法権の概念を背景にしているので，具体的な事件を解決する一環として，憲法判断を行うことになる。そこでは，事件における当事者の「救済」が中心的なテーマとなる。在外邦人選挙権訴訟では，裁判所が直接有権者の資格を認めたことがあった。また，国籍法違憲判決では，職権で原告に国籍を付与している。付随的審査制度では，権利利益が侵害されていると主張する当事者に応答することが裁判所の職務なのであるから，救済まで見据えた判断が行われなければならない。

ただ，司法権概念そのものは，民刑事事件の解決ような中核的な仕事から，その時々の必要性に応じて割り振られた仕事まで広く含んでいる。民衆訴訟のような客観的に（個々人の権利利益とは一応離れて）憲法適合性を争う訴訟では，その機能は抽象的違憲審査制に近づいてくる。しかし，わが国の訴訟法は，それでも当事者適格を制限することなく（地方自治法における住民訴訟や公選法における選挙訴訟），広く争う資格を認めているので，付随的審査制度の具体的なあり方を定めるのは，法律によるところが大きい。

3　違憲審査の対象

(1)　対象となる規範

①　条約に対する違憲審査

憲法は，「一切の法律，命令，規則又は処分が憲法に適合するかしないかを決定する権限を有する終審裁判所である」と述べている（81条）。この書きぶりは，条約に対する違憲審査の可能性を否定しているようにも読めるが，多くの憲法学説は，憲法が最高法規であることや違憲の条約によって憲法が骨抜きにされないようにする必要から，条約にも違憲審査が及ぶと考えている。

最高裁は，日米安全保障条約の合憲性が争点となった砂川事件最高裁大法廷判決において，「条約一般についての違憲審査権の有無にかかわらず，日米安全保障条約については，その特殊性に鑑み，司法裁判所で合憲性の審査をすることができない」と述べた。これは，条約について違憲審査権が及ぶことを前提にした判断であると考えられる（最大判昭和34・12・16）。

② 判例に対する違憲審査

憲法81条は判例に対する違憲審査については述べていない。しかし，憲法に違反する裁判所の判断もまた違憲審査の対象となる。法律は，裁判所の判断に憲法解釈の誤りがある場合を上告理由としている（民訴法312条1項，刑訴法405条1号）。

③ 議院規則

これらとは逆に，81条は規則に対する違憲審査の可能性を明文で認めている。そして，議院規則に対しても違憲審査が及ぶことには異論がない。憲法に違反する議院規則が制定されたならば，裁判所がその憲法適合性を審査することになる。ただ，先に述べた議院自律権との関係でいえば，司法権の限界として訴えが棄却される場合も少なくないであろう。

(2) 立法の作為・不作為　行為審査

① 立法不作為とは

違憲審査は，作られた法律や規則だけでなく，法律を作ったこと，作らなかったことに対しても及ぶ。ただ，立法したことに対しては出来上がった法令を審査すれば足りるので，実際には，立法しなかったこと（**立法不作為**）と立法したが不十分だったことが争われる。

憲法の条文には，国会に対して法律を定めることを義務づけているものがある。たとえば，憲法10条は「日本国民たる要件は，法律でこれを定める」と定め，これにより国籍法が制定されている。また，17条は「何人も，公務員の不法行為により，損害を受けたときは，法律の定めるところにより，国又は公共団体に，その賠償を求めることができる」と定めることによって，国家賠償法が制定されている。このように，憲法が具体的な法律を作るよう命じているにもかかわらず，法制定を怠っている場合は，明らかに憲法違反となる。

論点　立法不作為が憲法に違反するときはどんなときか

問題は，本来あるべき（と解釈される）法律が存在しないとき，それを憲法違反といえるかどうかである。この点について，かつて最高裁は，「立法の内容が憲法の一義的な文言に違反しているにもかかわらず国会があえて当該立法を行うがごとき，容易に想定しがたいような例外的な場合でない限り，国家賠償法１条１項規定の適用上，違法の評価を受けない」と述べていた（在宅投票制度廃止事件：最判昭和60・11・21）。これは相当にハードルの高い要件であり，実質的には，上に述べたような明らかな立法義務違反に限られるような判断であった。

しかし，その後，最高裁は考え方を改めた。在外邦人の選挙権が制限されていたことが普通選挙の原則や平等選挙の原則に違反するのではないかが争われた事件において，最高裁は，選挙権を制限することは原則として許されないとの立場から，在外邦人の選挙権を制限していた公選法を厳格に審査し，在外邦人に対して保障されるべき選挙権を認めなかったことを立法不作為で違憲，違法と判断したのである。

論点　時間の要素と立法不作為

立法不作為を問題にする手法は，すでに述べた時間の要素を用いた憲法解釈方法のひとつのパターンでもある。法律が制定された時点での立法の合理性必要性を問うのではなく，その後の時間の流れ，社会状況や国民意識の変化を受けて，国会が必要な法改正を行ったかどうかを問題とする。したがって，法制定時の国会の判断を不問にして，現在の立法義務（法制定，改正，廃止）を問う手法をとっている。この手法は，立法義務が生じた時点を裁判所が比較的自由に設定できること，また，法令違憲とされた法令の効力についても自由に操作できることがメリットでもある。ただし，社会状況の変化などが立法義務につながるかどうかは，別に問われる。立法事実の変化が立法義務につながるかどうか，つながる場合に立法不作為の違憲判断となって現れる。

②　立法不作為と救済

立法不作為の問題には，次のようなケースが考えられる。

A　本来作られていなければならない法律が作られていない場合
　これは，
　A１　憲法自身が法律を作るように明文で命じている場合
　A２　憲法は明文で立法を命じていないが，憲法の理念や構造から考えて法律の不存在が許されない場合
に分けられる。

B　法律は存在するが，その内容が憲法の求める基準を満たしていない場合

C　法律は存在するが，その内容が憲法の求める基準を超えている場合

Ｂの場合は，基準に満たない部分を補わない行為（不作為）が憲法違反となり，Ｃの場合は，基準を超えてしまっている部分を削除しない行為（不作為）が憲法違反となる。国籍法違憲判決（最大判平成20・６・４）は，出生後に認知を受けた子に対して，裁判所自らが国籍を付与する救済を行った。そのとき，出生後に認知された子に対して父母の婚姻を要求することが過剰な要件を課すものであるから（Ｃに当たる），その過剰な要件を取り除いた上で，残った要件を適用して救済を行うか，本来国籍を与えなければならないはずなのに，与えていなかった（Ｂに当たる）として，本来の趣旨に基づいて国籍を認めるのか，という救済方法について議論があった。**在外邦人選挙権訴訟**では，公法上の地位の確認訴訟という訴え方が用いられたが，どちらかといえばＢの考え方によっているのではなかろうか。

論点　立法不作為の争い方

ある法律や制度によって自分の権利や利益が侵害されている場合は，その法律や制度の合憲性を争えばよい。しかし，本来あるべき法律や制度がなくて権利利益が侵害されている場合は，争い方が難しい。在宅投票制度のように，本来あるべき制度が廃止されたなら，制度を廃止した立法行為や制度を復活させない立法行為が憲法に違反すると争うしかない。夫婦別姓が制度化されていないために，権利利益が実現されていない場合も，本来制度化すべきなのに，それを怠っていることが憲法違反だと争うしかない。一方，どのような法律を作るか，いかなる制度を具体化するかは，国会の立法裁量に任されている。立法裁量の壁を乗り越えるのは相当な苦労が必要であるから，これを違憲とするのは「容易に想定しがたい」（在宅投票制度判決）という結論が導き出せる。つまり，立法不作為が憲法に違反すると争うためには，立法の作為義務が明確に定まっていなければならないが，そのような義務が果たされていないという事態は，たしかに容易には想像しがたいところがある。

しかし，現実には，あるべき制度がない，あったが廃止されたことによって，権利の実現が妨げられている者は存在している。そこで裁判所は，社会状況の客観的な変化（データや資料で立証できる社会状況の変化）と国会における立法事実の把握（法改正等が必要であるとの動き）と権利利益が侵害されている程度を考慮して，「容易に想定しがたい」判断のハードルを下げてきた。その嚆矢となったのが，ハンセン病隔離政策にかかわる熊本地裁判決（熊本地判平成13・５・11）であったといえよう。

立法不作為が憲法違反であると争うにしても，争い方にも工夫が必要である。これまで多くの裁判が国家賠償法１条を用いて争われてきたのには，理由がある。司法権による制約（具体的な事件の存在），付随的違憲審査制度による制約（紛争を解決する必要性）からすると，ともかくも名目上，個人の権利を主張する争い方が必要だからである。ただし，憲法上立法義務が認められ，不作為が違憲状態にあるとしても，国家賠償法上の「故意又は過失」や「違法性」と重なり合うかどうかが問題となる。立法行為とは，一般的抽象的な規範を作る行為だから，個々の国民に対する処分とは異なる。そもそも国賠法はそのような抽象的な審査の道具ではなかったために，このようなずれが生まれてしまう。

しかし，付随的違憲審査制度は，自分の権利利益が侵害されている，と主張する者に広く憲法問題を争うチャンスを提供する制度であった。それゆえに，国賠法という方便を使うことは，さしあたりの手段としてはやむを得ないと考えられる。行政事件訴訟法改正により，公法上の当事者訴訟が導入され，取消訴訟以外の行政事件を広くカバーできるようになっている。今後は，公法上の当事者訴訟を憲法訴訟といかに結びつけていくかが課題となるであろう。

4　違憲審査の方法と基準

(1)　立法事実の審査

①　立法事実とは何か

裁判所が法律などの合憲性を審査するに当たって，その法律の必要性や合理性を支えるだけの理由があるかをまず考える。この理由を**立法事実**と呼ぶ。立法事実とは，適用すべき法律について，その制定の基礎となり，根拠とされ，法律の合理性を支える事実のことである。

もちろん，あらゆる法律は，何らかの必要性に基づいて制定されているはずであるが，そもそもそのような必要性がない場合も考えられるし，必要性はあっても，立法目的と実現手段の間に関連性がなかったり，不十分だったりする場合もある。司法審査では，このような立法事実の検討が行われる。

②　立法事実の審査―違憲審査基準との関係

立法事実を検討する際，裁判所は，立法府などから提出された証拠に対して，どこまで踏み込んで審査をするのかを決めなければならない。そのとき，立法事実には一応の合理性があるものとして，その内容に疑いを差し挟まないのか，立法事実の存在をペンディングにして，その後の議論の中で合憲性・違憲性を見極めていくのか，立法事実は存在しないとして，独自の判断を行うという姿勢が考えられる。

たとえば，在外邦人選挙権訴訟では，公選法は外国に居住する日本国民に対して，選挙区の選挙権を認めていなかった。その理由は，選挙区外に住んでいると，その選挙区の事情がよくわからないはずだというものであった。しかし，最高裁は，この理由を退けた。インターネットの時代にあっては，世界中どこにいても自分の選挙区の情報は手に入る。ここで最高裁は，在外邦人選挙権を制限していた公選法の規定を厳しく審査し，その立法事実の存在を否定したのである。

この意味で，立法事実に対する裁判所の踏み込み方の程度と違憲審査の基準はコインの表と裏の関係にある。

立法事実への踏み込み方	違憲審査の水準
①　疑いの目で見る	厳格な審査
②　ペンディングにする	厳格な合理性の審査
③　受け入れる	合理性の審査

(2)　憲法判断の回避

①　憲法判断回避の根拠

司法権のひとつの作用として違憲審査権を行使するのがわが国の裁判所の役割だとすると，目の前の事件を解決することが第一の課題である。その事件を解決するために必要であれば憲法判断を行うし，憲法判断に及ばなくても事件が解決できるのであれば，あえて憲法に触れる必要はない。したがって，当事者が憲法に関する主張を持ち出していたとしても，裁判所はこれにこだわることなく，事案の解決ができるのである。

論点　憲法判断の回避は必要か

自衛隊の合憲性が争われた事例において，裁判所は，憲法問題に触れるのを避け，個別の法律の解釈だけで事件を解決したことがある。北海道恵庭町の酪農家が自衛隊演習場の騒音に抗議して，自衛隊の電話通信線を切断したという事件で，札幌地裁は，通信線が自衛隊法121条の対象とはならないとして，憲法９条についての判断を回避して，被告人を無罪とした（札幌地判昭和42・３・29）。

一方，**長沼事件**では，**平和的生存権**を根拠にして，保安林の指定解除処分の違法性を争ったが，原告が訴える資格を有しないとして請求を却下しつつ，自衛隊が一見明白に違憲ではないという判断を傍論で明らかにした（札幌高判昭和51・8・5）。

後者の事件では，訴えを却下するだけで事案の解決にはなったはずである。しかし，裁判所は傍論という形で憲法判断を行った。その意味では，裁判所内部において，憲法判断の回避がルールとして確認されているわけではないといえよう。憲法判断ができるにもかかわらずしない場合もあれば，憲法判断をする必要がないのにする場合もある。憲法解釈の説得力は，広く国民に受け入れられるかどうかにかかっているとするならば，いたずらに技巧的な解釈も，また，あからさまに政治的な解釈も解釈としては問題が多い。

②　憲法判断回避の必要性と限界

それでもなお憲法判断の回避が必要であるとするならば，その根拠はどこに見出だすべきなのだろうか。

論点　ブランダイスルール

合衆国最高裁判所で憲法判断の回避をルール化すべきだと主張したのは，**ブランダイス**裁判官であった。ニューディール期において，立法府と裁判所の役割分担が模索されていた時代，同裁判官は，立法判断と司法判断の棲み分けが必要であると考えていたのである。憲法の条文を盾に，社会福祉立法が違憲であるとして，ことごとく退けていた裁判所の姿勢に疑問を持ったブランダイスは，できる限り憲法判断を避けることで，立法判断を尊重する姿勢を貫こうとした。**憲法判断の回避**や**違憲判断の回避（合憲限定解釈）**は，この時期特有の課題から生み出された準則であるといえる。

社会や政治の状況や裁判所のあり方が異なるわが国の場合，憲法判断の回避が憲法判断からの逃避とみなされることもあった。しかし，憲法の争点について判断をすることで不必要な混乱や批判を招くより，個別法令の解釈の問題として事件を終結させることで事案の解決ができるのであれば，一種の裁判所の知恵（jurisprudence）として評価することもできるだろう。その意味で，憲法判断の回避も違憲判断の回避も，また適用違憲の手法も同じ根拠に基づいている。ただし，そのような解釈があまりに技巧的であり，無理をしていると受け取られる可能性も否定できない。

(3)　合憲限定解釈

①　合憲限定解釈とは何か

合憲限定解釈とは，憲法判断そのものは回避しないが，法令の解釈として複数の可能性がある場合に，憲法の規定や精神に適合するような法令の解釈をとるべきだとする解釈を意味している。この場合，法律の条文自体は生き残ることになるから，立法府の判断を尊重しつつ，その中身を限定することになる。問題となった行為が限定された意味の中にある場合は合憲，外にある場合は**適用違憲**という結論が導かれる。合憲限定解釈も憲法判断の回避と同じく，立法府の判断を尊重しながら，具体的な事案の解決を図ることを根拠としている。

②　合憲限定解釈の実例

公務員の労働基本権の制約が問題となった，**全逓東京中郵事件最高裁判決**において，最高裁は，制約の根拠となった旧公労法171条は憲法に違反しないとしつつ，その適用に当たっては，労働基本権の制約が必要最小限にとどめられなければならず，また制裁は必要な限度を超えないものであること，とくに刑事制裁は必要やむを得ない場合にのみ限られることとして，その適用の範囲を限定した（最大判昭和41・10・26)。

外国で既発表の書籍が旧関税定率法21条が定める輸入禁制品に該当するとされた事件で，最高裁は，同法が定める「公の風俗を害すべき書籍」とは「わいせつ」に限定して解釈されるとの立場を明らかにした（最大判昭和59・12・12)。同じような限定解釈は，**福岡県青少年保護育成条例最高裁判決**にもみられる。

〔法律の条文が及ぶ範囲〕

合憲部分	違憲部分
○ この範囲で生き延びる	× 適用は違憲

③　合憲限定解釈の問題点

合憲限定解釈は，法律の条文そのものを違憲無効とするには抵抗が強いとき，あるいは合憲部分と違憲部分を分けて適用できるときには，事案の解決に適した解釈であるといえる。法律が違憲であると正面から言わなくても，「憲法上許される法適用の範囲はここまでである」と判断することで，人権救済という違憲審査の目的は達成されるからである。

ただ，このような意義を強調するあまり，無理な法解釈が行われたり，一般市民には理解できないような解釈が行われるおそれも否定できない。とりわけ，刑罰規定の場合は，**明確性の原則**から考えて，合憲限定解釈を施さなければならないような法文は憲法違反となると考えることもできる。したがって，あまりに技巧的で，あまりに結論指向型の解釈は，許されない解釈と考えるべきである。そのような法文をあえて生き残らせるような解釈は，すでに立法権を侵害している。

また，精神的自由権の領域における憲法保障から考えると，表現の自由を制約するような法律は，合憲限定解釈を施しても表現を萎縮させる危険性を排除できない。表現行為が禁圧され，それがいくら裁判で救済されたとしても，裁判コストや時間のコストは十分に表現を思いとどまらせる力を持つ。したがって，精神的自由権の領域では，合憲限定解釈による解決は例外としてのみ許されると考えるべきではないだろうか。暴走族の集会や蝟集を禁止した**広島市暴走族追放条例事件**では，この禁止行為が一般の集会などにも適用されるおそれがある点が争われた。しかし，最高裁は，条例のタイトルなどから考えて，制約が暴走族だけに適用されると限定解釈して，違憲の主張を認めなかった（最判平成19・9・18）。

⑷　適用違憲（法令違憲の回避）

①　法令違憲と適用違憲

違憲審査は，法律を作ったこと，作らなかったこと（行為審査），作った法律そのものが違憲であるかどうか（法令審査）だけではなく，作った法律が適用される場面にも及ぶ。法律の適用が憲法に違反しているかどうかを問うのが適用審査である。

②　適用違憲とは何か

したがって，適用違憲とは，法令そのものは合憲といえても，それを当該事件に適用される限りにおいて違憲とし，その適用を拒否する方法であるといえる。適用違憲は，法令違憲を回避し，法令の適用レベルで問題を解決する手法であるのに対して，合憲限定解釈は，法令レベルで問題を解決するのであるから，両者は異なっている。もっとも，合憲限定解釈を施した上で，違憲部分を適用することは適用違憲の手法とみなされるから，両者は密接に結びついている。

③　適用違憲の実例

ただし，猿払事件第一審判決は，合憲限定解釈の余地なしとしながら，法令違憲を選択せず，適用違憲によって被告人を無罪とした（旭川地判昭和43・3・25)。合憲限定解釈ができないのなら，法令は違憲となるはずであるが，法適用の場面の問題として事案を処理したのである。一方，全逓プラカード事件第一審判決は，合憲限定解釈可能であるにもかかわらず，合憲的な適用に限定して適用しなかったことを違憲とした。また，**第二次教科書訴訟第一審判決**（東京地判昭和45・7・17）では，法令そのものは合憲であるが，その法令の執行者が憲法に違反するような適用を行ったことを違憲としている。

これらの判決をみると，合憲限定解釈と適用違憲の関係がわかりにくくなるが，適用違憲には，合憲限定解釈の結果としての判断と合憲限定解釈とは別次元でのものがあると整理することができようか。

④　運用違憲

法令上も適用上も憲法違反ではないものの，法令の適用が恣意的であったり，裁量を逸脱するような場合は，法適用の仕方が違憲となる場合もある。たとえば，立て看板や張り紙を禁止している屋外広告物法が，特定の内容や立場の表現物だけに適用される場合には，法律の運用を攻撃することもできよう。法適用に携わる者の恣意を問題にするのである。ただし，法適用者の恣意を許すような法令は，同時に漠然ゆえに無効であったり，不明確であるので，法令違憲

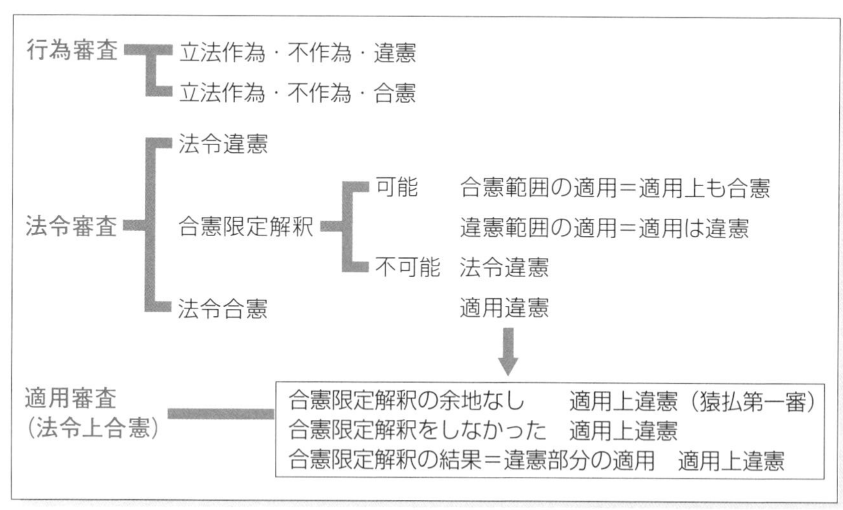

と併せて主張することが現実的である。

(5)　審査基準

①　審査基準とはどのような基準か

裁判所が，法令などを審査し，合憲か違憲かを判断する際，その理由づけを明確にして，関係者に説明する必要がある。判決の結論（主文）がなぜ導き出されたのかがわからなければ，判決には説得力が欠け，関係当事者だけでなく，広く一般の国民も納得させることができないからである。かつて最高裁は，公共の福祉の一言で法令の合憲性を正当化しようとしてきたのであるが，今日そのような安易な姿勢は少なくなっている。日本国憲法が制定され，違憲審査制度の定着とともに，おびただしい憲法判例の蓄積が見られるようになった。学説もまた違憲審査の基準を作り出すことに力を注いできたのである。

違憲審査の基準とは，もの差しに照らし合わせたなら，自動的に答えが出るような測定装置ではない。むしろ，裁判官の判断を正当化し，説明するための論理であるといった方がよいかもしれない。しかし，審査基準は，裁判官の恣意を正当化するような論理ではない。基準はルール化され，継承され，法律専門家としての裁判官に共有される。合衆国最高裁判所で二重の基準の考え方が共有され，表現内容規制・内容中立規制の区別が維持されてきたことがその好例といえる。

②　最高裁判所と審査基準

日本国憲法には，憲法12条や13条などに公共の福祉が定められ，自由権を制約する根拠として用いられてきた。もちろん，公共の福祉によって自由が制約できるのはどのような場合なのかが重要であって，公共の福祉の一言で自由の制約が許されるわけではない。

この点，最高裁は自由権の制約においては**利益衡量**の考え方をとってきたといえるであろう。公共の福祉によって自由を制約できるかどうかは利益衡量によって決まるのである。その際，制約する目的と制約される自由の性質や内容，制約の程度が総合考慮される。そして，その考慮にあたってどの程度厳しく審査をするのかが決定される。

一方，生存権が問題となるケースでは，広く政治部門の裁量を認める傾向がある。限られた財源をもっとも有効に配分する方法は，裁判所ではなく，国会や内閣が決定できるというのである。

法の下の平等が争われるケースでも，区別を正当化する目的とその区別によって不利益を被る者の状況が検討される。何のために，何を理由に区別を行うのか，その区別によってどれほどの不利益を与えることになるのかが検討されるのである。

このように，わが国における違憲審査の基準は，一定のカテゴリーを設定して，事例を当てはめ，結論を導くというより，個別の事件での利益衡量を軸に展開してきたといえるであろう。もちろん，その手法の是非については様々な議論があるが，カテゴリカルな議論を嫌う点にわが国の最高裁の特徴があるといってよい。

これらについては，第３章Ｉ３で詳しく述べる。

5　憲法判例の拘束力と変更

(1)　憲法判例とは何か

①　判例とは何か

「**判例**」という語には三つの用法がある。第一に，裁判例という意味での判例がある。各種判例集にいう判例の意味である。第二に，最高裁が発行する公式判例集に搭載された判決例を判例という場合がある。「**最高裁民事判例集（民集）**」，「**最高裁刑事判例集（刑集）**」に載った判決例がこの意味での判例である。第三に，判決文において，主文を導く根拠となった重要な説示を判例という場合がある。たとえば「検閲」を定義したり，本人の承諾なしに写真撮影が許される場合とはどんな場合かを説明するような箇所がこれにあたる。この箇所は，後の判断に当たって，裁判所が参照すべき準拠枠組のような役割を演じることになる。英米法にいう ratio decidendai の用法に近い。

②　憲法判例とは何か

ここでいう憲法判例とは第三の意味であって，英米法にいう**先例拘束力**（stare decisis）の要請に由来する。法適用は平等に行われるべきだというのが正義の求めるところであり，後の判断の予測を可能にして，紛争のコストを回避する（争っても同じ）という意義がある。したがって，憲法判例とは，憲法解釈に当たって，重要な法理を明らかにして，後の判断をコントロールするものと定義することができよう。

⑵　判例拘束力の問題

①　判例の拘束力とは何か

制定法がなく，裁判の拠り所が先例しかない場合，判例に拘束力をもたせる必要性は強い。この場合，何が先例なのかを見極めることも大事になるし，判例の拘束力がどこまで及ぶのかを判断するのも大きな課題となる。一方，制定法が整備され，判例の役割が制定法の解釈指針となった場合には，判例の役割も限定される。制定法が整備されたわが国では，判例の拘束力が問題となる場面は判例法の国とは異なる。

②　日本国憲法における判例の拘束力

一方，憲法76条３項には判例という言葉が出てこない。これを根拠にして判例の一般的拘束力を否定する解釈も生まれてくる。しかし，先に見たように，制定法が整備されたわが国における判例の拘束力とは，解釈指針の共有という意味であるから，憲法や法律と同じレベルでの拘束力を考えるのは適切ではない。むしろ，民事訴訟法や刑事訴訟法が定める「判例違反」は，先に見た先例拘束力の要請に基づいた規定である。そして，裁判所法10条が定める判例変更に際する大法廷への回付もまたこの要請に基づく規定であるといえる。

論点　判例の拘束力

かつて，わが国の憲法学説は，判例には法的拘束力があるかどうかを盛んに議論してきた時期があった。しかし，法的拘束力という言葉で意味するものがはっきりしなかったことや議論の意味が不明確であったことから，あまり生産的な議論が行われたとはいえなかった。ここで述べたように，判例違反は上告理由の一つであり，判例変更には大法廷判決を開く必要があるという意味で法的拘束力を持つ。最高裁をはじめとする判決例の中には，みずからの判断を正当化する根拠として先例が引用され，法科大学院や法学部での授業においても判例研究が大きな意味を持つようになっている。

③　憲法判例の変更

かつて公務員の労働基本権をめぐる判例が短期間に変更されたことが問題となった。憲法判例も判例である以上は変更可能であるし，時代や社会の変化とともに，かつては正しかった解釈がその正当性を失うことも十分に考えられる。裁判所法は，この事態に備えて，憲法判例の変更を大法廷で審理することを義務づけたのである。しかし，判例変更も制限なく許されるわけではない。

論点　憲法判例の変更はどのようなときにすべきなのか

合衆国最高裁判所ブライヤー裁判官は，憲法判例の変更について，次のような原則を明らかにしている（Stephen Bryer, Making Our Democracy Work p.151-2（2010））。

⑴　法律に関する先例拘束力の方が憲法に関する先例拘束力より厳格に適用される。

⑵　ある判決に関する公衆の信頼が先例を覆すことに対する反対となる。

⑶　先例の判断が最近であればあるほど，その拘束力は弱い。

⑷　すでに機能しなくなった法的ルールに関しては先例を変更することが可能であり，またそうすべきである。

⑸　仮に判例Ｂが判例Ａを覆してしまった場合，最高裁にとってはＡを回復しながらＢを覆すのはより合理的となる（なぜなら判例Ｂはすでに期待可能性を覆しているし，Ａを回復することは，バランス上，一層の混乱を引き起こすことがないからである）。

⑹　最高裁は，すでに国民の間で文化となっているような先例を覆すときには特別な注意を発しなければならない。

この原則に照らし合わせると，非嫡出子法定相続分差別に関する判例変更は⑷の観点から正当化されることになるのであろうか。この観点からは，後に見る労働基本権における判例変更を正当化するのは難しい。

6　違憲判決の効力

⑴　一般的効力説と個別的効力説

①　違憲判決の効力とはどんな問題なのか

裁判所が違憲判断を下す場合，法令そのものが違憲である場合（法令違憲），「法令のここの部分は憲法違反である」とする部分違憲や「合憲であるためにはこういう解釈をしなければならない」とする判断（合憲限定解釈）があり，逆に法令の合憲性は認めた上で，その適用を違憲と判断する場合が考えられる（適用違憲）。

適用違憲の場合は，当該事実に適用することが憲法違反であるというのだから，その効力はその事件に限定される（ただし，憲法判例には解釈指針という意味がある以上，同様な事実に対するその条文の適用は難しくなる）。一方，法令の違憲性が認められた場合，その効力はその事件限りのものなのか，それを超えて，一般的に適用することができなくなるのかが問題となる。

論点　違憲判決の効力をめぐる問題とは何であったのか

これまで，法令違憲判決の効力については，判決によってただちにその法令の効力が否定されるとする考え方（**一般的効力説**）と判決の効力はその事件限りのものにとどまるとする考え方（**個別的効力説**），その答えは法律によって決めることができるとする考え方（**法律委任説**）が対立していた。一般的効力説は，法令違憲と判断された以上，同じ法令を適用し続けることは法適用の平等に反するし，憲法の最高法規性や憲法98条１項の書きぶりからも疑問があるとする。これに対して個別的効力説は，法令違憲とされた法令が国会の改廃手続を経ないで効力を失うとなると，裁判所による消極的立法を認めることになると批判する。そして，これまでは個別的効力説が有力であったと考えられてきた。

しかし近年，最高裁は，在外邦人選挙権訴訟で，立法が存在しないことを憲法違反と断定して，法令の改廃をまたずに在外邦人に選挙権を認めた（最大判平成17・９・14)。国籍法違憲判決では，問題となった規定の効力を否定するとともに国籍を付与する判断を下している。また，非嫡出子法定相続分差別訴訟では，違憲判決の効力を特定の時点から発生するとの判断を示している（最大決平成25・９・４)。これらのことから考えると，最高裁自身が法令違憲の効力を一般的に生じるものと考えているようにも理解できる。なぜなら，これら判決は，個別事案の解決という文脈を離れ，違憲とされた法令の効力を永遠に否定し，裁判所自らが救済を与えるという消極的立法を否定していないからである。その意味で，違憲判決の効力をめぐる問題については，実質的に決着がつけられたのではなかろうか。

個別的効力説は，日本国憲法が個別的違憲審査制度を採用したこと，一般的効力説を採ると，法令それ自体の効力を否定する点で，消極的立法となり，国会の権限を侵害することなどを理由として挙げている。しかし，これは理由とはならない。個別的違憲審査制とは，誰が違憲審査を求めることができるのかというトリガーの問題であって，そのことが違憲判決の効力について，ただちに答えを導き出すわけではない。また，日本国憲法は，98条１項で，明示的に違憲判決の効力について定めをおいている。これは，個々人が憲法秩序の維持に参与して，憲法を守るという制度の表明でもある。紛争解決を必要とする者は，誰でも憲法問題を提起できる。その結果，憲法の意味の確定に参与する。憲法12条が掲げる「国民の不断の努力」とは，このような意味も含んでいると考えるべきではないか。

②　法令違憲判決と実際の取扱い

これまで最高裁が下した法令違憲判決は11件あるが，これらのほとんどは，その後速やかに改正されている。したがって，法令違憲判決が出されると，立法機関は速やかに改正を行う法的義務が生じ，行政機関はその法令を用いることが抑制されることになる。個別的効力説に立つと，この実務的な取扱いは，法令違憲の効果というより，立法，行政機関の政治的責任と解釈することになる。一般的効力説からは，法令の効力は否認されたものの，条文として残る法令を除去する法律上の義務が生じていると解釈することになろうか。

もっとも，定数不均衡問題のように，定数配分規定が法令違憲であると判断しても，憲法に沿うように定数配分が行われなければ救済とならないような場合は問題が複雑になる。国会が定数の再配分を行わないなら，違憲判決が踏みにじられ，違憲の状況が再生産されることになるからである。

⑵　遡及効と将来効

法令違憲判決の効力はいつから発生するのだろうか。憲法98条１項は，「効力を有しない」と書いているので，一般の「無効」と同じように解釈すると，制定された当初から効力を有しないということになる。このような効力を「**遡及効**」と呼ぶ。そして，裁判所によって，違憲であると判断された法令や処分の効力は，その法令が制定され，その処分が行われたときから効力を有しないと考えられてきたのである。それゆえに，定数不均衡問題については，選挙の効力を維持しながら，選挙を憲法に反するという宣言を行う「**事情判決**」の手法がとられてきたのであった。

しかし，最近最高裁は，このような考え方を変更しつつあるように思える。非嫡出子法定相続分の差別が憲法14条１項に違反するとの判断を示すに当たり，最高裁は，この規定が時間の経過とともに憲法違反となっていったという論理を採用し，それとあわせて，法令違憲の効力を法律制定時からではなく，裁判所が設定した日時から生じるものとしつつ，さらにすでに決着済みの相続については，この違憲判決の効力を適用しないという判断を示したからである。

逆に，将来一定の時点から法令が無効となるという考え方を「**将来効**」と呼ぶ。この手法は，過去や現在の法律関係の安定を保ちつつ，法令の効力を将来にわたって否定する意味があると同時に，選挙訴訟では，選挙の効力を維持しつつ，なお定数の再配分を立法者に義務づける意味も持っている。

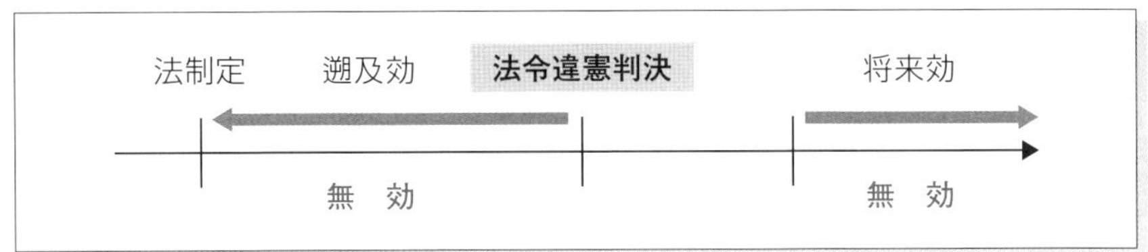

演習問題

① 憲法判断の回避とは何か，説明しなさい。
② 合憲限定解釈とは何か。具体的な例を示し，その意義と問題点を指摘しなさい。
③ 日本国憲法における憲法判例の拘束力について論じなさい。
④ 法令違憲判決の効力について論じなさい。

第3章

基本的人権

I 基本的人権の考え方

1 基本的人権ということば

(1) 基本的人権の観念

① 権利としての基本的人権

日本国憲法は，11条で，「国民は，すべての基本的人権の享有を妨げられない。この憲法が国民に保障する基本的人権は，侵すことのできない永久の権利として，現在及び将来の国民に保障される」と述べている。また，97条では，「この憲法が日本国民に保障する基本的人権は，人類の多年にわたる自由獲得の成果であって，これらの権利は，過去幾多の試練に堪へ，現在及び将来の国民に対し，侵すことのできない永久の権利として信託されたものである」と述べている。ここには，「**基本的人権**」，「**権利**」，そして「**自由**」が同じような意味として用いられている。

② 基本的人権　憲法が保障する権利

日本国憲法には，様々な権利が保障されているが，「基本的人権」とは，憲法が保障する様々な権利の中でもとりわけ大切なものを指すべきだという考え方がある。したがって，憲法には基本的な人権と呼べる権利とそれ以外の権利（憲法上の権利，憲法が保障する権利）があると考える。近代国家ができあがるとき，人は生まれながらに権利を持っているという考え方が広まった。**自然権論**とか**天賦人権論**の思想である。この考え方からは，人間というだけで認められなければならない権利とそうではない権利が区別される。また，人間以外に認められる権利（会社の自由など）は，憲法が保障する権利ではあっても人権とは呼ばない。憲法には，人権と憲法が保障する権利が並べられている。

(2) 基本的人権の成り立ち

① 近代自然権思想

1）イギリスの伝統　人が人であるという一点のみにおいて一定の権利をもつという考え方は，近代市民革命によってもたらされた。

たしかに，イギリスの**マグナ・カルタ**（1215年）にも今日の憲法で見られるような権利の一部を保障する例はある。ただ，この文書は貴族がその権利を要求する文書として作成されたものであって，「人」一般に権利を保障しようとしたものではなかった。**権利請願**（1628年）や**権利章典**（1689年）といった，イギリスにおけるその後の権利保障は，権利の主体を貴族から一般国民へと徐々に拡げていったとされているが，そこには人が人であることだけから認められる権利という視点は見当たらない。基本的人権の概念が形作られるには，近代自然権思想の普及が必要であった。ただし，**法の支配**の観念や手続的正義の考え方は，アメリカにおける近代的な人権の形成にも深い影響を与えている。

権利章典が制定されたその年，ジョン・ロックは『市民政府論』（ジョン・ロック『完訳 統治二論』（加藤節訳，岩波文庫・2010年））を著した。ただし，アメリカに入植したピルグリム達は，ロックが市民政府論を公にするはるか前に社会契約による政治団体の形成を実践していたともいわれている（参照：M．ベネディクト『アメリカ憲法史』北海道大学図書刊行会・1994年（常本照樹訳）14頁）。人間は**自然状態**（国家のない状態）では，完全に自由，平等であると想定した『市民政府論』は，1776年の**ヴァージニア権利章典**の「すべての人は生まれながらにして等しくかつ自由かつ独立しており，一定の生まれながらの権利を有している」という宣言にも影響を与えている。アメリカでは，このヴァージニア権利章典を出発点として，**独立宣言**（1776年），合衆国憲法の成立（1778年），修正10ヶ条（権利章典）の制定（1791年）へと展開していく（阿川尚之『憲法で読むアメリカ史（全）』（ちくま学芸文庫・2013年））。

〔図：人権保障２つの型〕

アメリカ型
議会への不信＋裁判所への期待・信頼＝司法権の優位，裁判による人権保障
フランス型
国民代表による政治への期待・信頼（一般意思としての法律）＋裁判官への不信
＝立法を通じた人権の保障
＊日本国憲法は，この両者を融合させた型を採用している。

２）フランス人権宣言　一方フランスでは，**ディドロ**や**ルソー**がフランス革命への思想的な基盤を作っていった。彼らもまた，自然状態や自然権の考え方によりながら，市民的な自由の観念を導き出した。1789年の人権宣言は，その結晶である。ただ，フランスにおける自然権思想は，市民全員が持つべき**一般意思**を強調し，立法への信頼を明らかにしていた点に特徴がある（ディドロ・

ダランベール編『百科全書』岩波文庫・1995年（桑原武夫訳編）212頁)。一般意思は，共通の利益であり，誤ることのない善でもあって，共同体を貫く理性でもあった。立法とは，この意思を具体的に表現することであった。したがって，フランス人権宣言で，自由や平等の普遍性をうたいつつ，その具体化には法律を要求するという二面性には，アメリカとは異なる政治思想をかいま見ることもできる。

要するに，アメリカでは，イギリスの**コモン・ロー**の伝統の下，イギリス本国政府，とりわけ立法府への不信感をとおして，裁判による人権保障が早くから発達したのに対して，フランスでは，特権階級が支配した裁判所への不信感の下，市民代表から構成された立法府への期待と制定法をとおした人権保障に期待が寄せられていたという，人権保障をめぐる二つのモデルができあがる。

３）近代自然権思想の特徴　近代自然権という考え方には，どのような特色があるのだろうか。自然という言葉は多義的でとらえどころがないが，おおむね①自然＝nature（本性）を強調し，これが②実際に定められている秩序とは別に（それゆえ，国家とは別に）存在するとする点に特徴を見出だすことができる。実際の法秩序がどうであれ，人間の本性に適合する秩序は存在するのであって，その秩序を発見することは可能だという立場こそが近代自然権の考え方である。たとえば，トマス・ホッブスは，自然権を人間が自分の判断力と理性において，何ごとをもなし得る自由としてとらえ，そのような理性が発見する一般法則を**自然法**と呼んでいる。

このような近代自然権思想は，次の二つの前提によって支えられている。それは，人間には，その本性を発見する能力（理性）が備わっているということ，そして，理性を適切に働かすことで，本性を発見することができるという信念（**合理主義**）である。この前提は，さらにそのような能力を持った個人の賛美（**個人主義**）とそのような個人は均質で平等な存在だとする考え方に結びつく。これは，個人の尊厳を解き明かすときの鍵となる。

②　近代自然権思想の伝播と変容

アメリカとフランスで起きた革命は，その後ヨーロッパ全体に波及する。だが，近代自然権思想を取り入れた人権の考え方には，早くから異論があったことにも注意がいる。**J．ベンサム**は，近代自然権思想の産物であるフランス人権宣言を「ばかげた誤謬」として糾弾した。ベンサムによると，権利の保障は実定法によらざるを得ず，実定法の外にあって，実定法を批判したり，指導するような権利は，もはや権利と呼ぶには値しないというのである。「権利は法の，そして法だけの生む果実である。法なくして権利なし—法に反する権利なし—法に先行する権利なし」というベンサムの表現は，近代自然権思想の根幹を否定するものである。

実際，フランス革命後，ヨーロッパ各国で制定された憲法には，近代自然権思想から実定的権利，国民の権利への移行が見られる。1831年のベルギー憲法，1849年のフランクフルト憲法，翌年に制定されたプロイセン憲法では，**国民の権利**という考え方が採用されることになった。人権とは，国家の存在を前提にして，国家の構成員である国民に対して国家が付与するという発想方法である。これを**外見的人権宣言**と呼ぶ者もいる。自然権思想に基づく人権思想とは一線を画している。明治憲法も，この時代のヨーロッパに学んでいる。

〔図：近代自然法の考え方〕

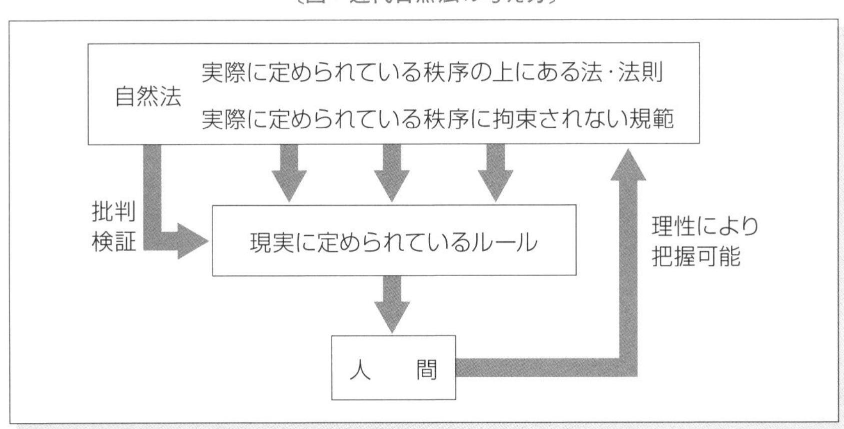

一方，人権，とりわけ経済活動の自由は，市民の間に貧富の差を生み出した。生産手段を持つ者と持たない者の格差は，社会不安を生じさせ，やがては社会主義革命を現実のものとした。これに対する答えが生存権を中心とした社会権の構想であった。国家は，国民の生存を保障する責務を負う。国民は，国家に対して自分の生存の保障を求める権利を持つ。1919年に制定された**ワイマール憲法**は，このような権利を史上初めて宣言した歴史的文書であった。

しかし，後に述べるように，社会権は国家の責務（一種の綱領）にとどまるのであって，法的義務にまでは高められてはいないと解されていたのである（**プログラム規定説**）。この点で，生産手段の国有化と労働者の権利を正面から認める，1936年のソビエト憲法とは対照的であった。

③　ナチズム経験と人権保障の実効化・国際化

20世紀の国家は，貧富の差，貧困の克服という課題を担う一方で，**ナチズム**や軍国主義の挑戦にも直面した。前述のワイマール憲法は，社会主義とナチズム双方の攻撃から瓦解し，国家主義，民族主義の色彩が濃い政治体制を生み出した。そこでは，個人ではなく，国家や民族という全体的な価値に重きが置かれ，人々の自由や利益が踏みにじられたのである。20世紀後半の人権を語るとき，私たちは，このナチズム経験を無視することはできない。それでは，ナチズム経験は，その後の人権論に何をもたらしたのだろうか。ここでは，3点ほど指摘しておく。

第一に，ナチスによる大量殺戮や人間の価値の蹂躙が法律に根拠を求めて行われたことから，法律への信頼が揺らいだ。**法律による不法**（制定法を通じて行う不正義）である。このことから，法律を超えた正義というものを考えざるを得ないのではないか，あるいは法律ではあっても服従する義務のないものもあるのではないかという議論が真剣に行われるようになった。これは，何らかの形で近代自然権思想を意識せざるを得ないことを意味している。

第二に，議会の制定した法律を審査するしくみが求められるようになった。すでにアメリカでは，議会の制定した法律の合憲性を裁判所が審査する，司法審査制度が確立していたが，議会＝法律優位の政治制度を採用した大陸でも，同様なしくみが考えられるようになった。

第三に，人権保障と平和が不可分の関係にあることが認識されるようになった。これは，国際的な安全保障と国際的な人権の保障の間には密接な関係があるということであって，第二次世界大戦後の世界では，国際的な人権保障が大きなテーマとなっている。1948年の**世界人権宣言**や1966年の**国際人権規約**だけでなく，女性や子ども，先住民の権利といった個別の論点を多国間条約で保障する方法やヨーロッパという地域内での人権保障の実効化など，人権問題が国際問題となる時代が訪れたのである。

論点　**人権の国際的な保障**

世界人権宣言や国際人権規約などの国際法規は，人権の普遍性を全世界において実現しようとする試みであった。第二次世界大戦後アジアやアフリカの植民地が解放され，自分たちで独立国家を作る動きが加速することで，人権規定（人権宣言）の必要性が世界的に意識されるようになったのである。これに加えて，ヨーロッパ統合による人権保障の一元化に伴うヨーロッパ人権裁判所の設置や米州人権委員会（the inter-American Convention on Human Rights）の設立のように，国境を越えた人権保障の枠組ができあがることによって，国際的な人権保障への意識が高まっている。また，一国内においても，人，物，情報の移動が一層活発になることで，ルールの統合整合性を図る必要性が生まれている（例えば個人情報の保護）。人権保障は，もはや一国で完結するテーマではなくなっている。

一方，裁判による人権保障の潮流に乗り，他国の憲法判例を引用したり，参照する動きも活発になっている。ドイツやカナダの憲法判例が数多く引用され，世界的な人権保障の水準を高めているのである。わが国の場合，他国の人権判例を引用して判決が書かれるケースは多くないが，人権保障や人権研究，あるいは人権判例の理論水準が高められていく世界的な傾向の中で，やがてはこの潮流に乗らざるを得ないであろう。

④　日本における人権の展開

では，わが国において，人権思想や人権をめぐる制度は，どのように受容され，展開していったのであろうか。

1868年の明治維新は，産業や学問だけでなく，政治制度や人権についての考え方をも日本にもたらした。もっとも，明治維新に先立って，たとえば**津田真一郎**のような蘭学に造詣の深い思想家は，すでに自然権を「天然ノ本分」と訳していたといわれているが（柳父章『翻訳語成立事情』151頁（岩波新書・1982年）），わが国に人権の考え方を移植するに当たっては，**福沢諭吉**の功績が大きかった。福沢のいう「天」は「自然」を意味すること，したがって，福沢の天賦人権論は自然権思想に基づくものであることは明らかである。また，この時期には，J. S. ミルの『自由論』（中村正直訳，1872年）も翻訳出版されている。

わが国における人権思想として忘れてならないのは，**自由民権運動**である。1882年にルソーの『社会契約論』を翻訳した**中江兆民**や**植木枝盛**，**馬場辰猪**あるいは小野梓といった土佐出身の思想家は，民間の思想家として，人権の重要性を説き，これを政治運動の原動力にまで高めていった。だが，まさに自由民権運動が政治運動化すると同時に，その主眼が政治闘争に置かれることとなり，人権思想も明治憲法制定による「臣民の権利」の中に解消されるという挫折を味わうのである。

明治憲法は，先にみたベルギー憲法やプロイセン憲法と同じ系譜に属し，人権は国家という枠組みの中で，国家が付与するという「**外見的人権宣言**」の立場に立っている。必ずしも豊かとはいえない人権規定を「**法律の範囲内において**」認める（**法律の留保**）にすぎない明治憲法は，人権救済手段の欠如や天皇大権の存在，非常時における緊急命令，さらには，統帥権という概念によって，人権というものをないがしろにする危険性を持っていたのである。

もっとも，明治憲法ですら，美濃部達吉らの努力によって，より自由主義的に解釈運用された経験がある。美濃部は，明治憲法に臣民の権利が規定されたことを「アメリカの独立以来の西洋の立憲制度の発達に由来している」と述べつつ，明治憲法も「これら諸国の先例を逐うたものである」と述べている（美濃部達吉『逐条憲法精義　全』327-8頁（有斐閣・1927年））。ここには，鋭い歴史認識と時代感覚をみることができよう。しかし，このような解釈も**天皇機関説事件**により，軍国主義の中に埋もれてしまうのである。

したがって，戦前における軍国主義の経験を踏まえ，日本国憲法における人権の観念は，よりはっきりと近代自然権思想を基礎に置いた。この節の冒頭で触れた憲法11条，97条にいう「侵すことのできない永久の権利」という表現には，人権をめぐる人類の実験や挫折がすべて込められているといえるだろう。

(3)　基本的人権の種類と分類

①　分類することの意味

日本国憲法は，様々な人権を列挙しているが，それぞれの生まれと育ちは多様であり，したがって，権利内容や範囲もまちまちである。そこで，基本的人権を分類し，それぞれの特質を見極める必要がある。もちろん，分類することそれ自体に意味はない。分類には目的があるが，ここでは各人権の特質を明らかにして，解釈に役立てるという目的から分類を考えてみたい。

②　伝統的な分類

これまで，わが国の憲法学では，19世紀のドイツの憲法学者**ゲオルク・イエリネック**の分類を用いてきた。これは，国家と国民とのかかわり方に着目したものであるが，それによると，(a)国民の義務を意味する「受動的地位」，(b)国家が国民に介入しないという意味での自由を意味する「消極的地位」（→自由権），(c)国民が国家に一定のサービスを求める「積極的地位」（→受益権），(d)国民が国家の意思形成にかかわる「能動的地位」（→参政権）の4類型が考えられるという。これを批判的に摂取した**ハンス・ケルゼン**は，国家と国民の関係を(x)義務，(y)自由，(z)権利（受益権と自由を含める）に三分している。また，戦後日本の憲法学を代表する二人の憲法学者をみると，**宮沢俊義**は人権を(α)自由権，(β)社会権，(γ)能動における権利に分類し（宮沢俊義『憲法Ⅱ』（有斐閣・1974年）），**橋本公亘**は，(i)消極的権利（平等・自由），(ii)積極的権利（受益権・社会権），(iii)能動的権利（参政権）に分類している（橋本公亘『日本国憲法［改訂版］』120頁（有斐閣・1988年））。本書もまた，このような分類を用いることにしたい。

なお，憲法には個々の国民の人権を保障したというより，国家に一定の行為を禁止した条項が含まれている。これは人権と考えるには無理があるが，人権保障を強化するため，憲法が一定の制度を保障したものと考えられるので，**制度的保障**と呼んでいる。政教分離の原則（20条1項後段・3項・89条），婚姻制度（24条2項），私有財産権（29条1項）のほか，学問の自由を保障するための大学の自治（23条）が解釈によって導き出されている。

2　基本的人権は誰に保障されるか

ここでは，基本的人権が保障されるのは誰かをみることにしよう。ここでは，①外国人，②団体，③天皇が問題となる。

(1)　外国人と基本的人権

①　外国人とは誰か

憲法は「国民はすべて，基本的人権の享有を妨げられない」（11条）と述べているとおり，国民を想定して基本的人権を保障している。これは，近代憲法が国民と国家との約束という性格をもっていることから，当然の前提と考えられてきた。

では，**外国人**についてはどうか。外国人とは「日本国民でない者」すなわち，日本国籍を有しない者を意味する。日本国民である要件＝国籍要件は国籍法で定められることになっている（10条）。同法によると，日本国籍を取得するためには，出生によるか，帰化によるかのいずれかでなければならない。このうち，出生を要件とする場合は，①出生の時に父または母が日本国民であるとき，②出生前に死亡した父が死亡の時に日本国民であったとき，③日本で生まれた場合において，父母がともに知れないとき，又は国籍を有しないときに限定されている（国籍法2条各号）。また，帰化による場合には，引き続き5年以上日本に住所を有し，20歳以上で，素行が善良であるなどの要件が課されている（同法5条1項各号）。

② 外国人と人権

外国人に日本国憲法に定められている基本的人権が保障されるかどうかについては，今日判例学説上決着が付けられている。最高裁は「基本的人権の保障は，権利の性質上日本国民のみをその対象としていると解されるものを除き，わが国に在留する外国人に対しても等しく及ぶものと解すべきである」（マクリーン判決：最大判昭和53・10・4）と述べ，学説もまたこれを支持している。したがって，問題は，性質上日本国民のみに認められる人権とは何かである。ここでは，出入国の自由，生存権，参政権，その他の権利について検討する。

論点　人権の普遍性と外国人

日本国憲法は，人権の普遍性を謳っている（11条・97条）。したがって，日本国憲法の人権規定は自然権思想に基礎を置き，人間であるという一点のみを根拠として保障される性格を持っている。一方で，憲法は，この人権規定が「国民」に保障されるとも述べている（11条・12条・13条など）。そして，国民とは誰なのかを法律（国籍法）に委ねて定める方式をとっている（10条）。外国人の人権を考えるとき，これらの定め方をどう見るのかが問題となる。

日本国憲法の人権が普遍的であるならば，国籍を問わずすべての人権を保障する必要が生じてくる。さらに，近代自然権を具体化した日本国憲法では，誰に人権が保障されるのかという重要な問題を法律に委ねるのは理論的にもおかしくはないかとの疑問も生じる。少なくとも，上位規範の趣旨を活かすように下位規範が定められるべきであるから，人権の普遍性を損なうような国籍法の定め方は憲法違反となるという考え方も成り立つであろう。

外国人という概念は，国民の概念ができあがったときに成立した。国民の概念は，主権を持った近代国家が完成することと相たずさえて形作られた。国境が引かれ（統治権の範囲の確定），その区域内での支配に属する人々の線引きが行われ，その人々に庇護を与える範囲が確定され，やがて国民主権の考え方が登場することで，その国家の最終的な意思決定権の所在と範囲が定められるようになる。このような近代国家の形成過程を考えたとき，人権の普遍性と国民国家の枠組をどのように調和させるのかが問われるのである。

したがって，人権の普遍性を前提にして，近代の主権国家の枠組によって，これを修正する考え方には，一応の合理性があると言わなければならない。マクリーン判決のように，およそ人権規定は外国人にも保障されることを前提にして，国民のみに認められるものを控除する方式（個別控除方式）は，少なくとも一般論としては是認できる。

〔図：国民国家（nation state）と人権の図式〕

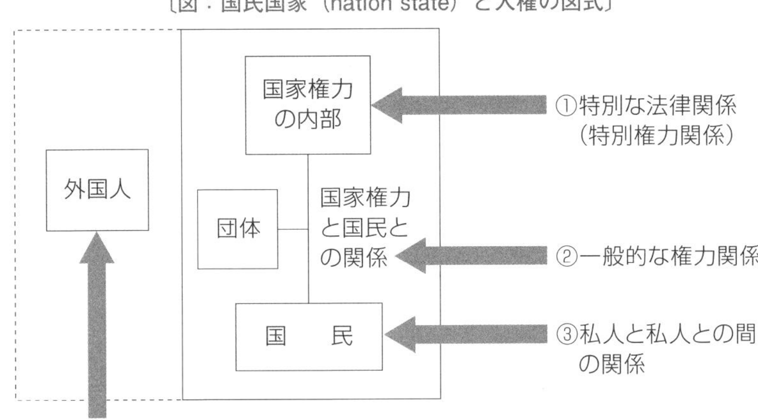

③　外国人と基本的人権の保障

1）外国人と出入国の事由　一般的に，外国に居住する外国人には，日本に入国する自由は保障されない。問題は，出国の自由と再入国，そして滞在する自由である。

まず，出国の自由については，これを認める判例がある（最大判昭和32・12・25)。では，一度出国した者が再入国する権利はどうか。最高裁は，前述の**マクリーン判決**と**森川キャサリーン判決**（最判平成４・11・16）において，この権利を否定した。この判決は，1973年に日本に入国し，その後日本人と結婚したアメリカ国籍の定住外国人が，韓国への旅行計画を立て再入国の申請をしたところ，彼女が在留期間中に三度にわたり，外国人登録法上義務づけられていた指紋押捺を拒否したことを理由に，これを拒否されたという事件であった。

学説では，外国人が帰国以外の目的で出国するならば，再入国を前提としている場合がほとんどであるという現実を無視していると批判し，出国の自由の裏返しとして，これを認めるもの，再入国の自由は憲法上認められないが，国際慣習法上の権利として認められているとして，再入国に当たって行われる法務大臣の判断は，制約されたものとなるとするものなどがある。ただ，この事件を受けて，**特別永住者（平和条約国籍離脱者等入管特例法）**の再入国の権利が立法上認められている。

では，在留資格の更新を求める権利はどうか。この点について，前記マクリーン判決は，法務大臣に広い裁量権を認め，在留期間中の政治活動などを参酌して，更新を拒絶する権限を認めているので，結果としては，在留資格の更新を求める当然の権利があるわけではないと解していることになる。

〔出入国の自由と判例学説の状況〕

	判例の立場	**学説状況**
入国の自由	否定	一般的に否定説
出国の自由	肯定（ただし制限）	憲法上の権利説／国際慣習法説
再入国の自由	否定	肯定説　否定説
滞在の自由	否定	肯定説　否定説

２）外国人と生存権　　国家は，自国民の生存に対して配慮する義務があり，外国人に対しては，財政上の余力がある場合に，一定の給付を行うことができるという立場（無保障説）がある。この立場は，社会権が限りある財政を前提にして初めて実現できる権利であることや有限な資源の配分には立法裁量が必要であることという，生存権一般の性質に根拠を求めている。

一方，外国人であるからという理由のみによって，生存に対する権利や社会保障を受ける権利を否定する積極的な理由はなく，憲法は法律により認めるとする立場（立法政策説）がある。最高裁は**塩見訴訟**（最判平成元・３・２）で，社会権の保障が基本的に立法政策に委ねられているとの判断を示している。

この判決では，国民年金法上障害福祉年金の受給資格が認められる状態にあったにもかかわらず，その状態になったときに日本国籍を持っていなかった者が年金の受給資格を申請し，これが却下されたというケースであった。最高裁は「社会保障上の施策における外国人の処遇については，諸事情に照らした政治判断により決定でき，限られた財源下での福祉的給付に当たり自国民を在留外国人より優先的に扱うことも許される」として，立法府の広い裁量を認めている。ただし，**無保障説**に立っても，外国人に社会保障を認めることが憲法に反すると考えるのではなく，これを保障するかどうかは国民意思に任されていると考えると，次に述べる立法政策説と変わりがなくなる。

立法政策説は，無保障説のもつ欠陥（すなわち，生存権の保障は，人間として生きていく前提であって，外国人だからといってこれを否定するのは，あまりに非人道的であることや多様な内容をもつ生存権を一般的に否定することは妥当ではないことなど）を克服しようとするものである。ただ，この説は，外国人に対する生存権保障を立法に委ねるにとどまっているから，立法がなされていなければ無保障説と変わりがないとの批判が考えられる。

さらに，立法政策説を一歩進めて，少なくとも定住外国人については，生活の本拠を日本に置いて生活をしている以上，その負担も国民と変わらないのであるから，国民と同様な権利を認めてもよいとする立場（**定住外国人肯定説**）がある。この立場は，立法政策説の問題点を解決すべく，外国人のうち定住外国人については，生活実態や納税の状況などを考慮して，生存権が憲法上保障されていると考えるのである。

実務上では，1981年の**難民条約**（**「難民の地位に関する条約」**）の批准に伴い，国民年金や児童福祉手当等の社会保障関係法令からは，国籍要件が削除され，立法的解決が図られている。

しかし，このような立法措置がとられる中で，生活保護に関してだけは，受給資格を国民に限定する法律の姿勢に変わりはなかった。この点が争われた事例において，最高裁は，次のように述べて，原告である永住外国人の請求を棄却した（最判平成26・7・18）。

「旧生活保護法は，その適用の対象につき『国民』であるか否かを区別していなかったのに対し，現行の生活保護法は，1条及び2条において，その適用の対象につき『国民』と定めたものであり，このように同法の適用の対象につき定めた上記各条にいう『国民』とは日本国民を意味するものであって，外国人はこれに含まれないものと解される。

そして，現行の生活保護法が制定された後，現在に至るまでの間，同法の適用を受ける者の範囲を一定の範囲の外国人に拡大するような法改正は行われておらず，同法上の保護に関する規定を一定の範囲の外国人に準用する旨の法令も存在しない。

したがって，生活保護法を始めとする現行法令上，生活保護法が一定の範囲の外国人に適用され又は準用されると解すべき根拠は見当たらない。

また，本件通知は行政庁の通達であり，それに基づく行政措置として一定範囲の外国人に対して生活保護が事実上実施されてきたとしても，そのことによって，生活保護法1条及び2条の規定の改正等の立法措置を経ることなく，生活保護法が一定の範囲の外国人に適用され又は準用されるものとなると解する余地はなく，前記2(3)の我が国が難民条約等に加入した際の経緯を勘案しても，本件通知を根拠として外国人が同法に基づく保護の対象となり得るものとは解されない。（略）

そうすると，本件却下処分は，生活保護法に基づく受給権を有しない者による申請を却下するものであって，適法である。」

この判示から明らかなように，最高裁は，外国人に生存権の享有主体性が認められるかについては，これを否定しつつ，その実現を立法に委ねる姿勢をとり続けている。

3）外国人と参政権　　外国人の参政権については国民主権との関係で問題が生じる。多くの学説は，被選挙権については保障されないとした上で，選挙権については，国政選挙と地方選挙を分けて考えている。最高裁は，国会議員の選挙権を日本国民に限っている公職選挙法9条1項の規定は法の下の平等を定めた憲法14条に違反しないと述べ（最判平成5・2・26），被選挙権についても同様な解釈を明らかにしている（最判平成10・3・13）がその基本的な立場は，必ずしも明らかではない。

地方レベルの選挙については，立法によって付与することもできるという解釈が多い。少なくとも定住外国人については，その生活実態からして日本国民との違いが認められないのであれば，これらの者に参政権を認めても差し支えないと考えるからである。最高裁も，定住外国人に法律で選挙権を与えることは憲法上禁止されていないと述べている（最判平成7・2・28）。

論点　「外国人の参政権」を考える視点

国民国家（国民が国家のメンバーとして国家運営に権利と責任を持ち，国家は国民の安心安全を保障する義務を負う国家）を前提とする限り，外国人に参政権を認める余地はない（**禁止説**）。一方で，意思決定の影響を受ける者は意思決定のプロセスに関与させなければならないという，民主主義の原則からすると，外国人を排除して行われる意思決定の正当性にも疑問が生まれる（**要請説**）。前者に力点を置くと，外国人に参政権を与えることも憲法は禁止しているとの結論になる。後者を強調すると，外国人の参政は，憲法上要請されているとの結論に達する。この点で，地方参政権については，外国人に認めることも可能であるとする**許容説**は，両説を調和させようとする考え方である。ただし，その結果として，外国人の地方参政権を認めるかどうかは，主権者国民に委ねられ，最終的には立法政策の問題に帰着する。その際，主権者国民としては，国政と地方政治を区別できるか，外国政府の利益や思惑を排除した決定が可能か，という現実的な問題に直面する。

近代憲法は，国民が作ったというナラティブを前提としている。「われわれ人民（We the People）」とは，憲法制定権力がどこにあるのかのみならず，憲法が第一義的には国民の権利を保障することを明らかにした文言でもある。国民として，一国の運営に参画し，責任を負う者が同時に人権の享有主体でもあるという考え方をにわかに否定することは難しい。この観点から考えたとき，外国人の参政権は，国政・地方問わず否定されていると考えるのが適切ではなかろうか。

4）その他の権利

ア）指紋押捺制度の合憲性　　外国人登録法（現在は廃止）は，かつてわが国に滞在する外国人に指紋押捺を義務づけていた。この制度が憲法13条の幸福追求の権利を侵害するのではないかと争われたケースがある。最高裁は，指紋押捺を強制されない権利があることを認めた上で，**指紋押捺制度**が外国人の居住関係及び身分関係の証明として確実な制度であるとして，制度目的には合理性があるとし，実施方法も一本の指紋に限られていたことから，肉体的，精神的に過度の苦痛を伴うものではなかったとして，その合憲性を認めた（最判平成7・12・15）。外国人の居住・身分関係の証明手段として，過度の苦痛を伴う手段は違憲となるという立場が表明されているとみてよい。

論点　指紋押捺制度のその後

指紋押捺制度の合憲性が激しく争われた結果，国はこの制度の改正を行った。すなわち，1987年には，外国人登録法の改正により，1年以上在留する16歳以上の外国人に対しては，新規登録時1回に限り指紋押捺が求められ，1992年改正により，永住資格を有する外国人には指紋押捺を求めないこととされた。1999年には指紋押捺制度は全廃された。その後，2001年9月11日の同時多発テロ事件をきっかけにしたテロリストの流入防止政策の観点から，入国管理法改正による指紋押捺が復活し，入国の際，指紋の採取と写真の提出が義務づけられるようになっている（永住者は除外）。なお，外国人登録法は2009年に廃止され，中期滞在者，永住者については住民基本台帳法が適用されることになった。もちろん，新たに入国する者に対する指紋の採取についても，最高裁判決の考え方が及び，その程度，方法については限界があると考えるべきである。

イ）職業選択の自由・財産権に対する制限　　現行法上，外国人に対しては一定の職業に就く権利が制限されている（公証人法12条1項，電波法5条，鉱業法17条など）。

公務員に就任する権利については，国家公務員法および地方公務員法上，これを否定する条文は置かれていない。しかし，政府はその解釈により「公権力の行使または国家意思の形成への参画にたずさわる公務員」については，外国人の就任資格を否定してきた（昭和28年の内閣法制局見解及び昭和48年の旧自治省見解）。問題は，「公権力の行使」ないしは「国家意思の形成への参画」とは何かという点と，定住・非定住を問わず，一律に資格を否定することができるのかにある。職務の性質上，外交官や防衛関係の公務員について，外国人に就任資格を認めることはできない。それ以外の公務員については，立法政策の問題といえようから，憲法上，外国人が公務就任権まで有すると解することは難しい。ただし，教育公務員については，1982年に国公立大学外国人教員任用法の制定によって，立法的な解決が図られている。

ウ）政治活動の自由　　すでに述べたマクリーン判決では，外国人の政治活動も「わが国の政治的意思決定又はその実施に影響を及ぼすものを除き，その保障が及ぶ」との一般論が述べられている。しかし，在留期間中の政治活動を在留資格の延長に際して考慮する法務大臣の裁量権も認められているので，その実質的な保障範囲は狭い。学説には，在留制度を人権に優先させたものと批判するものがある。

エ）その他の権利　　裁判を受ける権利や適正な刑事手続の保障については，国民と外国人を区別することはできない（法の支配や適正手続は誰が対象となっているかを問わない）。

(2)　法人・団体と基本的人権

①　性質説

ここでいう団体とは，法人格の有無，営利性，公益性などその目的を問わず人工的に作られた組織を指す。団体には基本的人権が保障されるのであろうか。

この問題については，否定説と肯定説が分かれている。

まず，否定説は，近代的な人権ができ上がった過程に注目する。すなわち，この説は，フランス革命においては，市民の権利を保障するため，教会やギルドなどの権利が否定され，国家と個人が直接向き合う政治体制が求められたという歴史を重く見る。個人を解放するには，**中間団体**の権利を否定する必要があったというのである。

肯定説は，二つに分かれる。まず，団体の人権が最終的には構成員である個人に還元されることを重視して，個人の権利とのかかわりを重視する考え方がある（**個人利益還元説**）。これに対して，団体が一個の社会的実在であって，自然人と同様な活動を営むことを重視する考え方もある（**社会的実在説**）。

この問題については，判例上決着がつけられている（**八幡製鉄事件最高裁判決**：最大判昭和45・6・24）。すなわち，「憲法第3章に定める国民の権利及び義務の各条項は，性質上可能な限り，内国の法人にも適用される」のである。したがって，問題の中心は，(a)どのような人権が，(b)どの程度保障されるのか。(c)団体とその構成員の人権が対立した場合の調整，(d)団体と社会的利益の調和に向けられている。

論点　法人・団体の人権－その考え方

憲法学説では，法人・団体の人権について，フランス型（個人の解放のためには団体の人権を否定すべきだという考え方）とアメリカ型（個人の利益を最大化するためには，結合して行動する自由を保障すべきだとの考え方）を対照させることがよく行われている。たしかにこの二つの型は，法人・団体の人権を考える上では有益であるが，一種の理念型であることを忘れてはならない。アメリカでは，今でも巨大な組織に人権を保障することに警戒心が強い。法人や団体は人工的に作られたしくみであって，個人のような人格ではなく，したがって，個人と同様に人権を保障する必要性はないという解釈が合衆国最高裁判所判例にも見られるところである。とりわけ，政治活動の自由をめぐっては，巨大組織に献金の自由を保障することへの抵抗感が強い。アメリカにおいてもまた，法人・団体への人権が無批判に認められてきたわけではないのである。法人・団体には，人権が直接保障されると考えるべきではなく，あくまで類推適用される（あるいは人権ではなく，憲法上の権利が保障されると考えることもできる）と言うべきであり，その根拠は，法人・団体に人権の享有を認めることで，個人に利益がもたらされる（個人的利益還元説）と考えなければならない。したがって，個人の利益を減少させ，あるいは否定，軽視するような人権の行使を認めることはできない（拙稿『近代国家における団体と個人』（不磨書房・2014年））。

②　政治活動の自由

団体の基本的人権をめぐっては，八幡製鉄事件最高裁大法廷判決が出発点となる。

論点　会社の政治献金の自由―八幡製鉄事件最高裁大法廷判決

八幡製鉄（現在の新日鐵住金）では，当時の自民党に政治献金を行うことを取締役会で決議し，これを実施した。しかし，この献金に反対する株主が，特定政党への政治献金は，会社の目的の範囲を逸脱して無効な行為であるとして，株主代表訴訟を起こした。第一審は，営利法人の目的の範囲を厳格にとらえて原告株主の訴えを容認したが，第二審判決では，会社の対社会的関係として，政治献金も合理的な範囲なら可能だとの判断を示した。最高裁は，第二審を支持したのである。

ただし，最高裁は会社の政治献金を無条件で認めているわけではない。会社の政治を許すかどうかは，立法政策の問題としているのである。したがって，会社の基本的人権は，自然人の人権とは異なり，立法政策に委ねられると考えられる。

八幡製鉄事件大法廷判決に対しては，政治献金をする自由まで認めることが適切なのかどうか，とくに政治献金が政治腐敗や汚職の温床となっている現状を踏まえて，その他の寄付（災害援助や文化事業への支援）とは区別する解釈も考えられている。

今日の判例理論は，八幡製鉄事件大法廷判決の枠組を基本的に踏襲しながら，その適用範囲を注意深く狭めようとする方向にある。たとえば，税理士会が行った政治献金の無効が争われた**南九州税理士会事件最高裁判決**（最判平成8・3・19）では，税理士会の政治献金が無効と判断されている。この判決では，税理士会という強制加入団体には多様な思想の持ち主がいる以上，会員の思想信条の自由を無視して，特定政党への政治献金を行うことはできないとの判断が示された。団体の活動と構成員の権利が対立した場合，活動内容や会員の被る不利益の程度を比較衡量するというのが判例の基本的な姿勢といえる。

一方，同じく強制加入団体である司法書士会が，阪神淡路大震災で罹災した別の司法書士会を支援するために行った復興支援金の拠出については，金額が多額にわたらないかぎり，これを目的の範囲として，会員の思想信条の自由を侵害しないと判断した判決もある（**群馬司法書士会訴訟最高裁判決**：最判平成14・4・25）。

これらの点から考えると，最高裁の立場は，結論のみから次のように考えることができる。

Ⓐ　営利法人については，法令が禁止しない限り，比較的広い範囲で政治的自由が認められる。

Ⓑ　非営利もしくは，営利法人の場合には，強制加入団体であるか否かが判断を分け，強制加入団体ならば（全員一致の場合は別として）政治献金は許されないが，災害復興支援金ならば許される（ただし，応分の金額かどうかが結論を左右する）。

Ⓒ　強制加入団体の場合，構成員の権利利益と団体の利益の調整は利益衡量によって行う。

⑶　天皇・皇族

天皇や**皇族**の基本的人権についてはどのように考えるべきか。学説は，肯定説，否定説，折衷説に分けられる。

肯定説は，天皇・皇族も日本国籍を有する国民であり，人間であることに基づいて認められる権利は保障されるとする。ただし，この説は，天皇や皇族という特殊な地位を考慮して，一般の国民には認められない制約があることを認める。選挙権・被選挙権，婚姻の自由，財産権，とりわけ政治的な表現の自由には特別な制約があることとする。

否定説は，天皇が世襲の地位であること，天皇の地位は近代自然権思想が想定している個人の自由平等とは異質な考慮に基づくものであることから，天皇の基本的人権という観念自体を否定する。

折衷説は，天皇の特殊な法的地位を重視して，天皇の人権享有主体性を否定するが，可能な限り人権規定の適用を考えるという立場に立つ。

基本的人権が国家権力の制約を課題にする以上，国家機関である天皇の人権を観念することは論理矛盾である。ただ，天皇は，象徴という国家機関としての側面にとどまらず，人間としての側面もあわせ持っていることも確かである。それゆえ，天皇の基本的人権という問題の立て方ではなく，天皇が他の国家機関から干渉を受けずに行える活動は何かを考えるべきである。

なお，皇族については，天皇と異なり，やや広い活動の自由が認められる。

ただ，その場合でも皇位継承に関わる限り，活動の制約を受けると考えることで，学説上ほぼ意見の一致を見ている。皇族の選挙権については，肯定説と否定説が考えられるが，現行制度は否定している。

論点　女性天皇の合憲性

皇室典範を改正して，女性皇族が天皇になることを認めるべきかが議論されている。しかし，この問題は憲法の問題ではない。天皇は国家機関であって，法の下の平等が要請される地位ではない。男女差別の問題は，女帝問題とは無関係である。

演習問題

① 外国籍をもつ地方公務員が昇任試験を受ける資格が認められなかったとして争った事件がある。このような取扱いは憲法上許されるのだろうか（参考：最大判平成17・1・26）。

② マクリーン事件最高裁判決を読み，最高裁が外国人に対する指紋押捺制度の合憲性をどのような姿勢で判断しているのか整理せよ（参考：最大判昭和53・10・4マクリーン判決）。また，テロリストの侵入を防止するために，外国人から強制的にDNAを採取するような措置は許されるか。

③ 団体に対して憲法の人権を保障する根拠と，個人に対して人権を保障する根拠はどう異なるか説明せよ。

④ 株式会社が特定の政党もしくは政治家に政治献金を行う権利は憲法上認められるか。認める場合の根拠と認めない場合の根拠を考えよ（参考：最大判昭和45・6・24八幡製鉄事件最高裁判決）。

⑤ 強制加入の団体が活動を行う際に，会員から徴収された会費をあてることができない活動，あるいは活動のために強制的に特別会費を徴収できない場合としては，どのようなケースが考えられるか（参考：最判平成8・3・19：南九州税理士会事件。最判平成14・4・25：群馬司法書士事件）。

3　基本的人権の制約原理

ほとんどの基本的人権は絶対的な権利ではない。他者や公益との調整が必要となる。この調整は，人権への制約という形を取る。したがって，論点は，いかなる場合に人権の制約が許されるか，人権を制約する法律の合憲性をどう判断するかである。

(1)　公共の福祉

最高裁は，戦後比較的早い段階で，基本的人権が憲法12条や13条などに定められている**公共の福祉**によって制限されることを認めていた。たとえば，死刑の合憲性が争点となった事件では，「公共の福祉という基本原則に反する場合には，生命に対する権利といえども，立法上制限ないし剥奪されることを当然に予想している」（最大判昭和23・3・12）と述べ，あるいは食糧緊急措置令が禁止していた煽動行為違反が問題となったケースでは，「言論の自由といえども，国民の無制約な恣意のままに許されているのではなく，常に公共の福祉によって調整されなければならない」（最大判昭和24・5・18）と述べている。また，わいせつ的表現規制の合憲性が問題となったチャタレー事件は，「憲法の保障する各種の基本的人権は，それぞれに関する各条文に制限の可能性が明示されていると否とにかかわりなく，憲法12条，13条の規定からしてその濫用が禁ぜられ，公共の福祉の制限の下に立ち，絶対無制限のものではない」（最大判昭和32・3・13）とはっきりと述べている。

しかし，このような解釈は次のような批判を受ける。①公共の福祉が一般的に人権を制約する根拠となると，**法律の留保**による人権制約を認めていた明治憲法と変わるところはない。②公共の福祉は抽象的で包括的な概念であって，人権を規制する根拠としてはマジックワードとして働くので，個人の尊厳をうたう日本国憲法の理念と調和しない。法の支配は，同時に理性（reason）の支配でもある。法令によって人権が制約されるとき，その制約には正当化が求められる。「法律で定めたから」という理由は根拠にはならない。したがって，公共の福祉の一言で人権制約を認めることは，法の支配が裁判所に求めた役割を放棄するに等しい。

論点　法律の留保と自由主義

法律を実質的に定義する考え方（第2章Ⅱ1）によると，国民の権利を制限したり，義務を課すためには法律の根拠が必要になる。法律は国民代表が制定した規範であるから，結局，国民の権利を制限するには国民代表の同意が必要であるとの考え方が実質的法律概念の背景に控えている。一定の事項を法律に委ねるという，法律の留保の考え方には，法律が国家権力の歯止めとなり，自由を守る役割を果たすという意味が込められている。日本国憲法は，このことを29条2項，30条，31条によって具体化している（この三つの条文は，一体のものとして読むべきである)。したがって，国民の権利を制限し，義務を課すには法律という形式をとっている必要があり，さらに，誰に対して，どのような権利を制限し，義務を課すのかが明確に定められている必要がある。これらは，違憲審査においてまず問題とされることがらである。

一方で，明治憲法にいう法律の留保は，法律によりさえすれば自由を制限してもよいとして使われてきた。これは，法律の留保の自由主義的な側面を逆手にとった解釈であった。さらに，天皇は緊急勅令を出すことも認められていたから（8条1項)，日本国憲法と比較したとき，法律の役割は相対的に低かった。法律の留保という言葉には，この二つの意味があることを理解しておく必要がある。

法の支配の観点から考えると，日本国憲法における法律の留保は，国会に法制定の裁量を与えたことにとどまらない内容を持っている。法の支配の考え方からすると，法には一定の内容が備わっている必要がある。したがって，国会の制定する法律には，何よりもまずこれらの内容が伴っていなければならない。国会が自由に法制定できることを意味しない。

論点　公共の福祉が意味するもの

人権規制には，①人権相互の対立を調整するための規制，②経済政策や福祉政策などの観点から行われる規制の二種類があるという主張が展開された。前者は，およそすべての人権に共通して認められる内在的制約であり，後者は国家目的や政策という外在的制約である（二元的制約論)。しかし，㋐人権規制を判然と二分することの難しさや，㋑人権の対立調整，政策的な必要性以外にも人権制約を正当化する場合があることなどの難点が指摘された。ただ，この発想方法は，今日の違憲審査基準の基になっていることも事実である。

(2)　利益衡量論

1960年代に入り，最高裁の判例理論にも新たな展開が見られるようになった。まず，公共の福祉を人権相互の衝突を調整する原理としてとらえ，同時に，人権内容の多様性に注目して，人権ごとに判断を行うという学説が唱えられた。これによると，自由権の制約には必要最小限度の規制を認めるにとどめ，社会権を実質的に保障するために自由権を制限する場合には，必要な限度の規制を認めるとする。これを**一元的内在的制約説**と呼んでいる。

一元的内在的制約説については，多種多様な基本的人権のカタログを自由権と社会権に分けることが可能なのか，また適切なのかについての疑問や実際の裁判では具体的な指針を提示できないことなどの疑問が出され，判例や学説を指導する力を得られなかった。しかし，この説は，結局，基本的人権制約とは，ⓐ人権の種類や内容，ⓑ人権が規制される場面での規制目的や利益，ⓒ規制方法の適切さ（規制目的と手段の均衡など），ⓓ規制される人権の重要性などを個別に考えていくしかないというケースバイケースの利益衡量論に道を開いた点で，その意義は大きい。

最高裁は，1960年代に入り，この利益衡量論を意識した判断を示すようになる。たとえば，**全逓東京中郵判決**（最大判昭和41・10・26）では，公務員の労働基本権の制約が必要最小限度にとどめられるべきであるとされ，**都教組判決**（最大判昭和44・4・2）では，地方公務員の争議権への制限が必要やむを得ない限度にとどめられるべきであるとの判断が示されている。

ただ，利益衡量論についても疑問が投げかけられる。それは，①利益衡量論には客観的な基準がない。基準なき司法審査は制限のない司法裁量につながる。②利益衡量ではどうしても重要な社会的利益や政策目的が重視され，必ずしも基本的人権に有利な判断が導かれるとは限らないことである。

論点　**利益衡量**

自由を制限するときに，制限によって得られる利益と損なわれる利益のバランスを考えるのが利益衡量である。利益考量とも言う。正義の女神像が象徴するように，法にはバランス（天秤）を欠くことができない。およそほとんどの法的推論には，衡量のプロセスが不可欠である。問題は，何をどのように衡量するかであるが，利益衡量には二つの場面があると考えられている。

一つは，目の前にある対立利益の重さをそのまま量るものである。もちろん，権利や利益，公益を計る客観的な（誰の目にもはっきりと分かるような）物差しはないから，空港の利用を差し止める利益と空港から生じる騒音に我慢を強いる不利益（静穏な生活を営む権利の制限）のバランスを考える，というような抽象的で，とらえどころのない作業にならざるを得ない。このような利益衡量をアドホックな利益衡量と呼ぶことがある。

二つめは，憲法の価値序列や理念に従って，あらかじめ優先順位を決めておき，これを具体的な事例に当てはめる衡量プロセスがある。わいせつ的な文書や有害図書（青少年に悪影響を与える書籍等）は，表現の自由の価値から見て低い位置づけしか与えられないとすれば，このような表現の規制が憲法上許されるかどうかを審査する際，厳格な審査は適用されないというように一定の指針を与えておく利益衡量もある。定義づけ衡量，あるは範疇化衡量と呼ばれている。審査基準論は後者の一例である。

わが国の最高裁判例には，この両者が混在している。全逓東京中郵判決や全農林判決は後者に，猿払事件最高裁判決は前者に分類できる。公務員の政治的自由が問題となった堀越事件は，あらかじめ価値の衡量を行い，微細な法益侵害しか認められない事例については，犯罪構成要件に該当しないとの判断を行っていることも注目される。

⑶　二重の基準論

この問題への一つの解答が**二重の基準論**であった。これは，利益衡量に先行する判断枠組を明示して，司法審査の方向性を客観化しようとする努力でもある。二重の基準論は，かつてアメリカ合衆国最高裁で提示された**優越的地位**の理論をわが国の憲法理論として移植しようとするものであった。この理論は次のように説く。

表現の自由を中心とする精神的自由権は民主プロセスに直結した権利であって，これらの権利を制限するとなると，民主過程を歪曲するおそれが生じるため，裁判所は精神的自由権に対する規制には厳しい審査で臨むべきである。一方，経済活動については，その時々の政府の政策や社会，国際状況に左右され，機敏で柔軟な政治対応が求められる。それゆえ，経済活動の自由を規制する立法には，政府の専門的裁量や政治判断が不可避であるが，裁判所はこのような専門的な知識も正当性も持ち得ない。したがって，経済活動への規制については，立法府の判断が尊重されることになる。

二重の基準は，司法審査と民主主義の関係に整合性を持たせつつ，司法審査の枠組を提示したという点で，多くの学説の支持するところとなった。判例にも，**薬局距離制限違憲判決**のように，二重の基準論を意識したものもみられる。だが，実際には，精神的自由権への規制を厳しく審査したものは，在外邦人選挙権訴訟・最高裁判所裁判官国民審査権訴訟以外には見当たらず，その浸透にはいまだ課題が多い。

以上のように，今日では，基本的人権の制約原理は何かという抽象的な問題から，どのような人権がいかなる理由に基づいて，どの程度まで制限できるのか，その際，人権規制立法にはどのような条件が揃っていなければならないの

〔人権制約の基準のあゆみ〕

個別具体的な検討＝自由を制限する以上は制限される側が納得する理由が必要
規制の多様性＝自由権規制は一つや二つではない。
基準と呼べる客観的ものさしが必要。

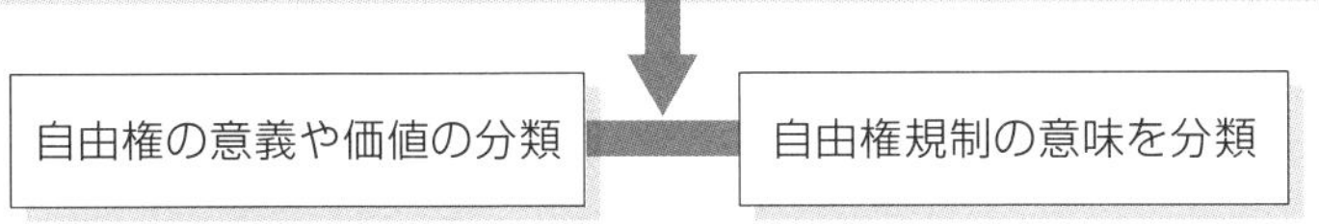

どのような自由が規制されるのか
そのときにはどのような司法審査の基準が適用されるべきか

枠組を用意してやる→二重の基準論

〔二重の基準の考え方〕

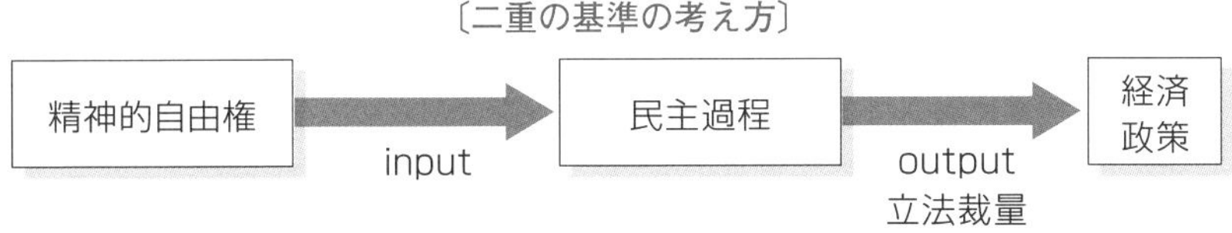

少なくともインプットが適切でなければアウトプットは適切ではない。

か，という問題へと重点が移行しているといえよう。その意味で，二重の基準論は，1970年代以降の憲法理論のメインストリームとなった。

論点　ストーリーとしての審査基準

法律や国家の行為が憲法に違反しているのではないかとの争点に対して，裁判官が出せる答えは，憲法に適合している，適合していない，裁判所としては審査できないなどのいくつかの選択肢に限られている。裁判官は，争点に接して，答えの方向性とその理由付けを考える。違憲との結論を出すのであれば，その理由を説明する必要がある。要は，憲法判断に対して一貫したストーリーが求められるのである。

そのストーリー（首尾一貫して結論を説明できる理由体系）として，これまでもっとも説得力があったのが二重の基準であった（アメリカでは二重の基準という用語は使われない）。何が争われているのか，争われている権利や利益の重要性は何か，制約に際して主張される規制利益は何か，それらは整合しているか等を問うことになる。二重の基準のストーリーは，民主主義と自由主義を調和的に説明すること，つまり，議会と裁判所の役割を整合的に説明することに主眼が置かれてきた。それゆえにアメリカ合衆国連邦最高裁判所では，今日も基本的に維持されているのである。ストーリーであるからには完結していなければならない。しかし，完結した体系は硬直化する。わが国でも二重の基準への批判が盛んになっているが，その背景には，このストーリーを紋切り型に用いて自動的に答えを出すような教育の問題が控えているのではなかろうか。

論点　**二重の基準批判**

もちろん，二重の基準論に対しても批判は多い。この批判には，おおまかにいって，Ⓐ多様な人権を二重の基準に包摂できるのか，Ⓑ経済活動の自由が精神的自由権に劣後するのはなぜか，Ⓒ二重の基準は具体的な審査の場面で機能するのか，に分けられる。

まずⒶについては，社会権や受益権の司法審査基準をどのように考えるかが問題となる。これに対しては，**民主プロセス**にかかわる権利とそれ以外の権利を分けて，二重の基準論の純化を図ろうとする学説が注目される。しかし，なぜ民主プロセスだけが慎重に扱われなければならないのかについて問題点が指摘されている。

Ⓑについては，精神的自由権が民主主義において最大限に尊重されることは理解できても，そのことから経済活動への規制をただちに正当化することはできないとの批判や精神的自由権が尊重されるべきだとの主張は，知識人の偏見ではないのかとの批判をあげることができる。この批判については，現在までのところ説得力のある再反論は提示されていない。

これ以外にも，わが国の裁判所は，あらかじめカテゴリーを設定して，その枠の中で判断を示す方法を嫌う傾向があることも指摘されている。このことが，二重の基準が判例において支配的な枠組にならなかった理由であるとも考えられよう。

⑷　三段階の審査理論

最近，二重の基準に対する問題点を踏まえて，わが国でもドイツ連邦憲法裁判所で採用されているような審査を行ってはどうかという提言がなされている。この理論は，おおむね次のようである。

まず，①問題となる行為・自由が基本権の保護領域にあるかどうかが問われる。たとえば，拡声機による街宣活動が憲法21条１項にいう表現の自由に当てはまるかを問うのである。

これが肯定されたなら，次に②国家が基本権を制約しているかどうかを検討する（拡声機使用を規制するような条例が検討される）。

そして③基本権の制約があるならば，その制約が例外的に許される事情があるかが問われる。これを正当化と呼ぶ。正当化は，次のような判断プロセスを経る。

⑴　形式的正当化として，①法律の留保（行為を規制できる規範によっているか），②規範の明確性（規範内容がはっきりしているか），

⑵　実質的正当化として，①規制目的の正当性と②広義の比例原則が問われる。このうち比例原則の下では，⒜適合性の原則（制約手段が制約目的を達成するための手段として役立つかどうか），⒝必要性の原則（制約手段が制約目的を実現するために本当に必要か，つまり他より緩やかな手段はないか），⒞狭義の比例原則（制約目的と制約手段が互いに均衡を保った適切な関係にあるか，つまり規制によって得られる利益と失われる利益の利益衡量を行う）。

三段階審査理論は，二重の基準にあるような硬直性を免れつつ，事例に応じて柔軟な判断が行えるという利点や判断の過程を示すことができるという客観性において優れた考え方であるといえよう。もっとも，判断の最終段階で利益衡量が避けられないならば，その判断も裁判官の主観に流されることがある点や自己拘束を嫌うわが国の裁判官に受け入れられるかどうかについては疑問があり，今後支配的な考え方になっていくのかどうかを見極めるには，今少し時間が必要である。

論点　グローバルモデルとしての比例原則

違憲審査制度が世界中に普及することで，違憲審査の方法や基準に対する比較研究が盛んになった。この研究は，学問として（あるべき違憲審査制度の探求）行われると当時に，実務上の必要から行われている。また，ヨーロッパ人権裁判所や米州人権委員会の設置に伴い，各国の独自性より，普遍性を重んじた違憲審査制度の探求が行われるようになっている。そして，そのとき，人権（自由権）の制約には，規制目的と規制方法が釣り合っていることを重視する審査方法（比例原則）が広く用いられるようになっている。比例原則はグローバルモデルとして世界各国で共有されているのである。

その理由には，比例原則が普遍的な法の一般原則として，各国の事情とは無関

係に共有されてきたこと，違憲審査制度を新たに導入した国家では，憲法裁判所型を採用したため，ドイツ連邦憲法裁判所の実務が参照されることが多いこと，アメリカ型違憲審査で採用されてきた審査基準論は，アメリカ独自の司法文化や憲法意識に裏付けられているため，これをにわかに採用することは難しかったこと等が挙げられる（Tushnet 前掲第2章Ⅲ78頁参照）。

(5)　利益衡量の必要性と審査の枠組

①　利益衡量のフレームワーク

具体的な事例を離れて，抽象的に人権規制の可能性を語り尽くすことは不可能に近い。その意味では，事実の個別性に着目して，きめ細かな分析を重んじる個別の利益衡量は，実際の裁判では避けることができない手法である。自由権を規制する場面では，**利益衡量**が避けられない以上は，その過程をできるだけわかりやすく訴訟当事者や国民に示していくことが必要である。そして，そのためには，二重の基準論が私たちに示した功績を前提にして，考え方の枠組を組み立てるべきである。その際，規制目的と規制される権利・自由の状況を検討し，法令はどのような規制を課しているのか，その規制がどの程度の負担を権利・自由に課しているのかを総合的に考慮する必要がある。

〔図：合憲性審査の手順〕

①規制目的は何か ―― ②規制される権利（自由）はどのようなものか

（例）
- 公共の福祉による制約を認めない権利
  - ＊この場合には，憲法上すでに価値の衡量は終わっている
  - 思想良心の自由，検閲の禁止，奴隷的拘束からの解放
- 主権者としての政治参加に不可欠な権利
  - 精神的自由権　参政権
- 個人の尊厳に直結する権利
  - 自律権の行使（身体・生命に対する自己決定，親密な結合）　信教の自由
- 経済活動に関わる権利

③どのような規制を課しているか

④どの程度の負担を課しているか
絶対的禁止許可，認可，届出……

①→②→③→④の検討プロセスを明示することによって，どのような自由権規制についてもある程度説得力のある論証は可能である。

② 審査のレベル

争われている権利の制約や規制によって得られる利益を考えるとき，規制目的は何か，規制方法は何か，規制される権利はどのようなものかを総合的に考慮しなければならない。そのとき，アメリカの判例理論で確立された3つのレベルの審査水準が参考になる。この水準は，立法府が主張する規制の根拠に対して，裁判所としてどこまで独自の判断を行うかの目安でもある。規制目的の重要度と規制手段の必要性をつき合わせることで，法律の合憲性が判断されることになる。

すでに，第2章Ⅶ4で見たように，法令の合憲性は，法令の必要性や合理性を支える事実があるかどうかによって判断される。一方で，法令の必要性や合理性については，まず，立法府としての責務を果たす中で国会が判断すべきであるから，裁判所としては，この判断を尊重することが求められる（民主主義の要請）。したがって，通常の場合，法律を支える必要性や合理性があることを前提にした審査が行われる（合理性の審査，緩やかな審査）。しかし，法律が対象としてる規制対象が表現の自由のような精神的自由権である場合，あるいは差別がもたらす効果が甚大であるような場合は，この立法事実に踏み込んだ審査が求められる（二重の基準の要請）。そこでは，法律の必要性，合理性を前提としない審査が求められる（厳格な審査）。この二つを両極にして，に

〔図：審査基準の内容〕

	規制目的の審査	規制方法の審査
Ⅰ　合理性の基準（緩やかな審査）	規制目的が正当な政府利益にかかわるか （合理性の審査）	規制方法と規制目的との間に合理的な関連性があるか
Ⅱ　厳格な合理性の基準（中間段階の審査）	規制目的が重要な政府利益にかかわるか （中間段階の審査＝厳格な合理性の審査）	より規制効果の弱い規制では目的を実現できないのか （より制限的でない手段）
Ⅲ　厳格な基準	規制目的がやむにやまれぬ政府利益にかかわるか （厳格な審査）	規制目的を実現するために最も制限的でない方法が採られているか（最も制限的でない手段）

〔図：最高裁判所における司法審査基準の現状〕

基本的人権の内容	裁判所の司法審査に関する姿勢
①　精神的自由権	
a）内心の自由（思想良心の自由）	絶対的な規制禁止
b）表現の自由　検閲	絶対的な規制禁止
公職候補者に関する事前抑制	原則として事前抑制禁止
直接的規制	厳格な審査？
公共施設における内容差別	明白かつ現在の危険の立証
付随的規制	合理的関連性のテスト
時間・場所・方式規制	合理的関連性のテスト
c）信仰の自由	内在的制約
②d）経済活動の自由	利益衡量
規制目的	消極規制 or 積極規制など
規制の種類	許可制 or 届出制など
規制される自由の性質	職業選択の自由 or 営業の自由など
③　平等権	合理的関連性の審査
④　社会権	立法裁量論

わかに立法事実を追認もしくは否定できない場合も多い。この場合には，立法事実についてニュートラルな姿勢での審査が行われる（中間段階の審査，厳格な合理性の審査）。詳しくは，前頁の図を参照願いたい。

演習問題

① 公共の福祉という言葉が果たした役割とその問題点を指摘しなさい。
② 二重の基準はどのような考え方に基づいているのだろうか。
③ 二重の基準の限界はどのようなところにあるのだろうか。
④ 成田新法事件最高裁判決や堀越事件最高裁判決を読み，最高裁判所はどのような判断の枠組で違憲審査を行っているのか整理しなさい。

4　基本的人権の適用範囲

憲法は，国民が国家権力を抑制するために制定した約束である。それは，国家と国民の関係に関するルールである。基本的人権は，国家権力が私たちにしてはならないこと，あるいはすべきことを保障したルールである。

そうすると，私人と私人の間での人権侵害はどのように処理されるのであろうか。また，国家権力の行使に直接間接にかかわる公務員の人権はどのように保障されるのであろうか。あるいは，様々な理由で，国家権力と特別な関係にある者の人権保障はどうか。本項では，これらの問題を取り上げる。

(1)　私人間の問題に対する基本的人権の保障

①　考え方

三つの学説　　近代憲法の関心は，国家権力の制限にあった。近代市民革命が生じた時代には，国家以外には人権を侵害する存在は想定されていなかったのである。しかし，資本主義の発達と富の偏在は，大企業や団体のような**社会的権力**を作り出した。このような権力による人権侵害に対して，憲法の人権条項は適用されるのであろうか。あるいは，私人と私人の権利の対立を調整するために憲法の人権規定は適用されるのであろうか。

この問題に対しては，三つのアプローチが考えられてきた。第一は，私人間の人権問題には憲法の基本的人権は適用されないとする考え方である（**無適用説**）。これは，近代憲法と人権保障の成り立ちを重視し，私人間では私的自治の原則が貫かれるべきであるから，国家介入を極力排除するという考え方によって裏づけられている。

第二に，私人間の人権侵害に対しても基本的人権規定が直接適用されると解する考え方がある（**直接適用説**）。憲法は国家の最高法規であって，基本的人権はいかなる法的関係であったとしても保障されるべき理念であることを根拠とする。しかし，この考え方は，**私的自治**という近代法の理念と衝突する。

両者の問題点を克服するため，第三に，基本的人権の理念が私法の一般条項や解釈を通じて私人間の人権問題に適用されるとする考え方が唱えられる（**間接適用説**）。これは，民法の基本原則（民法１条・１条の２）や**公序良俗違反**を理由とする法律行為の無効（同法90条）などを媒介にして，基本的人権を私人間の問題にも適用しようとするものである。

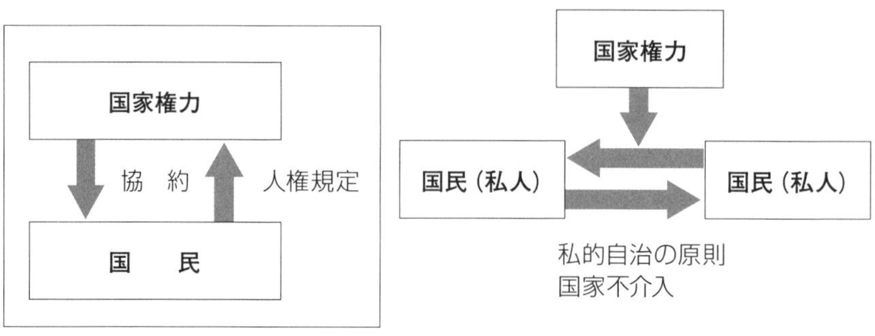

論点　基本的人権の私人間への適用

議論の前提として，次の2点に注意が必要である。第一に，憲法には私人間の問題に対して直接適用を予定している条文があることである（15条4項・18条）。これらの条文については，どの立場に立とうとも直接適用は否定できない。

第二に，憲法には私人間には適用されない条文があることである（17条・25条1項・2項・26条など）。これらについては，私人間適用は問題とならない。以上の点を踏まえて考えると，次のようにいえる。

Ⓐ　無適用説が人権保障を否定しているわけではない。この説は，民法などの私法によって問題を解決すると主張する。逆に，直接効力説が人権保障に厚いということにはならない。憲法を適用して，規制を正当化することは十分あり得る。

Ⓑ　間接適用説と直接適用説の差は，法律構成の差でしかない。

Ⓒ　問題は，実際に生じている人権侵害が救済に値するか，いかなる救済がふさわしいかである。

ⓓ　現実には，私人間の権利対立を調整する多くの法律が存在し，これらの法律解釈・適用で問題が解決されている。

また，アメリカ合衆国のように，私人の行為でも何らかの国家（state：州）の関与がある場合には，憲法上の人権保障を及ぼそうとするステイト・アクション（state action）の考え方にも同様な考慮がみられる。ステイト・アクションの法理とは，州が補助金を出しているような場合には，国家（州）の関与があったこととして人権救済に道を開こうとする理論である。

論点　GAFAと憲法

今日，私たちの生活は，グローバル規模で情報インフラなどを提供する巨大民間企業によって支えられている。GoogleやAmazon，Facebook（現Meta），Appleのような大企業は，国家と並び，あるいは国家以上の影響力を私たちに及ぼしている。しかし，これら企業は私人であって，人権保障のスキームの外に置かれる。これら企業は，国家との関係で自由を主張できるが，一般の市民との関係では対等な私人として活動する。人権保障の考え方が生まれ，そのための制度が整えられたときには，このような巨大企業の存在は想定していなかった。また，グローバルな規模での事業展開に対処するためには，一国の法制度では不十分であることも明らかである。

このような現状を見ると，伝統的な私人間適用論は，GAFA には適用できないのではないかとの疑問も生まれてくる。国家対私人という単純な二項対立図式では対応できない問題が生じている。GAFA は政府（government）ではないが，しかし，健全な統治（governance）を要求できるのではないか。つまり，一国の法制度の枠を超え，組織運営の透明性と公正さを求めるしくみが必要となっている。

②　判　例

最高裁は，**三菱樹脂事件**（最大判昭和48・12・12）において，無適用説に立った。この事件では，大学卒業後，三菱樹脂株式会社に採用された者が，在学中の学生運動に関する経験につき虚偽の申告をしたとの理由によって，3ヶ月の試用期間後，本採用を拒絶された点が争点となった。私人間の問題への人権規定の適用について，最高裁は次のように述べている。「憲法の保障する人権が専ら国又は地方公共団体と個人との関係を規律するものであり，私人相互の関係を直接規律することを予定するものではない。私人間においては，権利の矛盾，対立の調整は原則として私的自治にゆだねられ，その侵害の態様，程度が社会的に容認し得る限度を超えるときは，立法によって是正を図り，又は民法1条，90条や不法行為に関する諸規定によって適切な調整を図る方途も存在する。」

この解釈は，在学中の学生運動を禁止する学則の効力が争点となった**昭和女子大学事件**（最大判昭和49・7・19）でも継承されている。しかし，男性と女性の定年年齢に差別を設ける就業規則が問題となった**日産自動車事件**（最判昭和56・3・24）では，これを「性別による不合理な差別を定めたものとして民法90条（憲法14条1項）の規定により無効である」と述べることによって，間接適用説によることを明らかにしている。

ただし，最高裁は，同じ私人でも弁護士会，税理士会あるいは司法書士会などの強制加入公益法人については，その内部問題（団体と構成員間の紛争）を直接憲法の問題としてとらえているので，これら団体を純然たる私人とはみなしていないといえる（前記南九州税理士会事件，群馬司法書士事件）。また，労働組合と組合員の紛争については，人権規定が直接適用されるかどうかに細かく立ち入ることなく，組合員の政治活動を優先し，組合の統制権を否定した（国労広島地本事件：最判昭和50・11・28）。したがって，最高裁の判例理論では，純然たる私企業，私立学校とある種の公益法人，労働組合を同一視していないので，対立する私人の性格によっては，直接的な適用も考えられている（なお，アメリカ合衆国でもこの種の団体は公的施設（public facilities）として憲法保障が直接適用されると考えられている）。

⑵　特別な法律関係における人権保障

①　公務員

公務員は，国家（国・地方公共団体）と直接雇用関係に立つ労働者である。公務員は，労務を提供しているという関係では他の民間企業に雇用されている労働者と同じ側面を持つが，雇用者が国家であるという点では別の考慮が求められる。それでは，公務員には，他の労働者にはみられないような権利の制約

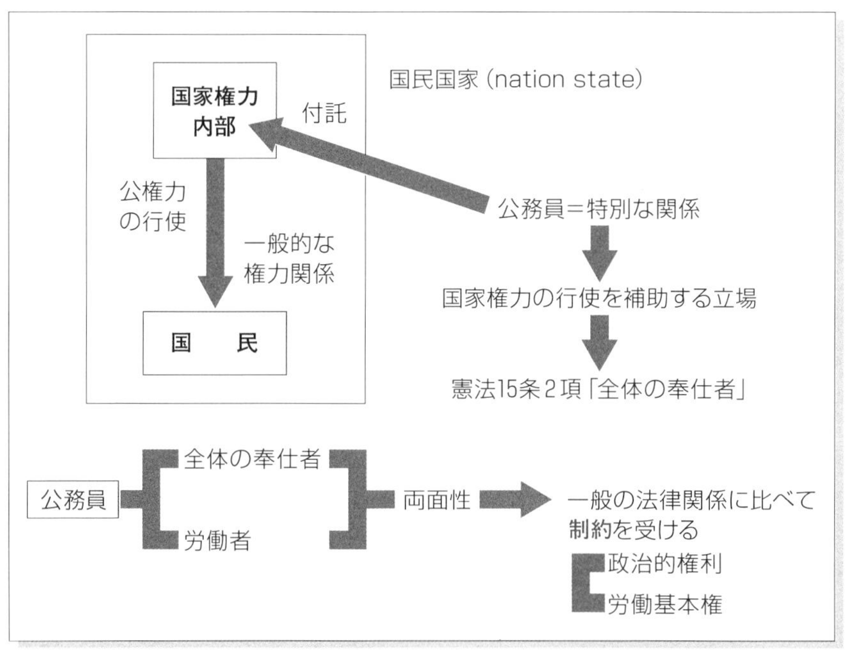

は可能なのだろうか。これまで政治的自由の制限と労働基本権の制限が問題となってきた。

1）労働基本権の制約　　公務員に対する労働基本権の制約は次のようになっている。(ア)警察職員，消防署職員，海上保安庁または監獄において勤務する者，自衛隊員に対しては，団結権，団体交渉権，争議権のすべてが否定されている（国公法108条の2第5項，地公法52条の5，自衛隊法64条）。(イ)非現業の国家公務員および地方公務員には団結権が認められているが，団体交渉権が制約され，争議権が否定されている（国公法108条の2第3項・108条の5第2項・98条2項，地公法52条3項・55条2項・37条1項）。(ウ)国営企業の国家公務員，地方公営企業の地方公務員には団結権および団体交渉権が認められているが，争議権は否定されている（行政執行法人労働関係法17条1項，地方公営企業労働関係法5条・7条・11条1項）。

論点　公務員の労働基本権とその制約

このような制約がなぜ認められるのかについて，公務員は国家権力内部にあり，国家権力の運営を補助する者と考える**特別権力関係理論**が用いられてきた。特別権力関係理論は，国家の内部にある者は，国家の包括的支配権に服すること，そのような関係の中で生じた紛争に対して司法権は及ばないことを内容としていた。この理論は，公務員が国王や天皇の官吏であった時代には，それなりに通用力を持ったのであるが，国民主権の下では説得力がない。今日，学説は，Ⓐ憲法15条2項「全体の奉仕者としての」公務員から，直接制約を認めるもの，Ⓑ公務員の職務の性質から制約を認めるもの，Ⓒ公務員の地位，勤務条件は国民代表たる国会が決定すべきものであり，給与については，国会の議決によるべきであるという国民主権，財政民主主義に根拠を求めるものなどが主張されている。

この点について，最高裁は，当初「全体の奉仕者」論に立って，公務員の労働基本権の制約を包括的に認めていたのであるが，これではかつての特別権力関係理論と変わるところがないとの批判を受け，1966年の**全逓東京中郵事件判決**（最大判昭和41年10月26日）および1969年の**都教組判決**（最大判昭和44年4月2日）において，公務員の労働基本権への制約を限定する判断を下した。

最高裁は，「公務員の労働基本権の制限は，合理性の認められる必要最小限度のものにとどめられなければならず，国民生活に及ぼす障害を避けるために必要やむを得ない場合について考慮されるべきであり，その違反者に対して刑事罰を科することには特に慎重を要し，また制限に見合う代償措置を講ずることが必要である。」と述べている。これは，利益衡量において，審査のレベルを上げた上で，法令を**合憲限定解釈**したといえる。

だが，最高裁は，1973年の**全農林警職法違反事件**（最大判昭和48・４・25）でこの判例を変更する。最高裁は，公務員の地位が特殊であって，その職務が公共性を持つことを強調し，公務の停廃が国民全体の共同利益に重大な影響を及ぼすことから，「労働基本権を必要やむを得ない限度で制約することは，十分合理的な理由がある」と述べながら次のように説示する。

「公務員の勤務条件は，国会の制定する予算，法律によって定められるから，公務員が政府に対して争議行為を行うことは的外れであって，国会の議決権を侵すおそれがあるし，また使用者によるロックアウトや失業の可能性がなく，市場の抑制力が働かない」。

ここでは，制約に対する審査レベルもきわめて緩やかに適用されていることがわかる。全農林警職法判決の説示は，その後**全逓名古屋中郵事件判決**（最大判昭和52・５・４）をとおして，今日では確立された判例理論となっている（最判昭和63・12・８）。

２）**政治的活動の制限**　政治的活動の制限についても同じことがいえる。国家公務員の場合，政党または政治目的のために寄付金その他の利益を求め，もしくは受領すること（国公法102条１項），公選による公職の候補者となること（２項），政党その他の政治的団体の役員，顧問となること（３項）を禁止し，選挙権の行使を除く外，人事院規則で定める政治的行為をしてはならない（１項）。違反行為には，懲戒処分だけでなく，刑事制裁も与えられる。

一方，地方公務員の場合は，国家公務員のように厳格な禁止が行われているわけではないが，禁止行為については懲戒処分が行われることになっている（地公法36条）。

これらの制限について，学説では違憲であるという説や政治的活動の規制は必要最小限度にとどめるべきであるとの説もあり，裁判所も**猿払事件第一審判決**において，禁止される政治行為を限定する判断を示したことがあったが（旭川地判昭和43・３・25），最高裁はこれを正面から否定する判断を示したのである（最大判昭和49・11・６）。そこでは，公務員に対する政治的活動の禁止は，合理的でやむを得ない限度にとどまる限り憲法21条に違反しないこと。国公法102条１項および人事院規則の禁止目的は正当であり，その目的と禁止される行為との間には合理的な関連性があること。そして，禁止により得られる利益と失われる利益を比較した場合，禁止によって得られる国民全体の共同利益の重要性に比べて，失われる利益は，単に行動の禁止に伴う限度での**間接的，付随的な制約**に過ぎないとの理由が述べられている。

〔図：猿払事件最高裁判決の考え方〕

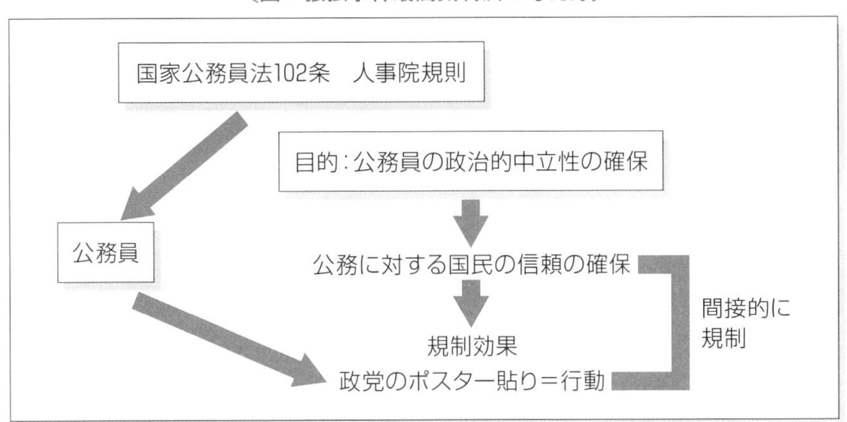

論点　公務員の政治活動はどこまで禁止してもよいのか

公務員の政治的活動が憲法上許されるかどうかを判断するにあたり，最高裁が用いた論理は比較衡量論をベースにして，国民全体の共同利益と公務員の利益を比較した上で，公務員の政治活動禁止を間接的，付随的規制にしか過ぎないと断定するものであった。多くの学説は，この論理に批判的である。公務員の政治的中立性が公務の公正さを確保するために必要であったとしても，国公法102条のような包括的規制が必要なのか，公務員の政治的活動を禁止することは，どう考えても直接的規制であることなどがその理由となっている。

最高裁は，その後も猿払事件最高裁判決の論理を用いて公務員の政治活動禁止を合憲であると認めていた。たとえば，裁判官がある団体が主催した市民集会のパネリストを務め，そこで行った発言が裁判所法49条に定める職務上の義務違反にあたるとして懲戒処分を受けたケース（寺西裁判官事件：最大決平成10・12・1）では，猿払事件最高裁判決の論理をほぼ踏襲した判断が示されている。

しかし，最近になって，猿払事件の考え方が見直されるようになっている。最高裁は，管理職ではない国家公務員が自分の住む場所から離れて，休日に，ある政党の機関誌を配布するような行為は，「公務員の職務の遂行の政治的中立性を損なうおそれが実質的に認められるものとはいえない」から，国公法102条の構成要件に該当しないとして無罪判決を言い渡している（堀越事件：最判平成24・12・7）。このような判決から考えると，最高裁は，公務員の職や地位，政治活動の内容や性質，その活動が与える影響などを総合的に利益衡量して禁止できるかどうかを考える立場に転換したといえる。

②　在監者の人権

1）在監者の人権が制約されるのはなぜか　確定判決を受け，刑に服している者（受刑者）やこれから刑事裁判を受ける者（未決勾留者）は，国家によって身体を拘束される状況にある。これらの者（**在監者**）に対しては，かつて監獄法という法律が身体の自由を初め多くの自由の制限を認めてきた。このうち，受刑者に対する自由の制約は，刑の目的（制裁や矯正）から必要な限度があるはずであり，未決勾留者に対する自由の制約は公正な裁判の実現（証拠隠滅の防止）の観点にとって必要な限度で認められなければならない。現在は，監獄法に代わり，「刑事収容施設及び被収容者の処遇に関する法律」が制定されている。

論点　在監者に対する精神的自由の制限

在監者が収監されている目的から考えると，身体の自由への制約は一般的に認められなければならない。死刑の執行を待ち，懲役に服し，あるいは禁錮の状況に置かれている限りは，身体の拘束は避けられないからである。また，身体の拘束に付随して，一定の経済活動が制約されることもあり得よう。しかし，在監者の精神的自由まで制約できるかについては様々な議論がある。思想良心の自由が制約できないことはもちろんであるが，表現したり，表現を受け取る自由まで制約できるとするならば，行きすぎた制約と考えなければなるまい。在監者であるということからただちに精神的自由の制約が認められるわけではない。必要最小限の制約なのかどうかが問われる必要がある。

なお，受刑者の選挙権制限については，すでに述べた。

2）判　例　未決勾留者が私費で新聞を購読していたが，その新聞の記事が監獄の秩序を乱すおそれがあるとして監獄の長がこれを抹消して渡したところ，これが未決勾留者の知る権利を侵害するものであるとして処分の違法性を争った事件があった（**よど号ハイジャック記事抹消事件**：最大判昭和58・6・22）。旧監獄法は，文書の閲読を拘置所長の許可に委ね，「拘禁の目的に反せずかつ監獄の規律に害なきもの」を許可するとしていた。最高裁は，このような許可制の必要性を認めながら，未決勾留者の場合には，「当該拘禁関係に伴う制約の範囲外においては，原則として一般市民としての自由を保障される者であるから，監獄内の規律及び秩序のためにこれら拘禁者の新聞紙，図書等の閲読の自由を制限する場合においても，それらは右目的を達するために真に必要と認められる限度にとどめられるべきである」とした。そして，その具体的な判断にあたっては，「当該閲覧を許すことにより右の規律及び秩序が害される一般的，抽象的なおそれでは足りず，被拘禁者の性向，行状，監獄内の管理，保安の状況，当該新聞紙，図書の内容その他の具体的事情のもとにおいて，その閲読を許すことにより監獄内の規律及び秩序の維持上放置することのできない程度の障害が生ずる相当の蓋然性があると認められることが必要であり，かつその場合においても，右の制限は，右の障害発生防止のために必要かつ合理的な範囲にとどまるべきである」との考え方を示した。ただし，その判断は監獄の長の裁量に委ねている。

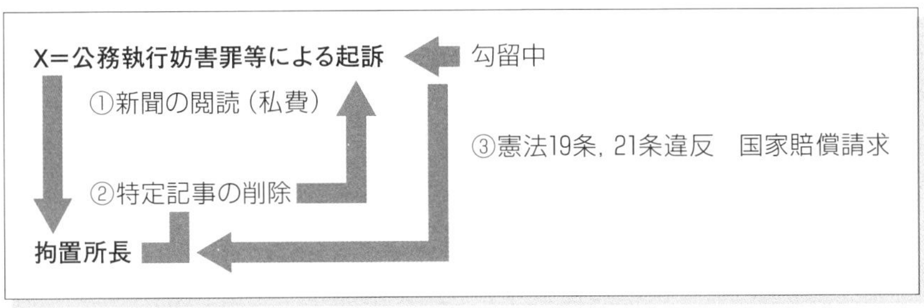

この事件は知る権利が問題となったのであるが，逆に外部に情報発信を行う自由の制限についても同じような問題がある。刑事施設・受刑者処遇法139条１項は，刑事施設の長に対して，受刑者が出す信書の差止めや抹消に関する権限を認めている。しかし，これは検閲に該当しないのであろうか。あるいは通信の秘密の侵害に当たるのではなかろうか。

この点について，最高裁は，旧監獄法46条２項（信書発信の規制）には，「監獄内の規律・秩序の維持，受刑者の身柄の確保，受刑者の改善・更生において放置できない程度の障害が生ずる相当の蓋然性があると認められる場合に限り制限が許される」のであり，「その場合でも，制限の程度は上記障害の発生防止のために必要かつ合理的な範囲にとどまる」のであって，監獄法46条２

項は，この要件と範囲でのみその制限が許されることを定めていると解釈した上で，新聞社宛の手紙の発信不許可処分が違法であるとした，注目すべき判断を示している（最判平成18・3・23）。

演習問題

① 最近，人権規定の私人間適用の問題について，無効力説が唱えられているが，それはなぜだろうか。逆に，国家の人権保護義務を強調し，直接適用を唱える考え方もあるが，わが国の憲法解釈としてはどのように考えるのが適切なのだろうか。

② 猿払事件最高裁大法廷判決と堀越事件最高裁判決を比較して，結論を分けたものは何だったのか論じなさい。

③ 未決拘留者Xは，拘留中看守から暴行を受けたということを告発するため，新聞社に宛てて親書を出そうとしていた。これを知った拘置所長Yは，Xの親書の発送を禁止する措置をとった。この措置は憲法に違反しないのだろうか。

Ⅱ　人権の基礎となる権利——個人の尊厳，幸福追求の権利，法の下の平等

1　包括的な人権とは何か

⑴　包括的人権とは何か

日本国憲法は13条前段で「すべて国民は個人として尊重される」ことを，14条では「すべて国民は法の下に平等である」ことを宣言している。これは日本国憲法が保障する人権の基礎にある原理である。基本的人権とは，抽象的には各人が個人として尊重されることであるし，等しい価値をもった人間として国家から対等に扱われることを意味する。その意味では，憲法13条や14条は憲法が保障する人権の基礎にある権利である。このように，憲法の人権規定を包括しつつ，人権のあり方に一定の方向性を指し示す権利規定を**包括的人権規定**と呼ぶ。

〔図：日本国憲法と人権の体系〕

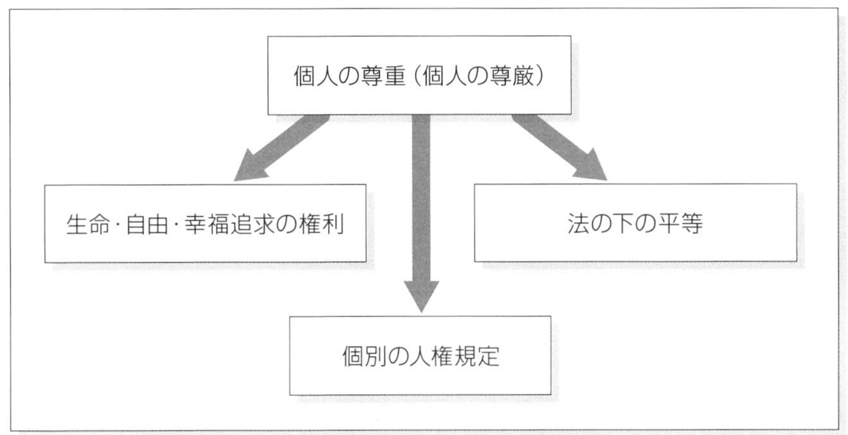

⑵　個人として尊重されるとは

憲法13条前段には「すべて国民は個人として尊重される」と定められている。そこで，「個人」をどうとらえるかが問題となる。

「個人の尊厳」あるいは13条後段「幸福追求の権利」には，アメリカ独立宣言を経由したジョン・ロックの思想が反映されていると考えられている。ロックは，「人間はひとたび生まれるや生存の権利を持って」いること，「人は誰でも自分自身の一身については所有権を持っている」ことを主張した。これを**「自己所有権」**と呼ぶ。自分の生命，自由，財産に対する権利は自分が自分に対する一切の処分権を持っていることから導き出される。日本国憲法13条には，このような思想が流れ込んでいるといわれている（ただし，「所有権」というレトリックはあまりに露骨なので，あえて「幸福追求」と呼び変えたとされる)。このような考え方を**「自由モデル」**（liberty model）と呼んでおこう。

一方，「個人として尊重される」という文言に，より倫理的色彩を読み取ろうとする考え方もある。これは「個人」や「尊厳」を「より善く生きようとする人格」というニュアンスでとらえて，この条文の意義を考えようとする試みでもある。具体的には，この権利をカントの「人格概念」から読み解こうとするものであるといえる（カント「人倫の形而上学の基礎づけ」『プロレゴーメナ　人倫の形而上学の基礎づけ』（野田又夫他訳，中公クラシックス・2005年）280頁)。

カントは，個人が他人の手段ではなく，それ自体目的として扱われなければならないと主張した。人間としての尊厳とは，理性的人間（道徳的な存在として，他人に対する義務を負うことができる人間）の自律（一個の人格として独立していること）を根拠としているとカントは述べる。憲法13条には，このような思想性が見て取れるというのである。後述するように幸福追求の権利を人格的自律の観点から解釈するアプローチには，このような思想的背景が控えている。このような考え方を**「尊厳モデル」**（dignity model）と呼んでおこう。

個人の尊厳をどのような立場から解釈するかは，幸福追求の権利の具体的な解釈論で違いが生じるが，これについては後でふれる。

論点　支配からの自由

「自由モデル」も「尊厳モデル」も自分が他者から介入を受けずに決定できることに重きを置いている点で共通している。両者とも，自分が自分の生き方を選ぶ，選択の自由に関心を払っている。しかし，現実の生活を考えたとき，私たちは，いったいどれほど自由に決定しているだろうか。生まれや育った環境によって，あるいは様々な障害により，さらには現実の社会的立場によって，選択が絵空事であると感じたことはないだろうか。

そこで，むしろ，自由とは，他者に支配されていないことだと考える立場が登場する。他者の意向によって，あるいは恣意的な裁量によって，自分の立場が左右されないことこそが自由の本質なのではないかと考えるのである。この立場は，誰にも気を遣わず，堂々と生きられることこそが自由なのだと考える。

自由を非支配（non domination）の視点から解釈すると，支配関係を解き放つような介入は許される。力関係に偏りがある状況で，契約の自由を主張しても，支配関係が強化されるだけに過ぎない。このような場面での国家介入は是認され，むしろ必要とされる。私人間効力の問題も組み替えが可能となる。オーストラリアの政治哲学者，フィリップ・ペティットがいう liberty as non domination は，個人の尊厳の解釈にも新しい光を当てる可能性を秘めている（Philip Pettit, Republicanism：A Theory of Freedom and Goverment, 1977）。

2　幸福追求の権利

(1)　幸福追求の権利はどんな権利か

憲法13条後段は，「生命，自由，幸福追求に対する国民の権利については，公共の福祉に反しない限り，立法その他の国政の上で，最大の尊重を必要とする」と述べている。幸福追求の権利というと，ほかの人権に比べて抽象的で漠然としている。したがって，この権利がどのような権利なのかについては，いろいろ議論がある。

論点　**幸福追求の権利の性質**

学説には，この条文は他の人権とは異なると考えるものもある。なによりこの権利は抽象的である。また，日本国憲法の人権規定は満遍なくカバーされているし，具体化されないものは，むしろ立法による権利の実現に委ねるべきだと考えることもできる。さらに，13条全体に規範としての力を認めると，この条文が定める「公共の福祉」による制限を広く認めてしまうことにならないか。このような観点から，13条は訓示規定のような意味しかないと考えることにも合理性はある。

しかし，憲法規定の抽象性は程度問題であること。憲法は，条文に書かれていない人権を認めないという趣旨ではないこと，本条は個別の人権に共通する基本原理であること，社会状況の変化に応じて，憲法制定当時は想定されていなかった人権を解釈によって生み出す必要があることなどから，今日では，個別的な権利性を認める解釈が一般的である。判例もまたこれを認めている。

ただ，このように考えたとしても問題は残る。裁判所が解釈によって新しい権利を付け加えることが可能なのか。認めるとしても，それはどのような範囲なのか。新しい人権が認められるためには，13条の条文だけでは足りず，立法による権利の明確化や創造がどうしても必要である。

(2)　新しい権利

幸福追求の権利から新しい権利が導き出せるとして，そこにはどのような権利が含まれるのだろうか。ここで，幸福追求の権利についてのとらえ方が反映する。

まず，人は公共の福祉に反しない限り一般的に自由を拘束されないと考えるとらえ方がある。人は一般的な行動の自由を意味するとの説（**一般的行為自由権説**）が主張される。これに対して，人格的存在としての個人に必要な権利だけが含まれるべきだと考える説（**人格的利益説**）が主張される。

一般的行為自由権説は，次のようにいう。憲法の精神からすると，国民はまず自由であるとの前提から出発すべきである。この前提を受け入れないと，憲法に明示されていない自由に対する制約を簡単に認める結果を招いてしまう。

また，自由の範囲を広くとることによって，憲法上の問題として扱える範囲も広がるため，人権保障にとっては好都合である。

人格的利益説は，次のように要約できる。一般的行為自由権説によれば，あらゆる行動が「自由」に含まれることになり，実際上不都合な結果を生じるだけでなく，権利の範囲が不明確となり，結果として，「公共の福祉に反しない限り」での一般的自由にならざるを得ない。ならば，幸福追求の権利の範囲をあらかじめ定めておく方が適切である。また，一般的な行動の自由が保障されるとなると，喫煙の自由，登山や散歩，飲酒，服装やバイクに乗る自由までが保障されることになり，人権の価値全体が希薄になる。

しかし，何が憲法上保障される自由や権利なのかをあらかじめ明確に定めることはできない。その都度の検討が避けられない。また，人格概念を道徳的に（すなわち，より善く生きようとする人間として）とらえるとなると，人間と人格という大きな問題に突き当たる。憲法上の人権として何が認められるか，どの程度認められるかは，前もって決められる問題ではない。それは具体的な利益衡量を経て明らかにされる。また，憲法問題として処理できる事柄を広くとらえられる方が現実的には便利である。

これらのことから考えると，幸福追求の権利に含まれるものは，一般的行為自由権説から考えられるべきである。

最高裁は，喫煙の自由の有無が争われた事件において，「喫煙の自由が本条の保障する基本的人権に含まれるとしても，あらゆる時，所において保障されなければならないものではない」として，一般的行為自由権説に近い態度を示唆している（最大判昭和45・9・16）。

論点　一般的行為自由権説 vs 人格的利益説の内実

しかし，この両者の対立はみかけほどは大きくない。要は理屈としてどちらが優れているか，実際の問題解決にあたってはどちらが有効かとの観点からの優劣しか決められない。

人格的利益説をとっても，バイクに乗る自由や服装の自由への制約も，それが制約される人に不平等な扱いをしていないか，理由なき不利益を与えていないかは問題となり得るし，一般的行為自由権説によっても，その行為が持つ憲法上の重要性は，利益考量において参酌されるからである。したがって，この両説の優劣は，理論的な側面ではなく，よりプラグマティックな側面から判断されるべきではなかろうか。それは，人権のユーザーにとっての使いやすさである。

たとえば，喫煙の自由が幸福追求の権利に含まれるかどうかを例に挙げよう。一般的行為自由権説に立てば，この自由が憲法によって保障されることから出発し，対立する利益とのバランスを経て，最終的にどこまで憲法によって保障されるか（規制ができるか）が定まる。そのバランスにおいては，喫煙の自由がどれほどまでの価値を持っているのかを考えることも避けられない。一方，人格的利益説によると，喫煙の自由が人格的生存にとって不可欠かどうかを考える。多くの場合，この答えはNOである。しかし，人間の長い歴史の中で喫煙が持ってきた意味を考えたとき，これを全否定することもできない。そこで，喫煙の自由は憲法上の権利ではないが，比例原則や平等原則の観点から憲法問題にできるとする（ただし，そう考えても，喫煙行為を憲法上の権利として考えないのなら，実際の裁判で争うことは難しい）。

このように考えたとき，裁判所としては特定の価値にコミットするより，行為の性質や規制の目的程度を利益衡量して結論を出せる一般的行為自由権説に与しやすいことが理解できる。

法的な思考とは，事実を規範に当てはめて答えを出すプロセスである。その際，事実が規範に当てはまるかどうかについては，二つの方法があり得る。第一は，規範内容をあらかじめ明確に定めておき，個別の事実がそこに入るかどうかを検討する方法である。あらかじめ明確に画定された概念を前提にして，そこに入るかどうかを考えるという意味で，この方法をdefine inと呼ぶことができる。第二に，争われる事実が一応その概念に入ることを前提にして（prima facie），その中から不適当なものを除外していく方法がある。define outと呼ぶ。幸福追求の権利をめぐる人格的利益説は前者に，一般的行為自由権説は後者に分類されることがわかる。法的な推論のダイナミズムやプロセスが明らかにされるという意味でも，また，どのような権利も一応の権利（prima facie right）と認定され，裁判過程に乗っていくという意味でも，一般的自由権説の方が権利のユーザーには好都合な考え方といえよう。

(3)　幸福追求の権利の役割—補充性—

先に述べたとおり，日本国憲法は比較的幅広く自由を保障しているので，新たな自由の保障が必要となる場合でも，まずは各条文の意義を探り，各条文で解決されるかどうかを考えなければならない（各則は総則に優先する）。幸福追求の権利は，各人権規定の適用によってもなお，権利保障の間隙が埋められない場合にはじめて登場する。これを**補充性の原則**と呼ぶ。

たとえば，知る権利は，直接的には憲法21条の表現の自由の解釈によって保障が導き出される権利であって，その限りで本条の適用はない。しかし，後述する個人情報へのアクセス権は，表現の自由とは直接かかわらないので，それを裏づける憲法条文は幸福追求の権利に求められよう。

なお，幸福追求の権利と個別の人権規定は重ねて適用されるが，**一般法と個別法の関係**により，通常の場合には後者が優先適用されるとする立場（包括関係説）と幸福追求の権利は独立した権利であって，重ねて適用される余地はないとする立場（独立権利説）がある。包括関係説に立っても，幸福追求の権利が補充的に適用されるという姿勢には変わりがないので，具体的な解釈に違いが生じることは少ない。

実際の裁判においては重複して主張される場合が多い。

(4)　幸福追求の権利にはどのような権利が含まれるか

①　幸福追求の権利と人格権

1）憲法上の人格権　　幸福追求の権利は，以上のような性格を持っていると考えられている。それでは，具体的な権利としてはどのようなものが含まれるのであろうか。ここでは，これを①個人が一個の独立した存在であることから求められる権利と，②自己決定にかかわる権利に分類して検討しよう。

個々人が一個の目的として尊重されるべき存在であるならば，社会の中において他人と同様に尊重されることが必要である。このことから，(ア)名誉権，(イ)プライバシー権（狭義）が含まれることに異論はない。しかし(ウ)環境権が含まれるかどうかについては議論がある。

論点　環境権は憲法上の権利といえるか

良好な自然環境や人工的環境を享受する権利が重要な利益であることは間違いないが，権利主体（誰の権利か），権利内容（どこまでの権利か），権利の実現方法（どのように保障を求めるか）について，いまだ定説があるわけではない。そのこともあってか，裁判所は，憲法上の権利として環境権を認めることに慎重であり続けてきた。ただし，公益の実現のためとはいえ，空港周辺住民に過度な受忍を強いて，国家が住民の尊厳をないがしろにしているような場合には，これを人格に対する侵害とみて，本条による保障を及ぼすことは可能である（大阪空港

訴訟第二審判決：大阪高判昭和50・11・27)。

環境権として実現が求められる権利のほとんどは，何らかの立法的調整や解決が求められるから，憲法13条から具体的な権利を導き出すことは難しい。仮に，憲法13条に環境権的な権利が含まれるとしても，あるいは憲法改正によって環境権を憲法に書き込んでも，その実現には立法措置が必要であるので，権利を宣言したものにとどまるであろう。

2）名誉権とプライバシー権　国家は個人の名誉を尊重すべきことが求められる。すなわち，国家が個人の名誉を侵害できないのと同様私人による侵害から名誉を保護する責務を負っている。プライバシー権についても同様なことが言える。刑法230条，民法710条などは，この要請を具体化したものである。情報公開法や条例の中には個人の評価に関する情報を開示しないと定めたものもある。

一方，**プライバシー**とは，20世紀前半にアメリカで作られた造語である。当時，若手の弁護士であった**サミュエル・ウォーレン**と後に合衆国最高裁判事となる**ルイス・デムビッツ・ブランダイス**が都市化社会の現実から，個人の領域（private）の優越性（primacy）を守る必要性を痛感して，作り出した概念である。

当初，プライバシーの権利は「**一人にしておいてもらう権利**」とか「**私生活をみだりに公開させられない権利**」と定義づけられたこともあった。この権利は，自己実現や人格の形成における私的な領域の重要性に着目した権利であるから，その範囲は私的領域への介入の危険性が高まれば高まるほど広がっていく。それゆえ，私的領域への介入の危険性が増した情報化社会では，むしろ「**自己に関する情報をコントロールする権利**」ととらえる傾向が一般的となっている。

論点　**名誉権とプライバシー権の違い**

両者は同じ人格権から派生しており，競合して主張されることも多い。ただ，両者は，その守備範囲が異なっている。名誉は「人が社会において持っている評価」であり，名誉権はそれを理由なく下げられない権利である。一方プライバシー権は，「個人の情報を社会的評価にさらすかさらさないかをコントロール（決定）する」権利である。あるいは「社会における自己のイメージを自分でコントローする権利」と定義づける考え方もある。ある者の情報がその者の社会的評価を下げなければ名誉権を侵すことはない。しかし，その情報を本人とはかかわりなく社会にさらしてしまうとプライバシーの権利を侵すことがある。

３）プライバシー権の保障範囲　何がプライバシーなのかを判断するのは，意外に難しい。極端にいうと，自分の生活やそれにかかわる情報をすべてプライバシーととらえることもできる。プライバシーの権利には，⑴国家によって侵害されない私的領域の確保という側面と，⑵他者から私的領域を侵害されないよう国家の措置を求める側面がある。前者には利益衡量が必要であり，後者は立法作業を必要とする。

たとえば，国が国民全員にコード番号を割り振り，納税状況，犯罪歴，病歴，学歴，離婚歴の有無，所属政党などを包括的に収集，管理するようなシステムを運用することは，明らかに⑴の意味でのプライバシー権を侵害するものである。ただ，国家が個人情報を常に取り扱えないわけではないので，情報収集管理の合憲性は利益衡量によって判断されることになる（その際の判断基準は，収集管理される情報の性質と個人の尊厳の重さを量ることになるが，ゆるやかな合理性の基準では足りない)。他方，個人情報を取り扱う事業者に対して，個人情報の適正な取り扱いを義務づけ，紛争を解決するしくみを作ることは⑵の意味でのプライバシー権にかかわっている。

国家が管理する個人情報にアクセスし，開示を求めたり，訂正や削除を求める権利が本条から導き出せるかについては，具体的な立法が必要だとする説が多数を占めている。しかし，プライバシーの権利が自分自身の情報に対するコントロール権を意味するのであれば，法令の根拠がなくとも，開示，訂正等の請求が可能な場合もある。下級審判決には，このことを認めたケースがある（在日台湾人調査票事件：東京高判昭和63・３・24)。

このケースでは，「他人（ここでは旧厚生省）の保有する個人の情報（戦時の身分調査票に記載された「逃走」との情報）が，真実に反して不当であって，その程度が社会的受忍限度を超え，そのため個人が社会的受忍限度を超えて損害を被るときには，その個人は，名誉権ないし人格権に基づき，当該他人に対し不真実，不当な情報の訂正ないし抹消を請求し得る場合がある」との判断が示された。

個人情報保護法や条例のような手続規定がないことを理由にして，個人情報の開示訂正請求を拒絶することは理屈に合わない。これら法令は，プライバシー権を実現する手続にすぎないこと，そのような手続規定の整備は国家の法的義務である（それゆえ，プライバシー保護の制度が欠けている場合には，立法不作為の違憲・違法を争うことができる）。

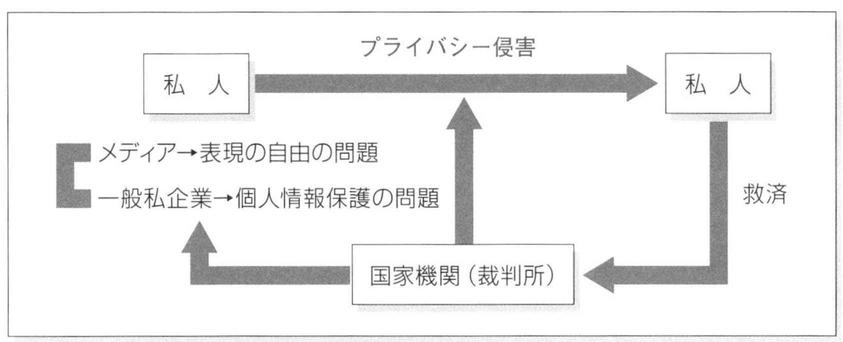

論点　国家による情報収集とプライバシー権：プライバシー論証

⑴の問題に関して，最高裁は，**京都府学連事件**の中で，「何人も，その承諾なしに，みだりに容ぼう，姿態を撮影されない自由を有し，これを肖像権と称するかどうかは別として，警察官が正当な理由なく個人の容ぼう等を撮影することは，本条の趣旨に反し，許されない」と述べ，その権利の存在を認めた例がある（最大判昭和44・12・24）。

本判決は，上記引用に続き，「現に犯行が行われ若しくは行われた後間がないと認められる場合で，証拠保全の必要性・緊急性があり，その撮影が一般的に許容される限度を超えない相当な方法をもって行われるときには，警察官による撮影は許される」と述べ，一定の制限を認めつつ，犯罪捜査のための写真撮影が本条に違反しないことを認めている。このように，プライバシーにかかわる権利を一般的に承認して，これへの制約を必要性や合理性によって正当化する理論をとりあえず「**プライバシー論証**」と呼んでおこう。

京都府学連事件判決の判例理論は，その後，自動速度取締装置による写真撮影の合憲性が争われた事件でも継承されている（最判昭和61・2・14）。

また，弁護士法23条により，弁護士に認められている照会に漫然と応じ，住民の前科を報告した行為を公権力の違法な行為に当たると認定した判例（最判昭和56・4・14）は，国家がプライバシー保護に法的義務を負っていることを認めたケースである。

その後最高裁は，住民基本台帳ネットワークシステム（住基ネット）がプライバシー権を侵害するのではないかが争われた事例において，先の「プライバシー論証」を用いながら次のように判示して，訴えを退けた（最判平成20・３・６）。

何人も個人に関する情報をみだりに第三者に開示又は公表されない自由を有する。一方，住基ネットによって管理・利用等される基本４情報（氏名，生年月日，性別，住所）は社会生活上一定の範囲の他者に開示されていることが予定されている個人情報であり，個人の内面に関わる秘匿性の高い情報ではない。本人確認情報の管理・利用などを目的として付番された住民票コードの秘匿性の程度も本人確認情報と異ならない。住基ネットによる本人確認情報の管理・利用等は，法令等の根拠に基づき，住民サービスの向上及び行政事務の効率化の範囲内で行われる。システム技術上又は法制上の不備のために，本人確認情報が法令等の根拠に基づかずに又は正当な行政目的の範囲を逸脱して第三者に開示又は公表されるといった具体的な危険性はない。ここでは，個人情報に対する個々人のコントロール権が行政目的によって制約されることを認めた書きぶりとなっている。ただし，住基ネットに登載される情報の内容，その利用の仕方，利用等に対する法規制のありよう次第では，プライバシー侵害が生じうるということも認めたとも読める判決となっている。

プライバシーの権利もまた，表現の自由に対する制約理由となる。この点については後に述べる。

４）私人による個人情報の取扱いとプライバシーの権利　私人が自ら集めたり，管理蓄積している個人情報はどのように取り扱われるべきであろうか。この問題領域では，情報を収集管理する私人と収集管理される私人との利害調整が求められる。

この点，最高裁は，平成15年の**江沢民講演会事件**で次のような注目すべき判断を示している（最判平成15・９・12）。

早稲田大学は，同大学で開催された江沢民中国国家主席の講演会に出席する者の名簿をあらかじめ作成し，警備の必要性から本人の同意をとらずに，これを警視庁に提出していた。このことが個人のプライバシーを侵害しないかどうかが争われた。最高裁は，学籍番号や住所，氏名は必ずしも秘匿性の高い情報であるとはいえないが，このような情報でも「自己が欲しない他者にはみだりにこれを開示されたくないと考えることは自然なことであり，そのことへの期待は保護される」に値するとして，大学側の措置を違法と判断した。

②　自己決定の権利

幸福追求の権利は自己決定の権利を導き出す。何が幸福なのかを一般的に定義づけることは困難であるから，幸福の定義は各人にゆだねられる。ただし，何らかの原因で自己決定を行う能力を欠いている者の取り扱いや個人の完全な自己決定にゆだねられない領域の有無が問題となる。

論点　自己決定能力と自己決定の制限

未成年者や様々な理由によって自己決定能力が十分でない者が問題となる。

未成年者については，法律行為を行うに際しての行為能力の制限，婚姻適齢や婚姻に際する法定代理人の同意などのほか，都道府県や市町村条例における制限，児童生徒に対する校則による制限の可否が争われている。

このうち，行為能力の制限や婚姻に関する制限は，未成年者の判断能力や社会経験の不足から過酷な結果を招かないように配慮するという合理的な理由に基づいている。また，制限される行為能力の範囲や婚姻適齢の定め方は立法判断の余地が広く，これをもってただちに本条に違反するとはいえない。

校則による児童生徒の自己決定権の制限については裁判例が多い。しかし，裁判所は，一般的に学校（長）の裁量権を広く認め，自己決定に対する制限を追認する傾向にある。たとえば，原動機付き二輪免許の取得制限を定めた私立学校の校則が「バイク事故から生徒の生命，身体を守り，生徒の非行化を防止し，勉学に専念させることを目的として」いることを理由に，公序良俗に違反しないとする判決がある（東京高判平成４・３・19）。しかし，この法理が丸刈りを強制する校則（熊本地判昭和60・11・13）やパーマの禁止（最判平成８・７・18）にまで同様に適用されるかどうかについては疑問も提起されている。

各都道府県は，青少年保護育成条例を制定して，一定の行為を青少年（18歳未満の男女）に禁止すると同時に，成年者には一定の行為を処罰規定をもって禁止している。とりわけ，青少年との性交渉を禁止する「みだらな行為」の禁止規定（淫行禁止規定）の合憲性については議論がある。

この点について，最高裁は，淫行禁止規定が青少年と成年者との一切の性交渉を禁止したのではなく，「青少年を誘惑し，威迫し，欺罔し又は困惑させる等，その心身の未成熟に乗じた不当な手段により行う性交又は性交類似行為のほか，青少年を単に自己の性的欲望を満足させるための対象として扱っているとしか認められないような性交又は性交類似行為」だけを禁止したものと限定解釈して，その合憲性を認めている（**福岡県青少年保護育成条例事件**：最大判昭和60・10・23）。

論点　完全な自己決定にゆだねられない領域の有無

国家が本人の利益のため，本人の自己決定に介入することはできるのであろうか。このような介入を一般的に**パターナリズム**に基づく介入と呼んでいる。

パターナリズムに基づく介入については，その合憲性を一切否定する考え方もある（介入を認める場合も，本人のためという理由は排除される)。しかし，本人が判断するには判断材料（情報）が不十分であったり，判断の結果が社会にも影響を与える場合には，パターナリズムに基づく介入を認めるのが多数の学説といえよう。ここでは，㋐身体・生命に対する自己決定権，㋑子供を持つかどうかに関する自己決定権（リプロダクションの権利)，㋒結婚，離婚などライフスタイルに関する自己決定権，㋓服装や外見に対する自己決定権などが問題となる。

㋐身体・生命に対する自己決定の権利については，安楽死や尊厳死の選択が問題となる。自己決定の権利に生命を処分する権利まで含まれるのかどうかについては疑問もあるが，安楽死に関しては，これに関与した他者の可罰性が争われる。**東海大学病院事件**では，①患者が耐え難い肉体的苦痛を被っていること，②患者の死が避けられず，その死期が迫っていること，③患者の肉体的苦痛を除去するための方法を尽くし，他に代替手段がないこと，④安楽死に対する患者の意思が明確であることを要件にして，可罰性が否定される余地を認めている（横浜地判平成7・3・28)。

尊厳死については，何より本人の意思が問題となる。この点について，わが国の有力な学説は，アメリカ合衆国最高裁で展開されている判例理論を参考にしつつ，本人の意思が明確ではない場合の尊厳死の可能性を探っている。

なお，本人が望まない輸血を伴う治療行為の違法性が問題となった事例で，最高裁は，輸血を伴う医療行為を拒絶する権利が人格権の一内容として尊重されなければならないとして，本人の意思を無視した医療行為による損害賠償を認めている（最判平成12・2・29)。ただし，最高裁は，自己決定の権利には言及を避けている。

㋑リプロダクションの権利については，生む自由と生まない自由が問題となるが，先に問題となったのは生まない自由であった。

アメリカでは，1970年代に入り，妊娠人工中絶を制限した法令の違憲性が争われるようになった。1973年のロー対ウェイド判決（Roe vs Wade, 410 US 113 [1973]）において，合衆国最高裁は，妊娠中絶の自由が合衆国憲法修正14条に含まれる自由であるとの判断を示した。

この事件で，合衆国最高裁は，胎児の保護や母体の保護と妊娠中絶の権利を注意深く検討しながら，いついかなる場合においても中絶が認められるわけではないことを（妊娠期間と胎児の生育時期などを）認めながら，厳格な審査基準によって，中絶を禁止した法令を違憲であると断じたのである。

わが国の場合，母体保護法（旧優生保護法）が中絶手術を比較的早く，緩やかな要件で認めてきているので，子供を産まない憲法上の自由が争われたことはない。

(ウ)ライフスタイルに対する自己決定権については，とりわけ婚姻の自由とその制限が問題となるが，これについては，法の下の平等で触れる。なお，婚姻に伴い生じる夫婦同氏の義務（民法750条）に関して，夫婦別姓を認めない現行法の合憲性が争われている。

(エ)服装・外見の自由については，児童生徒と学則の問題として争われるケースが多く，これについてはすでに触れた。

旧優生保護法に基づいて不妊手術（本件優生手術）を受けたハンセン病の患者が子を産み育てるかどうかを意思決定する権利（リプロダクティブ権）を一方的に侵害されて損害を被ったことが争われたケースがある。ここでは，国に対して，国会が当該損害を賠償する立法措置を執らなかった立法不作為または厚生労働大臣が当該損害を賠償する立法等の施策を執らなかった行為の各違法を理由に国家賠償が求められているが，仙台地裁は，この請求を容認した（仙台地判令和1・5・28)。リプロダクティブ権を正面から認めたケースとして，今後の判断が注目される。

③　親密な結合と婚姻

1）親密な結合の自由　　幸福追求の権利は，一人ひとりが自分の物語（narrative）を作り上げていく自由を意味している。この物語には，自分と愛情を分かち合うパートナーの存在が必要となる場合がある。パートナーとの間で行われる様々なコミュニケーションを通じて，個人は自分なりの物語を紡ぎ上げる。したがって，幸福追求の権利の重要な要素として，パートナーを選び共同体を作る権利が保障されなければならない。これを親密な結合の自由と呼ぶ。

パートナーの選択と性別は無関係である。幸福追求の権利は，異性間の結合も同性間の結合も等しく保障している。その中で，婚姻という制度を用いて行われる同性間の結合を憲法24条が保障している。したがって，憲法13条は，親密な結合の自由一般を保障し，24条はその結合の中で婚姻という形態をとるものを保障している。両者は一般法と特別法の関係にある。親密な結合は，人間の自由の中で最もプリミティブなもののひとつであるから，これを制約することは，原則的に許されない。親密な結合の自由の制約は，違憲性の推定を受ける。

親密な結合の自由は，二つの憲法保障を要求する。第一に，それは国家からの自由を意味している。いかなる結合も原則として国家によって解体されたり，禁止されることがあってはならない。したがって，同性同士の結びつきを禁止するような法律は，明確に憲法13条に違反する。

第二に，親密な結合の自由は，いかなる結合も等しく扱われることを求める。すなわち，この自由には平等権の要素が含まれている。同性同士の結びつきであることを理由にして，異性間の結びつきに認められる権利や利益が否定されたり，不利益が課されることは許されない。一歩進んで，あらゆる結合が等しく扱われるような措置を国家に求めることができるかどうかは，平等の内容をどのように理解するかに左右される。いわゆる LGBTQ（同性愛者，バイセクシュアル，トランスジェンダーなど）の権利は，憲法上，この文脈で理解する必要がある。少なくとも，国家には，社会的な偏見を除去するため積極的な措置を講じる義務があると考えられる。

２）婚姻の自由と制度　婚姻の自由は，親密な結合の中で男女が一定の制度を利用する権利を指している。これについて，憲法24条は，「婚姻は，両性の合意のみに基づいて成立し，夫婦が同等の権利を有することを基本として，相互の協力により，維持されなければならない」（１項）と定め，「配偶者の選択，財産権，相続，住居の選定，離婚並びに婚姻及び家族に関するその他の事項に関しては，法律は，個人の尊厳と両性の本質的平等に立脚して，制定されなければならない」（２項）と定めている。

この条文は，戦後日本国憲法の制定過程において，GHQ から示されたものであった。GHQ のスタッフであった，ベアテ・シロタ・ゴードンによる草案が，幾たびかの修正を経て，現24条として条文化されたとされている。その趣旨は，家制度の解体，妻（女性）の解放にあった。戦前，婚姻は，しばしば本人の意思と無関係に行われ，家制度の下で，民法上も妻は無能力者であった。これを打破すべく，GHQ 草案は，家制度を解体し，個人を解放するとの目的で，24条を起草したのであった。

ところで，婚姻制度の内容は，その国の歴史や文化の影響を免れない。近親婚の範囲（従兄弟婚の許容性）や婚姻適齢などは，その国における婚姻の歴史，風習などと結びついて定まることが多い。また，夫婦関係の成立や相互の権利義務，家族間の法的関係についても同様なことがいえる。したがって，婚姻制度は，立法によって形作られると言わざるを得ない。そこには立法裁量が働く余地が広く認められるのである。

他方で，憲法24条２項は，そのような立法裁量が「個人の尊厳」と「両性の本質的平等」によって制約されると定めている。婚姻制度に関わる立法裁量は，国会のフリーハンドに委ねられているのではなく，内容形成に当たって一定の制約を受けている。言い換えると，「個人の尊厳」や「両性の本質的平等」に背くような立法は憲法違反となる。この二つの理念と明らかに抵触するような法律は，立法行為そのものが違憲となると見る余地もある。憲法24条２項によって，国会は，「特定内容の法律を制定する」義務を負っている。後述する女性の再婚禁止期間に関する事例は，端的に24条２項違反として構成し，特定の立法行為を怠ったとして，国家賠償法上も違法と判断すべきであった。

３）同性婚の許容性　日本国憲法24条の下で同性婚が許容されるかどうかについては争いがある。この条文の文言からして異性間の婚姻のみを許容すると考えるのが支配的な解釈である。もちろん，社会の変化に伴い，同性間の結びつきを婚姻とみなすことに国民的な合意が成立したと考えられるのであれば，憲法24条１項について憲法変遷が生じたと考えることも可能である。

では，婚姻に類似した制度を設立することは可能か。24条１項は，親密な結合の中で特定の異性間の結びつきに婚姻制度を利用させると定めているだけで，それ以外の結びつきについては沈黙していると解釈すべきであるから，法律によって，同性間の結びつきに法的保護を与えることは，もちろん可能である。実際，同性間の結びつきをパートナーシップと呼び，公的な認証を与える制度が条例レベルでも実施されている。親密な結合に法的保護を与えるためには法律が必要であるが，それが憲法上の婚姻でなければならないかについては，さまざまな考え方があり得よう。ただ，親密な結合の自由の概念に，国家による一定の平等実現措置を求める権利を読み込めるのなら，同性間の結びつきに法的保護を与えないことも憲法上の問題となる。

論点　家族制度の改革と裁判所の役割

非嫡出子法定相続分（旧民法900条４号ただし書）にしても，女性の再婚禁止期間（旧民法733条１項）にしても，1990年代の半ば以来，法改正が必要であると認識されてきた論点であった。しかし，国会は，様々な理由によって，この改正を見送ってきた経緯があるから，国会においては，社会状況変化に伴う法改正の必要性を認識しながら，法改正を怠ってきたとの批判を回避するのは難しい。

そのような状況の中で，裁判所が制度改革に一定の役割を演じた点が評価されるべきである。制度改正の必要性を認識していながら，政治状況によってこれが果たせないでいるとき，裁判所が国会の背中を押すことは，国会と裁判所間の対話としてとらえることができる。家族法をめぐる憲法問題は，先に見た二つの例にとどまらない。1995年に公にされた民法改正要綱案には，選択的夫婦別姓にも言及がある。今後さらに時間が経過して，この問題が再度裁判で争われることになったとき，裁判所がどのような判断を下すのかが注目される。

4）性同一性障害特例法　性同一性障害特例法は，性の変更を可能とする要件として，以下の点を定めている。

第3条　家庭裁判所は，性同一性障害者であって次の各号のいずれにも該当するものについて，その者の請求により，性別の取扱いの変更の審判をすることができる。
一　十八歳以上であること。
二　現に婚姻をしていないこと。
三　現に未成年の子がいないこと。
四　生殖腺がないこと又は生殖腺の機能を永続的に欠く状態にあること。
五　その身体について他の性別に係る身体の性器に係る部分に近似する外観を備えていること。

これら要件の合憲性が争われた事件において，最高裁は，まず，生殖腺の除去あるいは機能喪失について，以下のように述べている（最決平成31・1・23）。

「本件規定は，性同一性障害者一般に対して上記手術を受けること自体を強制するものではないが，性同一性障害者によっては，上記手術まで望まないのに当該審判を受けるためやむなく上記手術を受けることもあり得るところであって，その意思に反して身体への侵襲を受けない自由を制約する面もあることは否定できない。もっとも，本件規定は，当該審判を受けた者について変更前の性別の生殖機能により子が生まれることがあれば，親子関係等に関わる問題が生じ，社会に混乱を生じさせかねないことや，長きにわたって生物学的な性別に基づき男女の区別がされてきた中で急激な形での変化を避ける等の配慮に基づくものと解される。これらの配慮の必要性，方法の相当性等は，性自認に従った性別の取扱いや家族制度の理解に関する社会的状況の変化等に応じて変わり得るものであり，このような規定の憲法適合性については不断の検討を要するものというべきであるが，本件規定の目的，上記の制約の態様，現在の社会的状況等を総合的に較量すると，本件規定は，現時点では，憲法13条，14条１項に違反するものとはいえない。」

この説示は，非婚要件に関する判断でも受け継がれている（最決令和２・３・11）。婚姻を異性間の結びつきに限定する解釈をとった場合，姓の変更前に子どもが生まれた後，夫婦のいずれかが別の性に変わるならば，この前提は崩れる。しかし，これらの要件は，性の変更を望む者に対して，性の変更か，望まない手術か，あるいは，婚姻か姓の変更かの厳しい選択を迫るものであり，通常の感覚からすると過酷な立場に追いやるものとはいえないであろうか。もっとも，最高裁は，現行の制度の見直しと「現時点で」の判断とする留保をつけている点からすると，法改正を示唆しているとも考えられる。学説には，より厳格な審査を要求するものもある。

論点　同性婚と憲法解釈

同性婚を認めるためには，憲法改正が必要だろうか。憲法24条１項は「両性の」とあるところから，この文言解釈が問題となる。多くの学説は，憲法制定当時，婚姻は異性間の結びつきを当然と考えていた関係上，同性間の結びつきは含まれないと解釈しているようである。しかし，憲法24条１項は，もともと家制度の中で望まない婚姻を強いられた女性を解放することが趣旨であって，同性同士の婚姻を積極的に排除した条文ではない。したがって，同性婚は憲法上禁止されてはいない。この解釈を前提とするならば，「両性」には，異性間と同性間の結びつきが含まれる，と政府が解釈した上で，各自治体に同性間の婚姻届を受理する通知を出し，同時に必要な法改正を行うことで，憲法改正を経ないで，同性婚が制度化されることになる。

政府は，独自の憲法解釈権を持っているのであって，これまでも憲法９条をはじめとして，多くの条文を独自に解釈してきた。また，上のような政府解釈は，国民の権利を制限する方向での解釈変更ではないので，それによって，法的安定性を損なうなどの不利益は生じない。このような対応が可能となるためには，解釈変更を促す司法判断と，立法過程を通じた働きかけが不可欠である。さらには，憲法価値の実現における国民の役割が大きいといえる。政治的立憲主義（憲法の実現は，政治過程を通じてする国民の努力であるとする立場）から見ると，同性婚の実現には，国民の行動が必要だといえよう。

3　法の下の平等

(1)　平等とは何か

人間が生まれながらに平等であるという考え方は，近代自然権思想に由来する。もちろん，人間が神の下では等しい被造物であることは，キリスト教思想も認めている。だが，無条件で人間が等しい存在であることを認めた思想は，近代自然権思想以外にない。

近代市民革命は，旧来の身分制社会を打破することを目的としていた。身分制社会は自由な商品流通を疎外していたので，市民革命は自由で平等な社会の実現をめざしたのであった。ただ，市民革命が何より渇望したのは，自由な社会であって，平等はその前提もしくは基盤でしかなかった。時に，自由と平等はトレードオフの関係となるが，今日もなお，平等な社会を完全に実現することには，相当な困難が伴う。また，現在の法理論は，自由と平等のうち，どちらを重くみるのかについて鋭い対立があることはすでに述べた。

すぐ後で検討するように，平等とは**「等しきものを等しく扱う」**ことである。したがって，平等には二つの問題が含まれる。第一の問題は**「等しきもの」とは何か**，それをどのような基準で判断するかであり，第二の問題は**「等しく扱う」**とはどのようなことかである。平等に関する問題は，この二つの問題にほぼ集約されるといってもよいであろう。

(2)　平等の観念

①　「等しきものとは何か」をめぐる問題　絶対的平等と相対的平等

平等とは，「等しきものを等しく，等しくないものを等しくないものとして扱う」ことの要請である。しかし，「等しきもの」と「等しくないもの」の選り分けは，想像以上に難しい。また，平等とは相対的な問題であって，何かと何かを比較することなしには語ることができない。ＡはＢより優遇されていないが，Ｃより優遇されているという場合（Ｂ＞Ａ＞Ｃ），Ａは差別されていると考えにくい。そこで，平等とは，はっきりとした尺度を持たない空っぽな言葉であると考える学説もある。では，平等とはいったい何を意味するのであろうか。

この点について，人間である限りはすべて等しい存在であって，いついかなる場合においても，すべての者を等しく扱うべきであるという考え方がある。これを**絶対的平等**の考え方という。絶対的平等は，各人が持っている事実的，実質的な差異を考慮しない。それゆえ，場合によっては，かえって過酷な結果をもたらすこともあり得る。そこで，平等とは各人の事実的・実質的な差異を前提にして，その差異に応じた法的取り扱いを認める**相対的平等**の考え方が求められる。日本国憲法が定める法の下の平等とは相対的平等を意味すると解されている。

相対的平等の考え方は，各人の差異に応じた法的取り扱いを求める考え方なので，各人の法的取り扱いの上で必要な区別を設けることを認める。これを**許される区別**と呼ぶ。許される区別は，**合理的な理由**に基づくものでなくてはならない。

②　「等しく扱う」とはどのようなことか

一方，相対的平等を実現するために考えられる方法はひとつではない。まず，**形式的平等**の考え方がある。形式的平等は，ともかく，各人を平等な主体として取り扱うが，その結果には関心を持たない。これに対して，結果の是正に関心を持つ実質的平等の考え方が登場する。**実質的平等**の考え方は，結果の是正に国家が関与することを求める考え方である。

〔図：憲法における平等の問題とは何か〕

平等：等しきものを等しく扱え＝等しくないものを等しくないものとして扱え

平等権の問題構成
- 等しいものとは何か　それをどう定義するか
- 等しく扱うとはどのように扱うことか

平等＝相対的平等 ➡ 合理的な区別を許す

何が合理的か・それをどのような物差しで判断するか

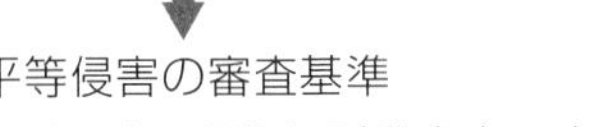

平等侵害の審査基準

憲法14条1項後段列挙事由の意味

ただし，形式的平等と実質的平等の区別は，論者によりとらえ方が異なることにも注意が必要である。

論点　**形式的平等と実質的平等**

多くの学説は，形式的平等とは**機会の均等**（ともかくも等しい機会を与えること）を意味し，実質的平等とは結果の均衡（結果がそこそこ平準的になること）を意味するととらえるようであるが，この両者は，あくまで「機会の平等」と「結果の平等」と呼び，これとは異なる概念として形式的平等と実質的平等をとらえる学説もある。

この学説によれば，形式的平等とは「形式的な機会の平等」（ともかくも等しい機会を与えること）を意味し，「実質的な機会の平等」（機会が実質的にも均等になるようにすること）を意味するものと把握する学説もある。

また，実質的平等の観念を実質的な機会の平等と結果の平等の双方を含むととらえる学説もあり，さらに，絶対的平等の概念と形式的平等の概念を互換的に用いるものもあるので，概念が統一されているわけではない。そのため，あえて形式的平等と実質的平等の区別に触れない学説もある。ここでは，形式的平等を機会の均等（ともかくも等しい機会を与えること）ととらえ，実質的平等を競争の結果に手に入れることととらえておきたい。

それでは，日本国憲法は，平等の実現のために国家の関与をどこまで認めているのであろうか。多くの学説は，日本国憲法は形式的平等を本旨とし，実質的平等の実現まで義務づけていないと解しているが，これには異論もある。ただ，この両概念は同一次元では両立しないにしても，法制度の設計にあたって選択的に用いられることにも注意が必要である。たとえば，消費税制は形式的平等に，所得税制は実質的平等の考え方に基づいて設計されていることから明らかなように，この両者は，ある目的に対して，どのような手段を用いるのかという次元で選択される問題といえる。

実質的平等の考え方を採用すると，結果の不平等が放置できない場合，国家はこの是正に乗り出すことができる。問題は，どのような方法で，どこまで是正のための介入を行うかにある。この点で，社会的に差別されてきた少数者の地位を改善するため，これら少数者を優先的に処遇する**積極的差別是正措置（アファーマティブ・アクション）**の合憲性が問題となる。少数者に対する優遇措置が多数者に対する逆差別をもたらすことも考えられるので，アメリカでも，その合憲性については厳格に審査されるべきだとの意見も強い（松井茂記『アメリカ憲法入門［第8版］』414頁（有斐閣・2018年））。

③　法適用の平等と法内容の平等

日本国憲法が定める「法の下の平等」は，定められた法の適用が平等に行われるべきだとの要請にとどまるのか，それとも法の内容も平等に適合したものでなくてはならないのか。かつてこのような論争があった。法適用の平等説は，法の下の平等が法執行機関を拘束するにとどまり，法定立機関には適用されないというワイマール憲法時代の解釈を輸入したものである。これに対して，法内容の平等説は，不平等な法律を平等に執行することの矛盾を指摘し，法の下の平等が法定立機関をも拘束する原則であるという。

今日，この論争にはほぼ決着がつけられており，多くの学説は，法の下の平等は法を作る機関にも適用されると考えている。もっとも，二つの考え方の対立は見かけ以上には大きくない。憲法14条１項の解釈としては，立法府を拘束するとの考えに立つと，法の下の平等に反する法律は作れないという義務が課されていることになるが，立法府を拘束しないと考える立場では，不合理な差別でなければいかなる法律を作ることもできるという結論になるからである。

法の下の平等は，国民からすると，不当な差別を受けない権利を意味するが，国家機関からみると，不当な差別を内容とした法を制定しないこと，不当な差別にあたるような法適用を行わないことが義務づけられていることになる。このような意味で，法の下の平等は国家機関にとって**原則**（国家への義務付け）という意味をもつ。

(3)　許される区別と合憲性判断基準

日本国憲法が定める平等とは，相対的平等を意味し，実質的な正義を実現するためには人々の差異に応じた法的取り扱いを行うことを認めている。これを許される区別あるいは**合理的区別**と呼んでいる。そこで問題は，どのような区別なら許されるのか，すなわち合理的区別と不合理な区別の判断方法に向けられる。

この点について，ある学説は，民主主義や個人主義の理念との照合により，区別の合理性が判断されるべきであると主張する。これはもっともな主張であるが，民主主義や個人主義の理念に適合する区別とそうでない区別を具体的に見極める方法が求められる。そこで，多くの学説は，許される区別と許されない差別の判別方法を探求しているが，これについては，立法目的と実現手段の観点から検討し，合理性の審査，中間段階の審査，厳格な審査の三つの段階の水準があるとされ，権利の性質に応じて，これらが使い分けられるべきだと考えられてきている。問題は，どのような差別にはどの水準の審査基準が適用されるのかである。これは，14条１項に書かれた差別の理由をどう考えるのかにもかかわる問題である。

論点　平等権侵害と目的・手段・合理的関連性の審査

わが国の憲法学説は，平等権侵害に対する司法審査のあり方として，合衆国最高裁判所で用いられた審査の考え方（差別のカテゴリーと審査水準を結びつける方法）を参考にして，あるべき審査方法を探求してきた。すなわち，憲法14条１項後段列挙事由は，伝統的に不合理な差別の理由を掲げているから，これらを理由にした差別は違憲の推定を受け，厳格な審査に服するというのである。この論理は明快で，裁判官としては，問題となる差別自由がどのカテゴリーに当てはまるのかを検討すればよいという意味で，客観的な基準ともなり得る審査方法である。しかし，そうであるがゆえに，どうしても運用が硬直化したり，事案に対して柔軟な解決が図れないおそれも生まれてくる。

これに対して，わが国の最高裁は，14条１項後段列挙事由を例示ととらえた上で，そこに特別な意味を持たせず，ケースバイケースで区別の合憲性を判断してきた。そこでとられた審査方法は，総合考慮であったり，時の流れを援用することもあったが，基本的には，尊属殺人重罰規定違憲判決で明らかにされた，立法目的と達成手段を検討する方法によっていると見るべきである。したがって，「立法目的に合理的根拠が認められない場合，またはその具体的区別と立法目的との間に合理的関連性が認められない場合には，合理的な理由のない差別として同項（憲法14条１項）に違反する」（国籍法違憲判決：最大判平成20・６・４）のである。もちろん，この「目的，達成手段，合理的関連性」テストを適用するにしても，その具体的な審査の水準（審査密度）は問題となるのであって，どの程度踏み込んで立法事実を検討するかという課題は残されている。

目的審査のレベルでは，区別を行う理由や趣旨自体が憲法上許されないケースは考えにくい。しかし，尊属殺人重罰規定違憲判決における４つの意見には，尊属の尊重という道徳的価値は法規範に盛り込むことがふさわしくないとの考え方が示されているので，目的の設定レベルで差別の合理性が否定されることも十分あり得る。しかし，立法府が，一見して明らかに不合理な目的によって立法を行うことは，通常は想定外と言うべきではなかろうか。したがって，目的・手段・合理的関連性審査がその真価を発揮するのは手段審査レベルにおいてである。

手段レベルの審査に当たっては，立法目的と区別，そして区別によってもたらされる差別的な取扱（不利益，制裁など）の釣り合いが問われることになる。一般的に言って，与えられる不利益や制裁の程度と審査のレベルは比例する。たとえば，女子の停年を男子より若く設定する就業規則については，定年制度の目的（年齢に従い，労働者の生産性が低くなるため，一定年齢に達したとき，労務契約を解く必要があるとの目的）が男女の区別と関係があるか（その目的が男性女性の間に線を引くことによって達成できるか），仮にあったとして女性に対して与えられる不利益は，その目的を実現するために必要なのかが問題とされる。つまり，目的・手段・合理的関連性審査では，目的レベルの審査を通過した後，目的と区別が合理的に説明できるかが審査され，合理的に説明できるとしても，その結果与えられる不利益が審査されることになる。

論点　平等権違反と救済

自由権の侵害とは異なり，平等権侵害は，原因となっている法令等の効力を否定すれば救済が叶うとは限らない。この点で，出生後認知には，国籍取得の要件を加重していた国籍法について，加重要件を違憲無効とした上で，残った要件の適用を拡張して，職権で国籍を認めた事例が注目される。ただ，わが国の違憲審査が司法権の枠内で行使されるならば，そこには救済をどのように図るかという視点を欠くことはできないであろう。権利の救済こそが司法裁判所の役割なのであれば，違憲判断を下すことの延長線上には，救済を図る見込みがあるはずである。ただ，救済ができない以上は司法判断を下せないというのではなく，司法判断により，一定の救済を国会等に促すような，対話的な審査は十分にあり得る方法である。

(4)　14条１項後段に書かれている事項はどういう意味か

①　人　種

人種とは，身体的特徴を標準として区別される人類学上の分類を意味する。人種に基づく差別は，今日でも後を絶たず，これまで，ナチスによるユダヤ人虐殺やアパルトヘイト，アメリカにおけるアフリカ系人種への差別等，過酷な事例は，人種に基づく差別の不当性を裏書きしている。わが国の場合，アイヌ問題，在日韓国・朝鮮人問題は，今日もなお解決されたとは言い難い。また，国際化の流れは新しい人種差別問題を生じさせるている。なお，少数民族には固有の文化があるが，この文化が法律上の義務と抵触する場合も考えられよう。

その場合，少数民族を一個の権利主体として考え，国家からの義務の強制を免れる資格を認めるべきかどうかも検討の余地がある。

② 信　条

信条とは，信仰だけでなく広く思想や世界観までを含むと考えられている。信条に基づく差別は，同時に思想信条の自由を侵害する場合がほとんどであるが，本条固有の問題としては，特定の政治思想の持ち主に公職への任用資格を否定することが考えられる。この点で，国家公務員法は，政治的意見や政党への所属関係によって，任用が差別されてはならないことを注記しているが，「日本国憲法又は日本国憲法の下で成立した政府を暴力で破壊することを主張する政党その他の団体を結成し，又はこれに加入した者」が国家公務員となる資格を欠くと定めている（国家公務員法38条5号）。多くの学説は，公務員という職務の性質からこれを本条に違反しないと解釈している。

民間企業の場合も，労働基準法が信条を理由とした差別的取り扱いを禁止している（労働基準法3条）が，企業には雇用の自由が認められるので（三菱樹脂事件最高裁判決），その実効性には限界がある。

③ 性　別

性別に基づくカテゴリーの設定も人種と並んで差別の典型であり続けてきた。性差には，生理的な根拠に基づくもの（sex）と文化的・社会的に作られてきたもの（gender）があり，後者には必然的な理由はないことも徐々に認識されるようになっている。

性別による差別がとくに問題となるのは，雇用の場面における差別である。この点で，国家公務員法（27条）や地方公務員法（13条）は，任用等における男女の平等を保障し，労働基準法でも男女の同一賃金の原則を定め，労働条件の平等を実現しようとしているが，雇用についての平等は十分に保障されず，形式的平等の観点からも問題が残されていた。この問題を解決すべく，1986年には**男女雇用機会均等法**が施行されているが，雇用の平等が実現するには，なお時間が必要である。

判例としては，男女間で異なる定年制を定めた就業規則を無効と判断した，1981年の**日産自動車判決**が重要である（後述する）。

1999年には，**男女共同参画基本法**が施行され，雇用の場面に限らず，広く女性の社会参画を促す政策が進められつつある。このように，性差別の解消をめぐっては，立法を中心とした実効的な政策が求められるのである。ただ，男女で異なる婚姻適齢を定める民法731条や婚姻禁止期間を定める民法733条については，これら制度を支える立法事実の変容などを直接考慮した司法判断が求められている。

④　社会的身分

ここでいう**社会的身分**とは，人が社会において占めている地位を意味するが，出生によって生じるものに限定する立場（狭義説）と後天的に生じるに至った社会状態も含むとする立場などに分かれている（広義説）。14条１項後段列挙事由に合憲性の推定を働かせないと考える立場では，語義の及ぶ範囲を明確にとらえる必要があるので，狭義説がとられるが，本項に特別な意味を認めない立場では，差別の問題を広くとらえられる広義説が好まれている。狭義説では，被用者，同性愛者という身分などは社会的身分の問題とはとらえられないが，尊属・卑属という身分は，いずれの立場でも含まれる。同和問題は，いずれの立場でも社会的身分の問題となる。ここでは，狭義論をベースにして，自分の力ではどうしようもない事由・事情によるもので，社会的に見ても一定の区別（カテゴリー）として，その社会的立場が社会的少数者と考えられるもの（LGBT）も社会的身分に含ませてよいのではなかろうか。

社会的身分による差別の撤廃についても立法の役割は大きい。しかし，尊属殺人重罰規定最高裁判決や非嫡出子法定相続分差別判決（いずれも後述）から明らかなように，社会的身分に基づくカテゴリーを採用する立法に対しては，司法審査の役割もまた大きい。

⑤　門　地

門地とは，家系や血統の家柄を指すと理解されている。門地は，社会的身分の一要素であるが，かつて存在した華族，士族，貴族といった社会階級を禁止するところに，この概念の意味がある。なお，貴族制度は，14条２項により絶対的に禁止されている。ただし，天皇家，皇族は憲法が自ら認めた例外として，本項の適用が排除されている。

論点　**14条１項後段の役割**

憲法14条１項後段には，「人種，性別，社会的身分又は門地」による差別を受けないことが明示されている。しかし，差別の理由はこれらに限られない。そこで，この文言を差別の例示として，特段の規範的な意味を認めないのか（Ａ説），逆に，これらは差別の中でもとくに許されないものを挙げるものであって，これらを理由とする差別には合憲性の推定を否定し，裁判所は厳格にその合憲性を審査するという規範的意味を認めるのか（Ｂ説）が対立している。

Ａ説は，差別の事由はこれらに限定されないこと，列挙事由以外にも過酷な差別の事由は存在しているので，これらを例示ととらえ，権利の性質などから審査の水準を定めるべきであると主張している。判例理論はこの立場を採用している。

Ｂ説は，これら事由は民主主義の理念に照らし，原則として不合理なものであること，これら文言の裁判規範としての存在意義を認める必要があることを，その根拠として挙げている。Ｂ説の中には，列挙事由以外にも厳格な審査を必要とする差別があることを認める（精神的事由に関する差別）ものもあるが，そのように解した場合には，Ａ説との解釈論上の差異はほとんどない。憲法制定時，これら列挙事由に特段の規範的意義が込められていたわけではないこと，厳格審査が施される事由はこれら以外にも存在することなどを考え，Ａ説を支持する学説がいまだ多数といえる。

〔図：憲法14条をめぐる解釈の対立〕

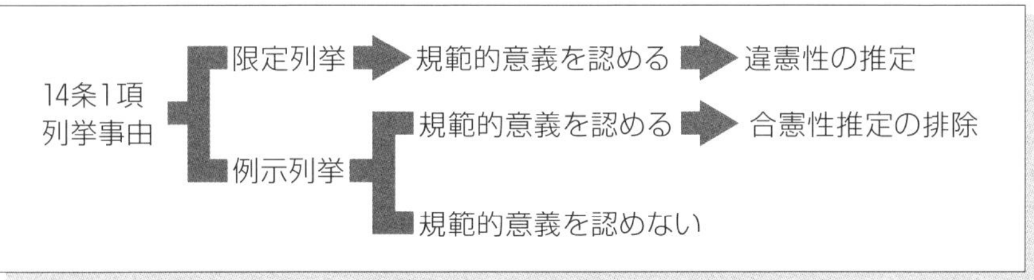

⑸　栄典の授与と特権

憲法14条３項は，「栄誉，勲章その他の栄典の授与は，いかなる特権も伴わない。栄典の授与は，現にこれを有し，又は将来これを受ける者の一代に限り，その効力を生じる」と定めている。

国家がその発展に寄与した者に勲章を与えたり，褒賞を与えること自体は，憲法が禁止するものではない（７条７号）。しかし，栄典に特権が付け加えられたり，一定の社会的地位が与えられることになると，憲法14条１項が禁止する差別を生んだり，２項が禁ずる貴族制度の復活にもつながるおそれが生じる。本条は，この点を考慮したものである。

文化勲章受章者に対する年金の交付は，本項が禁止する特権に該当するのではないかが問題となったことがある。学説は，年金額が相応であるかどうかを問うもの，経済的利益は特権とはいえないとするもの，勲章と年金（文化功労者年金法により運営され，文化功労者に年金を支給する形態をとっている）を一応分離している現行制度は憲法に違反しないと考えている。

なお，日本国憲法は，家族関係における平等を重視するため，24条１項で，婚姻の成立，維持において男女が対等であるとするとともに，婚姻制度等の法制化においては，個人の尊厳と男女の本質的平等に立脚すべきことを求めている。婚姻秩序の形成や変更にあっては，男女の本質的平等を侵害することはできないと定めている点で，一種の**制度的保障**と考えられよう。

4　平等をめぐる判例理論

(1)　憲法14条についての考え方

最高裁は，本条が絶対的な平等を求めるものではなく，「事柄の性質に即応して合理的と認められる差別的取り扱いをすることは否定されない」として，相対的平等を意味すると解釈しつつ，本条１項後段に列挙された事由が例示であって，それ以外にも差別の事由が存在することを認めている（最大判昭和39・５・27）。後段列挙事由が特別の意味（合憲性推定の排除）を持つかどうかについて言明した例はないが，全体として消極的な姿勢にあるといえよう。

また，最高裁は，以下に掲げる例において，アメリカ合衆国最高裁でとられているような「**疑わしい分類（suspect classification）**」のような考え方を用いず，議員定数不均衡の問題や選挙権の制限を除き，合理性の審査を出発点として平等保護の問題を処理しているように思われる。もっとも，最近，最高裁の内部でも補足意見や少数意見を通じて，平等権に対する司法審査の水準に関心が向けられつつある。

(2)　人種（外国人）

最高裁は，一般論として，本条の規定は特段の事情が認められない限り，外国人に対しても「類推適用」されると判示したことがある（関税法等違反事件：最大判昭和39・11・18）。また，国会議員の選挙権が認められないことは本条に違反しないと判断する（最判平成５・２・26）一方で，地方議会議員の投票権については，立法政策にゆだねられていると判断していることについてはすでに触れた（最判平成７・２・28）。

外国人の**公務就任権**については，「当然の法理」との行政実例に基づき，管理職への任用を認めないのが現行制度であるが，下級審判決には，公の意思の形成にかかわらない職種での管理職任用を否定することを本条に違反するとした例もある（東京高判平成９・11・26）が，最高裁はこれを否定している（最大判平成17・１・26）。

旧軍人またはその遺族に対する年金支給に際し，国籍による受給資格を設けている戦傷者戦没者遺族等援護法に対して，旧日本軍の軍属として動員された台湾人らが，この受給資格の限定を本条に違反すると争った裁判では，本条が合理的差別を容認するものであることを前提としつつ，台湾人に対する補償問題が外交交渉の課題であって，本条に違反するものではないとした判断が示されている（最判平成４・４・28）。

⑶　信　条

特定のイデオロギーに基づいて設定され，労働者に対してもその承認，支持を要求する，いわゆる**傾向企業**は，従業員の信条の同一性を保持するような措置をとることができるのであろうか。下級審判例であるが，「その事業が特定のイデオロギーと本質的に不可分であり，しかも労働者に対してそのイデオロギーの承認，支持を求めることが事業の本質からみて客観的に妥当である場合に限って，その存在が認められる」とした事例がある（日中旅行社事件：大阪地判昭和44・12・26）。

なお，企業が従業員の雇用に際して，思想内容を調査することが許されるとした点については，すでに触れた（三菱樹脂事件最高裁判決）。

⑷　性　別

①　雇用の場面における性差別

最高裁は，男性の定年年齢を60歳，女性の定年年齢を55歳と定めた就業規則につき，これが「女性であることのみを理由として差別するものであり，性別による不当な差別であると」する判断を示している（日産自動車事件：最判昭和56・３・24）。なお，本判決は，民法90条をとおして本条の趣旨を適用した間接適用の一例でもあることは既に述べた。

下級審判決には，女性労働者にのみ結婚退職を強要することを性別に基づく差別とした例（東京地判昭和41・12・20），世帯主に支給される家族手当を共働き女性には制限している給与規定について，「本条の理念に基づく労基法４条に違反する」とした例（仙台高判平成4・1・10）などがある。

② 家族関係における性差別

女性の**再婚禁止期間**を定めた民法733条について，「（本条）の立法趣旨は，父性の推定の重複を回避し，父子関係をめぐる紛争の発生を未然に防ぐことにあるから，国会が同条を改廃しないことが憲法の一義的な文言に違反しているとはいえない」として，国家賠償請求を否定したケースがある（最大判平成7・12・5）。ただし，本件は，民法733条を改正しない国会の不作為が国家賠償法上違法にあたるかどうかが争われていることに注意が必要である。しかし，法律の目的（父性推定の防止）からすると6ヶ月は長過ぎる。

論点　**再婚禁止期間と夫婦別姓**

1995年に公にされた民法改正要綱案には，再婚禁止期間の短縮と選択的夫婦別姓の創設が盛り込まれていた。しかし，国会はこの改正を見送り，20年が経過した。2015年12月，最高裁は，大法廷を開き，この二つの論点についての判断を下したのである（最大判平成27・12・16）。

再婚禁止期間については，次のような判断が示された。

「再婚禁止期間の立法目的は，父子関係をめぐる紛争の発生を未然に防ぐことにあり，関係が早期に明確になることの重要性から合理性が認められる。しかし，100日を超える部分は，医療や科学技術が発達した今，正当化するのは困難である。晩婚化が進む一方で，再婚する人が増加するなど，再婚に関する制約をできる限り少なくするという要請は高まっている。世界的に再婚禁止期間を設けない国が多い。妻が結婚前から妊娠していた子を産むのは再婚の場合に限られず，100日を越える部分は結婚の自由に対する合理性を欠いた過剰な制約である。憲法24条2項の両性の本質的平等に立脚していないことも明らかで，同項と憲法14条1項にも違反している」。

これに対しては，再婚禁止期間を設けること自体が許されないとする意見，一歩進んで，再婚禁止期間にはすでに必要性が失われており，これを改正しない国会には，国家賠償法上の違法があるとする反対意見が付け加えられている。24条2項について述べた本書の考え方からすると，反対意見に与すべきものと思う。本判決後再婚禁止期間は100日に短縮され，さらに廃止されることになった。

夫婦別姓については，次のような判断が示されている。

「夫婦や子どもが同じ姓を名乗ることには合理性がある。どちらの姓を名乗るかは夫婦の協議に委ねられており，民法の規定に男女間の形式的な不平等は存在せず，法の下の平等を定めた憲法14条１項に違反しない。夫婦が同じ姓を名乗る制度は，日本社会に定着している。家族は，社会の自然かつ基礎的な集団単位と捉えられ，その呼称を一つにするのは合理的である。一方，結婚して姓を改めた人がアイデンティティの喪失感を抱いたり，社会的信用や評価の維持が困難になったりするなどの不利益を受けることは否定できない。夫の姓を選ぶ夫婦が圧倒的多数を占める現状では，妻となる女性が不利益を受ける場合が多いと見られる。あえて婚姻しない選択をする人もいる。しかし，現在の制度が旧姓を通称として使用することまで許さないわけではなく，通称使用が広まることで不利益は緩和される。したがって，別姓を禁じた規定が個人の尊厳と男女の本質的平等に照らして合理性を欠く制度であると認めることはできず，男女平等を定めた憲法24条に違反しない。これらの制度は，いわゆる選択的夫婦別姓制度に合理性がないと断ずるものではなく，この種の制度のあり方は，社会の受け止め方に依拠することが少なくなく，国会で議論され，判断されるべきである。規定を改廃する立法措置を執らない立法不作為は違法ではなく，損害賠償は認められない。」

なお，選択的夫婦別姓については国会での議論に待つべきであるとする補足意見と現行制度は憲法違反であるとする意見（国家賠償を求めた請求を棄却しているため意見となっているが，３人の裁判官が同調している）と端的に憲法違反であって，国家賠償を認めるべきであるとする反対意見が付け加えられている。

この事件において，多数意見と少数意見を分けたのは，現行制度が女性に与えている不利益を「事実上のもの」と見るか，法律上のものと見るのかによる。多数意見が言うように，現実には，妻となる女性が夫となる男性の姓に合わせるケースがほとんどであるとしても，民法の規定上，女性が男性の姓に合わせるよう義務づけた規定はない。しかし，そのような形式論がこの問題を解決できるわけではない。ただ，特定の制度を欠いていることが直ちに立法不作為との結論につながるわけでもない。制度の欠如が憲法24条２項にいう「個人の尊厳と両性の本質的平等」と明らかに反している状態が継続しているかどうかを問うべきである。その点から考えると，民法改正要綱案の公表から20年を経過した現在，立法不作為の違憲状態が生じていると考えるべきなのではなかろうか。

旧国籍法３条１項は出生後に父から認知された子が日本国籍を取得するには父母の婚姻を必要と定める一方，出生前に父から認知された子は出生とともに日本国籍を取得することができた。このことが憲法14条１項に違反するのではないかが争われた裁判において，最高裁は，旧国籍法に定める婚姻の要件が許されない差別であり憲法14条１項に違反するとの判断を示した（最大判平成20・６・４）。

問題は，法の下の平等が争われる事例では，差別の原因となっている法令等を除去するだけでは必ずしも差別を解消することができない点である。この判決で，最高裁は旧国籍法３条１項が定めていた婚姻要件を無効としつつ，この要件を取り除いた残りの条文に基づいて原告に国籍を認める判決を言い渡した。このような救済方法については，一種の立法作用を伴うものではないかとの批判もあるが，最高裁が権利の救済という観点から一歩踏み込んだ判断を示した点が注目される。

論点　民法900条４号ただし書きの判例変更

民法900条４号ただし書きは，嫡出子と非嫡出子の法定相続分に差別を設けているが，このような差別は許されるのであろうか。最高裁は，これまでの考え方を改めて，次のように述べて，本条を憲法に違反すると判断した。

「㋐我が国における婚姻や家族の実態の変化，その在り方に対する国民の意識の変化，㋑現在，嫡出子と嫡出でない子の相続分に差異を設けている国は欧米諸国にはないなど諸外国の状況の大きな変化，㋒国際人権Ｂ規約や児童の権利に関する条約の批准およびそれら条約の委員会による勧告，㋓住民票や戸籍における記載の仕方の変更，および最大判平成20・６・４による国籍法３条違憲の判断，㋔嫡出性の有無にかかわらず法定相続を平等とするための法律案の準備，といった状況がある。そして，㋕法律婚を尊重する意識が幅広く浸透していることや，嫡出でない子の出生数の多寡，諸外国と比較した出生割合の大小…を総合的に考察すれば，家族という共同体の中における個人の尊重がより明確に認識されてきたことは明らかであり，法律婚という制度自体は我が国に定着しているとしても，上記のような認識の変化に伴い，上記制度の下で父母が婚姻関係になかったという，子にとっては自ら選択ないし修正する余地のない事柄を理由にしてその子に不利益を及ぼすことは許されず，子を個人として尊重し，その権利を保障すべきであるという考え方が確立されてきており…本件規定は，遅くとも平成13年７月当時において，憲法14条１項に違反している」。

制度をめぐる状況や国民の意識の変化が法律の合憲性を支える要素であると考えた点で，この決定は重要な意味を持っている（最大決平成25・９・４）。

下級審判決には，父系優先血統主義を採用していたわが国の国籍法の違憲性を問題にした例がある（東京地判昭和56・３・30）。東京地裁は，父系優先血統主義が重国籍防止という立法目的を持つことを認めながら，現在の国際情勢や時代的な要請を考慮すると，そのような目的だけでは憲法の精神に違反しないとすることはできないと述べている。しかし，国籍法が簡易帰化の制度を用意していることから，著しく不当な差別であるとの批判をかろうじて回避できるとする。また，立法による父母両系血統主義の採用については，これを立法政策の問題としている（控訴審判決もまた，父母両系血統主義の採用を立法府の裁量と判断した)。なお，国籍法の父系優先血統主義は，昭和59年の改正により廃止された。

(5)　社会的身分

社会的身分とは人が社会において占めている地位を意味するが，最高裁は，親子関係（最大判昭和25・10・11）や高齢である（最大判昭和39・5・27）ということも社会的身分に該当しないと判断している。しかし，尊属殺人を普通殺人より重い刑で処罰する刑法200条（1995年削除）規定が憲法に違反すると判断したことがある（最大判昭和48・4・4)。多数意見の考え方は，おおむね次のようであった。

「尊属に対する尊重報恩は，社会生活上の基本的道義というべく，このような自然的情愛ないし普遍的倫理の維持は，刑法上保護に値するものであるから，被害者が尊属であることを類型化し，法律上，刑の加重要件とする規定を設けても憲法14条に違反しないが，刑法200条は，尊属殺人の法定刑を死刑又は無期懲役のみに限っている点において，その立法目的達成のための必要な限度をはるかに超え，本条1項に違反して無効である。」

本判決は，尊属に対する尊重という立法目的の正当性を前提にして，尊属殺人というカテゴリーを設けること自体は憲法に違反しないとしながら，この立法目的を実現するためにとられた手段（死刑又は無期懲役）が重すぎるとの立場に立っている。しかし，これについては，目的それ自身が憲法上許されないとする6人の裁判官の意見が付け加えられている。

なお，最高裁は，上記意見の立場に沿って，尊属傷害致死の法定刑が尊属殺人罪のような著しい加重程度ではないことを理由に，憲法14条に違反しないと判断している（最判昭和49・9・26)。

給与所得者に対して必要経費の実質控除を認めていない所得税法の規定は，

事業所得控除との関係で不当な差別に当たらないのであろうか。最高裁は，次のように述べて，これを否定した（最大判昭和60・３・27）。

「租税法の定立については，立法府の政策的，技術的な判断にゆだねるほかなく，裁判所は，基本的にその裁量を尊重せざるを得ない。そうであるとすれば，租税法の分野における所得の性質の違い等を理由とする取り扱いの区別は，その立法目的が正当なものであり，かつ当該立法において具体的に採用された区別の態様が右目的との関連で著しく不合理であることが明らかでない限り，その合理性を否定することができない。所得税法が給与所得について，事業所得と異なり，必要経費につき実額控除の代わりに概算控除の制度を設けた目的は正当であり，また，給与所得控除の額は必要経費との対比で相当性を欠くとはいえない」。

なお，所得税法は昭和62年の改正で，給与所得者の特定支出のうち，給与所得控除額を超える部分の金額について，実額控除を選択できるようになった。

公務員という職もまた社会的身分に該当すると考えられるが，禁錮以上の罪に処せられた者の失職を定めた地公法の規定は，私企業の労働者に比べて，地方公務員に対する不当な差別に該当しないのであろうか。最高裁は，これを否定する（最判平成元・１・17）。また，禁錮以上の罪に処せられ失職した者に対して一般の退職金を支給しないことを定めた条例についても，これを不当な差別に当たらないと判断した例がある（最判平成12・12・19）。

下級審判決では，同性愛者のグループに対して，公共宿泊施設の利用を拒絶した処分が本条に違反するとした例がある。東京高裁は，この処分が「同性愛者の利用権を不当に制限し，結果的，実質的に不当な差別的取り扱いをしたものであり，その裁量権を逸脱したものである」と述べている（東京高判平成９・９・16）。

最高裁は，西宮市営住宅条例（平成９年西宮市条例第44号）46条１項柱書き及び同項６号の規定のうち，入居者が暴力団員であることが判明した場合に市営住宅の明渡しを請求することができる旨を定める部分は，憲法14条１項および22条１項に違反しないと判断した（最判平成27・３・27）。自らの意思で暴力団員であることをやめられる以上，14条１項に掲げられる社会的身分には当たらないと考えるべきである。

演習問題

① バイクに乗る自由は幸福追求の権利によって保障されるであろうか。喫煙の自由はどうであろうか。

② ある宗教団体が国から差別的な待遇を受けたとして，損害賠償を求めている。その際，憲法14条違反を理由に挙げることは適切か。

③ 新しい人権をめぐる裁判所の姿勢から，裁判所における新しい権利のとらえ方（その特徴と問題点）について考えよ。

④ 性犯罪を犯した者について，その者の氏名，年齢，大まかな住所を記録し，これを一定の範囲の者に公開する制度ができたとする。この制度は憲法に違反しないのだろうか。

⑤ 国や地方公共団体が設立した女子大学は憲法14条1項に違反しないのだろうか。司法審査の基準に注意しながら論じなさい。

第4章

精神的自由権

I　思想・良心の自由

1　思想・良心の自由の意義

(1)　思想・良心の自由の重要性

精神的自由権は，日本国憲法が定める基本的人権の中でも最も重要な権利に位置づけられている。人間の精神的な活動は，**個人の自律**や**自己充足**に直結しているだけでなく，民主主義社会の根幹をなし，また，自由社会にとって必須の条件である**寛容**という価値にも結びついている。

日本国憲法は，精神的自由権として，思想・良心の自由，信教の自由，表現の自由そして学問の自由を保障する。これらの規定は，諸外国の憲法と比較して，詳細で網羅的であるが，そこには戦前の全体主義への反省が込められている。また，日本社会が持つ，多数派による同調圧力を考えたとき，本条が個を擁護する役割を担うことも改めて確認されてよいであろう。

憲法19条は，「思想及び良心の自由は，これを侵してはならない」と定めている。思想・良心の自由は，**内心の自由**ともいわれ，人の精神活動そのものに対する自由である。したがって，この自由は，他の精神的自由権の根本にあり，精神的自由権全体を支える自由でもある。それゆえ，他の精神的自由が保障されていれば，当然の前提として思想・良心の自由も保障されていることになるので，あえて思想・良心の自由を保障する例は多くない。ただ，わが国の場合，戦前に行われた思想統制への反省から，あえて本条を定めたと考えられている。また，思想・良心の自由を個人の尊厳に直結した権利と考えることによって，個人の自律に対する最終的な砦ととらえることもできる。

(2)　思想・良心の自由の保障内容

思想・良心の自由は何を保障しているのであろうか。かつては，思想と良心を分け，思想は世界観や人生観を指し，良心は信仰の自由を指すと考える学説があったが，今日では，両者をあえて区別せず，一般的に内心活動を指すと解するのが通説である。ただし，そこでいう内心活動とはどこまでの活動を含むのかについては，後述するような対立がある。

思想良心の自由は，どのような事柄を対象とするのかについても，後述する謝罪広告事件のような対立がある。それは，宗教心と比肩するような道徳的判断に限られるのか，世界観や社会観まで含むのか，単なる事実はここに含まれるのかをめぐって争われる。しかし，道徳的判断や世界の見方と事実は切り離せない場合が多い。事実をどう見るかは，道徳的判断と結びついている場合が多いからである。事実への認識は内心に含まれないと解釈することは妥当ではない。

論点 **思想・良心の自由の意味**

思想・良心の自由が外部に表明されたなら，それぞれの表現内容にしたがって，保障の適用条文を考えてやればよい。たとえば，それが宗教的内容を持つものであれば宗教の自由による保護を考え，学術活動に関するものであれば，学問の自由の問題として考えれば足りる。では，本条固有の問題とは何であろうか。学説判例は，いわゆる「沈黙の自由」，内心探知の禁止を挙げている。もちろん，表現の自由にも表現しない自由が含まれ，宗教の自由にも信仰告白しない自由や信仰を強制的に開示させられない自由が含意されているから，思想・良心の自由固有の自由とは何かが問われることになる。

そこで，学説判例は，本条によって保障される思想・良心の自由を**絶対的な保障と解釈**しつつ，その対象を世界観や人生観など，個人の人格形成に不可欠な内心活動に限定して，単なる事実の知・不知や事物の判断，善悪の判断には本条の保障は及ばないと解釈してきたのである。ただし，本条の対象を限定したからといって，事実の知・不知や事物の判断などに憲法の保障が及ばないわけではない。これらは，対立利益との利益衡量によって，その保障の程度や範囲が確定されることになる。

したがって，本条は，世界観や人生観など，個人の人格形成に不可欠な内心活動につき，国家が強制的にこれらを開示させたり，探知する行為を禁止することにより，思想・良心の自由を絶対的に保障するものと解されている（**沈黙の自由**）。この解釈が妥当であったかどうかは，後に論じる。

そうすると，問題は個人の人格形成に不可欠な内心活動は何かに向けられる。たとえば，国旗への敬礼を強制し，国歌斉唱を強制することは本条に違反しないのであろうか。また，自らの人生観や世界観に照らし合わせて，法的な義務を果たさないことは許されるのであろうか。これらについては，未解決な問題も多く，今後の議論にゆだねられている。

〔図：内心の自由とは〕

保障の意味＝絶対的保障（思想は内心にとどまっている限り完全に自由である）

19条固有の保障内容＝沈黙の自由（強制的な内心探知からの自由）

このように，思想良心の自由は，内心の自由として，心の中を強制的に探知され，表示させられない自由を意味するが，憲法20条2項は，「何人も，宗教上の行為，祝典，儀式又は行事に参加することを強制されない」と定めていることは，宗教以外の内心についても当てはまる。したがって，自分の意思に反する思想を強制されない自由，自分が与しない思想に強制的に関与させられない自由も保障されると解釈すべきである。

2　思想・良心の自由をめぐる判例

思想・良心の自由に関する事例は必ずしも多くないが，ここでは，内心の強制的な開示の問題と団体活動に参加しない自由の二つの類型に分類する。

(1)　内心の強制的な開示

①　謝罪広告の強制

わが国では，名誉毀損に対する民事上の損害回復措置として（民法723条），「陳謝します」という文言を新聞等に掲載させる**謝罪広告**が認められてきた。では，裁判という国家作用を用いて謝罪文を強制的に掲載させる措置は，本条に違反しないのであろうか。最高裁判所は，「それが単に事態の真相を告白し陳謝の意を表明するにとどまる程度のものであれば，代替執行の手続きによって強制執行しても，加害者の倫理的な意思，良心の自由を侵害するものではない」と述べ，その合憲性を認めている（最大判昭和31・7・4）。ただし，これについては，本条に違反すると考える反対意見がある。なお，本判決は，すべての謝罪広告を合憲としているわけではない。

また，労働組合法は，一定の不当労働行為に対して救済措置を命じる権限を労働委員会に認めているが（労働組合法27条），この措置には，謝罪広告を使用者に命じること（ポストノーティス）も含まれると解されている。最高裁判所は，このような謝罪広告も本条に違反しない（最判平成2・3・6）としているが，謝罪広告を強制されるのが会社であれば，本条の問題として構成することが適切なのか，むしろ21条表現の自由（表現しない自由）の問題と考えるべきではないのか等，疑問も残されている。

② 雇用における労働者の思想信条の探知

最高裁判所は，三菱樹脂事件判決（前出）において，「企業者が，労働者の採否決定に当たり，労働者の思想信条を調査し，そのためその者からこれに関する事項についての申告を求めることも違法ではない」と述べ，企業の雇用の自由を被用者の思想信条の自由に優先させる判断を示している。学説には，本判決に対する批判が強い。

③ 公務員と情報調査

大阪市が，職員に対して入れ墨をしているかどうかの調査を行ったところ，これを拒絶した者を懲戒処分（戒告）にした事例がある。大阪高裁は，「職員の入れ墨が市民の目に触れないよう，人事配置上の判断材料にするために行われた調査で，目的は正当だった」と指摘したうえで，「入れ墨を理由に，社会的に不当な差別が広く行われているという証拠はない」と判断。入れ墨のデザインには触れず，有無，部位，大きさのみを尋ねる手法もプライバシーの観点からも相当で思想，信条，宗教を制限するものでもない」として適法と判断した（大阪高判平成27・10・15。最高裁は職員側からの上告を退けた）。

他方で，同じく大阪市が職員に対して，労働条件に関する労働組合運動に参加しているかどうかの調査を命じた事例では，公務員に認められている労働基本権を萎縮させ，違法であるとの判断が示されている（大阪高判平成27・12・16）。

これらはいずれも事実と内心が不可分に結びついたケースであった。このようなケースでは，むしろ，19条思想良心の自由ではなく，21条１項の「消極的表現の自由」とその派生原理である，情報調査拒否権の問題として考えるべきではないだろうか。

④ 内申書と思想内容の記載

在校時の活動に関する記録の中に思想内容を推知させるような記載があったことから，これを理由に高校入試に不合格となったとして，国家賠償を求めたケースがある。最高裁判所は，ビラまきなどの校則違反行為その他の事実を記載しても，思想信条そのものを記載したものということができず，また，これだけでは思想信条を了知できるものではないとして，訴えを退けている（最判昭和63・7・15）。このケースでは，内申書に記載できる内容はどこまでか，という問題と本件で問題となった記載が実際に思想内容を了知できないものであったかという問題が含まれており，学説には批判が強い。

最高裁判所は，憲法19条の判断に当たって，三つのレベルでの二分法を用いている。

⑤　三つの二分法

まず，内心の自由の保護領域を定めるに際して，先に見た「思想－事実」の二分法を用いている。そして，内心の現れ方については「内部行為－外部行為」を区別する。さらに，侵害（制約）の態様を「直接－間接」に分けて考えようとする。このうち，憲法19条が絶対的に禁止するのは，思想に対する内部行為を直接制約する場面に限られる。そうなると，自分が信じない思想を信じるように強制して，これに従わない者を処罰するような場合以外は，保障の度合いが緩められる危険がある。結果として，憲法19条の絶対的保障の適用範囲は，かなり狭められていることになる。

三つのレベルでの二分法

内心の意味　思想／事実

内心の現れ方　内部行為／外部行為

内心への侵害の態様　直接的制約／間接的制約

この図式で考えると，思想に関わる内部行為を直接制約するものには，踏み絵，自分の思想に反する行事への強制参加（制裁を伴う）が含まれ，謝罪広告の強制は，事実に関する内部行為を間接的に制約するものに分類できる。

⑥　君が代をめぐる裁判

公立学校の入学式や卒業式において，教職員や生徒に君が代の起立斉唱を強制することが憲法上許されるかが問題となっている。

論点　**君が代裁判**

まず，公立中学校に勤務する音楽教師が校長による君が代伴奏の職務命令を拒否したことで懲戒処分を受けたケースがある（最判平成19・2・27)。最高裁は，君が代伴奏を義務づけることが思想の強制にはつながらないとして，この訴えを退けている。しかし，本件の争点は，君が代の思想性の有無ではなく，君が代伴奏を拒絶している教師を強制的に行事に参加させ，制裁付きで一定の行為を命じることができるのかどうかであった（藤田宙靖裁判官反対意見）。その意味で，この問題は18条苦役からの解放の問題であったのかもしれない。

公立中学校の教員が君が代斉唱のため起立を求められたところ，これを拒否したことが職務命令違反に問われた事例もある。最高裁は，起立斉唱行為が式典における儀礼上の行為であり，斉唱を求めることが教員の歴史観や世界観と不可分に結びつくものではないから，このような命令が教員の歴史観や世界観を否定することにはならないと述べる。そして，「本件職務命令は，特定の思想をもつことを強制したり，これに反する思想をもつことを禁止したりするものではなく，個人の思想および良心の自由をただちに制約するものではないとする。もっとも，自らの歴史観や世界観から見て，君が代に敬意を表することに応じがたいと考える者にとっては，その歴史観や世界観に由来する行動とは異なる**外部行為**を求められることになるが，このような**間接的な制約**については，職務命令の目的や内容，制限を介して生じる制約の態様を総合的に衡量して，その許容性が判断されるべきである」として，教員側の請求を退けている（最判平成23・5・30）。

このような考え方は，内申書判決と同じ性格をもっている。つまり，内心と行動とは区別され，後者は外部的行為ととらえられる。そして，内心そのものに介入することは直接的な制約があるが，外部行動を促すことは間接的制約ととらえられるのである。しかし，このとらえ方には疑問がある。外部的行動を促すこともまた，内心を探ること（**踏み絵**）につながるからである。

論点　思想良心の自由と消極的表現の自由

日本国憲法19条のような条文をもたないアメリカでは，内心の自由は，表現の自由の裏返し，すなわち消極的表現の自由（negative speech right）として扱われてきた。自分が言いたくない内容を強制的に表現させられない権利である。表現する自由では，特定の表現（見解，主題）を規制する場合，厳格審査が必要となる。やむを得ない利益のための必要最小限度の規制かどうかが問われる。これと同じく，消極的表現の自由でも，特定内容を強制的に発言させようとするならば，厳格審査が必要となる。

わが国の場合，19条が存在し，これを絶対的自由と解釈してきたところに躓きの石があった。だからこそ，外部的行為に対する間接的制約，などという技巧的で，素人にはわかりにくい論理に頼らざるを得なくなったのである。むしろ，内心の自由とは，心の中は誰にも侵すことができない自由（マインドコントロール，サブリミナルによるコントロールの禁止）ととらえ，君が代裁判のようなケースは，特定内容を意に反して強制的に発言させるケースとして，厳格審査に付されるべきなのではないだろうか（拙稿「強制言論の法理」比較法雑誌55巻３号１頁（2021年）。

(2)　団体の活動と協力義務

①　税理士会政治献金事件

強制加入団体である税理士会は，特定政党に対して寄付をするため，会員から強制的に資金を提供させることができるのであろうか。最高裁判所は次のように述べて，これを否定した（最判平成８・３・19）。

「税理士会が政党など政治資金規正法上の政治団体に対して金員を寄付することは，その寄付をするかどうかが選挙における投票の自由と表裏をなすものとして会員各人が市民としての個人的な政治的思想に基づいて自主的に決定すべき事柄である以上，たとい税理士会に係る法令の制定改廃に関する要求を実現するためであっても，税理士会の目的の範囲外の行為である」。

②　司法書士会阪神淡路復興支援金事件

一方，強制加入団体である司法書士会が阪神淡路大震災で罹災した友会のために拠出した復興支援金の原資を会員から強制的に徴収することは，本条に違反しないのであろうか。最高裁判所は，この負担を軽微なものとして，本条に違反しないとした（最判平成14・４・25）が，２人の裁判官の反対意見がある。

③　募金活動と町内会費の強制徴収

町内会費の一部をみどりの募金等に充てるため，町内会費に上乗せして徴収することにして，これを拒絶した者にゴミステーションの利用などを認めない制裁を行うことが憲法19条に違反しないかが争われた事例もある。大阪高裁は，町内会は公的団体ではないとしつつ，民法90条の問題として扱い，「本件決議に基づく増額会費名目の募金及び寄付金の徴収は，一律に事実上の強制をもってなされるものであり，その強制は社会的に許容される限度を超えるものというべきである。したがって，本件決議は，Ｙらの思想，信条の自由を侵害するものであって，公序良俗に反し無効というべきである」と述べた（大阪高判平成19・８・24。最高裁で確定している）。

Ⅱ　信教の自由・政教分離

1　近代国家と宗教

⑴　近代国家と宗教―支配の合理性

憲法20条は，1項で「信教の自由は，何人に対してもこれを保障する」と述べ，同時に「いかなる宗教団体も，国から特権を受け，又は政治上の権力を行使してはならない」と定めている。次いで，2項は，「何人も，宗教上の行為，祝典，儀式又は行事に参加することを強制されない」とし，3項は，「国及びその他の機関は，宗教教育その他いかなる宗教的活動もしてはならない」と定めている。このことから理解できるように，憲法20条は，一人ひとりの**信教の自由**と並んで国と宗教の分離，すなわち**政教分離**を定めている。政教分離は，「公金その他の公の財産は，宗教上の組織若しくは団体の使用，便益若しくは維持のため，又は公の支配に属しない慈善，教育若しくは博愛の事業に対し，これを支出し，又はその利用に供してはならない」(89条）という条文によって，財政的な側面から補強されている。

近代国家は信教の自由を広く保障するとともに，宗教団体と国家との間に一定の距離を保っている。信教の自由は，他の精神的自由権の原型であり，他の自由の推進力となってきたこと，そして，近代国家における民主主義が統治の合理性と結びついていることから，その重要性はきわめて高い。ただし，一般的法義務の免除のように，信仰の自由と政教分離は対立する場合も少なくない。

〔図：宗教の自由の保障〕

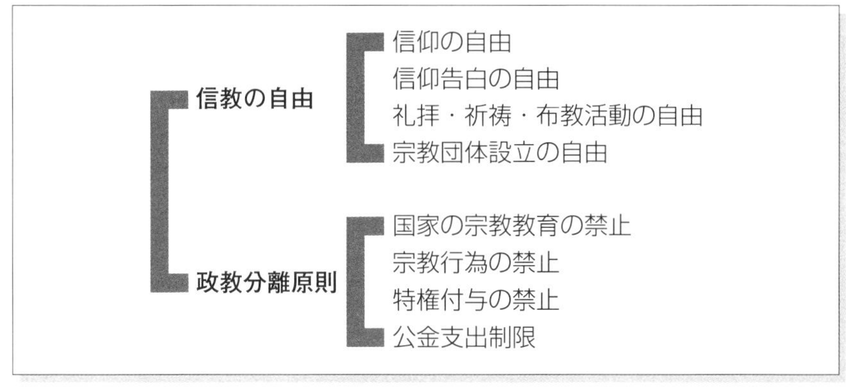

(2)　わが国における展開

わが国についてみると，明治憲法は28条で「日本臣民ハ安寧秩序ヲ妨ケス及臣民タルノ義務ニ背カサル限ニ於テ信教ノ自由ヲ有ス」と定め，信教に自由を一定の範囲で保障していた。ここには，他の権利について定められる法律の留保の文言はない。しかし，法律によらなくても制約できるとの解釈がとられることで，明治政府は，神道を事実上の国教と位置づけ，神職を官公吏として，特権的地位を与え，財政的な援助を与えていた。「神社は宗教ではない」とされていたからである。神社参拝は宗教行事への強制には当たらないという解釈もここから生まれた。末木文美士『日本宗教史』180頁（岩波新書・2006年）。

第二次大戦後，連合国軍総司令部は，**神道指令**を発し，国家と神社の完全な分離を要求した。日本国憲法20条は，このような経緯を踏まえて定められたのである。

2　信教の自由

(1)　信教の自由とは何か

信教の自由には，次の自由が含まれる。

①　信仰の自由

すなわち特定の宗教を信じ，信じない自由，あるいは一切の宗教を信じない自由。これには，特定の宗教を持っていること（持っていないこと）を理由として，国家から不利益を与えられないとする権利も含まれている。

②　信仰告白の自由

国家から信仰を強制的に開示させられない自由。宗教の自由は，自己の宗教心を語る自由を伴っている。それと同時に，自己の宗教心を国家が探知したり，直接間接に宗教心を開示させることが禁止される。

③　礼拝，祈祷

布教活動等宗教行為の自由。信仰は，礼拝や祈祷といった宗教的活動を伴っている。それと同時に，自らの宗教を他者と共有すべく布教を行う行動も伴っている。したがって，宗教の自由とは，これらの活動を自由に行うことの保障でもある。

④　宗教団体を設立し，団体として活動する自由，あるいは宗教団体に加入する自由

他者との宗教的連帯を求めない宗教も考えられるであろうが，多くの宗教活

動は，宗教的な共同体を形成することを含んでいる。宗教の自由とは，宗教団体を形成する自由，すなわち宗教的結社の自由を含んでいる。なお，宗教法人法は，宗教法人の設立に所轄庁の認証を受けるべきことを定めているが，これは宗教的結社の自由を侵害しないのであろうか。多くの学説は，宗教法人法は，宗教団体が法人格を取得するための要件を定めるにとどまり，宗教団体形成の自由そのものを制限するものではないことから，これを憲法に反しないと解釈している。なお，宗教法人の解散命令については後で触れる。

論点 **憲法上の宗教とは**

憲法上，宗教はどのように定義されるべきなのであろうか。信教の自由が究極的には，**個人の魂の救済**（ジョン・ロック）に奉仕するものであることを考えると，これを広く定義すべきであるとの考え方が一般的である。「超自然的，超人間的本質（すなわち絶対者，創造主，至高の存在等，なかんずく神，仏，霊等）の存在を確信し，畏敬崇拝する心情と行為をいい，個人的宗教たると，集団的宗教たると，はたまた発生的に自然的宗教たると，創唱的宗教たるとを問わず，すべてこれを包含するもの」（津地鎮祭名古屋高裁判決）という定義は，その一例といえる。ただし，信教の自由における宗教の定義と政教分離における宗教の定義が一致する必要はなく，目的論的な解釈を採用し，政教分離における宗教の定義を限定する学説が有力である。信教の自由にいう「宗教」より政教分離原則にいう「宗教」の方が狭い。

⑵ 信教の自由の限界―判例の状況

信教の自由も**内心**にとどまっている限りは制約を受けない。しかし，信教の自由は，**外部的**な行為を伴う場合が多く，他者の権利自由や公の秩序などと対立する場面が少なくない。ここでは，最高裁判所で争われたケースを中心にして，信教の自由の限界をみることにする。信教の自由の目的は，人々の魂の救済にある。魂の救済を妨害したり，救済そのものを受けることを否定するような行為や宗教の名の下に生命を奪う行為は信教の自由を援用することはできない。

1）加持祈祷と傷害致死　精神異常をきたした娘の母親から平癒のための加持祈祷を頼まれた僧侶が娘の身体に対して直接火気を用いた祈祷行為を行ったところ，この娘が傷害を負い，これによる二次性ショックと身体激動による心臓麻痺により死亡した事件。最高裁は，他人の生命，身体等に危害を及ぼす有形力の行使により，被害者を死に致したものである以上，それは信教の自由の保護を逸脱しているとして，傷害致死罪の成立を認めた（最大判昭和38・５・15）。

２）牧会活動と犯人蔵匿罪　　建造物侵入，凶器準備集合等の罪の嫌疑を抱かれた高校生に対して，自己省察の機会を与え，説得するためにかくまったところ，犯人蔵匿罪に問われた事件である。神戸簡裁は，これら高校生が後に警察に任意出頭したことなどを考慮して，牧師の行為を正当な業務行為と認定して，犯人蔵匿罪の成立を否定した（神戸簡裁昭和50・２・20）。

３）古都保存税と信教の自由　　文化財を鑑賞する者を対象として税を徴収することが可能かどうかが争点となったケースがある。京都地裁は，文化財の鑑賞という客観的，外形的な行為に着目して課税されるのであれば，鑑賞者の内心に立ち入った規制とはいえないので，本条に違反しないとの判断を示している（京都地判昭和59・３・30）。ただし，自分の信仰心から参拝する者にとっては信仰への課税という結果を招くことに注意する必要がある。

４）日曜参観判決　　ある小学校が日曜日に参観日を設けたところ，キリスト教の教会学校に出席するため，出席できない生徒がおり，教師はこれを欠席扱いにした。これに対して，その生徒の父母から，この扱いは信教の自由を侵害するものであるとして，欠席扱いの取消しを求めた事件があった。裁判所は，これを出席扱いにすることの方が特定の信仰を優遇することになり，憲法に反するとの判断を示している（東京地判昭和61・３・20）。

５）剣道受講拒否判決　　宗教上の理由から，市立神戸高専で受講を義務づけられている武道への参加を拒否した生徒が同高専の校則に従い退学処分となった事件がある。最高裁判所は，退学処分に至る前に，十分な代替的な受講措置（レポートの提出等）を講じなかったことに違法性を認め，同高専の教育目的からすると，武道は必須のものとまではいいがたいとして，退学処分が社会通念上著しく妥当性を欠き，違法であると判断した（最判平成８・３・８）。

論点　一般的な（宗教的な意味を持たない）法義務と宗教心の対立

日曜参観事件も剣道受講拒否事件も，宗教的理由によって，教育上の義務が免除されるのかが問われたケースである。より一般化すると，世俗の義務が宗教的な理由によって回避されるかという問題が問われたのである。

宗教的な理由によって世俗の義務が回避されることをを認めたとき，特定の宗教に恩恵を与えることにならないかが問題となる。政教分離原則と宗教の自由が対立すると言い換えてもよい。逆に，世俗の義務を一般的に課すことになると，特定の宗教を侵害することもあり得る。たとえば，教室内での着帽を禁止する公立学校の校則は，スカーフ着用を義務づける宗教と対立する。

この問題は，国家の宗教的中立性の確保と宗教の自由の調整問題という性格を持っている。したがって，ケースバイケースの利益衡量に委ねるほかないが，義務を課す目的の重要性と義務によって生じる負担の重さ（制裁の程度など）による判断が求められることになろう。日曜参観事件と剣道受講拒否事件の結論を分けたのは，この点であったとも思われる。

6）オウム真理教解散命令事件　無差別大量殺人を犯したとして，オウム真理教に対して，宗教法人法81条による解散命令が出された事件がある。最高裁判所は，同法81条が定める解散命令は，もっぱら宗教法人の世俗的側面を対象とする世俗的目的によるものであって，宗教団体や信者の精神的・宗教的側面に容喙するものではなく，その制度も合理的であること。大量殺人を目的として多量にサリンを生成するという，著しく公共の福祉を害する行為は，宗教法人の目的を著しく逸脱していることが明らかであること。解散命令によって，信者の宗教上の行為に生じる支障は間接的で事実上のものにとどまることなどから，解散命令が憲法20条１項に違反しないとの結論を導き出している（最決平成８・１・30）。

ロックが言うように，魂の救済を受ける権利は，誰にも保障される。逆から言えば，宗教の名の下に他者の生命を奪うことや財産権などに損害を与える自由は認められない。また，魂の救済を求める人間の弱さにつけこむような宗教的活動も保護に値しない。いわゆる霊感商法は，宗教活動の自由とは無関係であり，これを規制しても憲法上問題は生じない。

7）自衛官合祀判決　殉職した自衛官の妻が，夫を護国神社に合祀した自衛隊隊友会の行為を憲法20条１項に反し，自らの静謐な宗教環境（**宗教的人格権**）を侵害されたとして，損害賠償を求めた事件がある。最高裁判所の判断は分岐したが，信教の自由は，他者の宗教の自由に対する寛容を求めるものであって，宗教的人格権なるものは，法的利益として認めることができないとして，この訴えを退けた（最大判昭和63・６・１）。

3　政教分離の原則

(1)　政教分離原則と日本国憲法

①　日本国憲法と政教分離原則

1）政教分離の目的　憲法20条1項後段は，「いかなる宗教団体も，国から特権を受け，又は政治上の権力を行使してはならない」と定めている。また，20条3項は，「国及びその機関は，宗教教育その他いかなる宗教的活動もしてはならない」と規定する。さらに，憲法89条は，「公金その他の公の財産は，宗教上の組織若しくは団体の使用，便益若しくは維持のため，又は公の支配に属しない慈善，教育若しくは博愛の事業に対し，これを支出し，又はその利用に供してはならない」と定めている。これら条文を総合して，政教分離と呼んでいる。では，政教分離が必要なのはなぜか。

第一に，国家権力と宗教を分離することによって，**統治の合理性**が保たれる。神の声ではなく，民の声による政治が近代国家の統治理念であった。神託は合理的に説明することが困難であるが，民意は票数により計算することができる。世俗の権力を貫く正当化の根拠と宗教権力を支える正当化の根拠は異なるのである。

第二に，国家権力から宗教を分離することにより，**宗教（団体）の堕落を防止する**ことができる。古来，政治権力と宗教が結託することにより，宗教本来の目的である魂の救済がなおざりにされた例は枚挙にいとまがない。政教分離原則は，宗教と政治権力の間に一線を引くことにより，宗教本来の存在意義を保たせようとする目的がある。

第三に，**少数宗教を保護する**目的が考えられる。国家権力と宗教が結びつくと，必ず少数宗教の抑圧が行われる。精神的自由権確立の背景には，宗教的自由の獲得運動があったことを考えると，政教分離原則こそ，近代的な自由の母体であったと言ってもあながち言い過ぎではない。

2）政教分離原則の型と日本国憲法　政教分離原則には，いくつかの型が認められる。国家と宗教の関係を定めるには，その国の歴史や伝統，問題となる宗教の特性など様々な条件を考慮する必要があるが，これまで政教分離原則には，おおむね次の4つのパターンがあると考えられてきた。

第一に，国家が公認した宗教はあるが，国教以外の宗教も認めるという制度が考えられる。イギリス国教会とイギリス政府の関係がこれに当たる（**国教樹**

立型)。

第二に，国家と宗教の徹底した分離を求めるため，国教の樹立を明確に否定する制度が考えられる。アメリカ合衆国憲法は，この型を採用するものである(**国教樹立禁止型**)。

第三に，国家自らが宗教とは距離を置くと宣言するものがある。フランスがこれに当たる（**世俗国家宣言型**)。

第四に，国教樹立を禁止する一方で，宗教団体固有の存在意義を認め，いわば世俗の国法秩序と宗教秩序の二元性を前提としながら，事柄によっては，国家と宗教団体の間の協約を定め，それにより問題を解決するという型が存在する（**協約型**)。イタリア・ドイツ型と称されるものである。

日本国憲法は，このうちアメリカ型の政教分離制度を採用した。ただし，アメリカ型政教分離制度が求めているのは，国教樹立の禁止であって，国家と宗教が常に一切関わることを許さないものではない。

〔図：政教分離の型〕

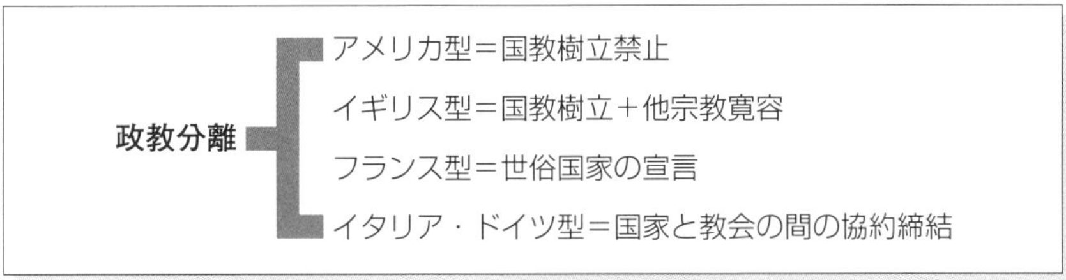

政教分離
- アメリカ型＝国教樹立禁止
- イギリス型＝国教樹立＋他宗教寛容
- フランス型＝世俗国家の宣言
- イタリア・ドイツ型＝国家と教会の間の協約締結

②　政教分離原則の意義

政教分離原則にはどのような意義があるのだろうか。憲法20条１項後段は宗教団体を，20条３項および89条は国家を対象としている。このように国家に一定の義務を課す人権条項を**原則規範**あるいは客観法秩序と呼ぶ場合がある。政教分離は原則規範としての意味を持っている。それゆえに，20条１項前段や20条２項とは性格が異なる。では，政教分離原則には，信教の自由と同じような権利性を認めることができるのであろうか。

論点　政教分離をめぐる解釈

この点について，わが国の多くの学説は，政教分離原則を**制度的保障**と解し，その権利性を否定してきたのである。制度的保障とは，憲法がひとつの制度を保障していて，その制度の中核部分は法律によっても左右することができないとする考え方をいう。この考え方は，一定の制度が人権を補強することを認める点で重要であるが，同時に制度という点を強調することによって，その人権としての性格を否定する作用を営むこともある。後述する津地鎮祭最高裁判決は，この後者の意味を強調している。この考え方は最高裁の判例理論としても定着し，国家と宗教の結びつきを人権侵害という観点からとらえることを否定する理論として用いられてきた。

これに対して，政教分離説の問題点を克服するため，政教分離原則を人権ととらえる立場が登場した。この立場は，政教分離原則が信教の自由を制度的に保障するものであり，両者は不可分の関係にあるのだから，政教分離原則違反は，人権侵害を同時に構成すると考える。

政教分離という国家や宗教団体に対する義務づけを人権であると構成することには，理論の飛躍がある。制度の侵害がただちに人権の侵害といえるかどうかも検証の必要がある。人権説が成り立つためには，誰のどのような行為がいかなる人権を侵害し，それに対してはいかなる救済が可能なのかを考えなければならないが，この作業をするためには人権説に立たなければならないということはない。

政教分離原則を制度的保障と呼んだ場合，制度的保障の内容をどうとらえるかにもよるが，制度の根幹部分を侵害しない以上，制度自体をどう組み換えようと違憲の問題は生じないと考えられる。だが，政教分離原則が前述のような目的を持つのであれば，政教分離制度自体を組み換える余地は，ほとんどなかろう。

他方，地方自治法には**住民訴訟制度**があるから，自治体の首長などが行った公金支出行為を裁判で争うことを可能にしている（地方自治法242条の２）。住民訴訟は客観訴訟であって，個別の人権が侵害されたかどうかを問題にせず，当事者適格を認めている。もし，同様な制度が国レベルに存在しているのならば，制度的保障説と人権説の対立もさほどの意味はなくなる。

③　政教分離の具体的内容

憲法20条１項後段は，「いかなる宗教団体も，国から特権を受け，又は政治上の権力を行使してはならない」と定めている。では，宗教団体とは何か，特権とは何か，政治上の権力とはどのようなことを意味しているのだろうか。

論点　政教分離の内容

「宗教団体」とは，法人格の有無を問わず，また宗教の形態（個人的宗教，集団的宗教，自然的宗教，創唱宗教等）にかかわらず，広くとらえた方がよい。最高裁は，本項における宗教団体を「特定の宗教の信仰，礼拝又は普及等の宗教活動を行うことを本来の目的とする組織ないし団体」と定義している（最判平成5・2・16後述）。したがって，日本遺族会のような団体は，宗教団体には該当しない。憲法89条が定める「宗教上の組織若しくは団体」も同じに解釈するのが適切である。

「**特権**」とは，一切の優遇的措置を意味している。特定の宗教団体を他の宗教団体に比べて優遇する措置ばかりでなく，宗教団体全体を他の団体に比べて優遇することも含まれると解されている。この点で，宗教法人に対する非課税措置の合憲性が問題となる。多くの学説は，これが宗教法人に限定した非課税措置ではなく，他の公益団体と同様に扱うだけであるとして，憲法上許されるとする。しかし，違憲説も根強い。憲法20条1項と89条の文言からすると，税の減免措置を合憲とするには，相当な正当化が必要となる。

「**政治上の権力**」とは，本来国家に属する統治権を指すとする立場，もう少し広く「政治的権威」とか「政治的な影響力の行使」と解する立場が対立する。後者は，宗教団体と国家を可能な限り分離しようとする考え方に立つものであり，政教分離を徹底する点では傾聴に値する。しかし，「政治的権威」や「政治的な影響力」は不明確であり，宗教団体の活動に不必要な制約を課すおそれがある。この点から，これまでは統治権行使説が支配であった。しかし，宗教団体が立法や行政，司法権そのものを行使することなど現実には考えられない。そうすると，憲法があえて，政治上の権力行使を否定した意味がなくなる。先に述べたように，近代立憲主義における政治には合理性が求められる。透明性や説明責任が伴っている。そこでは，神の声ではなく，民の声で政治が行われなければならない。これらの点から考えると，政治的権威，政治的影響力説にも説得力がある。宗教的理念を実現するため世俗の権力を支配することは許されない。また，宗教団体による政治献金を規制することも立法政策の問題といえよう。

「**国及びその機関は，宗教教育その他いかなる宗教的活動もしてはならない**」とは何か。このうち，「宗教教育」については，特定の宗教や教義を強制的に教えることを意味するとして，宗教の社会的意義や宗教の歴史などを客観的に教示することは，本項で禁止されていないと解する立場が通説である。

では，「国の宗教活動」とは何か。これが政教分離原則最大の争点となる。後述するように，これを広く解し，国が行う一切の宗教的活動ととらえる立場と，国の活動の目的や効果などから許される範囲とそうでない範囲を確定しようとする立場が対立している（なお，次の「政教分離をめぐる判例」で検討する)。

⑵　政教分離をめぐる判例

これまでわが国で問題となってきた政教分離をめぐる争いは，①国の宗教的活動への加担にかかわる問題と，②国家と神社の関係をめぐる問題に分けられる。以下，それぞれについて見ておこう。

①　国の宗教的活動への加担

1）津地鎮祭最高裁大法廷判決　三重県津市の市体育館建築工事の起工式において，神職主宰の地鎮祭が挙行されたところ，津市は神官への謝礼や供物代金として7,663円を公費から支出した。これに対して，ある市会議員が，この支出が憲法20条および89条に違反するとして起こした住民訴訟である。

第一審津地方裁判所は，この支出が宗教行為というより，習俗行事であって，憲法20条に違反するものではないとの判断を示したが，控訴審である名古屋高等裁判所は，一転して，この支出を政教分離原則に違反すると判断した。その際採用された論理は次のようであった。

- 地鎮祭が宗教行為か習俗行為かは，主宰者が宗教家であるか，順序作法が宗教界で定められたものであるか，一般人に違和感なく受容される程度に普遍性を有するものであるかから判断する。
- これによれば，地鎮祭は，習俗行事とはいえない。憲法は，完全な政教分離原則を採用しているが，この原則の目的は信教の自由を補強することに求められる。国家と宗教の結合により国家を破壊し，宗教を堕落させる危険性を防止することから考えて，国または地方公共団体が主宰者となって宗教行事を行うならば，たとえ，一般市民への参加を強制しなくても，政教分離原則に違反する。
- 国が行うことを禁止される宗教活動とは，およそ一切の宗教的活動を包括する概念であり，地鎮祭もこれに該当する。

これに対して，最高裁判所は，以下のように述べて，違憲の主張を退けた（最大判昭和52・7・13)。

- 本条３項により禁止される宗教的活動とは，およそ国およびその機関の活動で宗教とのかかわり合いをもつすべての行為を指すものではなく，当該行為の目的が宗教的意義をもち，その効果が宗教に対する援助，助長，促進または圧迫，干渉になるような行為をいうものと解すべきである。
- ある行為が上にいう宗教的活動に該当するかどうかを検討するにあたっては，当該行為の主宰者が宗教家であるかどうか，その順序作法が宗教の定める方式に則ったものであるかどうかなど，当該行為の外形的側面のみにとらわれることなく，当該行為の行われる場所，当該行為に対する一般人の宗教的評価，当該行為者が当該行為を行うについての意図，目的および宗教的意識の有無，程度，当該行為の一般人に与える効果，影響等諸般の事情を考慮し，社会通念にしたがって客観的に判断しなければならない。
- 市が挙行した地鎮祭は，宗教とかかわり合いをもつが，その目的は専ら世俗的なものと認められ，その効果は神道を援助，助長，促進し，または他の宗教に圧迫，干渉を加えるものではないから，憲法の禁止する宗教活動には当たらない。

なお，本判決には，この支出を違憲とする５人の裁判官の反対意見がある。

津地鎮祭事件における，名古屋高裁判決と最高裁判決の違いが，政教分離原則違反の判断の難しさを明らかにしている。名古屋高裁判決は，地鎮祭が宗教行事であるか，習俗行事であるかを判別しようと試みた。最高裁判決は，これを断念し，行為の目的とその効果から，憲法上関わりが許される宗教行事であるか，許されない宗教行事であるかに視点を移した（**目的効果基準**）。その前提として，宗教行為に当たるなら，例外なく憲法上禁止されるのか（宗教を定義づけた後で，これに当てはまるものを禁止する），宗教行為の中にも関わることが許されるものがあると考えるのか（関わりを不可避と考え，許されないものだけ禁止する），という姿勢の違いが控えている。津地鎮祭事件大法廷判決以降，後者の考え方が司法判断を支配するようになった。

２）箕面忠魂碑・慰霊祭訴訟　大阪府箕面市では，小学校の増改築工事に際して，敷地付近にあった忠魂碑を移設する必要が生じた。そのため，箕面市では，移設に必要な土地を無償で同市の遺族会（忠魂碑を管理する団体）に貸与した。この行為が憲法20条および89条に違反するのではないかとの論点が争われたのが本件であった（実際には，憲法に違反した無償貸付けが行われているのであるから，市長はこの用地の明け渡しをすべきであり，これを怠っていることの違法確認訴訟という形態をとった)。また，本件は，同忠魂碑前で行われた慰霊祭（神式および仏式）に市の教育長が参列したこと等による給与の返還訴訟を伴っている。

第一審大阪地方裁判所は，いずれの請求をも認め，市側を敗訴させた。第二審，大阪高裁判決はⓐ忠魂碑は宗教的な施設ではないこと，ⓑ遺族会は宗教団体ではないこと，ⓒ教育長の慰霊祭への出席は社会的儀礼行為であることの３点から，訴えを退けた。

最高裁判所は，前記の「目的・効果基準」によりながら，土地の無償貸与行為と教育長の慰霊祭への出席をいずれも政教分離原則に違反しないという判断を示したのである（最判平成５・２・16)。

また，箕面市戦没者遺族会に対する補助金の支出と遺族会の事務を市職員が行っていたことの是非が争われた事件では，それら行為の効果が「**間接的，付随的**なものにとどまっており，特定の宗教を援助，助長，促進し，又は他の宗教に圧迫，干渉を加えるものとは認められない」との判断が示されている（最判平成11・10・21)。

３）「目的・効果基準」のその後　　最高裁の「目的・効果基準」は，その後多くの判例により受け継がれ，現在では確立された判例理論となっていると考えてよいであろう。たとえば，大阪地蔵像訴訟最高裁判決では，市有地を地蔵建立のために無償貸与することが本条に違反しないかが争われた。最高裁は，この無償貸与が市営住宅の建て替え工事を円滑に行う目的から行われたこと，地蔵信仰はもはや習俗化した行事といえること，地蔵建立，移設を申し出た町会は宗教団体ではないことを考慮して，本件無償貸与行為が政教分離原則に違反しないとの結論を導き出している（最判平成４・11・16)。

一方，下級審判例では，愛媛県新宮村が設置した観音像の合憲性が争われたケースがある。裁判所は，観音像の設置の目的が「宗教的意義を持つことを免れず，その効果が特定の宗教に対する援助，助長，促進になると認めるべきであり，これによってもたらされる村と観音信仰とのかかわり合いがわが国の社会的，文化的諸条件に照らし相当とされる限度を超えるものであって」政教分離原則に違反すると判断した例もある（松山地判平成13・４・27)。

②　国家と神社の関係をめぐる問題

１）靖国神社への公式参拝　　内閣総理大臣などの靖国神社への公式参拝は，

政教分離原則に違反しないのであろうか。この論点が正面から問われたのが岩手靖国訴訟であった。仙台高等裁判所は，いわゆる公式参拝について，「その目的が宗教的意義を持ち，その行為の態様から見て特定の宗教への関心を呼び起こし，その直接的，顕在的な影響及び将来予想される間接的，潜在的な動向を総合考慮すれば，公式参拝における国と靖国神社との宗教上のかかわり合いは政教分離原則に照らし相当とされる限度を超える」との判断を示している（仙台高判平成3・1・10）。

一方，大阪高等裁判所は，内閣総理大臣の行った公式参拝が憲法の定める「宗教的活動」に該当するおそれがあるが，「政教分離原則は，国家と宗教の分離を制度的に保障し，もって信教の自由を間接的に保障しようとするものであって，国民各個人に対する具体的権利として保障したものではない」として，請求を退けたケースもある（大阪高判平成4・7・30）。

両判決は，訴えの趣旨を異にしており，同じように論じるわけにはいかないが，大阪高裁判決においては，目的効果基準以前に，**制度的保障論**が持ち出されることにより，政教分離原則の権利性を否定するという構成がとられていることに注意が必要である。

2）神道儀式への参加　先に述べた地鎮祭も宗教的行事であるが，神社などで行われる儀式に都道府県知事が出席し，あるいは公金を支出することは政教分離原則に違反しないのであろうか。

まず，知事が大嘗祭に参列することが争われた事件において，最高裁は，それが「宗教とかかわり合いを持つ行為ではあるが，その程度が我が国の社会的，文化的諸条件に照らして，信教の自由の確保という制度の根本目的との関係で相当とされる限度を超えるものとは認められず，政教分離原則に違反しない」との判断が示されている（最判平成14・7・11）。

この点で，下級審判決の判断は微妙に分かれている。まず，大嘗祭および即位の礼を公的な行事として宮廷費により執行したことが，個人の信教の自由を侵害するとして損害賠償を求めた事件では，宮廷費による執行が「政教分離規定に違反するのではないかとの疑義は一概に否定できない」としつつも，政教分離原則違反が個人との関係でただちに違法と判断されるわけではないとの理由により，請求を棄却する判断が示されている（大阪高判平成7・3・9）。その一方で，献穀祭への新穀奉納のため，補助金（488万円）を支出した行為については，その金額が多額であることに加え，宗教行為に直接関係するものであるとの理由により，政教分離違反を認めたケースもある（大阪高判平成10・12・15)。

3）玉串料の供出　国家が神社の行う神道儀式に直接公金を支出することが争われたケースとしては，**愛媛靖国訴訟最高裁判決**（最大判平成9・4・2）が重要である。最高裁判所大法廷は，13対2の大差で，愛媛県知事が拠出した玉串料が政教分離規定に違反するとの判断を下した。

本判決の中で，法廷意見は「靖国神社，護国神社が挙行した宗教上の祭祀である例大祭等に対して，県が玉串料を奉納したことは，県が特定の宗教団体の挙行する重要な宗教上の祭祀にかかわり合いを持ったことになり，慣習化した社会的儀礼とはいえず，またそのかかわり合いは，一般人に対して，県が特定の宗教団体を支援しており，それら宗教団体が特別のものとの印象を与え，特定の宗教団体への関心を呼び起こす」として，「本件玉串料の奉納は，その目的が宗教的意義を持ち，その効果が特定の宗教に対する援助，助長，促進になり，県と靖国神社等とのかかわり合いが我が国の社会的，文化的諸条件に照らし相当とされる限度を超えるものであり，本条3項の禁止する宗教活動に当たる」と断定した。ここでの判断枠組は，特定の宗教団体に対して，国家が特別な関係にあるというメッセージの有無を考慮する，アメリカ合衆国最高裁判所で展開されている審査基準をも意識したものとなっている。

なお，本判決には，目的効果基準によらず，国家の神社への関与を端的に違憲と判断すべきとする補足意見も展開されていることにも注目する必要がある。また，目的効果基準を用いながら，結論として，本件玉串料の支出が政教分離原則に違反しないとする意見等，2人の反対意見も展開されている。

4）公有地の無償貸与　北海道砂川市は，私有地を神社に無償で貸与していた。この土地は，元々ある私人が所有し，神社を建立していたものであったが，固定資産税の支払いを免れようとして砂川市に贈与されたという背景があった。これに対して，砂川市の住民らが，無償貸与行為が政教分離原則に違反しており，神社の退去を求めなければならないところ，市はこれを怠っているとして，住民監査請求と住民訴訟を起こした。

最高裁大法廷判決は，「社会通念に照らして総合的に判断すると，本件利用行為は，市と本件神社ないし神道とのかかわりあいが，我が国の社会的，文化的諸条件に照らし，信教の自由の保障の確保という制度の根本目的との関係で相当とされる限度を超えるものとして，憲法89条の禁止する公の財産の利用提供に当たり，ひいては憲法20条１項後段の禁止する宗教団体に対する特権の付与にも該当すると解するのが相当である」と述べた（最大判平成22・１・20)。

儒教の祖・孔子をまつる「孔子廟（びょう）」のために，那覇市が土地を無償で使わせていることが憲法の政教分離原則に反するかどうかが争われた事件において，最高裁は，使用料免除は憲法20条３項が禁じる自治体の「宗教的活動」に当たるとして違憲との判断を示した（最大判令和３・２・24)。大法廷判決多数意見は，空知太神社訴訟の判断枠組みに沿って「施設の性格，免除の経緯や態様，一般人の評価などを考慮し，社会通念に照らして総合的に判断する」との立場で憲法適合性を検討している。

本件では，本殿に当たる部分に孔子像があり，多くの人が家族繁栄などを祈る様子は「社寺との類似性がある」と指摘。供物を並べて孔子の霊を迎える年１回の祭礼は「宗教的意義がある儀式」であるとし「施設の宗教性を肯定でき，程度も軽微ではない」との判断が示されている。ここでもまた，目的効果基準は用いられていない。

なお，反対意見を述べた林景一裁判官は，「参拝者の大半は観光客の可能性が高いなど，施設は宗教性がないか既に希薄化したと考えられる」と指摘する。そして，「宗教組織・団体の存在を認定できずに政教分離規定に違反するとの判断は，規定の外延を曖昧な形で過度に広げている」と批判している。

孔子廟訴訟最高裁判決の論理を貫くと，宗教施設の外形があり，また，そこで宗教的色彩を帯びている行為が行われている場合，これに対して，国家が財政支援などを行ったならば，政教分離原則違反とされる可能性は高まる。しかし，国や自治体の支援なしには，存続できないような文化行事が同時に何らかの宗教的な意味合いを帯びている事例でも，これに対する支援は許されなくなる危険性もある。政教分離原則は，統治の合理性を担保する制度であるが，それは文化や民族の個別性をいったん捨象して，均質な個人を作り出すものでもあった。その結果として，国家における少数者の文化が政教分離原則の下に衰亡の危機に瀕することが生じるならば，多様性の価値を損なうリスクも伴っている。この点で，政教分離原則と少数者の信仰の自由は緊張関係に立っている。

論点　目的・効果基準の行方

津地鎮祭最高裁大法廷判決に対しては，おおむね三つの反応があった。第一に，ここで採用された「**目的・効果基準**」を踏まえて結論を支持するものである（A説）。第二に，この基準は認めるが，その適用の甘さを批判するものがある（B説）。第三に，名古屋高裁判決の論理を支持し，「目的・効果基準」自体を否認するものがある（C説）。

A説に立つ学説は，社会生活の実情からすると，国家と宗教が完全に分離されることは不可能であるし，また私立学校への助成や宗教的な文化財保護の必要性を考えると，むしろ国家と宗教のつながりを完全に絶つことの方が不合理な場合もあることを強調して，大法廷判決の論理と結論を受け入れる。

B説に立つ学説は，A説と事実認識は共有しつつも，「目的・効果基準」は，本件のような宗教的色彩の強い儀式に対して公金を支出する場面には適用されるべきではないと指摘する。これは，「目的・効果基準」の有効性を認めつつも，本件のようなケースでは，むしろ問題となるかかわり合いを厳格に問うべきだと主張する。

C説に立つ学説は，「目的・効果基準」の曖昧さを批判し，国家と宗教の結びつきの合憲性を他の審査基準によって判断すべきことを主張する。

しかし，空知太事件最高裁判決と孔子廟事件最高裁大法廷判決では，目的効果基準は採用されていない。この点について，空知太事件での藤田宙靖裁判官補足意見は，国家行為が世俗的な側面と主教的側面を併有しているときには，目的効果基準を用い，明らかに宗教団体に便宜を図っているときには，これを用いるまでもなく，違憲の判断を行う旨の考え方を明らかにしている。だが，宗教活動を正面から定義づけるのを断念し，許される関わり合いと許されないものは何か視点を移した以上，その判断は程度問題に帰着する。その判断は，行為の目的，その効果のみならず，支出された金額や場所，関わり合いの性格など，多面的な考慮が必要となるはずであった。実際，津地鎮祭事件大法廷判決以降の判決も，目的と効果のみで憲法判断を行っているわけではない。このように考えると，目的効果基準は総合考慮的判断に集約されていくのではないだろうか。

演習問題

① A女は公立高校に勤務する教諭であった。A女は，熱心なイスラム教徒であり，勤務中もスカーフを着用している。これに対して，A女が勤務する学校の校長は，少なくとも，授業時間中はスカーフの着用を止めるよう職務命令を出した。この

事例に含まれる憲法上の問題を指摘せよ。

② 公立小学校Xは，社会科見学の一環として，近隣の著名な神社を訪問することにした。これに対して，生徒の父母達から，「この社会科見学は，政教分離原則違反になる」という申し入れが行われたとする。Xの校長Yは，この申し入れを無視して，神社訪問を強行した。Yのとった行動は憲法に違反するか。

③ 首相甲が靖国神社を公式参拝したことについて，キリスト教徒乙らにより，宗教的な人格権を侵害されたとの訴えが提起されたとする。この訴えはどのように扱われるべきか。

Ⅲ 表現の自由

1 表現の自由の意義

(1) 憲法21条の内容

憲法21条は，第１項で「集会，結社及び言論，出版その他一切の表現の自由は，これを保障する」と定め，第２項は「検閲は，これをしてはならない。通信の秘密は，これを侵してはならない」と定めている。通常，表現の自由と一括される憲法21条には，したがって，集会の自由，結社の自由，言論の自由，出版の自由，その他の表現の自由が含まれると同時に，国家に対する検閲の禁止を定め，同時に通信の秘密を国民に保障することから構成されている。憲法21条には，性格を異にする多様な権利が含まれている。

(2) 表現の自由の範囲

表現には多様な内容が含まれる。したがって，表現の自由とは多様な表現内容を許容する自由でもある。アメリカ合衆国最高裁判所判事であった，**オリバー・ウエンデル・ホームズ**裁判官が述べた「**思想の自由市場**」論は，立場や考え方を異にする多様な意見が市場における競争や淘汰に耐えて，真理や妥当性を獲得するというものであった。言論には言論で対抗すべしとする**対抗言論**の要請もまた，同様な考え方が控えている。

しかし，表現の自由は，表現内容の自由を保障すれば十分というわけではない。表現内容の多様性は，同時に表現方法の多様性によって担保される。表現方法は，言語的なものと非言語的なものに分けられるが，言語的表現も印刷や放送，インターネットというように，様々な媒体によって伝達される。非言語的表現は，表現媒体を限定できないほど多様である。絵画や音楽はもちろんのこと，いわゆる象徴的表現と呼ばれる表現方法（徴兵制反対のために徴兵カードを焼却する行為やホームレス救済のためにキャンプをすること。国旗の焼却や喪章の着用など）は，表現方法についての固定観念を打ち破ってきたのである。

非言語的表現は言語的表現とは異なり，他の人々や社会の利益と直接対立する可能性を持っているので，その規制に当たっても，言語的表現とは異なる考慮が必要となる。ただ，非言語的な表現は，言語的表現に比べて価値が低いと考えるべきではない。これはまた，思想的な表現や政治的主張が他の表現に比べて高い価値を持つと考えるべきではないこととも関連する。

論点　インターネットと表現の自由

インターネットが普及することにより，表現の自由理論が解決しなければならない問題が増えた。これまでの表現の自由の解釈理論は，オフラインの表現を中心に組み立てられていた。しかし，わが国においても年間１億人以上がインターネットのサービスを利用する現在においては，表現の自由の中心的手段がインターネットにシフトしつつあると言っても言い過ぎにはならない。その中で，オンラインの表現を念頭に置いて表現の自由を解釈することが求められているのである。

インターネットによる表現の特色は，個々人が情報の受け手であると同時に情報の送り手としての手段を手に入れたことにある。その通信速度や拡がりはオフラインの表現とは異なる法的な対応を必要としている。個人が全世界から情報を入手すると当時に，全世界に情報を発信し，SNS（social network system）を通じて，多数の人間とつながりを持てるような状況は，従来の表現の自由が想定した社会とは異なっている。そこで，オフラインで通用した解釈理論がオンラインでも同様に通用するかが問われることになる。

たとえば，名誉毀損法理を支えてきた，公益性，真実性（真実であると信じたことの相当性を含む）による免責の要件は，インターネットによる反論可能性によって修正されるのであろうか。ネット上では簡単に反論が可能であることを理由に，名誉毀損が成立する可能性が狭められることが社会的に望ましいのかどうかが課題となる。

また，ネット上では様々な情報があふれ，その状況は，まさに玉石混淆と言える。その中には青少年にとって有害な情報もあれば，社会的な法益を損なうような情報もある。しかも，そのような情報の入手は，オフラインに比べてはるかに容易でもある。そこで，ネット上の有害情報については，オンラインとは異なる規制を課す必要があるのかどうかも問われることになる。さらには，SNS 上でのいじめやヘイトスピーチ規制についても，オフラインとは異なる対応が必要とされている。

(3)　表現する権利と表現を受け取る権利（知る権利）

およそ，表現活動が保障されるためには，表現する側の自由，表現方法を選択する自由，そして表現を受け取る側の自由が保障されていなければならない。このうち，表現を受け取る側の自由を情報受領権もしくは**知る権利**と呼んでいる。

最高裁も「およそ各人が，自由に，さまざまな意見，知識，情報に接し，これを摂取する機会をもつことは，その者が個人として自己の思想及び人格を形成・発展させ，社会生活の中にこれを反映させていくうえにおいて欠くことのできないものであ」るとして，この権利を認めている（「よど号新聞記事削除事件」最大判昭和58・6・22）。

知る権利は，19世紀中葉以降のメディア革命によって，その必要性が認識された権利である。つまり，従来のコミュニケーションは，表現者と受け手が相対して向かい合う対話を典型として成り立っていた。しかし，マスメディアの急速な発達は，情報の送り手と受け手を区別し，その役割分担を固定化したのである。

このような状況の下，一方では，国家によるマスメディア規制が問題となり，他方では，情報化社会の進展に伴う，情報受領の自由が求められるようになった。知る権利は，マスメディアの自由を正当化するとともに，国民が正しい情報を入手するための自由として構成されたのである。

知る権利は国民主権の原理とも結びつき，情報公開請求権を具体化する原理として機能してきた。国は，2001年4月1日より，情報公開法を施行しているが，多くの地方公共団体では，1980年代の初めから，独自の条例により，情報公開制度を制定，運用してきた。その成果は，今日ひとつの法分野を形成するに及んでいるが，知る権利の概念が大きな役割を演じたことを疑う余地はない。

ただし，情報の受け手である国民がマスメディアに対して自分の表現機会を提供させるよう求める権利（**アクセス権**）が憲法上認められるかどうかについては議論があり，これを認めない見解が優勢である。最高裁判所もサンケイ新聞意見広告事件で，アクセス権の主張を退けている（最判昭和62・4・24）。

ただし，本判決は，全国紙に対して巨大政党が記事掲載を求めたものであって，通常の市民による請求ではなかった点で，その射程は限られている。

〔図：表現の自由の問題領域〕

論点　**国家の秘密と知る権利**

国民が主権者として意思決定を行うには，国家に関する情報が必要である。したがって，知る権利は，国民主権から導き出される権利でもある。知る権利は，開かれた政府や政府の説明責任と一体となって，民主主義にとって不可欠な要素となる。情報公開法に掲げる制度の目的は，このことを簡潔に言い表している。ただし，国家の情報は多様であり，中には公開することが国益を損なうものもある。情報公開制度は「非開示情報」として，一定の情報について開示義務を免除している。

一方で，国家の運営に際しては，政策立案や遂行に当たって秘密にすべきことも少なくない。秘密にされるべきことが公務員を通じて国民に筒抜けになってしまうと，政策遂行が阻害されることも考えられるところであるから，公務員法は，公務員に対して秘密を守る義務を負わせている（国公法100条1項，地公法34条1項）。しかし，秘密とされるべき情報が国家によって決定されるとなれば，国民の知る権利や開かれた政府の要請と対立する結果を招いてしまう。そこで，知る権利と国家秘密の保護を調和させるため，秘密として保護すべきかどうかを裁判所が判断する必要が生じてくる（国家秘密の司法的統制）。そして，その際用いられる概念が「実質秘」の考え方である（後述）。

けれども，情報化社会が進展し，科学技術が高度化すると，とりわけ国防に関する情報を保護する必要性も高まってくる。国際的なテロ行為を防止したり，国家の独立上，外部に漏れることが国益を損なうような外交情報の保護について，これまでの法制度では対応しきれない状況も生まれてくる。そこで，安全保障に関わる情報のうち，防衛，外交，特定有害活動（スパイ活動）およびテロ活動に関する情報について，特段の秘匿の必要性がある情報を括りだし，秘密保護を強化する制度（特定秘密の保護に関する法律）が制定，施行されている（2014年12月10日施行）。

この法律は，特定秘密の指定が広汎に及ぶこと，秘密指定期間が長期にわたるものがあること，特定秘密を取り扱う者への適正評価が行われることで個人のプライバシー権などが侵害されるおそれがあること，秘密を漏洩した者への制裁が加重されていることなど，多くの問題が指摘されている。とくに，情報収集活動を行うメディアや国家活動を民主的に監視する立場にある立法府に対しても強力な制約を置いていることから，開かれた政府という民主主義の大前提を損なう運用がなされないことを注視していく必要がある。

(4)　表現する自由と表現しない自由

表現の自由には，表現しない自由（消極的表現の自由 negative speech right）も含まれる。日本国憲法には19条があるため，沈黙の自由の保障は19条の守備範囲と理解されてきた。しかし，19条は，内心に対する直接的介入や操作を絶対的に禁止するものと理解すべきであり，それ以外の表現強制は21条1項の問題として構成した方が実りある議論が期待できる。「外部的行為に対する間接的制約論」は，絶対的保障と解釈されてきた19条の意義を切り崩す危険性があることを考慮すれば，絶対的に保障される自由は何かを確定し，これを19条の保障と理解した上で，思想や事実を強制的に表現させる場面は，むしろ消極的表現の自由として，21条1項で議論する方がより明快なのではないだろうか。たとえば職員に対して，入れ墨をしているかどうか（プライバシー情報）を強制的に申告させる調査は，21条1項の問題なのではないだろうか。

(5)　表現の自由はなぜ必要か

表現の自由はなぜ保障されなければならないのであろうか。一般的に説かれる理由としては，次の3点をあげることができるであろう。

1）政治参加の手段　　表現の自由は，主権者が国家の意思決定に参加し，あるいは政府を批判する自由としての重要性を持っている。その意味で，表現の自由は，民主社会の生命線であるともいえる。

2）自己実現の手段　　表現の自由は，自己を表現し，他人に受け入れられるために不可欠な権利である。人間はコミュニケーションを交わしながら社会生活を営む生き物であるが，表現の自由が規制されるということは，人間の社会性を否定することをも意味する。

3）真理への到達手段　思想の自由市場論や対抗言論の要請が主張するように，真理は多様な考え方や意見が相争うことによって獲得されるであろう。絶対的な真理は存在せず，合意されるにすぎないと考える立場でも，合意に至る表現の自由の重要性は否定できない。このうち，いずれの点を強調するかによって，表現の自由の保障範囲や程度に差が生じることもある。表現の自由が政治参加の手段であることを強調すれば，文学や芸術，営利的な表現への保障は二次的なものとなる。ただ，この立場にあっても，非政治的表現が無制限に規制されてもよいとするわけではない。

論点　表現の自由の主体としての政府

政府に表現の自由は認められるだろうか。自由権が国家による自由の制約から国民を守る権利である以上，政府に表現の自由を認めるのは背理である。しかし，情報が社会生活の中で重要な要素となっている今日，政府は様々な機会に，様々な媒体を通じて自らの政策や考え方を広めようとしているのも事実である。政府に表現の自由は認められるかという問題は，政府の決定に与しないことで不利益を被ったり，利益を得られなかった場合，それを争えるかという論点として考えることができる。

たとえば，政府の各種補助金を獲得するためには，一定の政策に賛同することが求められたり，積極的な活動が求められることがある。その政策に反対の立場をとる私人には補助金が与えられない。では，そのような選別は許されるのであろうか。

また，公の施設などで，政府の考え方に沿わない思想が排除されることもある。たとえば，公立図書館に一定の書籍が所蔵されなかったり，開架から排除されるケースがある。これらには憲法上の問題は生じないのであろうか。

自由権とは，公権力による介入を排除する権利であり，国家による積極的活動を禁止するものではない。むしろ，政府の言論（government speech）を堂々と攻撃し，反対を表明する権利こそが表現の自由であるともいえる。しかし，政府の言論が実質的に反対の言論を抑圧したり，表現媒体を奪うような場合においては，むしろ自由権が侵害されたと考える余地もある。補助金の交付に当たり，特定の思想に不利益を与えるような条件を付けることは，憲法に違反する。

2　表現規制に対する司法審査

(1)　表現規制の類型

①　表現規制のハザードマップ

表現の自由は，思想信条の自由とは異なり，意見や感情を外部に表示するものであるから，他者の権利や利益と衝突する可能性がある。一方，表現の自由には，民主主義や自由に直結するほど大切な利益が含まれているから，表現規制には特別な配慮が求められるのである。これを**表現の自由の優越的な地位**と呼ぶ。表現の自由は簡単に制約できない。

表現の自由を保護する場合，表現に含まれている価値や内容に従って，序列化を行い，上位から保障を厚くすることも考えられる。しかし，憲法学はこの方法をとらなかった。むしろ，表現の自由にとって脅威となる規制はどのようなものかをものさしにして，保障のあり方を考えてきた。いわば，表現の自由のハザードマップともいうべき発想である。そのとき，重要な視点となるのは，次の３つである。

〔図：表現規制のハザードマップ〕

表現規制の類型	適用される審査基準
検　閲	絶対的禁止（憲法21条２項）
事前抑制	原則禁止（厳格な基準の下，例外的にのみ許す）
表現内容規制	
政治思想表現	厳格な審査
価値の低い表現	中間段階以下の審査
表現内容中立的規制	中間段階の審査→ LRA

②　事前の規制と事後の規制―検閲の禁止

表現を受け手が受領する前に規制することが行われる。一般的にこれを**事前抑制**（prior restraint）と呼んでいるが，事前の規制は表現の自由に大きな制約を課すことになる。事前の規制によって，国民が接することのできる情報とそうでない情報が選別され，結果として権力に都合の良い情報だけが知らされることになるからである。

一般的に，事前抑制と**検閲**（censorship）は区別されるが，その際大きく分けて二つの考え方がある。

A説

検閲≒事前抑制

検閲＝公権力が外に発表されるべき表現の内容をあらかじめ審査し，不適当と認めるときは，その発表を禁止する行為

検閲の主体	公権力（行政権・司法権）→司法権による事前抑制は例外的許容
検閲の対象	表現内容（思想内容をより広く解する）
検閲の時期	表現の受領前（発表後，受領前も含む）

B説

事前抑制＞検閲（行政権による事前抑制）

事前抑制＝表現行為がなされるに先立ち公権力が何らかの方法で抑制すること，および実質的にこれと同視できるような影響を表現行為に及ぼす規制方法

検閲＝表現行為に先立ち行政権がその内容を事前に審査し，不適当と認める場合にその表現行為を禁止すること

判例理論

検閲＝行政権が主体となって，思想内容等の表現物を対象とし，全部又は一部の発表の禁止を目的として，対象とされる一定の表現物につき網羅的・一般的に発表前にその内容を審査した上，不適当と認めるものの発表を禁止すること。

論点　検閲と事前抑制の区別

第一の考え方は，事前抑制と検閲を同じものと見て，「検閲とは，公権力が外に発表されるべき思想の内容をあらかじめ審査し，不適当と認めるときは，その発表を禁止する行為」と定義する。この考え方は，検閲の主体を広く公権力ととらえ，行政権だけでなく，裁判所による事前抑制も検閲に該当すると解釈する。ただし，裁判所による事前抑制は，その手続の公正さを考慮して，例外的な状況で，厳格かつ明確な要件の下で許されると考えるのである。この考え方は，また，検閲の対象を広く表現内容ととらえるとともに，検閲の時期も発表時を標準にその前後で判断するのではなく，表現の受領時を基準とすべきであると考えている。

したがって，憲法21条の問題としてとらえる範囲を広くとらえようと考えているのである（A説）。

第二の考え方は，事前抑制を検閲より広い概念としてとらえている。すなわち，この考え方は，事前抑制を「表現行為がなされるに先立ち公権力が何らかの方法で抑制すること，および実質的にこれと同視できるような影響を表現行為に及ぼす規制方法をいう」と定義づけながら，検閲は「表現行為に先立ち行政権がその内容を事前に審査し，不適当と認める場合にその表現行為を禁止すること」ととらえるのである。この考え方は，あらかじめ検閲の概念から裁判所による事前の差止めを控除し，憲法21条２項前段の問題から除いていることに特徴がある（B説）。

最高裁判所はどのように考えているのであろうか。いわゆる税関検査訴訟において，検閲を次のように定義した。「本条にいう検閲とは，行政権が主体となって，思想内容等の表現物を対象とし，全部又は一部の発表の禁止を目的として，対象とされる一定の表現物につき網羅的・一般的に発表前にその内容を審査した上，不適当と認めるものの発表を禁止することを，その特質として備えるものをいう」（最判昭和59・12・12）。この説示は基本的には，第二の考え方に立っているようである（B′説）。

いずれの考え方が適切なのであろうか。両説の違いは，裁判所による事前抑制を原則として認めないか，認めるかの差であるが，第二の考え方においても，事前抑制が認められるための要件を厳格に解し，最高裁の定義の甘さを批判しているので，結局は法律構成の差に帰着するともいえよう。

事前の抑制は，事後の抑制に比べて，表現の自由に甚大な規制効果を持つといわれている。事前抑制は，公権力が表現可能なものとそうでないものを選別するのであるから，情報操作や思想統制の手段となりやすい。一方，情報化社会では，個人の名誉が侵害され，プライバシーが暴かれることにより，取り返しのつかない損害が生じるおそれもある。両者をいかに調和すべきなのであろうか。このように考えると，問題は，裁判所に事前の差し止めを認めるための要件をいかに明らかにするかが問われることになろう。

検閲の禁止の関係では，税関検査と教科書検定などが実際の裁判で争われた。このうち，税関検査について最高裁は，それが「事前に発表そのものを禁止するものではなく，関税徴収手続に付随して行われ，検査の主体となる税関は思想内容の規制をその独自の使命とする機関ではないから，本条にいう検閲には当たらない」と述べている。ただし，関税定率法21条（現関税法69条の11第７号）にいう「風俗を害すべき書籍，図画」は不明確で，広汎であるとする４裁判官の反対意見がある。

教科書検定についてはどうか。最高裁判所は三次にわたる教科書裁判において，検定が検閲に当たらないことを繰り返し確認している。その形式的な根拠は，教科書検定が教科書としての出版の可否を審査するにとどまり，一般の書籍としての出版を禁止するものではないことに求められるが，実質的な根拠としては，教育内容や水準の統一，教育機会の均等が挙げられている。多くの学説は，このような最高裁の姿勢に批判的であるが，最高裁自身も検定がその時々の学説状況に照らし合わせて看過しがたい過誤がある場合には違法となることを認めている（第一次教科書訴訟：平成5・3・16，第三次教科書訴訟：平成9・8・29）。

やや特殊な例としては，政見放送における不穏当な発言の削除が問題となったケースを挙げることができよう。最高裁判所は，NHKを検閲の主体たる行政機関に当たらないとした上で，この措置を検閲に当たらないとした（最判平成2・4・17）。また，各県の青少年保護育成条例に定める有害図書指定の合憲性についても，これを憲法に違反しないとする判断が下されている（最判平成元・9・19）。

一方，裁判所による事前の差し止めについて，北方ジャーナル事件最高裁判決（最判昭和61・6・11）は次のように述べている。「表現行為に対する事前抑制は，本条の趣旨に照らして厳格かつ明確な要件の下においてのみ許容され，差し止めの対象が公務員又は公職選挙の候補者に対する評価，批判等の表現行為に関するものである場合には，その頒布の事前差し止めは原則として許されないが，その表現内容が真実でなく，又はそれが専ら公益を図る目的でないことが明白であって，かつ被害者が重大にして著しく回復困難な損害を被るおそれがあるときは，例外的に事前差し止めが許される」。

ただし，表現の事前規制に比べて，表現に対する事後的規制（刑罰等による制裁）は，広く認められてもよいということにはならない。事前抑制は表現の自由に重大な侵害効果をもたらすが，事後的な規制でも同様な効果をもたらすものは少なくない。ひとたび表現規制が行われると，表現行為を全体として萎縮させてしまうという，**萎縮効果**にも注意が必要である。

〔図：検閲をめぐる具体的な問題〕

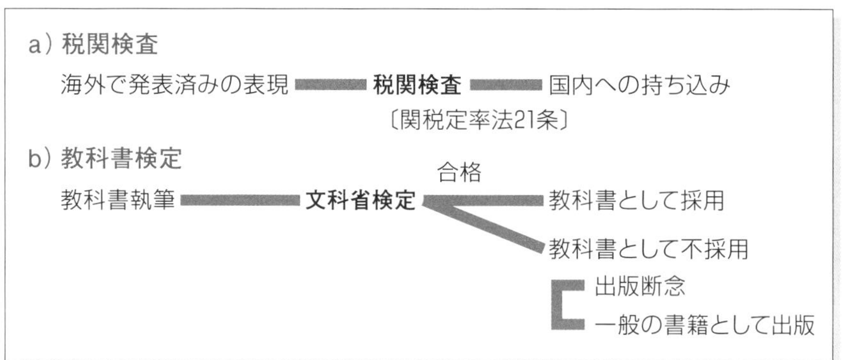

③　内容規制と内容中立的規制

事後的な表現規制のうち，表現内容を理由とするものと表現内容ではなく，表現の時間や場所，方法を規制するものが区別される。前者を**表現内容規制**，後者を**内容中立的規制**と呼んでおこう。

内容規制は，公権力が適切な内容とそうでない内容を選り分ける規制であるが，事前の規制に匹敵する規制効果を有する。聞かれるべきものと聞かれるべきではないものを選別するのであるから，そこには情報統制の危険性がつきまとっている。それゆえ，多くの学説は，表現内容規制には**厳格な司法審査**が適用されるべきだと主張している。

表現内容規制については，特定の話題そのものを規制する主題規制（subject-matter restriction）と特定の主張・見解を規制する見解規制（viewpoint restriction）がある。たとえば，妊娠人工中絶そのものを話題としてはいけないという規制は主題規制であるが，中絶に賛成する言論を規制する場合は見解規制となる。しかし，状況次第では，この両者を区別することは困難であるから，内容規制として，いずれも厳格審査を適用すべきである。

一方，表現内容中立的な規制は，表現内容規制ほどの規制効果は持たないと考えられている。**表現時間や場所，方法への規制**は，表現行為を包括的に規制するものでない限りは，表現に代替的な機会を与えるのであるから，厳格な審査に付す必要はない。しかし，それはやはり表現規制としての性質を失わない以上，緩やかな審査で足りるわけではない。そこで，表現内容中立的な規制に対しては，中間段階の審査を施すべきであるという考え方がとられている。

論点　表現内容規制・内容中立規制の区別と最高裁

このような考え方は，アメリカ合衆国の判例理論や学説に学ぶことによってわが国に紹介された。一方最高裁は，この区別を参考にはしているものの，二分論そのものを採用しては来なかった。たとえば，表現そのものの抑圧を目的とした規制か表現に付随する害悪を取り除くための規制という区別（猿払事件：最大判昭和49・11・6）や「表現そのものの規制」とそれ以外の規制（最判平成20・4・11）という区別を用いて，むしろ表現規制を追認するかのような判断を示したこともあった。

今日では，表現規制の多くが内容を禁圧するのではなく，付随的な規制が表現の抑圧効果を持つ場合や内容中立的な規制が特定の表現内容を実質的に狙い打ちする場合がほとんどであることにも注意が必要である。

④　表現の価値による規制の分類

以上のような，表現規制のハザードマップによる分類を補完するため，表現の価値による分類が用いられる。たとえば，表現内容規制がすべて同じレベルの審査水準で精査されるかといえば，そうではない。わいせつ的表現や名誉毀損の禁止，プライバシー侵害への制裁は，その内容を理由とする規制であっても厳格な審査には服さない。営利的な表現についても同様なことがいえる。それゆえ，表現内容規制にあっても，表現の種類や価値によっては，厳格な審査が適用されないケースも認められる。これらを**価値の低い表現**と呼び，政治的，思想的表現とは区別して扱う傾向も見られる。表現内容から価値の重さを引き出すことができるとは思えないが，価値の低い言論という考え方には，表現の自由の中核的な価値を守り，表現の自由の優越的地位を維持するためには，厳格な審査が適用される領域を限定した方が望ましいという，一種の戦略的思考が反映されているのである。

したがって，表現の内容を理由に規制を行う場合でも，規制される表現が価値の低い表現というカテゴリーに入るのかどうかを検証した上で，どのような審査基準が用いられるべきかを論証する必要がある。

(2)　表現規制特有の審査方法

①　文面審査と適用審査

法律にせよ，条例にせよ，民主的な手続を経て制定される以上，そこには**合**

憲性の推定が働いている。ここでいう合憲性の推定とは，「とりあえず憲法には違反しない」という姿勢で法令を審査しようという姿勢をいう（第2章Ⅲ3参照）。したがって，裁判所は，法律，条例がまずは合憲であるという前提から審査を行うことになる。また，わが国が採用した違憲審査制度は，いわゆる**付随的審査制**であるから，個別の事件に即した憲法判断に主眼が置かれている。したがって，ある法令の違憲性を争う者は，法令が自分に適用される限りでの違憲性の主張を行うのが筋である。

しかし，表現の自由を規制する立法は，萎縮効果（表現する行為を思いとどまらせる効果）を持つから，法令の適用の違憲性を認めるだけでは不十分である。萎縮効果を除去するためには，法令そのものを違憲と断定して，効力を否定しておく必要がある。表現の自由の領域では，法律の適用を問題にする**適用審査**ではなく，法律の文言そのものを問題にする**文面審査**が許されるべきである。

これは，見方を変えると，自分に対しては合憲的に適用される表現規制でも，他人に対しては違憲的に適用される余地がある以上，他人の利益に立った違憲性の主張が許されてもよいという立場につながる。その意味では，表現の自由規制の合憲性を争う裁判には，一種の**公益訴訟**のような性格が見て取れる。

②　過度に広汎性とあいまいゆえに無効の法理

このことから，表現の自由規制の合憲性を争う場面では，自らの利益や権利への影響を超えた主張が認められる。たとえば，先に見た旧関税定率法21条が輸入を禁じる「風俗を害すべき書籍，図画」に該当するとして，輸入の禁止処分を受けた者が「風俗を害すべき書籍，図画」の概念が広汎であるとして，同条の違憲性を争うことは可能である。規制利益を達成するためにとられた手段が規制利益の実現を超えて，本来規制不要な行為にまで及んでいるなら，その法令の**過度の広汎性**を争うことができる。

過度に広汎な法令は，同時に法文があいまいな場合も多い。とりわけ，犯罪構成要件があいまいであると，法適用の予測を困難にし，法的な安定性を損なうばかりではなく，表現規制に恣意的な運用を許すことにもなりかねない。そこで，表現規制そのものの合憲性を直接争う手だてが認められるのである。

論点　表現規制のあいまいさをどのように判断するのか

この点について，最高裁は，徳島市公安条例事件の中で，ある法文があいまいで，無効と判断されるための要件を「通常の判断能力を有する一般人」が「具体的場合に当該行為がその適用を受けるものかどうかの判断を可能ならしめるような基準」を読み取れるか否かに求めている（最大判昭和50・9・10）。しかし，これは結果として読み取れたという話であって，一般的に誰が，どのようなものさしを使って，どの程度理解できればあいまいとはいえないかという判断とはいえない。表現の自由を争う裁判では，一種の公益訴訟のような意味合いがあるのだから，「この事件についてははっきりとしている」かどうかを超えて，法令そのもののあり方が問われている。学説は，過度に広汎性の問題とあいまいゆえに無効の法理とを比べると，後者は第三者の立場に立った主張を許さないというところに違いがあるとするが，文面審査の意味（あいまいな表現規制を取り除き，萎縮効果を除去する）からすると，両者の区別は，もうすこし相対化してもよいように思われる。

③　明白かつ現在の危険

上記①②が司法審査の姿勢にかかわるものであるとしたならば，明白かつ現在の危険や利益衡量論は，司法審査の方法にかかわるものと分類できるかもしれない。

明白かつ現在の危険テストは，せん動や犯罪の唱道の処罰に関して，アメリカ合衆国最高裁判所で展開された審査方法であった。このテストは，防止すべき害悪が高い蓋然性で引き起こされ，かつその害悪が重大で，そのためには表現規制が必要不可欠であることの証明を政府に求めるものであるが，その審査水準はかなり厳格なものであるとされる。わが国の最高裁では，この法理を正面から適用したものはないが，その趣旨に言及したものがあり，注目される（**泉佐野市市民会館事件**：最判平成７・３・７）。また，公共施設の利用拒絶に際しては，害悪の惹起が具体的に予見されることを求める姿勢がほぼ確立されているといえるので，明白かつ現在の危険テストの趣旨がある程度は活かされているといえるであろう。

このように，表現規制において，実質的な害悪を引き起こす高い蓋然性を求める考え方は，合衆国最高裁判所の判例法理に言う「ブランデンバーグテスト」に類似する。このテストは，危険が生じることの証明を政府に課すことで，ともすれば抽象的な判断に終始した明白かつ現在の危険テストを修正するものである。また，通常，明白かつ現在の危険テストやブランデンバーグテストは，表現規制の適用場面で用いられる判断方法であるが，法令そのものを合憲限定解釈する手法としても用いられる可能性がある。可罰的違法性の観点から刑罰法規の構成要件該当性を画定する考え方と同じである。

論点　明白かつ現在の危険の使われ方

明白かつ現在の危険テストは，適用審査の場面で用いられるから，表現規制そのものを争う文面審査の場面で登場するテストではない。学説には，文面審査のレベルでもこのテストが用いられてよいのではないかとするものもあるが，実際には適用レベルの問題とすれば足りるであろう。たとえば，公務員の政治的自由を規制する国公法102条１項は，「公務員の政治的中立性を実質的に損なうもの」に限り適用されるべきだとする考え方も明白かつ現在の危険と同じ出発点に立っている。この場合，国公法102条１項そのものが不必要な規制まで予定しているから文面上違憲であると考える立場は少ないであろう。規制する必要のない表現まで規制するような法令は，過度に広汎であると争えば十分なのではなかろうか。

④　利益衡量論

明白かつ現在の危険テストが表現規制の必要性を厳格に問うものであったのに対して，司法審査とは，行き着くところ表現の利益と規制利益を衡量する作業であるという認識に基づいて展開されたのが**利益衡量論**であった。

利益衡量論については，その必要性は否定できないが，衡量基準や対立利益の抽出方法が問題とされてきた。そこで，アメリカ合衆国の判例理論では，先に見た**規制類型論**と利益衡量の基準を結びつける手法や表現の価値によって利益衡量の要素を変える手法（定義づけあるいは範疇化衡量）が編み出されてきた。わが国の最高裁は，表現の自由規制についても利益衡量が行われることを明示しているが，アメリカにおけるような利益衡量基準の定式化や明確化には，必ずしも熱心であったとはいえない。

論点　利益衡量とカテゴリー的な考え方

表現内容規制・内容中立規制の区別や価値の低い表現の考え方は，あらかじめ審査の水準を定めて，裁判官の裁量を狭めようとする発想方法に基づいている。

言い換えると，個別の事件での利益衡量は裁判官の恣意を許すものだから，できるだけ客観的なものさしを作っておいた方がよいという考え方に基づいて編み出された審査方法である。カテゴリーを作り，事案を当てはめ，審査基準を適用すれば答えが出るというのだから，そこに裁判官の恣意が入り込む余地は少ないように思われる。

しかし，実際には，カテゴリーがもたらす弊害も見られるようになっている。内容を理由とした規制が必要な事例では，厳格な審査基準の適用を排除するため，あえて内容規制ではないのだという強弁が行われたり，内容は参照しているが**付随的規制**だとの説明で厳格審査が回避されるような事態も見受けられる。それゆえ，カテゴリーに基づく審査ではなく，目的と規制手段の均衡を問う，**比例原則**によって表現規制が審査されるべきだという意見がアメリカでも有力になっている。その行く末ははっきりとしないものの，これまでの合衆国最高裁の考え方にも揺らぎが見られるようになっているのが興味深い。

⑤　厳格な審査と中間段階の審査，緩やかな審査

利益衡量基準の定式化は，司法審査の水準の問題ともかかわっている。どのような項目をどの程度厳格に問うのかが利益衡量の基準だからである。表現規制の類型に応じて，司法審査の水準も変わることになる。具体的には，表現内容規制には厳格な審査が，表現内容中立規制には中間段階の審査が適用されるとするのが多くの学説の支持するところとなっている。ただし，最高裁は，表現の自由に対する付随的規制には緩やかな審査を適用しているので，学説からは，その姿勢に疑問が投げかけられている。

3　表現の自由の限界

(1)　性的な表現の自由

性的な表現は表現の自由によって保障されるのだろうか。昔から，性表現に対しては様々な規制が行われてきたが，わが国の刑法も175条において「わいせつな文書，図画その他の物を頒布し，販売し，又は公然と陳列した者は2年以下の懲役又は250万円以下の罰金若しくは過料に処す」と定め，「販売の目的でこれらの物を所持した者も，同様とす」と規定している。わいせつ表現の規制については，①性の非公然性（性に関する事柄は，本質的に公開になじまない），②風俗や秩序の維持，③性犯罪の防止，④見たくない者の保護など，い

くつかの理由が挙げられるであろう。これらの理由は排他的なものではないが，どれに力点を置くかにより，わいせつとして取締りを受ける表現の範囲に差が生じる場合もある。

わいせつ的表現に対しては，これを全面的に保障すべきだとする見解は少数にとどまる。わいせつ的表現は被害者なき犯罪であり，規制にはなじまないとする見解やわいせつ規制は法による道徳の強制であるとする見解もあるが，わが国の憲法学説は，わいせつ的表現規制の合憲性自体には疑義を差し挟んではいない。問題は，わいせつとは何かの定義，それはいつ規制されるべきかの問題に向けられる。

この点について最高裁は，**『チャタレー夫人の恋人』事件**において，わいせつを「徒に性欲を興奮せしめ，普通人の正常な性的羞恥心を害し，善良な性的道義観念に反するもの」と定義づけている（最大判昭和32・3・13）。そしてその判断方法については，マルキ・ド・サドの**『悪徳の栄え』**の翻訳が問題となった事件（最判昭和44・10・15）において，文書全体から判断するとの姿勢を明らかにしている。これは，「性描写の程度，手法，文書全体に占める比重，文書に表現された思想との関連性，文書の構成・展開，芸術性・思想性による性的刺激の緩和」などを考慮して，文書全体から判断するとの説示に結びついている（**『四畳半襖（ふすま）の下張り』事件**：最判昭和55・11・28）。

なお，わいせつには至らないものの，社会的な利益の観点から規制対象となる性表現もある。青少年保護育成条例に定められる有害図書や**児童ポルノ禁止法**における児童ポルノの禁止がこれに当たる。

⑵　名誉毀損的表現とプライバシー侵害表現

①　利益衡量

人の名誉（人が社会において有する評価）やプライバシー（他人に知られたくない情報）の保護は，情報化社会の進展に伴い，その重要性が増してきている。一方，国民には知る権利が保障されているはずであるから，知る対象の中に個人の名誉を毀損したり，プライバシーを侵害する表現が含まれることも完全には避けられないであろう。むしろ，場合によっては，知る権利が名誉やプライバシーの利益を上回ることもあり得る。名誉，プライバシーと知る権利（あるいは知る権利に裏づけられた報道の自由）は，等しい価値を持った権利として衡量されなければならない。

②　名誉毀損

名誉が十分尊重に値する価値であることは，名誉毀損に対する刑事制裁（刑法230条）や民事上の責任追及（民法709条）が定められていることから明らかである。ただし，刑事制裁の場合，表現内容によって事後的に刑罰を科す内容規制に該当するので，表現の自由にとって重大な規制効果をもたらすことに注意が必要である。このことを考慮して，刑法230条の２は，名誉毀損的表現が「公共の利害に関する事実に係り，かつその目的が専ら公益を図ることにあったと認める場合には，事実の存否を判断し，真実の証明があったときには，これを罰しない」との規定を置いている。そして，犯罪に関する表現については「公共の利害に関する事実とみなす」規定を置き（同２項），公務員または公選による公務員候補者に関する事項については，それが公益に関する事実であることと公益を図る目的であることの証明を要せず，事実の存否のみを証明すれば足りるとの規定を置いている（同３項）。

最高裁は，これらの規定について，たとえ記述内容が「真実であることの証明がない場合でも，行為者が真実であると誤信し，それが確実な証拠，根拠に照らして相当の理由があるときは」犯罪が成立しないと解釈している（**夕刊和歌山事件**：最大判昭和44・６・25）。

公共の事柄に当たるか否かが問題となった事例では，「私人の行状であっても，その携わる社会的活動の性質及びこれを通じて社会に及ぼす影響力の程度などのいかんによっては，その社会的活動に対する批判ないし評価の一資料として，刑法230条の２第１項にいう『公共の利害に関する事実』にあたる場合がある」とする判断がある（月刊ペン事件：最判昭和56・４・16）。また，公務員への名誉毀損的表現に対する損害賠償請求において，「公務員の地位における行動に対する批判・論評は，それによって当該公務員の社会的評価が低下することがあっても，その目的が専ら公益を図るものであり，かつ前提としている事実が主要な点において真実であることの証明があったときは，人身攻撃に及ぶなど論評としての域を逸脱したものでない限り」不法行為の違法性を欠くとしたケースもある（最判平成12・12・21）。なお，名誉毀損的表現に対する事前の差し止めについてはすでに述べた。

論点　「社会的評価を低下させる」とは

名誉毀損が，人の社会的評価を保護法益としている以上，社会的評価が低下したとはどのように判断するのかが問題となる。テレビ局がニュース番組で，ある野菜栽培農家が出荷した野菜がダイオキシン類に冒されているとの報道に対して，これが名誉毀損に当たるかどうかが争われた事例において，最高裁は以下のように述べている。

「テレビジョン放送をされた報道番組の内容が人の社会的評価を低下させるか否かについても，同様に，一般の視聴者の普通の注意と視聴の仕方とを基準として判断すべきである。テレビジョン放送をされた報道番組によって摘示された事実がどのようなものであるかという点についても，一般の視聴者の普通の注意と視聴の仕方とを基準として判断するのが相当である。テレビジョン放送をされる報道番組においては，新聞記事等の場合とは異なり，視聴者は，音声及び映像により次々と提供される情報を瞬時に理解することを余儀なくされるのであり，録画等の特別の方法を講じない限り，提供された情報の意味内容を十分に検討したり，再確認したりすることができないものであることからすると，当該報道番組により摘示された事実がどのようなものであるかという点については，当該報道番組の全体的な構成，これに登場した者の発言の内容や，画面に表示されたフリップやテロップ等の文字情報の内容を重視すべきことはもとより，映像の内容，効果音，ナレーション等の映像及び音声に係る情報の内容並びに放送内容全体から受ける印象等を総合的に考慮して，判断すべきである（最判平成15・10・16）。」

名誉毀損訴訟における具体的な利益考量という点では，従来の判断を踏襲していると考えてよいであろう。

③　プライバシー侵害

プライバシーについても，名誉毀損と同様な考慮が求められる。ただ，名誉毀損と異なり，プライバシー侵害は，刑事制裁が用意されていないことや，たとえその表現が真実であったとしても法益の侵害は発生しているという点において，表現の自由との調整には困難な作業が求められる。

最高裁は，「プライバシー」という用語を用いることには，やや慎重であった。これはプライバシー概念が不明確であるということと同時に，より定着した法概念の中にプライバシー権の要素を読み込もうとする姿勢の表れであるといえる。しかし，下級審判決の中には，プライバシーの概念に積極的に踏み込んだものがある。三島由紀夫のモデル小説**『宴のあと』事件**東京地裁判決は，そのリーディングケースであった（東京地判昭和39・9・28）。これによると，プライバシー侵害があったかどうかの判断基準は，①公開された内容が私生活上の事実または事実らしく受け取られるおそれのある事柄であること，②一般人の感受性を基準にして当該私人の立場に立った場合，公開を欲しないであろうと認められる事柄であること，③一般の人々にまだ知られていない事柄であることが要件として掲げられている。

プライバシー侵害訴訟は，小説やルポルタージュといった出版の形態をとることが多い。このうち，登場人物の同意なく，登場人物の過去（犯罪歴）を公表することができるかどうかが問題となったケースがある。最高裁判所は登場人物のその後の生活状況や実名使用の意義などを衡量して，その可否を判断するという姿勢を示している（**『逆転』事件**：最判平成6・2・8）。同じく，モデル小説について，事前の差し止めを認めた下級審判決を支持したケースもある（**『石に泳ぐ魚』事件**：最判平成14・9・24）。

論点　忘れられる権利とプラットフォーム

インターネットの普及により，情報の収集が紙媒体からウェブに移行している。インターネット上のプラットフォームから検索機能を利用して，個人の情報を提供，収集したり，個人に対する評価を書き入れることも頻繁に行われるようになってきた。そこで，検索エンジン上にある個人情報にアクセスされることで，その個人のプライバシーや名誉が侵害される場合，検索の対象となる言葉の削除を求めることができるかが争われるようになっている。いわゆる「忘れられる権利」（right to be forgotten）の問題である。

この点について，最高裁は，「検索事業者は，インターネット上のウェブサイトに掲載されている情報を網羅的に収集してその複製を保存し，同複製を基にした索引を作成するなどして情報を整理し，利用者から示された一定の条件に対応する情報を同索引に基づいて検索結果として提供するものであるが，この情報の収集，整理及び提供はプログラムにより自動的に行われるものの，同プログラムは検索結果の提供に関する検索事業者の方針に沿った結果を得ることができるように作成されたものであるから，検索結果の提供は検索事業者自身による表現行為という側面を有する」として，検索エンジンによる情報提供行為が憲法21条1項にいう表現行為に該当すると認めている（最決平成29・1・31）。その上で，検索に用いられる用語の削除請求については，以下のような判断がなされている。

「検索事業者が，ある者に関する条件による検索の求めに応じ，その者のプライバシーに属する事実を含む記事等が掲載されたウェブサイトのURL等情報を検索結果の一部として提供する行為が違法となるか否かは，当該事実の性質及び内容，当該URL等情報が提供されることによってその者のプライバシーに属する事実が伝達される範囲とその者が被る具体的被害の程度，その者の社会的地位や影響力，上記記事等の目的や意義，上記記事等が掲載された時の社会的状況とその後の変化，上記記事等において当該事実を記載する必要性など，当該事実を公表されない法的利益と当該URL等情報を検索結果として提供する理由に関する諸事情を比較衡量して判断すべきもので，その結果，当該事実を公表されない法的利益が優越することが明らかな場合には，検索事業者に対し，当該URL等情報を検索結果から削除することを求めることができるものと解するのが相当である。」

この延長線上で判示されたのが，ツイッターの検索記事削除事件であった。最高裁は，次のように述べて，削除請求を認めている（最決令和4・6・24）。

「上告人が，本件各ツイートにより上告人のプライバシーが侵害されたとして，ツイッターを運営して本件各ツイートを一般の閲覧に供し続ける被上告人に対し，人格権に基づき，本件各ツイートの削除を求めることができるか否かは，本件事実の性質及び内容，本件各ツイートによって本件事実が伝達される範囲と上告人が被る具体的被害の程度，上告人の社会的地位や影響力，本件各ツイートの目的や意義，本件各ツイートがされた時の社会的状況とその後の変化など，上告人の本件事実を公表されない法的利益と本件各ツイートを一般の閲覧に供し続ける理由に関する諸事情を比較衡量して判断すべきもので，その結果，上告人の本件事実を公表されない法的利益が本件各ツイートを一般の閲覧に供し続ける理由に優越する場合には，本件各ツイートの削除を求めることができるものと解するのが相当である。原審は，上告人が被上告人に対して本件各ツイートの削除を求めることができるのは，上告人の本件事実を公表されない法的利益が優越することが明らかな場合に限られるとするが，被上告人がツイッターの利用者に提供しているサービスの内容やツイッターの利用の実態等を考慮しても，そのように解することはできない。」

この説示は，紙媒体上での名誉毀損やプライバシー侵害に対する利益考量と本質的には変わらないことを示している（宮下紘「忘れられる権利」判例時報3巻16号2017年参照）。

(3) 営利的な表現

商品やサービスの提供を直接的な目的とした**営利広告**は表現の自由に含まれるのであろうか。学説は，①これを表現の自由ととらえ，ただし政治的表現に比べて低い保障を受けるにとどまると解するもの，②経済活動の自由ととらえ，しかし，広告が情報伝達作用を営むものであることを重視して，比較的厳格な司法審査を課すべきだとするもの，③営利広告も政治的広告と同レベルの保障を受けるべきだとするもの，④広告の自由は表現の自由と経済活動の自由の二面性を持ち，この二面性から保障の程度や内容を判断するという立場に分けられる。今日，日常の経済活動に及ぼす広告の意義は多大であって，その情報伝達機能は無視できない。それゆえ，営利広告を表現の自由に取り込んだ上で，その独自性を考えていくべきであろう。

最高裁の立場は，はっきりとしてはいない。かつて，あん摩師，はり師，きゅう師及び柔道整復師が定める適応症の広告規制が問題となったことがあるが，最高裁は，広告を無制限に許すと，「患者の吸引のため虚偽誇大に流れ，一般大衆を惑わせるおそれがあり，その結果適時適切な医療を受ける機会を失わせる結果となる」などとして，この合憲性を認めている。しかし，真実の広告を禁止することができるのかという点について，学説は批判的である。

(4) 犯罪の唱道・煽動

犯罪をあおり，あるいは教唆する表現はどうか。集団的な示威行動においては，ときに犯罪を唱道しているのではないかととられかねない表現も行われる。現行法には，破壊活動防止法38条を始め，不納税煽動を処罰する国税犯則取締法22条などが置かれている。これらは，抽象的危険犯として構成されているので，実害が引き起こされたかどうかは問わずに，処罰が行われるところが問題である。

最高裁は，戦後間もない頃，**食糧緊急措置令違反事件**において，煽動処罰規定の合憲性を公共の福祉から直接導き出した（最大判昭和24・５・18）。その約40年後，破壊活動防止法における煽動処罰規定についても，ほぼ同じ論理でその合憲性を認めたのである（渋谷暴動事件：最判平成２・９・28）。

学説においては，アメリカ合衆国で展開された「明白かつ現在の危険テスト」（前出）やその発展形態である「**ブランデンバーグの法理**」（表現内容が暴力や違法行為を煽動して，かつその害悪惹起の危険性があったことの立証を政府側に求めるもの）を適用して，煽動処罰規定の適用範囲を限定すべきだとするものが多い。場合によっては，過度に広汎性の主張やあいまいゆえに無効の主張も考えられてよいであろう。

この点で問題となっているのが**ヘイト・スピーチ**の問題であるといえる。

論点　ヘイト・スピーチは規制できるか

ヘイト・スピーチとは，人種や民族，宗教などを理由に誹謗中傷行為を行うことで，差別を助長させるような表現行為をいう。これらの行為が特定の個人や団体に向けられたなら，名誉毀損や業務妨害の罪に問うことができるし，損害賠償や差し止めも可能である。では，一般的に民族や人種に向けられた誹謗中傷活動を規制することはできるのだろうか。

人種や民族，宗教をテーマとした表現活動を規制することは**主題規制**であるから，内容規制の一種として厳格な審査が適用されるべきだという考え方がある。「言論には言論で」という考え方からしても，規制は望ましくないともいえるだろう。一方，特定の団体を誹謗中傷する表現活動は憲法上の価値を持たないとする考え方もある。

特定の団体の尊厳を損ない，社会的な差別を助長するような表現はもはや表現の自由の範囲を超えている。しかし，これらの表現を規制するとなると，ヘイト・スピーチをどう定義づけるか，規制することで差別が見えなくならないか，規制することの実効性はあるのかどうかという課題が待ち受けている。先に見た「明白かつ現在の危険テスト」から考えても，抽象的な危険性だけで表現規制を行うことへの警戒感もある。

ヘイトスピーチを規制する際，規制によってどのような利益を保護するのかが問題となる。まず，ヘイトスピーチを名誉毀損の延長線上でとらえる方法がある。これは特定の個人や団体に対する名誉の保護を一歩進めて，特定の民族や宗教に属する不特定な個人を保護する方法がある（名誉毀損型）。一方，ヘイトスピーチ規制の保護法益を国家による尊厳の保護ととらえることも可能である（国家による保護型）。これは，特定の被害者を想定するものではなく，尊厳が保たれる社会を実現することを国家に義務づけたと考える点でわいせつに類似する。わいせつ表現の規制も国家による健全な性風俗の維持に保護法益が求められるのであるから，同様に，民族や人種，宗教による社会的差別を防止することにヘイトスピーチ規制の目的を求める方法であると言える。なお，最高裁は，大阪市ヘイトスピーチ規制条例につき，その目的は正当で規制方法も必要やむを得ない程度にとどまるとして，合憲性を認めている（最判令和4・2・15）。

⑸　大衆的表現

以上がどちらかといえば表現内容を理由とした規制に分類できるのに対して，ここでは表現の時間や場所，方法への規制が問われる。

①　ビラ貼り・ビラ配り

マスメディアに対してアクセスする手だてを持たない市民にとって，ビラを印刷し，配布または貼付することは，最も簡単な表現手段である。しかし，軽犯罪法（１条33号）や屋外広告物条例などは，都市の美観の観点から，ビラ貼りを厳しく禁止している。これは憲法21条を不必要に制限するものではないのか。

最高裁は，**都市の美観**を維持することの重要性を強調して，ビラ貼り禁止規定を必要かつ合理的な制限であると簡単に認めている（最判昭和43・12・18）。また，政治演説会の宣伝のため，立て看板を掲出した行為が屋外広告物条例に違反するとされた事件では，条例が公共の福祉のため，必要かつ合理的な制限であるとして，条例の合憲性を認めている。学説には，屋外広告物条例の目的（美観の維持）が表現規制を正当化するといえるかという点，**屋外広告物条例**は恣意的かつ選別的に広告物を禁止する余地を認めていることを指摘するものなどがある。

②　暴騒音の禁止

多くの地方公共団体では，拡声器を用いた表現活動に対して，音量を規制する条例を指定している。これは表現の自由を侵害しないのであろうか。この種の規制は，表現内容にかかわらず，拡声器使用に対して一律平等に課されるものであるから，内容中立規制といえる。したがって，その合憲性の審査に当たっては，厳格な審査を適用する必要はない。

最高裁判所の判例には，拡声器使用や街宣車による表現活動の規制について判断したものはないが，これらの規制が表現内容ではなく，表現に付随して生じる害悪を防止するものであるならば，合理的な審査に付されることが予想される。しかし，内容中立的な規制や付随的規制であっても表現規制であることには変わりがなく，しかも，この種の規制が実質的に特定のメッセージを禁圧するおそれも否定できないのであるから，中間段階の審査が適用されるべきである。

③　パブリック・フォーラム論

公園や道路など，人々のコミュニケーションに供される場所を**パブリック・**

フォーラムと呼んでいる。これについては，集会規制につき問題とされる場合が多いので，集会の自由の箇所に譲る。

4　マスメディアの自由

(1)　マスメディアの自由と知る権利

情報化社会において，マスメディアは国民の**知る権利**にとって欠かすことができない存在となっている。マスメディアは組織であり，団体であるから，憲法上の権利を享有する主体であることは確かである。ただ，団体に保障される憲法上の権利と自然人が共有する「人権」を区別する考え方に立つと，それは，国民の知る権利に奉仕すべく認められた**制度**であるともいえよう。

マスメディアが国民の知る権利に奉仕するためには，何より情報を伝達する作用（報道の自由）が認められなければならない。また，情報を伝達するには，情報を収集し（取材の自由），それを取捨選択，加工する自由（編集の自由）が必要である。マスメディアの自由とは，したがって，**報道の自由**，**取材の自由**，**編集の自由**から構成される複合的な権利である。

①　報道の自由

最高裁判所は，「報道機関の報道は，国民が国政に関与するにつき，重要な判断の資料を提供し，国民の知る権利に奉仕するものであるから」，表現の自由の保障の下にあると述べている（博多駅テレビフィルム提出命令事件：最大決昭和44・11・26）。

②　取材の自由

取材の自由は，報道機関が取材源にアクセスすることの自由と取材の結果を強制的に開示させられない自由の二つの側面から構成される。第一の点について，最高裁は，取材活動が国家公務員法110条１項に定める守秘義務違反の教唆にあたるか否かが問題となった**外務省秘密漏洩事件**において，取材方法が「法秩序全体の精神に照らし相当なものとして社会通念上是認されるものである限りは，実質的に違法性を欠く」との判断基準を示している（最決昭和53・５・31）。

第二の点については，さらに取材結果を裁判における証拠として提出させることや捜査機関が押収することの是非や取材源の秘匿，あるいは記者の証言拒否が認められるかが問題となる。最高裁は，**博多駅テレビフィルム提出事件**の中で，「取材の自由も本条の精神に照らし，十分尊重に値する」と述べつつ，

「しかし，取材の自由も公正な裁判の実現のために制約を受け，諸般の事情を比較衡量し」て，取材結果の提出の是非が決められると述べ，取材結果の提出について，テレビ局側の主張を退けている。この利益衡量論は，取材結果の強制的な提出に関する判例理論となっている。最高裁は，テレビ局が収録したビデオテープを捜査機関が押収することを認めた（**日本テレビ事件**：最決平成元・１・30。**TBS テレビ事件**：最決平成２・７・９）。そこでは，取材結果が事実の解明に不可欠であるかという点と取材結果を提出させることによって生じる報道機関の支障を衡量するという手法がとられている。

論点　取材源の秘匿・証言拒否は可能か

取材源の秘匿や記者の**証言拒否**についても同様な姿勢が見られる。最高裁は，早くから新聞記者の取材源秘匿の権利について，「司法権の公正な発動について必要不可欠な証言の義務をも犠牲にして，証言拒否の権利までも保障したわけではない」と判断してきた（最大判昭和27・８・６）が，下級審判決の中には，具体的な利益衡量の結果，証言義務が公正な裁判のために不可欠であるとまではいえない場合には，取材源の秘匿を民訴法197条にいう「職業上の秘密」に当たると判断したケースもある（札幌高決昭和54・８・31）。

また，民事事件において，記者の取材源の秘匿が民訴法197条にいう「職業上の秘密」に該当するかどうかが争われた，NHK 記者証言拒絶事件（最決平成18・10・３）において，最高裁は，次のように述べている。「報道関係者の取材源は，一般に，それがみだりに開示されると，報道関係者と取材源となる者との間の信頼関係が損なわれ，将来にわたる自由で円滑な取材活動が妨げられることとなり，報道機関の業務に深刻な影響を与え，以後その遂行が困難になると解されるので，取材源の秘密は職業の秘密に当たるというべきである。そして，当該取材源の秘密が保護に値する秘密であるかどうかは，当該報道の内容，性質，その持つ社会的な意義・価値，当該取材の態様，将来における同種の取材活動が妨げられることによって生ずる不利益の内容，程度等と，当該民事事件の内容，性質，その持つ社会的な意義・価値，当該民事事件において当該証言を必要とする程度，代替証拠の有無等の諸事情を比較衡量して決すべきことになる。」民事訴訟法と刑事訴訟法では条文の定め方が異なっていることもあるが，刑事事件と民事事件では，真実の解明における証言拒否の重みが異なっているともいえよう。

この点について，学説は，記者の取材源の秘匿が憲法上の権利とまではいえないと解しつつ，これを認めるかどうかは立法政策にゆだねられているとするもの，刑事裁判と民事裁判を分けて，民事裁判の場合には，公正な裁判の実現にとって，取材源の開示が必要不可欠とまではいえず，利益衡量上，取材源の秘匿が認められる場合もあるとするものに分かれている。

③　編集の自由

これについては，アクセス権で述べたことの多くが妥当する。

⑵　マスメディアに対する法規制

①　公平原則

電波が有限であった時代には，情報の受け手が情報の選択をすることができなかったため，視聴者や聴取者を偏った報道や意見から保護する必要があった。このような観点から，放送法３条の２は，電波メディアに対して政治的中立性と多様な意見の紹介を義務づけている。これを**公平原則**（fairness doctrine）と呼んでいる。

しかし，今日，多様なメディアの開発は，公平原則の在り方に再考を迫っている。実際，アメリカでは，1987年に公平原則が廃止された。この点については，立法事実として，公平原則を支える社会的な必要性が存在するのかどうか。とりわけ，視聴者の地上波への依存度が重要な鍵になってくる。

論点　公平原則の適用範囲

放送法は，次のような条文を置いている。

第１条　この法律は，次に掲げる原則に従つて，放送を公共の福祉に適合するように規律し，その健全な発達を図ることを目的とする。

一　放送が国民に最大限に普及されて，その効用をもたらすことを保障すること。

二　放送の不偏不党，真実及び自律を保障することによつて，放送による表現の自由を確保すること。

三　放送に携わる者の職責を明らかにすることによつて，放送が健全な民主主義の発達に資するようにすること。

第３条　放送番組は，法律に定める権限に基づく場合でなければ，何人からも検証され，又は規律されることがない。

第４条　放送事業者は，国内放送及び内外放送（以下「国内放送等」という。）の放送番組の編集に当たつては，次の各号の定めるところによらなければならない。

一　公安及び善良な風俗を害しないこと。
二　政治的に公平であること
三　報道は事実をまげないですること。
四　意見が対立している問題については，できるだけ多くの角度から論点を明らかにすること。

有限な電波を公平に用いるべきだという考え方は，放送局が公器として，中立的に意見を紹介すべきだとの考え方に基づいている。しかし，だからといって，特定の放送局の特定番組が偏っていることを口実に，公権力が介入することが正当化されるわけではない。放送免許を剥奪するというような法的な制裁を用いなくても，公権力による介入は放送内容に影響を及ぼすことは否定できない。今日，公平原則を維持しなければならないような社会的な必要性は高くない。インターネットの普及により，様々な個人や団体が独自の報道作用を営むようになっている。むしろ，ネット社会における表現の多様性という視点からは，公平原則を廃棄すべき要請が働いているというべきではなかろうか。

② NHK の受信料と憲法21条１項

NHK（日本放送協会）の受信料は，テレビ放送を受信できる機器の設置によって発生すると定める放送法64条１項の規定が契約の自由に違反するのではないかと争われた事件において，最高裁は，本規定の合憲性を以下のように述べている（最大判平成29・12・６）。

「公共放送事業者と民間放送事業者との二本立て体制の下において，前者を担うものとして原告を存立させ，これを民主的かつ多元的な基盤に基づきつつ自律的に運営される事業体たらしめるためその財政的基盤を受信設備設置者に受信料を負担させることにより確保するものとした仕組みは，前記のとおり，憲法21条の保障する表現の自由の下で国民の知る権利を実質的に充足すべく採用され，その目的にかなう合理的なものであると解されるのであり，かつ，放送をめぐる環境の変化が生じつつあるとしても，なおその合理性が今日までに失われたとする事情も見いだせないのであるから，これが憲法上許容される立法裁量の範囲内にあることは，明らかというべきである。このような制度の枠を離れて被告が受信設備を用いて放送を視聴する自由が憲法上保障されていると解することはできない。」

③ 名誉・プライバシーとの調整

すでに述べたとおり，マスメディアの活動は国民の名誉やプライバシーといった利益と緊張関係に立つ場合がある。これは究極的には裁判における解決を求めるものであるが，裁判所以外の国家機関が第三者的な立場に立って，マスメディアと名誉やプライバシーの紛争を解決することが適切かどうかが議論されている。また，2003年に施行された**個人情報保護法**は，民間事業者が個人情報の取り扱いを慎重に行うべきことを定めているが，これがマスメディアの活動を規制するものかどうかも議論された。国民の権利を保護するため，国家が積極的に介入することの是非をはじめとして，解決されなければならない問題は多い。

5　集会・結社の自由

⑴　集会・結社の概念

日本国憲法は，**集会・結社の自由**を並べて規定しているが，この両者には相違点も少なくない。**集会**は，人の集まりのうち不特定多数人が一時的に集合するものを指し，**結社**は特定人がある程度継続的恒常的に結びつくものを指すと解されている。また，集会・結社は表現の一方法として定められているが，それだけではない。ただし，集会・結社の自由には，その他の表現の自由には見られない問題が含まれている。

⑵　集会の自由

集会の自由とは，誰がいつ誰とどこで，いかなる形態の集会を催すかどうかについて，国家が介入してはいけないということを意味する。集会の自由は，その本質からして，集会場所が必要である。したがって，集会の自由は，国家に対して一定の場所を集会に使わせるよう求める権利をも含んでいる。アメリカの判例法理から認められてきたパブリック・フォーラムの考え方やわが国の地方自治法が定める「公の施設」の概念（244条）には，表現場所を提供する国家の義務が予定されている。

しかし，集会の自由は，集会に参加しない者などの利益と衝突する場合が少なくないので，国家による調整が求められる。とくに，公共の場所（公園や道路）を利用する者と集会の調整には困難な問題が含まれている。

①　デモ行進と道路交通法・公安条例

集会の中でも集団的な行進，示威的活動を伴うデモ行進は，公共の場所における他の利用者や交通の安全と直接的に対立する。それゆえ，憲法はデモ行進を無制限に認めることまでも要求してはいない。そこで，公共の場所を管理する自治体の多くは，デモ行進に際して**届出**もしくは**許可**を要求することにしている。それでは，デモ行進に際して，事前の包括的な許可を要求してよいか。これは検閲に該当する。最高裁判所もこのような許可制が憲法に違反することを認めている（**新潟市公安条例事件**：最大判昭和29・11・24）。デモ行進に際する許可や届出は，「特定の場所又は方法につき，合理的かつ明確な基準」により運用され，また「公共の安全に対し明らかな差し迫った危険が予見される場合」に限定して不許可にすることが認められる必要がある。道路交通法77条２項による警察署長の許可についても同様なことが求められている（最判昭和57・11・16)。ただし，問題は，デモ行進に対する許可もしくは届出制を公正に運用するために必要な行政手続や事後の司法救済がどれほど有効に機能しているかである。

論点　集会規制と合憲性の判断基準としての利益衡量（成田新法事件）

最高裁は，集会に対する規制が問題となった成田新法事件（最大判平成４・７・１）において，次のような合憲性判断の考え方を明らかにしている。ここには，典型的な利益衡量手法を見ることができる。

現代民主主義社会においては，集会は，国民が様々な意見や情報等に接することにより自己の思想や人格を形成，発展させ，また，相互に意見や情報等を伝達，交流する場として必要であり，さらに，対外的に意見を表明するための有効な手段であるから，憲法21条１項の保障する集会の自由は，民主主義社会における重要な基本的人権の一つとして特に尊重されなければならないものである。

しかしながら，集会の自由といえどもあらゆる場合に無制限に保障されなければならないものではなく，公共の福祉による必要かつ合理的な制限を受けることがあるのはいうまでもない。そして，このような自由に対する制限が必要かつ合理的なものとして是認されるかどうかは，制限が必要とされる程度と，制限される自由の内容及び性質，これに加えられる具体的制限の態様及び程度等を較量して決めるのが相当である（よど号ハイジャック新聞記事抹消事件：最大判昭和58・６・22参照)。

本法３条１項１号に基づく工作物使用禁止命令により保護される利益は，新空港若しくは航空保安施設等の設置，管理の安全の確保並びに新空港及びその周辺における航空機の航行の安全の確保であり，それに伴い新空港を利用する乗客等の生命，身体の安全の確保も図られるのであって，これらの安全の確保は，国家的，社会経済的，公益的，人道的見地から極めて強く要請されるところのものである。他方，右工作物使用禁止命令により制限される利益は，多数の暴力主義的破壊活動者が当該工作物を集合の用に供する利益にすぎない。しかも，前記本法制定の経緯に照らせば，暴力主義的破壊活動等を防止し，前記新空港の設置，管理等の安全を確保することには高度かつ緊急の必要性があるというべきであるから，以上を総合して較量すれば，規制区域内において暴力主義的破壊活動者による工作物の使用を禁止する措置を採り得るとすることは，公共の福祉による必要かつ合理的なものであるといわなければならない。また，本法２条２項にいう「暴力主義的破壊活動等を行い，又は行うおそれがあると認められる者」とは，本法１条に規定する目的や本法３条１項の規定の仕方，さらには，同項の使用禁止命令を前提として，同条６項の封鎖等の措置や同条８項の除去の措置が規定されていることなどに照らし，「暴力主義的破壊活動を現に行っている者又はこれを行う蓋然性の高い者」の意味に解すべきである。そして，本法３条１項にいう「その工作物が次の各号に掲げる用に供され，又は供されるおそれがあると認めるとき」とは，「その工作物が次の各号に掲げる用に現に供され，又は供される蓋然性が高いと認めるとき」の意味に解すべきである。したがって，同項１号が過度に広範な規制を行うものとはいえず，その規定する要件も不明確なものであるとはいえない。

以上のとおりであるから，本法３条１項１号は，憲法21条１項に違反するものではない。右と同旨の原審の判断は正当であり，原判決に所論の違憲はなく，論旨は採用することができない。

②　「公の施設」管理権と集会規制

地方自治法244条２項は，「正当な理由がない限り，住民が公の施設を利用することを拒んではならない」と定めている。ここでいう「**公の施設**」とは，公園や公民館，市民会館のように，住民が集会に用いることを予定して設置された施設（公共用物）を指している。地方自治体は，正当な理由がない限り，これら施設を住民に利用させる義務を負っている。

論点　公の施設の利用拒絶と正当な理由

それでは「正当な理由」とは何か。先に利用申請した者がいる場合はともかくとして，多くの条例では，「公の秩序を害する場合」を挙げることが多い。しかし，公の秩序を害することは，抽象的に予見できるだけでは足りず，「明らかな差し迫った危険の発生が具体的に予見される」必要があると解されている（最判平成7・3・7，最判平成8・3・15)。

一方，「公の施設」以外の場所での集会規制はどうか。最高裁は，新東京国際空港の安全確保に関する緊急措置法3条1項に基づく工作物使用禁止命令と集会の自由について，航空機の航行や乗客の安全保護を優先し，同法に基づく集会規制を必要かつ合理的な制限であると判断している（最大判平成4・7・1)。また，私鉄の駅構内でのビラ配りについては，施設管理者の財産権を優先して，これを禁止しても憲法に違反しないとした判決がある。

なお，同判決の中で，伊藤正己裁判官は，**パブリック・フォーラム論**を展開している。パブリック・フォーラム論とは，公の施設を始め，一般公衆が出入りする場所では，施設管理者の自由を制約し，表現活動を優先すべきであるとの考え方である。これはアメリカの憲法学説や判例理論の中で展開されてきた解釈理論であるが，その意味は，パブリック・フォーラムと認定された場所では，表現内容に基づく規制が排除されるところに求められる。アメリカでは，1970年代以降，この理論が一定の成果を上げてきたといえるが，パブリック・フォーラムか否かの見極めが不明確であるなどの理由から，この理論への批判も強い。

公立図書館は，図書館法，社会教育法などによって地方公共団体が設置した公の施設である。したがって，地方自治法244条に従って，設置運営されなければならない。この点について，図書館職員が自らの思想に反する図書を廃棄したことが著作者の人格権を侵害するのではないかが争われた事件において，最高裁は，次のように述べ，損害賠償請求を容認している（**船橋市市立図書館事件**：最判平成17・7・14)。

「公立図書館が，上記のとおり，住民に図書館資料を提供するための公的な場であるということは，そこで閲覧に供された図書の著作者にとって，その思想，意見等を公衆に伝達する公的な場でもあるということができる。したがって，公立図書館の図書館職員が閲覧に供されている図書を著作者の思想や信条を理由とするなど不公正な取扱いによって廃棄することは，当該著作者が著作物によってその思想，意見等を公衆に伝達する利益を不当に損なうものといわなければならない。そして，著作者の思想の自由，表現の自由が憲法により保障された基本的人権であることにもかんがみると，公立図書館において，その著作物が閲覧に供されている著作者が有する上記利益は，法的保護に値する人格的利益であると解するのが相当であり，公立図書館の図書館職員である公務員が，図書の廃棄について，基本的な職務上の義務に反し，著作者又は著作物に対する独断的な評価や個人的な好みによって不公正な取扱いをしたときは，当該図書の著作者の上記人格的利益を侵害するものとして国家賠償法上違法となるというべきである。」

また，「表現の不自由展かんさい」の開催を目的とする大阪府立労働センターのギャラリーの利用承認を同センターの指定管理者が取り消す旨の処分をしたところ，原審（大阪地裁）において上記の取消処分の執行停止（効力停止）が認められ，これに対して即時抗告が申し立てられたが，大阪高裁はこれを棄却した（大阪高決令和３・７・15。最高裁もこれを棄却することで判断が確定している）事件がある。原審である大阪地裁は，泉佐野市民会館事件最高裁判決によりながら，差し迫った危険の存在とその立証を否定している。

(3)　結社の自由

結社の自由とは，結社の形成，加入，脱退等について国家は介入してはならないこと，結社に加入していること，あるいはいないことについて，差別的な取り扱いをしてはならないことを意味している。

論点　強制加入団体の合憲性

結社の自由については，弁護士会や司法書士会などの**強制加入団体**が憲法上許されるのかどうかが問題となる。学説の多くは，この点について，職業に高度の専門技術性・公共性があること，その専門技術水準・公共性を維持確保するための措置としての必要性があること，その団体の目的および活動範囲がその職業の職業倫理の確保と事務の改善に厳しく限定されていることを要件に，その合憲性を認めている。

この点で，強制加入団体が構成員に対して，どこまで活動への協力を強制できるかという問題がある。最高裁は，政治献金は認めず，震災への復興協力金は強制可能であると判断しているようであるが，いまだはっきりした法理は形成されていない（前述）。

結社に対して，その活動を制限し，あるいは解散を命ずることは，結社の自由に反しないのか。破壊活動防止法が定めるこのような結社制限については，合憲性に疑問を呈する学説がある。結社の自由といえども，他者の自由を侵害することを目的とし，あるいは他者の権利を侵害する行動を行うことまでも許されるわけではないが，一般的抽象的な危険性のみに基づいて，結社規制を課すことは本条に照らし合わせて許されないと解すべきであろう。また，仮に結社に対する活動規制や解散命令が許される場合があるとしても，それは公正な司法判断によるべきである。

6　通信の秘密

(1)　通信の秘密の意義

憲法21条2項後段は，「通信の秘密は，これを侵してはならない」と定めている。ここで通信とは，手紙や電話など，媒体を問わず，広い意味での情報のやりとりを意味している。**通信の秘密**とは，コミュニケーションという，人間にとって本源的な行為が国家によって妨害されてはならず，また監視されてはならないという意味を持っているので，ここにはプライバシーの保護という意味も含まれている。通信内容やその事実が国家によって探知されたならば（あるいはそのようなおそれを抱かせることになれば），コミュニケーションは萎縮する。したがって，通信の秘密は，自由の防波堤でもある。

このような性格を持つ「通信の秘密」からすると，国家は，まず，通信内容への介入（公権力による通信内容の探知や通信事実の探知）が禁止されるが，同時に通信事業者に対して秘密を守るよう義務づけることも求められている。このことから，公益事業たる性格を持つ郵便事業者や通信事業者に検閲を禁じ，親書の開封を禁じ，通信の秘密を侵してはならないよう義務づける制度が定められている。

(2)　通信の秘密の限界

そのような意義を持つ通信の秘密も，一定の場合には制約を受ける。たとえば，刑事訴訟法100条は，「被告人から発し，又は被告人に対して発した郵便物，信書便物又は電信に関する書類で法令の規定に基づき通信事務を取り扱う者が保管し，又は所持するものを差し押え，又は提出させることができる」と定め，また222条の2は，「通信の当事者のいずれの同意も得ないで電気通信の傍受を行う強制の処分については，別に法律の定めるところによる」として，**通信傍受法**がその詳細な手続を定めている。

論点　通信の傍受はどこまで可能か

しかし，学説では，これらの制度について疑問を投げかけるものも少なくない。最高裁もこれを受けて，犯罪捜査のために通信の傍受が許される場合を，①重大な犯罪に係る被疑事件であること，②被疑者が犯罪を犯したと疑うに足りる十分な理由があること，③その通信により犯罪に関する通話が行われるという蓋然性があること，④電話傍受以外に証拠を得ることが著しく困難であることを考慮した上で，やむを得ないと判断される場合に限定し，これらが認められる場合には，法律の定める手続に従って電話の傍受を行うことも憲法に違反しないと解釈している（最決平成11・12・16）。

犯罪のための通信の傍受に関する法律（通信傍受法）は，1999年に制定された。この法律は，組織犯罪のうち重大な犯罪に係るものを対象として，裁判官による令状を要件として，通信の傍受を認めている。当初，対象とされる犯罪は，薬物，銃器，集団密航，組織的殺人の４類型であったが，2016年の改正により，殺人，傷害，放火，誘拐，逮捕監禁，詐欺，窃盗，児童ポルノの９つの犯罪が対象とされるに至った。また，当初は，傍受に関して電気通信事業者の立ち会いを求めていたところ，改正により緩和された。この法律が組織犯罪への対応を目的としていること（１条）からすると，組織構成員間で行われる通信が犯罪の検挙，立証にとって不可欠な手段であることは理解できるものの，実際上，傍受が組織犯罪に限定されるのかどうか，令状を取って行われる傍受に先立ち，事実上の傍受が行われることへの法的な手当が欠けていることなど，通信の自由を侵害する運用がなされることへの懸念はぬぐい切れていない。

問題は，コミュニケーションという，人間にとって不可欠な営為への介入が必要不可欠な場合はいかなる場合かにある。その点で，通信傍受法が限定された組織犯罪にのみ傍受を認めると規定していることは，かろうじて本法の合憲性を確保するものであろう。ただし，技術的には，一般的な通信傍受が可能であるという事実からすると，本法の適正な運営を保障する手続的保障には，不十分さが残る。

Ⅳ 学問の自由

1 学問の自由の意義

(1) 学問の自由の意義

憲法23条は学問の自由を保障している。諸外国の立法例には，あえて学問の自由を独立した条項として規定するものは多くないと言われている。学問の自由は，知的な創造に関する自由であるから，その活動の多くは内心の自由や表現の自由と重なり合い，学問の自由を独立した権利として保障する実益に乏しいと判断されたためであろう。

しかし，わが国の場合は，戦前に行われた，研究教育活動への介入や弾圧（1932年の**滝川事件**，1935年の**天皇機関説事件**など）への反省や学問の自由がもたらす真理の獲得という利益に照らし合わせて，あえて一つの条文として保障したのである。

(2) 学問の自由の内容と限界

学問の自由には，①学問研究の自由，②学問的成果を公表する自由，③教授の自由，④大学の自治が含まれる。このうち，④は学問の自由を実質的に保障するため，学問研究の拠点である大学という制度を保障したものと考えられてきた（これについては2に譲る)。

① 学問研究の自由

学問研究が権力による介入を受けた場合には，研究活動が阻害されるだけでなく，学問的な成果にも歪曲効果がもたらされ，ひいては真理の追究という公的な利益が損なわれることにつながる。何をどのように研究するかは，公権力ではなく，個々の研究者が決定すべき事柄である。その意味では，学問研究の自由は大学，研究機関の職員のみならず，全国民が享有すべき自由である。

学問研究は真理の追究を求めて行われるものであるから，そこにタブーがあってはならない。しかし，学問研究もまた，様々な倫理的な制約を受けることはあり得る。近時，受精卵を用いた研究や**遺伝子治療**，**遺伝子の組み換え**や**クローン技術**の応用など，学問的倫理がかかわる問題は多い。問題は，これらの制約を倫理的な次元にとどまらず，法的に規制することの是非にある。研究内容やその結果が特定個人の人権や不特定多数の者の生命や健康に影響を及ぼす場合には，法規制の可能性が検討されてよいであろう。

② 学問的成果を公表する自由

学問研究はその成果が外部に公表されてはじめて意味を持つ。この意味で，学問の自由は表現の自由と重なり合うが，研究内容の公表については，本条の問題として構成すべきである。

③ 教授の自由

学問は教育活動と密接にかかわっている。公権力は，教育内容，すなわち教授内容について介入することが禁止される。この点で問題となるのは，普通教育機関（小中高等学校）の教師に教授の自由が認められるかである。

論点　小中高等学校教員と教授の自由

学説には，教授の自由も原則として普通教育機関の教師に認められるとしながら，生徒の批判能力の程度や普通教育に求められる特性（教育内容を統一する必要性）に鑑みて，一定の制約を受けるとするものがあり，これが通説的な立場に立っている。最高裁の立場も基本的にこの解釈によっている。一方，普通教育機関の教師の教授の自由については，生徒の教育を受ける権利に対応した作用として構成すべきであるとの解釈もある。両説の違いは，誰を権利主体とするかによるが，解釈として導き出される結論にそれほど多くの違いがあるとは思えない。「原則として認められるが，制約を受ける」という考え方に立った場合，どのような理由があれば制約が正当化できるのかがはっきりとしていなければならない。その時々の学問水準から見て妥当な見解を教授する自由を否定するような介入は許されないと考えるべきである（最大判平成５・３・16）。

2　大学の自治

(1) 大学の自治の意義

大学というシステムが古くから確立されていたヨーロッパでは，学問研究の中心は大学であった。そこでは，学問の自由を守るため，大学が自立した組織として保障される必要があった。公権力は，大学の内部問題に介入することがはばかられ，19世紀のドイツにおいて，大学は自らの力で運営を行うという慣行が確立した。また，もともと人の集合を意味する universita は，ギルド的な集団であって，公権力からの自立を求める組織であった。その結果，大学という制度を組織として公権力の介入から解放するしくみができあがったのである。

(2) 大学の自治の内容と限界

大学の自治は，おおむね①**大学の人事の自治**，②**施設管理の自治**，③**学生管理の自治**を含むものと解されている。これらに加えて，予算管理や研究教育内容の自治を挙げる学説もある。

① 大学の人事の自治

大学の学長，副学長，学部長その他の管理者をはじめ，教員の採用や昇任は大学の決定にゆだねられる。国公立大学の場合は，国立大学法人法や教育公務員特例法がこのことを定めているが，私立大学にあっても，同じことが要請される。この点で，大学の自治を**制度的保障**と解する考え方は，憲法が制度として要請するものは，私人としても侵すことができないと主張する。

② 施設管理の自治

大学の施設管理は，大学当局の意思にゆだねられる。この点で問題となったのは，大学構内に警察が出入りできるかであった。最高裁判所は，学生演劇サークルの催しに，私服警官が立ち入っていたところ，これを見つけた学生が強制的に排除した事件において，演劇の上演は学問活動には当たらないとした上で，学生の行為を大学の自治の名においては正当化できないとして，警察による大学の自治の侵害を認めた第一審および控訴審判決を否定した（**東大ポポロ事件**：最大判昭和38・5・22）。学説の多くは，この場合，大学の判断が優先されるべきであったとする。

③ 学生管理の自治

大学は，いかなる学生を入学させるか，また卒業させるかについて，外部から介入を受けてはならない。学生に対する処分についても，大学の判断が尊重される。退学処分については，司法審査の対象となるというのが通説判例の立場であるが，通常の単位認定については，司法審査は及ばない。

それでは，学生は大学においていかなる地位を持つのだろうか。この点で，伝統的な学説は，大学の自治の主体としては認めてこなかった。学生は営造物（公の目的で作られた施設）の利用者に過ぎないと解釈されてきたのである。しかし，このような理解については，批判も多く，今日では学生を大学における学問研究，教育の主体であると解する立場が有力である。ただし，問題は，そのように解釈した場合の具体的内容にある。学生を大学の管理運営に参加させるべきかどうかは，各大学が自主的に決定できるであろうが，それを超えて，憲法23条が学生の参加まで要請しているとは解されない。

④　大学の設置形態と自治

2004年４月から，従来の国立大学が独立行政法人化された。これにより，各国立大学は，国家による一元的な予算管理から逃れ，自主的な組織と方針による予算管理を行うことが可能となった。一方で，各国公立大学への予算配分は，研究実績などによって重点配分されており，国立大学間の競争も激化するものと思われる。しかし，問題は，独立行政法人化が国立大学の自治を助長するかどうかであって，現実には，大学の自治を侵害するような事態を招いている。

論点　国家の介入と大学の自治

大学もまた法令に基づいて設置された学校であるから，法令の規制を受けることは明らかである。この観点から，学校教育法が改正され，学長と教授会の権限配分についての規制が置かれることになった。大学教育という公的サービスの提供にあたっては，法令を遵守すべきことは当然であるが，法令を根拠に過度な大学への介入を行うことは憲法23条の予定するところではない。各種補助金申請や私学助成金の配分を背景にして，大学運営に介入することや文科相が国立大学法人に対して入学式，卒業式での君が代斉唱を要請することは大学の自治を侵害するものであって，憲法23条からは正当化されない。

演習問題

①　公立のＡ中学校では，生徒会が中心となって，生徒会新聞を発行している。Ａ中学で生徒会長を務めるＢは，新聞に学校を批判する記事を載せようとしたところ，Ａ中学校校長Ｃがこの記事の削除を求めた。この事例における憲法上の問題点を指摘せよ。

②　医学書を発行している出版社Ｘは，出版物の中に男性と女性の性器の写真を掲載したことが刑法175条１項に違反するとして起訴された。Ｘが無罪を主張するためには，どのような点を論じればよいのだろうか。

③　憲法記念日に集会を催そうとしていた護憲団体Ａは，Ｂ市民会館の使用を申請したところ，認められなかった。その理由は政治性が強い団体には市の施設を貸与しないということであった。Ａは，この措置が憲法21条１項に違反するとして損害賠償を求めたとする。Ａの主張は認められるであろうか。

④　市議会開催中は，市役所周辺において，議題となっているテーマについて拡声器を用いた街宣活動を禁止する趣旨の条例が制定されたとする。この条例の憲法上の問題点について論じなさい。

第5章

経済活動の自由

I　経済活動の自由と人権

1　経済活動の自由の展開

憲法22条1項は，居住移転の自由と職業選択の自由を保障し，2項は海外移住と国籍離脱の自由を保障している。また，29条1項は財産権の不可侵を，2項は財産権の内容の法定を，そして3項は財産権の公用収用とその補償の必要性を定めている。これらをまとめて経済活動の自由と呼んでいる。

経済活動の自由は近代社会の確立に欠かすことができない権利であった。自由な経済活動を保障するためには，労働力の移動や交易の自由が保障されていなければならない。封建制からの農民の解放や移動の自由の確立は資本主義社会が成り立つための前提である。資本主義社会では，身分ではなく，自由な契約が社会を構成する。そこでは，自らが職業を選び，それを自由に遂行する自由（**営業の自由**）がなければならない。そして，自らの労働から得た財産を自分のものとして保持し，これを自由に使用する権利が制度として保障されていなければならない。日本国憲法は，これらのことを22条と29条で保障したのである。

では，なぜ経済活動の自由は必要なのであろうか。自由な交易や財産権の保障は，自立した個人の基礎である。個人が国家から独立した存在であるためには，何より経済的に自立していなければならない。ジョン・ロックの財産権論は，個人に固有の財産が労働によってもたらされると考えたが，それは個人が独立するために不可欠な条件であった。

経済活動の自由は，また活力のある社会の源でもある。豊かな社会は，市場における競争によってもたらされた。自由な競争は，後に見るように社会にひずみをもたらす場合もある。しかし，市場という交易の場は，より良い商品をより安く，多量に供給することを可能にする。

〔図：経済活動の自由とは〕

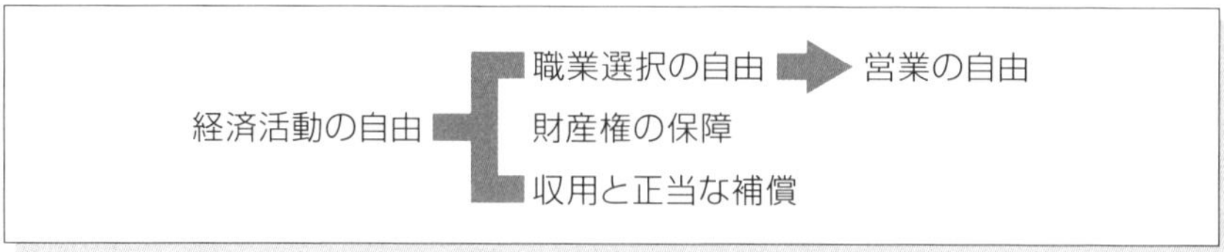

経済活動の自由
- 職業選択の自由 ➡ 営業の自由
- 財産権の保障
- 収用と正当な補償

2　経済活動への規制の必要性

(1)　「社会的規制」と「経済的規制」

しかし，無制約な経済活動は，国民生活にマイナスの影響をももたらす。この影響には，二つの種類が考えられよう。第一に，経済活動は，国民の生活に密接にかかわっている。たとえば，食品や医薬品は，国民の生命や健康に直接的な影響を与える。したがって，国家は，食品添加物を規制し，医薬品を承認し，医師や薬剤師に国家資格を求め，飲食店に営業許可を求めている。これらの規制を「**社会的規制**」と呼ぶ場合がある。

第二に，自由な競争は，公正な市場を前提にして成り立っているが，市場が様々な理由によりうまく働かなくなったとき，そこには**独占**がはびこることになる。独占は，市場をコントロールし，価格を決定し，社会的な富の配分を歪め，国民生活を支配する。このような市場の病理ともいえる独占を排除するため，国家は市場に介入することが期待される。このような規制を「**経済的規制**」と呼ぶ場合がある。憲法22条，29条が13条とは別にあらためて「公共の福祉」による制約の可能性を認めているのには，そのような考慮があると考えられている。

このうち，「社会的規制」は，科学技術の高度化（遺伝子組み換え技術がその例）によって，生産者と消費者の間にある知識（情報）の格差をいかに埋め合わせるかが問われるようになっており，「経済的規制」については，福祉国家の理念を実現するという視点と規制緩和という視点をいかに両立させるかが問われるようになっている。また，後者は，広く自然環境との調和，あるいは自由な企業活動とその他の公序（男女平等など）との調和も問題となっており，政策的な介入のあり方が模索されているのである。

(2)　二重の基準と経済活動の自由

わが国の憲法学では，アメリカ合衆国の判例理論を受け，経済活動に対する規制の合憲性は，精神的自由権に対する規制に比べて，より緩やかな基準で審査されてもよいという考え方（二重の基準）が採用されてきた。最高裁もこの考え方を基本的には採用していると考えてよく，経済活動に対する司法審査のレベルについては，ある程度の合意が形成されていると考えられる。

たしかに，経済活動の自由には，先の「経済的規制」の分野のように，国家のより広い政策的介入が求められるものもある。その限りで，政策的な規制が許されない精神的自由権とは異なる対応が認められる。しかし，経済的自由は精神的自由に比べて価値が劣るわけではない。人権そのものには価値の序列は存在しない。異なるのは，利益衡量の仕方であって，二重の基準とは価値の序列を意味しないのである。

Ⅱ　職業選択の自由

1　職業選択の自由の必要性

先に述べたとおり，経済活動の自由は，個人が自立するために欠かすことができない権利である。とりわけ，職業選択の自由について，これをもう少し説明すると次のように考えることができるであろう。

第一に，**職業選択の自由**は，個人が国家から独立して生きていくための経済基盤である。たしかに，国家に対して経済的に依存していないことが個人の尊厳の基礎であるとまではいえないにしても，個人が国家から経済的に独立していることは，近代的な個人の前提であることも確かである。

第二に，職業選択の自由は，自らの職業を自由な意思で選択する自由を意味するから，各個人がどのような職業を選び，営んでいくかを自らが決定する権利であって，**個人の自己実現**に直結した自由でもある。この意味での職業選択の自由は，個人の幸福追求権ともかかわり，また，社会における自らの位置づけや社会性の自覚とも結びつく重要な権利である。職業選択の自由が否定されることは，すなわち社会関係の選択権が否定されることを意味し，個人の人格に重大な侵害を及ぼす。それゆえ，職業を選択すること自体に規制が及ぶ場合には，その合憲性にはきわめて強い疑いが生じ，厳格な審査が要求されるであろう。

第三に，職業選択の自由は精神的自由権を物質的に支えている。国家に対してはばかることなくものをいえる個人がいなければ，自由な社会は不可能である。個人が国家に依存していないことは，政府批判の源泉でもあり，他の精神的自由権の基礎ともなり得るのである。

〔図：職業選択の自由の意義〕

2　職業選択の自由と営業の自由

職業選択の自由は，同時に，選んだ職業を遂行する自由，すなわち**営業の自由**が含まれなければ意味がない。学説の中には，営業の自由は，財産権の保障の一環として29条によっても保障されると説くものがあるが，憲法22条に含まれると解すれば足りる。最高裁判例もまたそのように解している（最大判昭和47・11・22）。なお，ここでいう「営業」の意味は広く，自らの職業を営むことを意味する。

3　職業選択の自由に対する規制

(1)　規制目的二分論

職業選択の自由にも内在的な制約はあり，他者の権利や利益を侵害することを業とすることはできない。また，職業選択の自由をはじめとする経済活動の自由は，様々な者との利害関係を生じさせるため，規制が問題となる頻度も高い。実際，経済活動に対する規制は，特許や免許，許可や届出，国家資格の要求や登録，立入検査など様々なレベルで実施されている。それでは，職業選択の自由あるいは営業の自由は，どのような規制に服するのだろうか。言い換えると，職業選択の自由あるいは営業の自由への規制は，いかなる場合に許されるのであろうか。

この点について，規制目的を二つに分けて，異なる合憲性審査基準を適用する考え方もある。すなわち，経済活動の自由には，国民の生命や健康，財産への危害を防止するために課される規制（消極規制もしくは警察規制）と中小企業保護や独占排除といった政策的観点から課される規制（積極規制もしくは政策規制）が区別され，消極規制には，厳格な合理性の審査（中間段階の審査）が，積極規制には合理性の審査が適用されるというのである。

たとえば，公衆浴場の開設に際して，既存の浴場から一定の距離を置かなければ設置を許可しないとする公衆浴場法２条１項の合憲性が争われたケースにおいて，最高裁は，この種の規制が公衆浴場の確保という積極的，社会経済政策的規制に分類されるとして，合理性の審査を適用し，合憲判断を下している（最判平成元・１・20）（なお，この判決は，同じく公衆浴場の距離制限の合憲性が争われた昭和30年の大法廷判決（最大判昭和30・１・26）を踏襲するものであるが，大法廷判決では，公衆浴場法２条１項の目的が偏在・乱立による公衆浴場の競争が経営難を来たし，浴場の衛生設備の低下を生じさせ，国民保健及び環境衛生に好ましからぬ影響を及ぼすとして，目的が複合的にとらえられていたのに対して，規制目的をより端的に積極規制にかかるものととらえなおした点に特徴がある。ただし，大法廷判決の論理を踏襲する判決もあり（最判平成元・３・７），いずれのアプローチが明快かに関して議論がある）。なお，この系譜に属する判決としては次のものを挙げることができる。

生糸の輸入制限が課された結果，外国産生糸の輸入ができなくなり，多額の損害を被ったとの点が争われた国家賠償請求事件（最判平成２・２・６），小売市場設置の許可制が争われた事件（最大判昭和47・11・22，前出），たばこ小売店の開設を許可制にしているたばこ事業法の合憲性が問題となった事件（最判平成５・６・25）もある。

一方，**薬局開設の距離制限**が問題となった事件では，最高裁は，これを消極目的の規制ととらえ，その合憲性を厳格な合理性の審査で判断し，憲法違反の結論を導き出している（最大判昭和50・４・30）。

(2)　規制目的二分論とその後の判例理論

二分論の根拠については，様々なとらえ方がなされている。

論点　**規制目的二分論に説得力はあるか**

最高裁の考え方によると，消極規制は国民の生命，健康あるいは財産に対する危害を防止する警察作用にかかわる規制であるから，警察比例の原則，すなわち，規制目的と規制手段が釣り合ったものであることが必要である。一方，積極目的の規制は，時々の経済政策を反映したものでなければならないが，その実現手段には立法府の選択が優先されなければならない。なぜなら，裁判所には，政策実現手段の合理性を審査するほどの情報はないし，その当否を判断するだけの専門的知識も不足している。それゆえ，積極規制については，立法府の判断を尊重する必要がある。

また，積極目的の規制は，国会における利害団体間の妥協の産物（それを政策と呼ぶ）であるが，妥協は国民代表が本来果たすべき役割に属し，裁判所が関与する余地は少ない。一方，消極目的の規制は，（国民の生命，健康，財産の保護という）より普遍的で強い正当化を標榜するから，その立法目的が反対派の目を眩ます意図で乱用されるため，裁判所がより厳しく目を光らせる必要があると理由づける学説も展開されている。

たしかに，国民の生命や健康，財産を守るために必要な手段とは何かを割り出すことは政策の当否を論じるより容易かもしれない。逆に，積極目的の規制について，裁判所が立ち入った審査を施すとなると，ニューディール時代に嫌悪された司法積極主義を想起する者も少なくないであろう。その意味で，規制二分論は，より広い学説の支持を集めたともいえる。

だが，規制目的二分論には，あらゆる経済規制を二分することが可能なのかという批判から逃れられない。実際，先に述べた公衆浴場設置規制は，二つの目的が併存し，いずれの規制とも考えることが可能である。また，自然環境保護を目的とする規制の扱いにもはっきりとした答えを見つけることができない。他方で，一般的には，積極目的の規制に比べて，消極目的の規制の方が支持されやすいという考え方もある。国民の健康，生命，財産を守るという大義名分の方が政策目的による規制より，国民にはアピールしやすいのである。それゆえ，先の学説のように，乱用の危険性を力説し，中間段階の審査を正当化することもできるが，多くの規制は，消極目的を名目にして，その内実は積極規制を施しているケースが少なくないのである（国民の生命，健康，財産を保護するという目的から課される参入規制がその例である）。

そこで，経済活動への規制に対しては，まず厳格な審査を前提にして，審査を緩和できる場合を個別に探求するというアプローチ，逆に，合理性の審査を出発点にして，審査を厳格化すべき場合を探求するアプローチなどが考案されている。たとえば，医師や弁護士に国家資格を要求する制度には，消極目的と積極目的が混在しているように，実際には，規制目的から自動的に審査水準を決定することはできない。具体的ケースに応じて，審査の水準を決定するほかないであろう。

しかし，このような問題点や判例の読み直し作業をとおして，規制目的二分論とは，広い利益衡量の一要素でしかないのではという点が意識されてきている。規制目的，規制方法，制約の程度を総合的に考えるのが裁判所の立場であるといえようか。

論点　規制目的二元論とその放棄

薬局開設距離制限違憲判決（最大判昭和50・４・30）は，次のように述べて，薬局開設に際して課されていた距離制限が憲法22条１項に違反すると判断した。

「①もっとも，職業は，その性質上，社会的相互関連性が大きいものであり，それ自身のうちになんらかの制約の必要性が内在する社会的活動であるが，その種類，性質，内容，社会的意義及び影響がきわめて多種多様であるため，その規制を要求する社会的理由ないし目的も，社会政策及び経済政策上の積極的なものから，消極的なものに至るまで千差万別で，その重要性も区々にわたるのである。そしてこれに対応して，現実に職業の自由に対して加えられる制限も，それぞれの事情に応じて各種各様の形をとることとなるのである。それ故，これらの規制措置が憲法22条１項にいう公共の福祉のために要求されるものとして是認されるかどうかは，これを一律に論ずることができず，具体的な規制措置について，規制の目的，必要性，内容，これによって制限される職業の自由の性質，内容及び制限の程度を検討し，これらを比較考量したうえで慎重に決定されなければならない。

この場合，右のような検討と考量をするのは，第一次的には立法府の権限と責務であり，裁判所としては，規制の目的が公共の福祉に合致するものと認められる以上，そのための規制措置の具体的内容及びその必要性と合理性については，立法府の判断がその合理的裁量の範囲にとどまるかぎり，立法政策上の問題としてその判断を尊重すべきものである。しかし，右の合理的裁量の範囲については，事の性質上おのずから広狭がありうるのであって，裁判所は，具体的な規制の目的，対象，方法等の性質と内容に照らして，これを決すべきものといわなければならない。」

「②一般に許可制は，単なる職業活動の内容及び態様に対する規制を超えて，狭義における職業の選択の自由そのものに制約を課するもので，職業の自由に対する強力な制限であるから，その合憲性を肯定しうるためには，原則として，重要な公共の利益のために必要かつ合理的な措置であることを要し，また，それが社会政策ないしは経済政策上の積極的な目的のための措置ではなく，自由な職業活動が社会公共に対してもたらす弊害を防止するための消極的，警察的措置である場合には，許可制に比べて職業の自由に対するよりゆるやかな制限である職業活動の内容及び態様に対する規制によっては右の目的を十分に達成することができないと認められることを要するもの，というべきである。」

ここには，最高裁が職業選択の自由への規制の合憲性判断に際して，比較衡量を行うこと，その要素のひとつとして規制目的を検討することが述べられている。

そして，規制目的が合憲性審査の水準を決めることが示唆されていた。学説の多くは，このことから，最高裁が規制目的を合憲性審査の決め手として設定したと理解したのである。

しかし，その後，最高裁は，このようなアプローチから離れている。次に見る，証券取引法（現：金融商品取引法）164条１項（インサイダー取引に伴う利得返還請求権）の合憲性が争われた事件において，次のように述べている（最大判平成14・２・13)。

「①財産権は，それ自体に内在する制約がある外，その性質上社会全体の利益を図るために立法府によって加えられる規制により制約を受けるものである。財産権の種類，性質等は多種多様であり，また，財産権に対する規制を必要とする社会的理由ないし目的も，社会公共の便宜の促進，経済的弱者の保護等の社会政策及び経済政策に基づくものから，社会生活における安全の保障や秩序の維持等を図るものまで多岐にわたるため，財産権に対する規制は，種々の態様のものがあり得る。このことからすれば，財産権に対する規制が憲法29条２項にいう公共の福祉に適合するものとして是認されるべきものであるかどうかは，規制の目的，必要性，内容，その規制によって制限される財産権の種類，性質及び制限の程度等を比較考量して判断すべきものである」。

「そこでまず，法164条１項の規制の目的，必要性について検討するに，上場会社等の役員又は主要株主が一般投資家の知り得ない内部情報を不当に利用して当該上場会社等の特定有価証券等の売買取引をすることは，証券取引市場における公平性，公正性を著しく害し，一般投資家の利益と証券取引市場に対する信頼を損なうものであるから，これを防止する必要があるものといわなければならない。同項は，上場会社等の役員又は主要株主がその職務又は地位により取得した秘密を不当に利用することを防止することによって，一般投資家が不利益を受けることのないようにし，国民経済上重要な役割を果たしている証券取引市場の公平性，公正性を維持するとともに，これに対する一般投資家の信頼を確保するという経済政策に基づく目的を達成するためのものと解することができるところ，このような目的が正当性を有し，公共の福祉に適合するものであることは明らかである。」

「②次に，規制の内容等についてみると，同項は，外形的にみて上記秘密の不当利用のおそれのある取引による利益につき，個々の具体的な取引における秘密の不当利用や一般投資家の損害発生という事実の有無を問うことなく，その提供請求ができることとして，秘密を不当に利用する取引への誘因を排除しようとするものである。上記事実の有無を同項適用の積極要件又は消極要件とするとすれば，その立証や認定が実際上極めて困難であることから，同項の定める請求権の迅速かつ確実な行使を妨げ，結局その目的を損なう結果となりかねない。また，同項は，同条8項に基づく内閣府令で定める場合又は類型的にみて取引の態様自体から秘密を不当に利用することが認められない場合には適用されないと解すべきことは前記のとおりであるし，上場会社等の役員又は主要株主が行う当該上場会社等の特定有価証券等の売買取引を禁止するものではなく，その役員又は主要株主に対し，一定期間内に行われた取引から得た利益の提供請求を認めることによって当該利益の保持を制限するにすぎず，それ以上の財産上の不利益を課するものではない。これらの事情を考慮すると，そのような規制手段を採ることは，前記のような立法目的達成のための手段として必要性又は合理性に欠けるものであるとはいえない。」

「③以上のとおり，法164条1項は証券取引市場の公平性，公正性を維持するとともにこれに対する一般投資家の信頼を確保するという目的による規制を定めるものであるところ，その規制目的は正当であり，規制手段が必要性又は合理性に欠けることが明らかであるとはいえないのであるから，同項は，公共の福祉に適合する制限を定めたものであって，憲法29条に違反するものではない」。

ここには，規制目的二元論は登場しない。むしろ，規制目的と規制方法を検討する手法が採用されている。規制目的は，審査の水準を決める手がかりにもなっておらず，むしろ，規制手段の合憲性を判断するための前提として検討されているようにも読める。このことから，最高裁は，規制目的二元論から離脱したのではないかとの見方が広がっているのである。

(3)　職業選択の自由，営業の自由そのものへの制約

タトゥー（入れ墨）を彫る職業（彫り師）に医師免許は必要か。最高裁は，医師免許を要する「医行為」とは「医療及び保健指導に属する行為のうち，医師が行うのでなければ保健衛生上危害を生ずるおそれのある行為をいうと解するのが相当である」と限定解釈を施しながら，その具体的判断を「医師法17条は，医師に医行為を独占させるという方法によって保健衛生上の危険を防止しようとする規定であるから，医師が独占して行うことの可否や当否等を判断するため，当該行為の実情や社会における受け止め方等をも考慮」して行うとして，タトゥーを彫るに当たり，医師免許は不要であるとしている（最決令和2・9・16）。これまで自由に営まれてきた職業に対して，突然医師免許を必要とするならば，その職業は実質的に社会から排除される結果を招いてしまう。

このような規制はあまりに強力であって，裁判所もまた厳しく審査したといえよう。

医薬品のネット販売規制については，先に見たとおりであるが，特定医薬品に対面販売を義務づける薬機法に関して，次のように判断している（最判令和3・3・18）。

「一般用医薬品等のうち薬剤師の対面による販売又は授与が義務付けられているのは，法4条5項3号所定の要指導医薬品のみであるところ，その市場規模は，要指導医薬品と一般用医薬品を合わせたもののうち，1％に満たない僅かな程度にとどまっており，毒薬及び劇薬以外のものは，一定の期間内に一般用医薬品として販売することの可否の評価を行い，問題がなければ一般用医薬品に移行することとされているのであって，本件各規定による規制の期間も限定されている。このような要指導医薬品の市場規模やその規制の期間に照らすと，要指導医薬品について薬剤師の対面による販売又は授与を義務付ける本件各規定は，職業選択の自由そのものに制限を加えるものであるとはいえず，職業活動の内容及び態様に対する規制にとどまるものであることはもとより，その制限の程度が大きいということもできない。」

ここでも，「規制の目的，必要性，内容，これによって制限される職業の自由の性質，内容及び制限の程度に」よって，規制の合憲性を判断する姿勢が明確にされている。これが最高裁の基本的なスタンスであるといえよう。

Ⅲ 財産権の保障

1 財産権の保障と日本国憲法

日本国憲法29条は，「財産権は，これを侵してはならない」（1項）と定め，同時に「財産権の内容は，公共の福祉に適合するように，法律でこれを定める」（2項）と定めている。そして，「私有財産は，正当な補償の下に，これを公共の福祉のために用いることができる」（3項）と定めている。これらの条文から，憲法29条は，**財産権の不可侵**，**財産権に関する法定主義**，**収用と正当な補償**という三つの内容を持っていることが理解できる。

論点　財産権の保障と制度的保障の考え方

財産権の保障には二つの側面が含まれている。第一に，国家は個々人の財産権を侵害してはならない。この意味での財産権は，人権としての財産権とすることである。第二に，財産権は，公の秩序として私有財産制度を保障する。個々人が保有する財産は他者の侵害を受けない。この意味での財産権は，財産権が誰のものなのかについてのルールや財産権が侵害された場合の対応を制度として定めているのである。民法（財産法）は，この制度を定めている。財産権の侵害に対しては，これを排除し，失われた財産を回復し，場合によっては，侵害を予防する権利が認められなければならない。学説は，これを制度的保障ととらえ，私有財産制度は，法律によっては否定できないものと考えてきた。したがって，29条1項は，個々の財産権を保障するにとどまらず，**私有財産制度**を保障したものと考えられている。

〔図：29条の意味〕

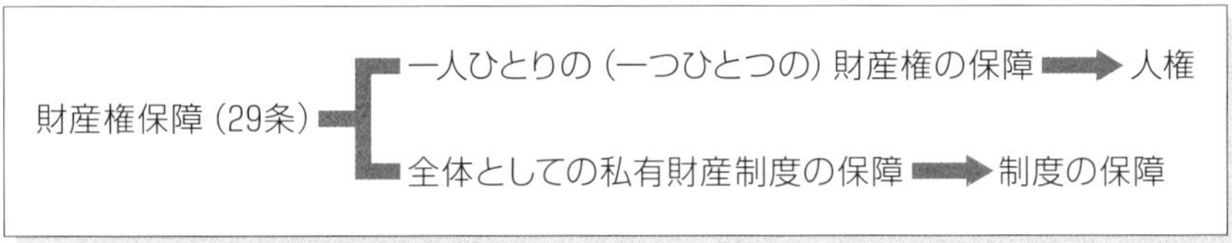

財産権保障（29条）
- 一人ひとりの（一つひとつの）財産権の保障 → 人権
- 全体としての私有財産制度の保障 → 制度の保障

2　公共の福祉による制限

(1)　内在的制約と政策的制約

しかし，財産権の保障が行き過ぎれば，社会に歪みをもたらす場合もある。財産権の無制約な保障は，たとえば独占の形成を許し，一方的な労働条件の強制を契約の自由の名の下で黙認した。行き過ぎた財産権の保障は，社会不安を助長する場合もある。そのため，1919年に制定されたワイマール憲法は，「所有権は義務を伴う。その行使は，同時に公共の福祉に役立つべきである」と定めた。そこでは，国家が国民の生存にかかわりを持つだけでなく，積極的に市場に介入し，私有財産を制限する政策がとられたのである。戦後制定された憲法の多くは，このような考え方（社会国家の考え方）の影響を受けており，日本国憲法の場合，22条1項と29条2項がこれを表していると考えられている。したがって，29条2項にいう「公共の福祉」は，財産権に内在する制約にとどまらず，政策的な制約を認めたものと考えられている。

(2) 制度的保障論と財産権の制約

そうすると，憲法29条１項と２項はどのような関係に立つのであろうか。**制度的保障論**の考え方に立つと，29条２項は，１項による制約を受け，**私有財産制度**という枠を否定するような法律は作ることができない。逆に，１項は，無制約な私有財産制度を保障したわけではなく，社会国家の理念による制約を容認していることになる。では，法律はどこまで財産権について定めることが許されるのであろうか。この点については，二つの学説が分かれている。

第一の考え方は，日本国憲法は，私有財産制度を廃止したり，私有財産制度の本質的内容に侵害を加えることを認めていないと考える。すなわち，日本国憲法は社会主義の採用を否定していると考えるのである。その結果，私有財産制度の保障を生産手段の私有化とみて，生産手段の国有化を憲法が許していないと考える。

第二の考え方は，日本国憲法が求めている私有財産制度は，人間に値する生活財を保障することであって，生産手段の国有化は，憲法上も許されていると解する。

しかし，両者の対立は，生産手段の国有化をどの程度まで許すのかという問題に行き着く。第一の考え方でも，あらゆる生産手段の国有化を排除することまで求めているわけではないし，第二の考え方もあらゆる生産手段の国有化まで容認するわけではない。そうすると，29条１項が財産権の不可侵という，比較的語調の強い表現を採用していること，人間に値する生活財という概念の不明確さ，あるいは，財産権の保障が持つ意義から考えると，第一の考え方に一日の長がある。

3　財産権に対する制約

(1) 最高裁判所のアプローチ

財産権は，内在的制約にとどまらず，政策的な制約を受ける。最高裁もこのことを認めている。それでは，財産権の制約に対しては，どのような司法審査が適用されるのであろうか。この点に関して，次の判例が参考になる。

論点　森林法分割規制と合憲性審査基準

たとえば，民法上の分割の規定にかかわらず，森林の共有者に対して，その分割を原則として禁止し，例外的に各共有者の持分価額に従い，その過半数をもって分割請求をなし得ると規定した，森林法旧186条の規定が争われた事件で，最高裁は，規制目的二分を示唆しつつ，しかし，次のように述べる（最大判昭和62・4・22)。

「裁判所としては，立法府がした比較考量に基づく判断を尊重すべきものであるから，立法の規制目的が前示のような社会的理由ないし目的に出たとはいえないものとして公共の福祉に合致しないことが明らかであるか，又は規制目的が公共の福祉に合致するものであっても規制手段が右目的を達成するための手段として必要性若しくは合理性に欠けていることが明らかであって，そのため立法府の判断が合理的裁量の範囲を超えるものとなる場合に限り，当該規制立法が憲法29条2項に違背するものとして，その効力を否定することができるものと解するのが相当である」。

最高裁は，「森林法の上記規定を森林法の細分化を防止することによって森林経営の安定を図り，ひいては森林の保続培養と森林の生産力の増進を図り，もって国民生活の発展に資することにある」として，積極目的のようにとらえながら，実際には中間段階の審査を施している。共有における分割制限という，所有権制度の根幹にかかわる規制については，その目的からだけではなく，制度の必要性や制限の強度をも考慮に入れて，審査を行ったと考えることができる。

⑵　条例による財産権の制約

憲法29条2項は，財産権の内容を法律で定めると規定していた。それでは，地方公共団体の条例で財産権に対する制約を課すことはできるのであろうか。

この問題は，とりわけ1960年代半ば以降，公害問題に対する取組みの中から生じた問題であった。かつては，財産権の制約は法律によるべきだとする学説もあったが，今日では，条例が住民代表による議会が制定したという民主的側面を強調して，これを可能とする解釈が確立されている。実際にも，法律の中に，具体的な規制を条例に委任するものも少なくなく，この問題への終止符が打たれている。ただし，条例による財産権の制約も**条例制定権の限界**（94条）が伴うことに注意が必要である。

なお，財産権以外の基本的人権については，条例による財産権の制約は29条

１項によって，当然に予定されていると解し，29条２項は，財産権の内容を定める場合には法律によるべきことを定めたのに過ぎないとする解釈も提示されている。

(3) 既得権侵害と財産権の保障

いったん取得した権利がその後の法改正によって否定もしくは制限された場合に，既得権侵害として，憲法29条１項となるかが争われた事例がある（最大判昭和53・７・12)。最高裁は，次のような姿勢を明らかにした。

「憲法29条１項は，『財産権は，これを侵してはならない。』と規定しているが，同条２項は，『財産権の内容は，公共の福祉に適合するやうに，法律でこれを定める。』と規定している。したがつて，法律でいつたん定められた財産権の内容を事後の法律で変更しても，それが公共の福祉に適合するようにされたものである限り，これをもつて違憲の立法ということができないことは明らかである。そして，右の変更が公共の福祉に適合するようにされたものであるかどうかは，いつたん定められた法律に基づく財産権の性質，その内容を変更する程度，及びこれを変更することによつて保護される公益の性質などを総合的に勘案し，その変更が当該財産権に対する合理的な制約として容認されるべきものであるかどうかによつて，判断すべきである。」

なお，この事件は，自作農創設特別措置法により，地主から安く買い上げた農地が自作農の創設にとって不要となった場合に，これを地主に売り払わなければならないと定めていた改正前の農地法80条１項が問題となった事例であった。問題は，高度経済成長の時期，土地が高騰したことにより，国が支払った価格によらず，売り払い時の時価７割と定めた法改正から生じた。つまり，旧地主は，農地を手放す際に支払われた安い価格ではなく，高騰した時価の７割を支払わざるを得ない点で，既得権侵害を主張したのであった。最高裁は，「農地法施行後における社会的・経済的事情の変化は当初の予想をはるかに超えるものがあり，特に地価の騰貴，なかんずく都市及びその周辺におけるそれが著しいことは公知の事実である。このような事態が生じたのちに，買収の対価相当額で売払いを求める旧所有者の権利をそのまま認めておくとすれば，一般の土地取引の場合に比較してあまりにも均衡を失し，社会経済秩序に好ましくない影響を及ぼすものであることは明らかであり，しかも国有財産は適正な対価で処分されるべきものである（財政法９条１項参照）から，現に地価が著しく騰貴したのちにおいて売払いの対価を買収の対価相当額のままとすることは極めて不合理であり適正を欠くといわざるをえないのである。」と述べて，この法改正が妥当であるとした。

4　正当な補償

(1)　収用と正当な補償

憲法29条3項は，私有財産が公共の目的のために**収用**されること，そして，収用に際しては**正当な補償**が必要であることを定めている。これは，私有財産制度の保障（29条1項）から当然導き出される制度である。私有財産が公共の目的のためとはいえ，何らの代償なしに収用されるのであれば，財産権を保障した意味がなくなる。それゆえ，29条3項は，私有財産が正当な補償と引き替えに収用できることと同時に，私有財産を収用するには，正当な**補償**が必要であることを定めたといえる。また，公共の利益のため個人の財産を取り上げることは，特定人の犠牲によって，公益を実現することであるから，公平の見地からも補償は必要である。

論点　補償が必要な収用とは

それでは，**正当な補償**が必要な収用とはどのような場合を指すのであろうか。第一に，それは，公共のために用いるものでなければならない。これは，一般的に公共事業目的に限らず，より広く社会全体の利益になるような収用であれば足りると解されている。ダムや道路，空港建設に際して，土地所有権を奪う場合に限らず，農地所有者から，低廉な価格で農地を買い取り，これを小作に払い下げるような場合も公共のために用いるものと考えられる。なお，国家の違法な活動から財産権に対する侵害が発生した場合は，国家賠償の問題となる。

ところで，私有財産を収用するとは，特定の者が権利を有する財産を公共目的のために奪うことを典型的な場合として想定している。このことから，通説的な考え方は，**収用**とは，特定の者に対して，特別な犠牲を強いることを意味すると解している。したがって，収用とは，①特定の者の財産に対してのみ（特別性），②重大な侵害（重大性）を与えることと解釈することが可能である。通説的な考え方は，この収用の解釈と補償の要否の判断を結びつけている。それゆえ，特別な犠牲とも，重大な犠牲ともいえないような財産権への制約については，補償を要しないと考えるのである。この考え方からは，財産権に内在する制約（相隣関係や権利濫用に対する制限あるいは一般的な財産秩序にかかわる制限など）については，補償は不要ということになる。

しかし，特定人の特定財産に対する侵害でなければ補償は要らないのだろうか。典型的な土地収用以外の場合にも補償を要する財産権への制約というものは考えられないのだろうか。このような疑問から，最近では，一般的な財産権の制約でも，それが財産権への重大な侵害となるような場合には補償が必要だと考える立場も唱えられている。

最高裁の考え方はどうか。ため池の堤とう付近に農作物を植えたり，建築物などを設置することを禁止した，奈良県ため池条例について，この条例が財産権の行使をほとんど全面的に禁止することになったとしても，ため池の決壊の原因となる使用行為は，財産権の保障のらち外にあるとして，補償の必要性を認めなかった（**奈良県ため池条例違反事件**：最大判昭和38・6・26)。また，従来より砂利採取事業を行っていた業者が法令の変更によって河川付近地における掘削事業に許可を要することになったところ，この許可を受けられず，無許可で掘削事業を継続したことが問題となった事件において，最高裁は，「この種の制限は，公共の福祉のためにする一般的な制限であり，原則的には，何人もこれを受忍すべきもの」であり，「特定の人に対し，特別に財産上の犠牲を強いるものとはいえない」から，損失補償を要するものではないとの判断を示している（最大判昭和43・11・27)。これらの判決から考えると，最高裁は原則として，通説的な見解に立っているといえよう。

〔図：補償が必要な収用とは〕

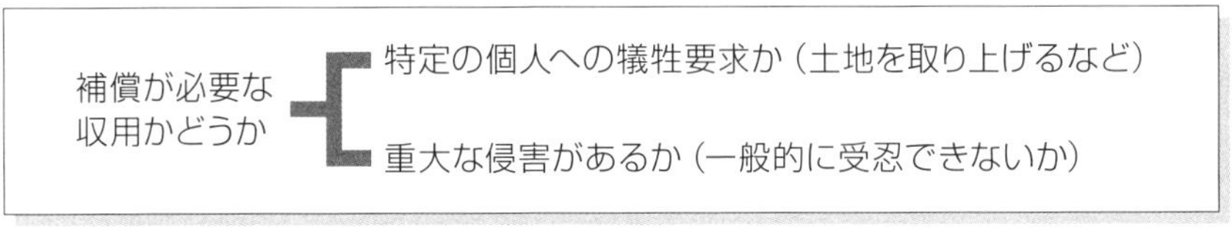

補償が必要な収用かどうか	特定の個人への犠牲要求か（土地を取り上げるなど）
	重大な侵害があるか（一般的に受忍できないか）

⑵　補償の程度

財産権に対する制約が補償を要するとされた場合，その内容はどのように定めるのであろうか。この点について学説は，制約を受ける財産の市場価額すべてを補償すべきであるとする**完全補償説**とその財産に関して合理的に算出された額であれば足りるとする**相当補償説**に分かれてきた。

この対立は，戦後の**農地改革**に伴う一連の農地収用が比較的低廉な価額で行われてきたことをどう評価するかに関わっている。したがって，通常の収用に際しては完全な補償が必要である点では対立はない。考え方としては，農地改革は財産秩序全体にかかわる制度変更であるから，典型的な土地収用とは異なる考慮が必要であって，その補償額も土地収用とは異なる算定基準が用いられるとすることも可能である。

ところで，ある土地が公共目的によって収用される場合には，その土地だけでなく，転居費用，生活環境の変化に伴って生じる諸経費（**生活権補償**）も無視できない。これらの費用についても補償を求めることができるのであろうか。学説は分かれているが，立法的な解決を図るケースも少なくない。これら諸経費の補償を認める法令が存在しなければ，立法不作為の違憲性を争うことが考えられるが，むしろ，端的に憲法29条３項に基づき，直接請求をすることも否定されないであろう（最大判昭和43・11・27）。

〔図：補償と賠償〕

適法な国家の活動から生じた損害の補てん＝補償（29条 ➡ 各種補償規定）

違法な国家の活動から生じた損害の補てん＝賠償（17条 ➡ 国家賠償法）

(3)　予防接種事故と補償の要否

憲法29条３項が求める補償とは，公益の実現を目的とする，適法な国家活動から生じた，特定人に対する財産上の犠牲を補てんするための制度である。それでは，公益の実現を目的とする，適法な国家活動から生じた生命，身体への犠牲について補償は要らないのだろうか。この点が争われたのが，予防接種に伴う事故と補償の問題であった。

論点　生命・身体に対する収用

伝染病を予防するためには，広い範囲で予防接種を実施することが効果的である。しかし，予防接種には，ある確率で重篤な副作用が生じることも知られている。仮に，予防接種の結果，特定の者に身体や生命への侵害が生じたとき，被害者は補償を請求することができるのであろうか。

学説はいくつかに分かれている。まず，(a)財産権に対する侵害が補償の対象となるのであれば，生命身体に対する侵害に対しても，憲法29条３項を適用して，補償が認められるべきだとする考え方がある。次に，(b)憲法29条３項は財産権に対する規定であって，生命や身体に対する収用という概念が認められない以上，補償を求める権利はないとするものがある。また，(c)生命や身体に対する損害への補償は，憲法29条３項ではなく，憲法13条や14条１項，25条１項などを総合的に解釈することによってはかられるべきだとする考え方もある。さらに，(d)現実的には，国家賠償法によりつつ，比較的広くに国家の過失を認定することで，むしろ賠償の問題として解決するアプローチも考えられよう。

今日，この問題については，ある程度立法的な解決ははかられつつある。予防接種法は，予防接種による健康被害の救済に関する措置を定め，医療費や医療手当の給付，年金の支給などを実施することにしている。もちろん，予防接種法が定める補償措置が十分といえるかどうかは問題であって，生命身体への侵害に対する補償についての理論的考察はいまだ必要である。

そこで，この問題について考えてみると，(a)説については，身体に対する収用という考え方が，憲法の基本理念からしてふさわしくないという批判が成り立つであろうし，(b)説については，現実の問題解決に目をつぶる点で説得力を欠くとの批判が妥当する。また，(d)説については，あまりに技巧的に過ぎないかとの批判が考えられるであろう。そうすると，現実の問題に対応し，かつ理論的にも比較的難点の少ない(c)説が適切といえようか。

Ⅳ　居住・移転の自由

1　居住移転の自由

(1)　居住・移転の自由の意義

憲法22条１項には，職業選択の自由と並んで**居住・移転の自由**が定められている。これは，経済活動の自由という文脈では，職業選択の前提として，生まれた土地や代々の職業を離れ，自由に国内を移動する自由が保障されなければならなかったことを意味している。その意味で，居住・移転の自由には経済活動の自由の基礎という側面がある。

だが，居住・移転の自由には，経済活動の自由を超え，幸福追求の権利や精神的自由権とも密接に結びつき，さらには身体の自由に連なる重要性も含まれている。居住・移転の自由とは，自らの意思で自らの居を定め，自ら好む土地に移動する自由を意味しているが，これは，人が生まれ育った土地や身分に拘束されないで生きていく自由であるから，近代的な人権の根元に位置する権利であるということもできよう。

したがって，居住・移転の自由に対する制限は，厳格に審査される必要があるだろう。すでに述べたとおり，憲法22条１項は，「公共の福祉」による制約を認めており，政策的な制限も許容しているが，居住・移転の自由のこのような性格に照らし合わせると，政策的制約は許されるべきではない。それゆえ，憲法22条１項の「公共の福祉」は居住・移転の自由にはかからないと解釈すべきである。

⑵　居住・移転の自由に対する制約

①　居住・移転の制限

居住・移転の自由に対する制約としては，伝染病予防法における強制隔離，精神保健及び精神障害者福祉に関する法律における措置入院や応急入院，破産法における居住制限などが問題となる。これらは，患者の生命や身体を保護する目的で出たものであって，隔離や入院後の人権制約が必要最小限であることを条件にして，合憲性を認めてよいであろう。また，自衛隊法は，自衛隊員の居住に関し，防衛庁長官の指定する場所に居住する義務を負うが，これは，自由意思で自衛隊員となることを選んだ結果であって，居住・移転の自由を侵害するものではないと解されている。

②　海外渡航の自由

居住・移転の自由の内容として，海外に渡航する自由も認められるであろうか。すなわち，海外に渡航することを国家が禁じたり，処罰することは許されないのであろうか。

この問題は，むしろ憲法22条２項に定める「外国移住の権利」として扱うべきだとする考え方もある。また，憲法13条「幸福追求の権利」の問題として考える立場もある。いずれにせよ，解釈として導き出される結論に差は生じないので，ここでは22条１項の問題として扱いたい。

論点　海外渡航の自由を規制することは許されるか

旅券法上，国民が海外に渡航するには，旅券の発給と所持が義務づけられているが，外務大臣は，「著しく且つ直接に日本国の利益又は公益を害する行為を行う虞があると認めるに足りる相当の理由がある者」に対して，旅券の発給を拒むことが認められている（13条）。この条項は居住・移転の自由に反しないのであろうか。

この点について，最高裁判所は，「公共の福祉のための合理的制限」であるとして，違憲の主張を退けた（最大判昭和33・9・10）。学説には，最高裁判決を支持するものとこれを批判するものがある。前者には，旅券法13条の規定が外務大臣の自由裁量を認めたものと解する立場と同条が定める虞の存在を限定的に解釈し，重大な犯罪に関わる場合に限り，旅券の発給を拒絶することができるとする立場がある。後者は，同条があいまいな概念で憲法上の自由を制限することを重く見て，これを法令違憲と解している。海外渡航の自由が居住・移転という人間にとって根元的な重要性を持つ自由にかかわる以上，その制限には相当な正当化が必要である。それゆえ，実害を引き起こすおそれが相当程度明白である場合にのみ，旅券の発給を拒絶できると限定解釈した上で，かろうじて合憲性を認めるべきである。

なお，外国人の出国の自由については，すでに述べた。

2　外国移住・国籍離脱の自由

(1)　外国移住・国籍離脱の自由の意義

憲法22条2項は，「何人も，外国に移住し，又は国籍を離脱する自由を侵されない」と定めている。外国に移住するとは，外国に居を構え，継続的な生活を営むことを意味し，国籍を離脱するとは，すなわち日本国民の資格を放棄することを意味している。

外国移住，国籍離脱の権利は，明治憲法下では認められていない自由であった。つまり，国民が自らの意思で，母国を離れ，あるいは国民であることを放棄することが許されていなかったのである。それゆえ，この権利は，みずから国民であることをやめ，日本国内に留まることをやめる自由を意味している。したがって，これらの権利は，**人々が国家を選択する権利**をも内在させており，その原理的な意味は重いといわざるを得ない。

(2)　外国移住・国籍離脱の権利の制限

これまで一般的に，国籍離脱の権利は，無国籍になる権利や二重国籍になる権利を含まないと解されてきた。国籍法上も，国籍選択の権利は認められているが，完全に国籍を放棄することまで認められているわけではない（11条1項・2項・14条1項）。これは，完全にいかなる国家にも帰属せず生きることが現実的ではないこと，あるいは，世界的に見て，そのような選択まで許されているわけではないことを理由とする。ただし，複数の国籍の取得を許す国家もあり，二重国籍防止の合理性については，見直しが求められる時代が到来することも考えられる。

論点　国籍法をめぐる憲法問題

憲法10条を受けて，日本国籍の得喪については，国籍法が詳しい規定を置いている。しかし，グローバル化の進展や在留外国人の増加など，国籍法をめぐる憲法問題が増えてきている。

最高裁は，外国人の母親の元に生まれた子の国籍取得要件について，認知の時期により，異なる取り扱いを定めていた，旧３条１項について，これを違憲としたことについてはすでに述べた。これ以外にも，以下のような問題が指摘できる。

国籍法は，11条で「日本国民は，自己の志望によつて外国の国籍を取得したときは，日本の国籍を失う」と定め，２項では「外国の国籍を有する日本国民は，その外国の法令によりその国の国籍を選択したときは，日本の国籍を失う」と規定している。つまり，二重国籍を認めていない。

その根拠は様々に主張されるが，「個人が複数の国家に主権を持つと国家間の摩擦を生じる恐れがある」点，「外交上の保護や納税をめぐる混乱を避けるために重国籍を認めない」点が援用されることが多い。そして，憲法22条２項の「国籍を離脱する自由」との整合性については，「同項は，日本国籍の離脱を望む者に対し，国家が妨げることを禁止するものにすぎない」というのである（たとえば，大阪地判令和３・１・21など参照）。たしかに，憲法22条の文言は，国籍離脱を妨げてはならないという点に力点が置かれており，国籍を複数持つことについて定めているわけではない。

しかし，憲法22条の書きぶりから，日本国籍を取得するならば，ただちに他国の国籍を放棄しなければならないことや二重国籍者に国籍の選択を迫ることを要求することまでは読み取れない。すなわち，憲法22条は，単一国籍を要請しているわけではない。複数個国籍保有者は，それぞれの国家に対しての忠誠心を欠いていると即断することはできないし（単一国籍者が当該国家に対する忠誠心や愛着をもっているとも限らない），外交上の保護や納税についても，法政策上の問題にとどまる。それゆえ，二重国籍を認めるかどうかという問題は，グローバル化の進展に伴う，日本社会のあり方についての国民的議論に委ねられている。

また，国籍法12条は，「出生により外国の国籍を取得した日本国民で国外で生まれたものは，戸籍法の定めるところにより日本の国籍を留保する意思を表示しなければ，その出生の時にさかのぼつて日本の国籍を失う」と定めている点について，最高裁は以下のように述べている（最判平成27・3・10)。

「国外で出生して日本国籍との重国籍となるべき子に関して，例えば，その生活の基盤が永続的に外国に置かれることになるなど，必ずしも我が国との密接な結び付きがあるとはいえない場合があり得ることを踏まえ，実体を伴わない形骸化した日本国籍の発生をできる限り防止するとともに，内国秩序等の観点からの弊害が指摘されている重国籍の発生をできる限り回避することを目的として」定められているとして，「このような同条の立法目的には合理的な根拠があるものということができる」と述べている。その上で，その届け出の方法や届け出がなされなかった場合の救済措置について「意思表示は原則として子の出生の日から3か月の期間内に出生の届出とともにするものとされるなど，父母等によるその意思表示の方法や期間にも配慮がされていることに加え，上記の期間内にその意思表示がされなかった場合でも，同法17条1項及び3項において，日本に住所があれば20歳に達するまで法務大臣に対する届出により日本国籍を取得することができるものとされていることをも併せ考慮すれば，上記の区別の具体的内容は，前記の立法目的との関連において不合理なものとはいえず，立法府の合理的な裁量判断の範囲を超えるものということはできない。」としている。

事案の解決としては，この判断は妥当である。ただし，根底にある，多重国籍者の排除とその妥当性については，いささか紋切り型の判断に終始したと言わなければならない。この規定が大正時代に作られ，主として移民二世への対応を目的としたものであるとの指摘を踏まえると，目的自体の立法事実（必要性・合理性）が失われているのではないかと考えられる。

演習問題

①　ネット上で医薬品を販売することを禁止するような法令の合憲性について論じなさい。

②　アルコールの安売りを禁止したり，スーパーマーケットでの販売を規制するような法律は憲法上許されるか。

③　二重国籍を禁止するような国籍法の規定は合憲か。

第6章

人身の自由

I　一般的な考え方

1　人身の自由の意義

人身の自由，すなわち理由もなく身体を拘束されず，自らの意に反して強制労働に駆り立てられない自由は，すべての自由の基礎である。身体的な拘束から自由であるということは，人間らしく生きるための第一条件であるといってもよい。日本国憲法は，このような観点に立ち，奴隷的拘束や苦役からの自由を保障する（18条）とともに，身体を拘束する最大の権力でもある国家刑罰権の発動に一定の制約を課す定めを置いた（31条～39条）。この両者をあわせて，人身の自由と呼んでいる。

2　奴隷的拘束・苦役からの解放

(1)　奴隷的拘束・苦役とは何か

憲法18条は，「何人も，いかなる**奴隷的拘束**も受けない。又，犯罪に因る処罰の場合を除いては，その意に反する苦役に服させられない」と定めている。

ここにいう「**奴隷的拘束**」とは，身体が拘束され，絶対的な服従の下で，非人間的な状態に置かれることを意味している。事柄の性質上，奴隷的拘束は絶対的に禁止される。政策的な観点からの拘束が許されないことはいうまでもなく，刑罰以外では，公共の福祉によっても正当化されることはない。奴隷的拘束を内容とする契約を結んでも無効である。本条は**私人間適用**を予定した条文でもある。労働基準法5条は，「使用者は，暴行，脅迫，監禁その他精神又は身体の自由を不当に拘束する手段によつて，労働者の意思に反して労働を強制してはならない」と定めているが，この条文は，憲法18条を確認する意味を持つ。

一方，「**苦役**」とは，「通常人からみて，普通以上に苦痛に感じられるような任務」を指すとする定義もあるが，むしろ，「自らの意思に反して労働を強制させられること」と考えるべきではあるまいか。自らの意に反しても，その程度が普通人にとって苦痛と判断されなければ強制可能だとの解釈は避けるべきだからである。

災害時において，一定の役務を義務づける場合がある（災害対策基本法65条，災害救助法24条等）。学説は，このような義務づけを憲法18条に反するものではないと解しているが，その理由づけは様々である。現行法は，災害救助活動への要請に違反しても処罰されないこと，その意味で，この規定は倫理的色彩が強いものであること，義務の範囲が限定的で，一時的であること，そのような義務は，むしろ市民の義務に含まれるということから，憲法上の疑義は免れていると解すべきであろう。

⑵　徴兵制の合憲性

苦役からの解放でより深刻な問題となるのは，**徴兵制の合憲性**についてである。国民を一定期間，兵役に従事させることは苦役に該当しないのであろうか。

論点　**徴兵制の合憲性**

多くの国家では，徴兵制を国民の義務として規定していることから，徴兵制それ自体が一般的に苦役に該当すると考えることはできないであろう。しかし，日本国憲法は，徴兵制を国民の義務として明示していないことや平和主義の建前から，国民を強制的に兵役に従事させることは苦役に当たると解すべきである。なお，戦前の国家総動員法のように，国家の一定の目的のため，国民を強制的に労働に従事させることも苦役に当たる。

3　適正手続の保障

⑴　適正手続の保障

①　憲法31条とデュー・プロセス

憲法31条は，「何人も，法律の定める手続によらなければ，その生命若しくは自由を奪われ，又はその他の刑罰を科せられない」と定める。これは，アメリカ合衆国憲法修正14条第１節にいう，「いかなる州も，人から法の**デュー・プロセス**によらずに，生命，自由，財産を奪ってはならない」に由来する条文である。

デュー・プロセスの保障は，本来，マグナカルタにその源を有するとされている。そこでは，国王の恣意的な権力行使から国民を保護するため，適正な手続に基づく裁判（とりわけ陪審裁判）が求められていた。これが**法の支配**の原理と結びつきながら，人権，とくに国家刑罰権に対する制約として生成し，アメリカに継受された。合衆国憲法は，14条でこれを明文化し，アメリカにおける人権保障の一つの柱となっている。

②　デュー・プロセスの保障とその拡張

アメリカでは，デュー・プロセスをめぐる議論は，人権と司法審査をめぐる議論と重なり合うほどの重要性を持っている。まず，デュー・プロセスの保障は，その文言上「州」への禁止事項という体裁をとっているので，憲法上のその他の人権と結びつき，合衆国憲法の人権規定を州の行為にも及ぼすための回路となった。

次に，デュー・プロセスの保障は，刑事裁判を超え，民事裁判手続の適正さにまで波及し，やがては，行政手続のあり方にまで影響を及ぼすようになる。行政処分に先立つ「告知聴聞の機会の付与」は，デュー・プロセスの拡大によってもたらされたのである。

次に，デュー・プロセスとは手続だけを指すのか，それとも何らかの内容をも包含しているのかが問題となった。デュー・プロセスの保障に実体的な権利の保障を読み込む立場は，修正14条の文言が抽象的で，包括的であることに着目して，憲法に明示されていない権利を導き出したのである。このような姿勢を**実体的デュー・プロセス**と呼ぶ。合衆国最高裁は，このような立場から，経済活動の自由を手厚く保護し，経済政策立法をことごとく憲法に違反すると判断したのであった。

しかし，このような動きには反動が待ちかまえていた。すでに述べたように，実体的デュー・プロセスを盾に，経済政策立法を憲法に反すると断定された政府は，最高裁判所裁判官の増員をはかることで，合衆国最高裁の実体的デュー・プロセス論に対抗しようとした。この動きは挫折するものの，最高裁は，その後，政府の経済政策を阻害することを差し控えるようになった。

現在，実体的デュー・プロセスの保障としては，**自己決定の権利**が中心的な問題となっている。生殖作用にかかわる自己決定の権利，**親密な結合に関する権利**，あるいは医療に対する決定権の分野では，実体的デュー・プロセスの保障が大きな役割を演じている。ただし，このような実体的デュー・プロセス論には強力な批判もあり，裁判所による新しい権利を創り出すのは，司法審査の役割を超えているのではないかとの議論が続けられている。

デュー・プロセスの保障とは，一言で言うと，権力行使に際する**フェア・プレイの原則**とすることもできよう。不意打ちを禁止し，公正なルールに基づき，国家権力と国民が対峙するためのルールこそデュー・プロセスの保障に込められた精神である。

(2)　憲法31条の意義

日本国憲法の場合，あらかじめ，比較的詳細で網羅的な人権規定が備わっていたこともあり，憲法31条については，合衆国憲法におけるようなダイナミックな解釈や激しい議論が行われてきたわけではない。しかし，それでもその条文の意義をめぐっては次のような解釈の対立がある。

①　手続の法定と適正さ

31条は，「法律の定める手続」としか書いていない。では，法律の定める手続には適正さは要求されないのであろうか。この点，合衆国憲法は「適正な（due）」と記してあるので，手続の適正さまで要求されていることがわかるが，日本国憲法の場合はどうであろうか。

この点について，31条は手続の法定を要求するだけで，その適正さは立法政策にゆだねられているとする解釈もある。この解釈は，法文の意味に忠実であるという利点はあるものの，デュー・プロセスの思想が持つ豊かな内容を取り込めない欠点がある。仮に，本条が要求するのは手続の法定にとどまるとするならば，実質的な告知聴聞の手続を保障しないような手続を本条違反とすることができなくなる。このような点を考えると，本条は手続の適正さまで要求していると解すべきであって，むしろ手続の適正さを要求してはいないとする積極的理由に乏しいと考えるべきではなかろうか。

②　実体の法定

では，31条は，法の内容の法定まで要求しているのであろうか。とりわけ，**罪刑法定主義**の要請は本条の問題としてとらえることができる。

この点についても，法文に忠実に，31条は手続の法定もしくは適正を要求するにとどまり，実体の法定まで要求していないとする立場がある。この立場からは，罪刑法定主義の要請は，憲法73条６号（罰則の法定主義），39条（刑罰法規不遡及の原則）の前提として，当然に憲法が予定していると解釈することになる。

これに対して，31条にいう「法律の定める手続」は，実体（法の中身）を含む広い概念であって，本条から罪刑法定主義が導き出されると考えている。いずれの説が適切か。ここでも31条をあえて狭く解釈する必要があるかどうかが問題となる。罪刑法定主義という，近代法の大前提が明文根拠を欠いているとは考えにくく，また，31条に言う「手続」をあえて狭く解釈しなければならない必然性は少ないのであるから，「法律の定める手続」には，罪刑法定主義の要請が含まれていると解すべきではあるまいか。そうすると，31条からは，「何が犯罪で，それに対してどのような刑罰が科せられるのかが，あらかじめ法律で定められていなければならない」という原則と，そのコロラリーとして，**①刑罰法規の法定主義（慣習法，行政命令による刑罰法規の排除）**，**②遡及的処罰の禁止**，**③類推解釈の禁止**，**④絶対的不定期刑の禁止**，**⑤構成要件の明確さの要求**が導き出されることになる。最高裁の判例もまた，罪刑法定主義とその派生原理を31条の問題として扱っている（徳島市公安条例事件：最大判昭和50・9・10）。

③　実体の適正さ

次に，本条は，法の実体（中身）が適正であることまで要求しているのであろうか。これについては，法内容の適正さは，憲法の人権条項がカバーしており，あえて本条を持ち出す必要はないと考える立場と，本条が手続の法定，適正，実体法の法定まで要求しているのであれば，当然に実体法の内容が適正であることまで要求しているとする立場がある。たしかに，日本国憲法の人権規定は網羅的かつ包括的であって，法の実体面の適正さについては，本条を持ち出すまでもなく，他の条文で対応できると考えられよう。しかし，本条が実体の法定をも要請していると考えるならば，法内容の適正さについての要請を他の条文にゆだねていると考える必然性も，また必要性もない。このように解することによって，本条の淵源であるデュー・プロセスの保障の考え方と，それが持つ人権保障に対する豊かな内容を取り込むことも可能となるであろう。

〔図：31条の意味〕

法の適正な手続
- 手続が法で定められていること
- その手続の内容が適正であること
- 実体（刑罰の中身）が法で定められていること
- 実体が適正であること

④　行政手続への適用

最後に，以上のような憲法31条の内容は，刑事手続以外にも適用されるのであろうか。具体的には，各種の行政手続にも本条の内容は適用されるべきなのであろうかが問題となる。かつて，国民生命や身体，財産を侵害する最大の主体は，国家刑罰権であった。しかし，複雑かつ高度化した社会においては，国民生活への行政権の介入もその頻度が増している。そのような状況を前にして，行政権が国民の生命身体や財産を侵害する場面も増えてきている。そこで，法の適正手続が**行政手続**にも適用されるべきかどうかが問題となったのである。

論点　憲法31条と行政手続―学説はどう考えてきたか

この点に関して，学説には，適正手続の要請が行政手続にも適用されるべきことを積極的に否定するものはない。しかし，適正手続の要請が行政手続にも適用されることを肯定するにしても，その根拠を31条に求めるか，その他の条文に求めるかで議論がある。

このうち，31条を根拠としない学説は，同条が「その他刑罰を科せられない」とあることから，その適用対象が国家刑罰権にあるとし，また，合衆国憲法14条に相当する条文は，むしろ憲法13条であることに着目して行政手続に対する適正手続の保障については，憲法13条の要求するところであると考える。

しかし，憲法31条は，「刑罰」を主として想定しているとしても，行政手続による権利制限を積極的に排除しているとは言い難い。また，憲法13条は，幸福追求の権利という，実体的な権利の創設規定であって，法の執行全体に要求される手続の法定，適正さは，むしろ憲法31条の問題と考えるべきなのではなかろうか。つまり，憲法31条は，国家権力による国民の権利制限の手続に関して，刑事手続をひとつの典型としながらも，それ以外の手続についても適用されることを何ら否定していないのである。それゆえ，憲法31条を手続的な人権の総則的規定であるととらえた方が論理構成としては明快で，わかりやすいのではなかろうか。

ただ，憲法31条が行政手続にも適用されるとしても，刑事手続に求められる保障が行政手続にもそのまま認められるというわけではない。もとより，手続的な人権保障にも様々な種類と段階がある。国民に不利益処分を課す行政手続には，告知聴聞の機会が与えられなければならない。国民に対して一定の身体的拘束を及ぼすような手続については，刑事手続に類似した厳格な手続が求められる。身体や財産を侵害する手続については，刑事手続と行政手続に違いがあるわけではないからである。ただ，伝染病予防法が定める強制入院に対しても令状の交付が必要であるとか，食品衛生法や薬事法，あるいは消防法などで緊急に行われる立入検査に令状が必要であるとするのは，行き過ぎの感がある。行政手続は多様であって，侵害される国民の権利にも様々な程度がある。一般論としては，行政手続の態様と侵害される国民の権利の内容，程度を利益衡量して，憲法31条の行政手続への適用が判断されなければならない。

なお，1993年に行政手続の一般的な規定を定める行政手続法が制定され，行政手続をめぐる問題の多くは実定法解釈の問題となっている。しかし，同法も行政手続に関する問題を完全にカバーしているわけではないので，憲法31条と行政手続をめぐる問題に終止符が打たれているわけではない。

この点についての判例理論はどうであろうか。最高裁判所は，**成田新法事件**（最大判平成4・7・1）において次のように述べている（なお第四章Ⅲ5も参照）。

「行政手続についても，それが刑事手続でないとの理由のみで，そのすべてが本条の適用のらち外にあるわけではないが，行政手続は，刑事手続とは性質を異にし，また行政目的に応じて多種多様であるから，行政処分の相手方に事前の告知，弁解，防御の機会を与えるかどうかは，行政処分により制限を受ける権利利益の内容，性質，制限の程度，行政処分により達成しようとする公益の内容，程度，緊急性などを総合衡量して決定されるべきであり，常にそのような機会を与えることを必要とするものではない。」

また，道路運送法上の個人タクシーの免許聴聞手続や免許基準が問題となった事件（最判昭和46・10・28）やバス事業の免許が争われた事件（最判昭和50・5・29）では，免許付与に際しての基準の客観性や聴聞手続の公正さが求められ，手続的な適正さを欠いた手続によってなされた処分が違法となることを認めている。

Ⅱ　刑事手続の保障

1　被疑者の権利

(1)　不当な逮捕・抑留・拘禁からの自由

①　逮捕の要件

1）現行犯逮捕　憲法33条は次のように規定する。「何人も，現行犯として逮捕される場合を除いては，権限を有する司法官憲が発し，且つ理由となつてゐる犯罪を明示する令状によらなければ，逮捕されない」。

逮捕とは，一般的に，犯罪の嫌疑を理由として身体を拘束することを指すので，その意義は比較的広く，刑訴法にいう**逮捕**（199条）に限らず，「**勾引**」（58条），「**勾留**」（60条），「**鑑定留置**」（167条）を含む概念として理解されている。憲法33条は，このような逮捕が現行犯の場合を除いて，逮捕状によるべきこと定めているのである。

このうち，**現行犯**とは「現に罪を行い，又は現に罪を行い終わった者」（刑訴法212条）を意味している。これらの場合には，犯罪遂行の事実が客観的に明白であるから，不当な逮捕が行われるおそれが少なく，逮捕権の濫用の可能性も低いため，逮捕を認めたのである。現行犯は「何人でも，逮捕状なくしてこれを逮捕することができる」（同法213条）。なお，刑訴法は，現行犯に準じる場合を定めている。つまり，①犯人として追呼されているとき，②贓物又は明らかに犯罪の用に供したと思われる凶器その他の物を所持しているとき，③身体又は被服に犯罪の顕著な証跡があるとき，④誰何されて逃走しようとするときには，これらを現行犯と見なす規定が置かれているのである。

2）令状主義とその限界　　現行犯逮捕以外の場合で，被疑者の身体を拘束するには，**令状**が必要となる。令状を要求する意味は，不当な逮捕の抑制と被逮捕者の防御権の保障があげられている。逮捕状を発給するのは，司法警察官や検察官ではなく，裁判官であって，逮捕の必要性については，第三者的な観点からの検討が及ぼされている。その過程で，逮捕の合理性についての審査も行われているであろう。また，逮捕状には**被疑事実**の要旨が記載されることになっているので（刑訴法200条），被疑者は，それに応じた防御方法をとることができる。

論点　緊急逮捕と令状主義

しかし，現行刑訴法は，現行犯逮捕，準現行犯逮捕，令状逮捕と並んで，緊急逮捕という逮捕の形を認めている点には問題がある。すなわち，刑訴法210条は次のように定めている。「検察官，検察事務官又は司法警察職員は，死刑又は無期若しくは長期３年以上の懲役若しくは禁錮にあたる罪を犯したことを疑うに足りる充分な理由がある場合で，急を要し，裁判官の逮捕状を求めることができないときは，その理由を告げて被疑者を逮捕することができる。この場合には，直ちに裁判官の逮捕状を求める手続をしなければならない。逮捕状が発せられないときは，ただちに被疑者を釈放しなければならない」。同条は，令状主義の理念には反しないのであろうか。

この点につき，最高裁は，緊急逮捕が刑訴法210条の厳格な要件の下で，罪状の重い一定の犯罪についてのみ認められ，逮捕後，逮捕状の発給を求めることが要件とされていることを重視して，これを憲法に違反しないと解している（最大判昭和30・12・14）。学説は，合憲説と違憲説に分かれるが，通説は，緊急逮捕後ただちに令状の発給を求めるという条件を前提にして憲法に違反しないと解している。

3）**別件逮捕**　比較的軽い罪の容疑（これを別件と呼ぶ）で逮捕しておき，より罪の重い犯罪の容疑（これを本件と呼ぶ）について自白を得るという捜査方法を一般的に**別件逮捕**と呼んでいる。これは令状主義の原則に反するものではないのだろうか。最高裁は，別件と本件が社会的事実として一連の密接な関係があると認められる場合は，別件で逮捕し，しかる後に本件の取り調べをしても違法ではないと解釈している（最決昭和52・8・9）。逮捕勾留中に，余罪の取り調べをすることが禁じられていない現行制度では，どこまでが別件逮捕であって，令状主義の原則から離れるのかを見極めるのは難問である。しかし，別件逮捕を無制約に許すとなると，自白の獲得を目的とした逮捕が横行し，別件逮捕と自白後の本件逮捕を通算して，二倍の身柄拘束を認めることにもなりかねない。それゆえ，学説には違憲説も根強く主張されている。

②　抑留・拘禁の要件

憲法34条は，抑留・拘禁に対する手続保障を規定する。すなわち，「何人も，理由を直ちに告げられ，且つ，直ちに弁護人に依頼する権利を与へられなければ，抑留又は拘禁されない。又，何人も，正当な理由がなければ，拘禁されず，要求があれば，その理由は，直ちに本人およびその弁護人の出席する公開の法廷で示されなければならない」。

ここで**抑留**とは，比較的短期の身体の拘束を意味し（逮捕・勾引に伴う留置），**拘禁**とは，比較的長期の身柄の拘束を意味する（勾留・鑑定留置）。憲法34条は，このような拘束に際しての理由開示と弁護人依頼権の保障を定めている。

抑留・拘禁に際しての理由とは，犯罪容疑の特定と同時に，抑留・拘禁が必要な理由でなければならない。学説は，単に取り調べの必要性では足りず，証拠隠滅のおそれ，逃走のおそれ等，具体的に示すべきであると解している。また，拘禁についてはそれが比較的長期にわたる身体の拘束になるため，公開法廷における「正当な」理由開示を認めている。「正当な」とは，犯罪立証に足りる証拠の存在を意味すると解されている。なお，本条は，公判提起前の弁護人依頼権を認めている。

③　行政手続への適用

行政手続にも，身体の拘束を認める法令がある。たとえば，**伝染病予防法**，**麻薬及び向精神薬取締法**，**出入国管理及び難民認定法**などは，患者等の身体を拘束し，病院等への入院を行政処分として行うことを認めている。

これら法令についても，そのことがらの性質上，人の身体に対して直接的な拘束を及ぼすものであるから，刑事手続に類する手続保障が認められなければならない。このことから，たとえば，精神保健及び障害者福祉に関する法律は，患者の強制入院措置を認めているが，その場合には，入院者本人に対して，入院措置を執る旨，都道府県知事に退院の請求ができること，および病院管理者に対して処遇の改善を求めることができることを書面で通知しなければならないと定めている。

行政手続による身体の拘束は，そのほとんどが切迫した必要性のある場合と考えられよう。しかし，措置に対する事後的統制が必要であることには変わりがない。

⑵　捜索・押収に対する保障

①　令状主義と住居の不可侵

憲法35条１項は，「何人も，その住居，書類，及び所持品について，侵入，捜索及び押収を受けることのない権利は，第33条の場合を除いては，正当な理由に基づいて発せられ，且つ捜索する場所及び押収する物を明示する令状がなければ，侵されない」と定めている。

本条は，捜査・押収に際する司法統制を定めたものである。ここでいう，33条の場合とは，現行犯逮捕と令状逮捕の場合であって，これらに基づく捜索・押収の場合には，捜索・押収令状を必要としない。犯罪容疑が特定され，犯罪捜査への正当化がなされているとの判断による。ただし，ここでは現実に逮捕したという事実が求められる。現実に逮捕するのであれば，逮捕に先行した捜索・押収も認められるとするのが判例の立場である（最大判昭和36・６・７）。なお，刑訴法220条は，緊急逮捕の場合もまた，捜索・押収令状は必要がないと規定する。

論点　緊急逮捕と捜索，押収令状の必要性

最高裁は，緊急逮捕と捜索，押収令状の必要性について，次のような判断を示している（最大判昭和36・６・７）。

「職権により調査するに，憲法35条は，同33条の場合には令状によることなくして捜索，押収をすることができるものとしているところ，いわゆる緊急逮捕を認めた刑訴210条の規定が右憲法33条の趣旨に反しないことは，当裁判所の判例（昭和26年（あ）第3953号，同30・12・14大法廷判決，刑集９巻13号2760頁）とするところである。同35条が右の如く捜索，押収につき令状主義の例外を認めているのは，この場合には，令状によることなくその逮捕に関連して必要な捜索，押収等の強制処分を行なうことを認めても，人権の保障上格別の弊害もなく，且つ，捜査上の便益にも適なうことが考慮されたことによるものと解されるのであって，刑訴220条が被疑者を緊急逮捕する場合において必要があるときは，逮捕の現場で捜索，差押等をすることができるものとし，且つ，これらの処分をするには令状を必要としない旨を規定するのは，緊急逮捕の場合について憲法35条の趣旨を具体的に明確化したものに外ならない。

もっとも，右刑訴の規定について解明を要するのは，『逮捕する場合において』と『逮捕の現場で』の意義であるが，前者は，単なる時点よりも幅のある逮捕をする際をいうのであり，後者は，場所的同一性を意味するにとどまるものと解するを相当とし，なお，前者の場合は，逮捕との時間的接着を必要とするけれども，逮捕着手時の前後関係は，これを問わないものと解すべきであって，このことは，同条１項１号の規定の趣旨からも窺うことができるのである。

従って，例えば，緊急逮捕のため被疑者方に赴いたところ，被疑者がたまたま他出不在であっても，帰宅次第緊急逮捕する態勢の下に捜索，差押がなされ，且つ，これと時間的に接着して逮捕がなされる限り，その捜索，差押は，なお，緊急逮捕する場合その現場でなされたとするのを妨げるものではない。そして緊急逮捕の現場での捜索，差押は，当該逮捕の原由たる被疑事実に関する証拠物件を収集保全するためになされ，且つ，その目的の範囲内と認められるものである以上，同条１項後段のいわゆる『被疑者を逮捕する場合において必要があるとき』の要件に適合するものと解すべきである。」

捜索，押収令状が不要な場合をここまで拡大することが憲法の趣旨に合致するかどうかには憲法学説の上からも批判がある。

②　捜索・押収令状の方式

憲法35条２項は，「捜索又は押収は，権限を有する司法官憲が発する各別の令状により，これを行う」と定めている。

各別の令状とは，一般的包括的な捜索・押収令状を禁じる趣旨であって，個々の捜索物，押収物について，それぞれ独立した令状が必要である。ただし，同一事件において，同じ場所を同じ機会に捜索，押収をするような場合には，令状は一本で足りると解されている。

③　違法な押収物の証拠能力

最高裁は，「令状主義の精神を没却するような重大な違法があり，これを証拠として許容することが，将来における違法な捜査の抑制の見地からして相当でないと認められる場合においては，その証拠能力は否定される」と述べている（最判昭和53・9・7）。問題は，重大な違法とは何かであろう。

刑訴法100条1項は，「被告人から発し，又は被告人に対して発した郵便物又は電信に関する書類で通信事務を取り扱う官署その他の者が保管し，又は所持するものを差し押さえ，又は提出させることができる」と定め，同2項は「前項の規定に該当しない郵便物又は電信に関する書類で通信事務を取り扱う官署その他の者が保管し，又は所持するものは，被告事件に関係があると認めるに足りる状況にあるものに限り，これを差し押さえ，又は提出させることができる」と定めている。ここでは，ほとんど無制限に被告人に関する郵便物が差し押さえの対象となっているが，学説には，限定解釈すべきだとするものもある。

なお，電話の傍受については，刑訴法222条の2が通信傍受法にその細則をゆだねているが，最高裁は，同法施行前に次のように述べたことがある（最決平成11・12・16）。

「重大な犯罪に係る被疑事件について，被疑者が罪を犯したと疑うに足りる十分な証拠があり，かつ，当該電話により被疑事件に関連する通話の行われる蓋然性があるとともに，電話傍受以外の方法によってはその罪に関する重要かつ必要な証拠を得ることが著しく困難であるなどの事情が存する場合において，電話傍受により侵害される利益の内容，程度を尊重に考慮した上で，なお電話傍受を行うことが犯罪捜査上真にやむを得ないと認められるときは，法律の定める手続きに従ってこれを行うことも憲法上許される。」

ただし，学説には，手続的保障が足りないとするものもある。

論点　GPS 捜査と憲法35条

本人の同意を得ず GPS（Global Positioning System）を車両に設置し，その行動を監視することは，憲法35条に違反しないのであろうか。最高裁は，GPS を用いて行われる捜査は，35条に言う捜索に該当して，令状が必要であると判断する，画期的な判断を示した（最大判平成29・3・15）。

「GPS 捜査は，対象車両の時々刻々の位置情報を検索し，把握すべく行われるものであるが，その性質上，公道上のもののみならず，個人のプライバシーが強く保護されるべき場所や空間に関わるものも含めて，対象車両及びその使用者の所在と移動状況を逐一把握することを可能にする。このような捜査手法は，個人の行動を継続的，網羅的に把握することを必然的に伴うから，個人のプライバシーを侵害し得るものであり，また，そのような侵害を可能とする機器を個人の所持品に秘かに装着することによって行う点において，公道上の所在を肉眼で把握したりカメラで撮影したりするような手法とは異なり，公権力による私的領域への侵入を伴うものというべきである。」

「憲法35条は，『住居，書類及び所持品について，侵入，捜索及び押収を受けることのない権利』を規定しているところ，この規定の保障対象には，『住居，書類及び所持品』に限らずこれらに準ずる私的領域に『侵入』されることのない権利が含まれるものと解するのが相当である。そうすると，前記のとおり，個人のプライバシーの侵害を可能とする機器をその所持品に秘かに装着することによって，合理的に推認される個人の意思に反してその私的領域に侵入する捜査手法である GPS 捜査は，個人の意思を制圧して憲法の保障する重要な法的利益を侵害するものとして，刑訴法上，特別の根拠規定がなければ許容されない強制の処分に当たる（略記・最決昭51・3・16参照）とともに，一般的には，現行犯逮捕等の令状を要しないものとされている処分と同視すべき事情があると認めるのも困難であるから，令状がなければ行うことのできない処分と解すべきである。」

「車両に使用者らの承諾なく秘かに GPS 端末を取り付けて位置情報を検索し把握する刑事手続上の捜査である GPS 捜査は，個人のプライバシーの侵害を可能とする機器をその所持品に秘かに装着することによって，合理的に推認される個人の意思に反してその私的領域に侵入する捜査手法であり，令状がなければ行うことができない強制の処分である。」

④　行政手続への適用

憲法35条の令状主義の原則は行政手続にも適用されるのであろうか。この点について最高裁は，所得税法が定める税務調査に関して，行政手続に対する本条の適用を抽象的には認めつつも，行政調査が刑事責任の追及に結びつく作用を一般的に有するとは認めがたいこと，強制の度合いも，直接的物理的な強制と同視すべきほどに，相手方の自由意思を著しく拘束するものではないことを理由として，令状の必要性を否定した（**川崎民商事件**：最大判昭和47・11・22）。

この点に関して，学説の多くは，憲法35条の行政手続への適用を肯定する。もちろん憲法31条について述べたように，行政手続は多様であって，その目的も，侵害される国民の権利も一様ではないから，個別の考慮が必要であろう。**税務調査**の場合，租税犯罪の追求がその目的のひとつであることは否定できないのであるから，本条が直接適用されるべきではなかろうか。デュー・プロセスの保障がフェア・プレイの原則を意味するのであれば，行政手続においてこれを否定する理由はない。

なお，警察官の行う**所持品検査**については，それが犯罪捜査の一環として行われる場合には本条の適用を受ける。所持品検査が犯罪の予防として行われる場合にはどうか。これについて最高裁は，警察官職務執行法に定める**職務質問**に付随して，必要最小限度の所持品検査を行うことは否定されないと解している（最判昭和53・6・20）。

逃亡犯罪人引渡法35条1項の規定が，同法14条1項に基づく逃亡犯罪人の引渡命令につき，同法に基づく他の処分と同様に行政手続法第3章の規定の適用を除外して，上記命令の発令手続において当該逃亡犯罪人に弁明の機会を与えていないことが憲法31条に違反し，また，本件において抗告人にその機会を与えずにされた上記命令も同条に違反するかどうかが争われた事件において，最高裁は，「当該処分により制限を受ける逃亡犯罪人の権利利益の内容，性質，制限の程度，当該処分により達成しようとする公益の内容，程度，緊急性等を総合較量すれば，同法35条1項の規定が，同法14条1項に基づく逃亡犯罪人の引渡命令につき，同法に基づく他の処分と同様に行政手続法第3章の規定の適用を除外し，上記命令の発令手続において改めて当該逃亡犯罪人に弁明の機会を与えるものとまではしていないことは，上記の手続全体からみて逃亡犯罪人の手続保障に欠けるものとはいえず，憲法31条の法意に反するものということはできない」と判断している（最決平成26・8・19）。

ある刑事事件をめぐって，ハンセン病患者の被告人に対して，隔離法廷を設置して，審理を進めたことが憲法37条1項に違反するのではないかが争われた事件において，この措置が憲法に違反するとした下級審判決がある（熊本地判令和2・2・26)。

2　被告人の権利

(1)　公平な裁判所の迅速な公開裁判

①　公平な裁判所とは何か

憲法37条1項は，「すべて刑事事件においては，被告人は，公平な裁判所の迅速な公開裁判を受ける権利を有する」と定めている。そこでまず問題となるのは，「公平な裁判所とは何か」であるが，最高裁はこれを「構成その他において偏頗なき裁判所」を指すと解釈している（最大判昭和23・5・5)。刑事被告人は，裁判所の構成（裁判官，裁判所書記官等）からして，公平な裁判を期待できないと考えるときは，**忌避**を申し出ることができる（民訴法24条1項，刑訴法21条1項)。

②　迅速な裁判

迅速な裁判が求められるのは，刑事被告人を長期にわたって不安定な状況に置くことが正義に反すると同時に，時間の経過とともに証拠が消失，散逸し，客観的な事実認定が困難となるという問題があるからである。問題は，どの程度長期化した裁判が迅速な裁判の要請に反するのか，あるいはどのような状況があれば迅速な裁判の要請に反するといえるのかに向けられる。この点について，最高裁は，公訴提起から15年あまりにわたって公判期日が全く開かれなかった裁判に関し，判決で免訴の言い渡しをすべきであると述べた（**高田事件**：最大判昭和47・12・20)。すなわち，「現実に，本条1項の保障に明らかに反し，審理の著しい遅延の結果，迅速な裁判を受ける被告人の権利が害されたと認められる異常な事態が生じた場合には，これに対する具体的規定がなくても，もはや当該被告人に対する手続の続行を許さず，その審理をうち切るという非常救済手段をとることも認められる」のである。

迅速な裁判の要請は，法の支配の観点からも求められるが，2003年7月，**裁判迅速化促進法**が成立し，迅速な裁判の運営に向けて，裁判所や当事者が努力する規定が設けられている。もちろん，迅速な裁判は，綿密な審理の要請と対立する場合があることにも注意が必要である。

③　裁判公開の原則

刑事裁判は**公開の法廷**で行われなければならない。憲法82条は，一般的に裁判の公開を規定するが，本条は，これを刑事被告人の権利として規定したものである。公開裁判とは，その対審および判決が公開の法廷で行われることを指す。

最高裁は，法廷においてメモをとることが許されるかどうかが問題となったレペタ訴訟において次のように述べている（最大判平成元・3・8）。

「筆記行為は，一般的には人の生活活動の一つであり，生活のさまざまな場面において行われ，極めて広い範囲に及んでいるから，そのすべてが憲法の保障する自由に関係するものということはできないが，さまざまな意見，知識，情報に接し，これを摂取することを補助するものとしてなされる限り，筆記行為の自由は，憲法21条1項の規定の精神に照らして尊重されるべきであるといわなければならない。裁判の公開が制度として保障されていることに伴い，傍聴人は法廷における裁判を見聞することができるのであるから，傍聴人が法廷においてメモを取ることは，その見聞する裁判を認識，記憶するためになされるものである限り，尊重に値し，故なく妨げられてはならないものというべきである。」

(2)　反対尋問・証人喚問請求権

憲法37条2項は，「刑事被告人は，すべての証人に対して審問する機会を十分に与へられ，又，公費で自己のために強制的手続きにより証人を求める権利を有する」と定めている。

公判廷は真実発見の場であるから，訴追者と被告人が真実発見のため，相互に証拠を検証する必要がある。**交互審問**（cross examination）という言葉が示すように，当事者双方の審問を受けていない証拠，証人の証拠能力は認められない。刑訴法320条が規定する伝聞証拠の証拠能力制限は，本項に由来する。

問題は，本項にいう「**証人**」とは誰かであるが，これについては，本項の制度をどう理解するかにかかわり，解釈が鋭く対立している。

まず，最高裁の判例理論は，これを証人として宣誓をした者として形式的にとらえている。そして，本項前段の証人審問権は，証人として出廷し，宣誓をした者に限られると解する。その結果，公判廷以外で行われた供述に対しては反対尋問の機会を与える必要はなく，仮に反対尋問の機会を求めるのであれば証人喚問権を行使すべきであると考えるのである（最大判昭和24・5・18）。しかも，最高裁は，被告人が要望したすべての証人を喚問する必要はなく，その裁判を行うのに必要な範囲での証人喚問を認めているにすぎないと解釈している（最大判昭和23・7・29）。さらに，「公費で」とはいいながら，有罪判決の場合には，証人喚問の費用を被告人に負担させてもよいとするのである（最大判昭和23・12・27）。

これに対して多くの学説は，「証人」を実質的意味に解する。すなわち，証人とは供述による証拠を提供する者であって，それが公判廷で行われるかどうかを問題としていない。そして，本項前段の**証人審問権**は，被告人に不利な証言を行う者に対する反対尋問権を，後段の証人喚問請求権は，自己に有利な証言を行う者に対する喚問請求権を保障したものだと理解する。これによれば，公判廷外で行われた証人の供述に対して，原則として証拠能力を認めず，きわめて例外的にのみ，その供述の証拠能力が認められるにすぎないと考えるのである。

(3)　弁護人依頼権

憲法37条3項は，「刑事被告人は，いかなる場合にも，資格を有する弁護人を依頼することができる。被告人が自らこれを依頼することができないときは，国でこれを附する」と定めている。いわゆる，**弁護人依頼権**の保障である。

これを受け，刑訴法272条は，裁判所は被告人に対して，弁護人依頼権の告知をしなければならないと定めているが，その程度については，「裁判官，検察官等は被告人がこの権利を行使する機会を与え，その行使を妨げなければよいのであって，憲法は弁護人依頼権を特に被告人に告げる義務を裁判所に負わせているわけではない」とした判決がある（最大判昭和24・11・30）。

しかし，最高裁は，その後，「単に被疑者が弁護人を選任することを官憲が妨害してはならないというにとどまるものではなく，被疑者に対し，弁護人を選任した上で，弁護人に相談し，その助言を受けるなど弁護人から援助を受ける機会を持つことを実質的に保障しているものと解すべきである」として，刑訴法39条3項が定める「捜査のために必要があるときは…その日時，場所及び時間を指定することができる」との規定を「右接見を認めると取調べの中断等により捜査に顕著な支障が生ずる場合に限られる」との限定解釈を施すに至っている（最大判平成11・3・24）。

本項後段は，**国選弁護人制度**に関して定めている。公判廷においては，法律専門家の裁判官と検察官に対して，刑事被告人は法律素人である場合が多く，またその雰囲気からしても，精神的な圧迫感を被らざるを得ない。そこで，本項は，公判廷における攻撃防御の対等性と真実発見における必要性から，被告人が自ら弁護人を選任する資力がないような場合には，国費で弁護人を選任する制度を設けたのである。なお，一定の犯罪については，必ず弁護人をつけなければならない（刑訴法289条）。

本項の文言からして，被疑者の段階では国選弁護人を附することまでは要求されていない。しかし，国家刑罰権の発動に際するフェア・プレイの精神を重視した場合，被告人と被疑者を区別する理由はないとする学説も有力である。

⑷　自己負罪特権

①　黙秘権の意義

憲法38条１項は，「何人も，自己に不利益な供述を強要されない」と定めている。いわゆる**黙秘権の保障**である。これは，合衆国憲法修正５条の**自己負罪特権**に由来する条文であるといわれている。なお，憲法には，沈黙の自由（19条）や消極的な表現の自由（21条１項）も保障されているが，これら制度と本項の関係は，一般法と特別法の関係に類似し，本項は，刑事手続における沈黙の自由を保障しているものと考えられる。

本項にいう「自己に不利益な供述」とは何か。最高裁判所は，これを「自己が刑事上の責任を問われるおそれがある事項について供述を強要されないこと」と解釈している（最大判昭和32・２・20）。それゆえ，損害賠償を求められるにとどまるような証言には本条の保障は及ばない。また，氏名の供述についても本条の保障は及ばないと解釈されている。

本項は，あくまで不利益供述を強要してはならないとの保障であって，自発的に自己に不利益な供述をすることまでを禁止，もしくはその証拠能力を否定するものではない。

②　行政手続への適用

最高裁は，本項が行政手続にも適用されることを認めているが，その範囲や程度については議論がある。

たとえば，道交法72条１項が求める交通事故に際する報告義務について，最高裁は，それが「警察官が交通事故に対する処理を行うにつき，必要な限度においてのみ，報告義務を負担するのであって，それ以上，刑事責任を問われるおそれのある事故の原因その他の事項までも」報告義務のある事項に含まれないと解し，これを合憲と判断している（最大判昭和37・５・２。なお本件は旧道路交通取締法時代のもの）。同じく，道交法67条２項に規定する警察官の呼気検査についても，それが「酒気を帯びて車両等を運転することの防止を目的として運転者から呼気を採取してアルコール保有の程度を調査するものであって，その供述を得ようとするものではないから」，本項に違反しないとの判断もある（最判平成９・１・30）。

論点　税務調査と質問

税務調査に付随して行われる質問権についてはどうか。所得税法は，税務職員に対して，一定の質問権を与え，これを拒む者に対して刑罰をもって証言を強制している（234条・242条８号）。この点について，最高裁は，先に見た川崎民商事件で，税務調査が刑事責任追及のための資料に直接結びつくかどうかによって，本項の適用の可否を判断するという姿勢をとっているので，税務調査が直接税法違反の追及に結びつく場面では，供述拒否権が認められることになろう。また，税務調査に先立ち，供述拒否権の告知をしなかったとしても，それは立法政策の問題であって，ただちに違法となるものではないとの判断を示している。

麻薬及び向精神薬取締法37条は，麻薬取扱者に対して，一定の報告義務を課している。このような報告義務は，麻薬等が犯罪に用いられ，違法に取り引きされることを防止する目的があるものと認められ，その目的自体は憲法上問題はないものと考えられる。

(5)　自白の強要禁止

憲法38条２項は，「強制，拷問若しくは脅迫による自白又は不当に長く抑留若しくは拘禁された後の自白は，これを証拠とすることができない」と定め，同３項は，「何人も，自己に不利益な唯一の証拠が本人の自白である場合には，有罪とされ，又は刑罰を科せられない」と規定している。

自白は犯罪追及の有力な手段であるが，それだけに濫用のおそれも否定できない。これまで，自白の強要が重大な人権侵害を引き起こしてきた例は数え切れない。それゆえ，憲法は，まず人権擁護の観点から自白の強要を禁止したのである。また，自白を引き出すことが，合理的で，フェアな犯罪捜査を逆に阻害することも考えられる。自白偏重の犯罪捜査が真実に反する結果をもたらすことも考えられよう。そこで，憲法は，自白の証拠能力を否定するとともに，その証明力を限定した。

なお，公判廷における自白については，その取扱いをめぐり争いがある。かつて，最高裁は，**公判廷における自白**は，捜査段階の自白とは異なり，任意性があり，裁判官が直接それを見聞できるという点で，証明力を認めて差し支えないと考えていた（最大判昭和23・7・29）。しかし，これに対しては批判も多い。

(6)　事後法の禁止と二重の危険防止

憲法39条は，「何人も，実行の時に適法であった行為又は既に無罪とされた行為については，刑事上の責任を問はれない。又，同一の犯罪について，重ねて刑事上の責任を問はれない」と定めている。

本条は，前段で**事後法の禁止**を明確にしている。これは，罪刑法定主義から導き出されるものであって，本条はこれを刑事手続に関して，確認的に規定したものと考えられるので，行政法規あるいは民事法規に対する事後法禁止の問題は31条で処理すると考えられる。

「実行の時に適法であった」とは，行為時に処罰の対象となっていなかったという意味と解されている。「刑事上の罪に問われない」とは，刑罰を科せられないとの意味に解釈するのが通説である。なお，本条は，犯罪の構成要件等，実体面についての規定であって，手続については適用がないとする考え方もあるが，適切とは思われない。手続規定であっても，刑事被告人の地位に重大な影響を与えるような変更については，本条の手続が及ぶと解すべきであろう。

本条前段には，「何人も…既に無罪とされた行為については，刑事上の責任を問われない」との規定も置かれている。この規定は，無罪が確定した行為については，あらためてこれを有罪とすることができないという**一事不再理**を定めたものである。

一方，本条後段は，同一の犯罪について，重ねて刑事上の責任を問うことができないと定めているが，これは，同一の行為については，その確定判決後に，別の新たな罪として処罰すること，すなわち二重処罰の禁止に関する規定である。そゆれえ，判決があった後，量刑を不服として，検察官が上訴することは本条に違反しない（最大判昭和25・9・27）。

法定刑として死刑が定められている犯罪に対して，その公訴時効を廃止した刑法，刑事訴訟法改正が，憲法39条と31条に違反するかが争われた事件がある。最高裁は，「公訴時効制度の趣旨は，時の経過に応じて公訴権を制限する訴訟法規を通じて処罰の必要性と法的安定性の調和を図ることにある。本法は，その趣旨を実現するため，人を死亡させた罪であって，死刑に当たるものについて公訴時効を廃止し，懲役又は禁錮の刑に当たるものについて公訴時効期間を延長したにすぎず，行為時点における違法性の評価や責任の重さを遡って変更するものではない」として，その合憲性を認めている（最判平成27・12・3）。

3　残虐な刑罰の禁止

(1)　憲法36条の意味

憲法36条は，「公務員による拷問及び残虐な刑罰は，絶対にこれを禁ずる」と規定する。

本条における「**拷問**」とは肉体的，精神的苦痛を加えることによって供述を引き出すような捜査方法を指す。これは絶対的に禁止される。拷問を禁止することは，国家刑罰権をルールに則って行使させるための大前提である。かつて，わが国では，拷問による人権侵害が行われていた。本条は，このような歴史的な経緯に基づき，拷問を絶対的に禁止したのである。本条を受け，憲法38条は，拷問による自白の証拠能力を否定した。

(2)　残虐な刑罰の禁止と死刑の合憲性

本条では，「**残虐な刑罰**」も絶対的に禁止される。それでは，死刑は本条にいう「残虐な刑罰」には該当しないのであろうか。

論点　**憲法31条と死刑**

この点について，最高裁は，死刑一般が残虐な刑罰に該当するわけではないとし，死刑執行の方法が「火あぶり，はりつけ，さらし首，釜ゆで等」その時代と環境において人道上の見地から一般に残虐性を有すると認められる場合には」本条に反すると考えている（最大判昭和23・3・12）。

憲法には，31条のように，法の適正手続によって「生命が奪われる」場合を想定した条文がある。そのことから，憲法は，死刑制度を認めたと解する立場が有力であった。しかし，憲法31条は，死刑制度を積極的に認めているわけではないので，同条からただちに死刑の合憲性が導き出されるとはいえないとする学説も有力である。問題は，死刑制度を支える社会環境や国民の意識にあるのであるから，憲法は，むしろこの問題については沈黙をしているというべきであろう。

第7章

社会権

I　一般的な考え方

1　社会権の考え方

20世紀の国家は，市民社会に介入し，各種の政策的な規制や**防貧**，**救貧政策**を実施することで，社会の安定を目指した。個々人が生存を保障されるため，国家に配慮を求める権利を**社会権**と呼んでおこう。社会権は，それまでの国家に対する考え方，すなわち，国家の役割を防衛や警察機能に限定し，市場の自立性を保護するという考え方を180度転換した。

社会権といわれる権利は，自由権と違い，国家の積極的な行動を待ってはじめて実現される。生活保護の給付にせよ，病院や社会福祉施設の設置にせよ，いずれも国家の積極的な投資を必要とする。だが，国家の給付内容や水準は，その時々の財政状況や国民の必要性の度合いによって変化する。社会保障水準は，国民生活の水準と同時に，税収や予算作成の理念に左右されるから，国家の不作為を義務づける自由権と異なり，社会権に対応する国家の義務を明確に定めることは難しい。

社会権は，国家が，積極的に市民社会に介入し，市民生活を統制するものであるから，古典的な国家観や市場に信頼を置く考え方からは常に批判されてきた。第5章でみたように，世紀の転換点にあって，規制緩和や市場中心主義への回帰が叫ばれるようになっているが，その背景には，20世紀を貫く積極国家観が制度疲労をきたしているのではないかという問題意識が控えている。ただ，一方で，市場がうまく働くには，市場の外にある様々な安全装置（セイフティネット）が必要なことも，この100年間の実験の結果明らかになっているとはいえないだろうか。国家（による配慮）と市場（を通じて行う自助）が二者択一的なものでなければならない理由はない。個人の尊厳を中核的な理念とする日本国憲法の観点からいえば，重視されなければならないことは，なにより個人が自律的な存在として，尊厳を持ちながら生活できる条件であるといえよう。

2　社会権の内容

社会権は，国家がある一定の作為（給付）内容を国民に対して実施する義務に対応している。この意味での社会権としては，生存権（25条1項・2項），教育を受ける権利の保障（26条1項・2項）を挙げることができる。ただ，一般的に社会権といわれている権利には，労働条件の法定（27条2項・3項）や労働基本権の保障（28条）が含まれている。この両者は，労働市場の自律性への不信（市場の失敗）に基づき，国家が後見的に，労働条件を強制する必要性から認められた権利であるといえる。ただ，個人の尊厳に奉仕するという目的において，自由権と社会権を本質的に区別することは難しい。むしろ，両者は，目的の実現方法の違いとみるべきである。それゆえ，社会権に分類される権利の中に自由権的な要素の混入を否定することはできず，逆に，自由権においても，国家の公権的統制によってはじめて実現可能となるものもある。

〔図：自由権と社会権〕

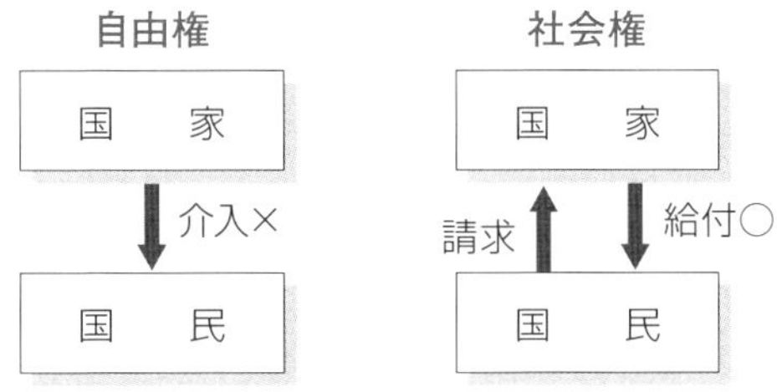

Ⅱ　生存権

1　生存権はなぜ必要か

(1)　生存権の思想

国民一人ひとりが人間の尊厳を保ちながら生活していくことを「権利」として保障する考え方はそれほど昔からあったものではない。むしろ，伝統的な法思想は，生活は**個人の領域**の問題として，国家がかかわり知るところではないと考えていた。

これによると，自分の人生は自分が責任を持つべきだということになる。自分のことは自分で決めるべきであるし，自分にかかわることを，他人や国家，社会が代わって決めるわけにはいかない。それは，正しく個人が個人であることの意味（個人の尊厳）を否定することになりかねない。しかし，世の中のすべてのことが自分の意思や力だけでどうにかなるとは限らない。人間とは，むしろ，脆く，危うい存在だという現実を直視することが，生存権の背景にある考え方である。

(2) 生存権の歴史性

産業革命による商品生産力の向上は，従来の手仕事的な生産から，組織化され，機械化された工場労働を生み出した。他方，アメリカ独立宣言やフランス人権宣言に代表されるような「市民の自由」は，旧来の政治制度を打破し，市民の自由を保障した。その自由の中には，表現の自由といった精神活動にかかわるものだけでなく，契約の自由や所有権の保障などの経済活動の自由が含まれていたことを強調しておかなければならない。

市民革命は，市民を「自由な意思をもった平等な人格」であると宣言した。このことを経済活動に即していえば，市民は自由に契約を交わすことができるし，自分の持ち物に対する所有権を保障されている，ということになる。市民である限り，誰もが金儲けをするチャンスが与えられている，ということが大切であった。しかし，誰もが同じように成功するわけではない。才能はいうまでもなく，その時々の運によって，事業の成否は左右される。そして何より，金儲けをする手段が平等に割り当てられているわけではないことに注目しなければならない。商品を生産する手段を持たない大多数の人々は，自分の労働力と賃金を交換するしかない。ここに，**富の偏在＝不平等**が生まれる。近代社会は，機会の平等から出発して，結果の不平等に到達した。

自分の労働力しか交換する材料をもたない大多数の人々は，当然のことながら工場や会社といった企業に雇用されて生計を維持するしかない。理念として契約は自由であり，本人同士が望めば，どの企業とも雇用契約を結ぶことができる。しかし，規模や資金力において勝る企業は，契約の自由の名目で，自分に有利な雇用条件を提示することは否定できない。とくに，少数企業が様々な市場を独占している状態では，実際上は，企業の一方的な契約条件をのまざるを得ない，というのが労働者たちに残された道であった。子供や女性が安い賃金で，長時間の労働に耐えなければならなかった。このような理不尽な事態は，やがて，もたざるものたちの反乱として社会主義革命の運動に結びつく。19世紀の終わりから20世紀の初めにかけて，労働者の劣悪な環境を打破するためには経済的自由を保障した市民社会を国家体制もろとも変革しなければならないという意識が浸透した。

このような**社会主義運動**に対して，近代市民社会は，妥協という形で答えを出した。革命が起き，社会的混乱のうちに，既得の利益を失うよりも，持たざるものたちに歩み寄ることで共存の道を選んだ。生存権や労働基本権，あるいはもっと一般的に社会福祉，社会保障制度は，この時代の「妥協」に源があることを冷静に見据えておかなければならない。わたしたちが，権利として社会福祉や社会保障を要求できる背景には，このような歩み寄りがあった。工業化は，同時に労働人口の都市への流失を生じさせた。このことは，旧来，家族や地域が担ってきた相互扶助のしくみの崩壊を意味し，伝統的共同体以外の誰か，すなわち国家が個々人の生存を配慮する必要を生み出した。

(3)　日本国憲法と生存権

日本国憲法25条は，「すべて国民は，健康で文化的な最低限度の生活を営む権利を有する」（１項）と定め，また，「国は，すべての生活部面について，社会福祉，社会保障及び公衆衛生の向上及び増進に努めなければならない」（２項）ことを定めている。これを**生存権**と呼ぶが，この二つの項の関係については，二つの考え方がある。

論点　**憲法25条１項と２項**

第一の考え方によると，両者は一体であって，それぞれ目的（１項）と手段（２項）の関係にあると理解する。つまり，国民は生存権の主体であるが，その実現のために，国家は努力義務を課されていると解するのである。この考え方がこれまでの通説であった。

これに対して，第二の考え方は，両者を分離し，国の積極的な防貧対策を努力義務として課したのが２項であって，それでもなお貧困に陥った者がある場合，これを救済する義務があることを定めたのが１項であると解するのである。この説によると，２項の努力義務については，立法裁量が広く認められるという。

いずれの立場が適切かをにわかに見極めることは難しいが，これまでの通説が，ともすれば，１項で保障された権利と２項における国家の努力義務に対応させることによって，全体として，生存権の権利性を希薄化させてきたことは事実である。ただ，１項と２項を分離させる立場は，分離によって，２項における広汎な立法裁量を導き出している点で不適切といわざるを得ない。

このような観点から，最近では，１項と２項を分離しつつ，１項は，健康で文化的な最低限度の生活を営むために必要な**給付**を国家に求める権利を保障し，２項は，国民一般に対して，社会福祉，社会保障，公衆衛生を保障するよう，国家に一定の**責務**を課した（その意味では，やや抽象度の高い）条項であると解する立場も有力になってきている。この立場が，おそらく最も適切な解釈であろう。

1項に定める「健康で文化的な最低限度の生活を営む権利」が2項にいう「社会福祉，社会保障及び公衆衛生の向上及び増進」と完全に一致するわけではないからである。

2　生存権の権利性

(1)　プログラム規定説と法的権利説

この権利は，国民が国家から生存を脅かされないという権利はもちろんのこと，国家に対して，健康で文化的な生活を営むために必要な給付を要求する権利を含んでいる。ただ，給付義務については，その内容や程度を一義的に確定することができるか，また，有限な国家財政からして，給付義務を明確に定めることが適切かという問題から，この権利が他の憲法上の権利と同じ意味で，権利といえるのかについては，鋭い意見の対立があった。

論点　生存権とはどのような権利なのか

法的な権利と呼ぶためには，その権利の内容がある程度明確に定められることに加えて，対応する義務が明確でなければならないという立場を貫くと，社会権は，厳密には法的権利と呼べるものではなく，国家が国民に対して負う，一種の政治的義務（責務）でしかないということになる。この立場を**プログラム規定説**と呼ぶ。わが国では，日本国憲法制定直後に唱えられた学説である。

これに対して，すべての権利の内容が明確であるわけではなく，また明確である必要もない。むしろ，憲法がともかく何かを国家へ義務づけてさえあれば，これを権利と呼ぶべきだとする立場がある。この立場を**法的権利説**とひとまとめにしておきたい。法的権利説も一様ではないが，国家の義務が（まったくもしくは不完全にしか）履行されないとき，その不履行の違憲性を争う訴訟（立法不作為の違憲確認訴訟など）を認める解釈とそのような訴訟を認めないという立場（なお，ここには，生存権を具体化する立法の存在を前提にして，立法の不十分さが生存権を侵害していると主張することを認める立場もある）に分けられる。

どのような内容が備わっていれば権利と呼べるのかという問題と権利を実現するためにはどのような手段をとることができるのかという問題は，同じではない。生存権を権利と呼ぶことと，権利の内容の確定を裁判所に求めることは別問題といえる。プログラム規定説は，裁判によって救済される内容がはっきりしないから，これを権利と呼ばないという立場だが，憲法が明快に「権利」と言い切っていることからして，国家は，生存権を実現する法的義務を負っていると解釈する方が文理にはかなっている。また，健康で文化的な最低限度の生活をその時々の経済状況や生活水準から見定めることは困難とはいえない。むしろ，問題は，国会や内閣が，客観的なデータを踏まえて算定した水準に対して，裁判所が異を唱えることの可否にあるのだから，ここで権利内容の確定不能性を持ち出すのは不適切である。それゆえ，生存権は法的権利であることには変わりがなく，問題は，その実現方法にあるというべきではなかろうか。

なお，25条１項と２項が別の規範内容を持つと解釈したならば，１項は主観的権利を保障し，２項は国家の責務を規定していると考えられるため，プログラム規定説の成立する範囲は２項に局限されることになるであろう。

〔図：生存権をめぐる議論の構造〕

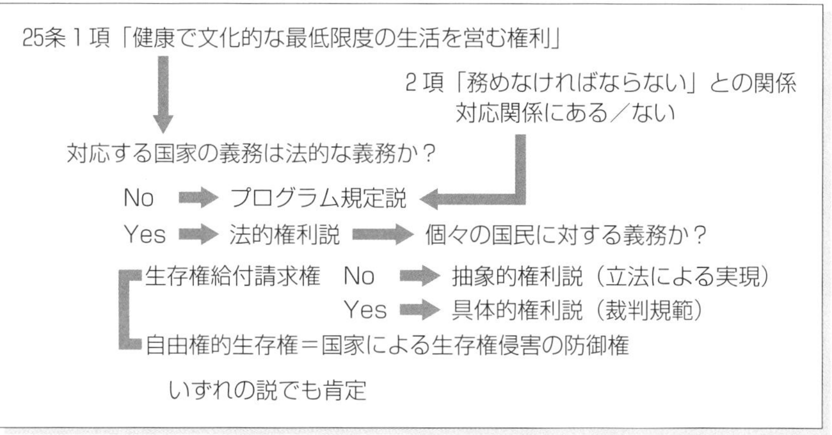

〔図：生存権をめぐる議論の整理〕

考え方	内　容	裁判規範性
プログラム規定説	国家は政治的な義務を負うのみ	裁判で争えない
抽象的権利説	生存権を具体化する法律があれば法的義務となる	その法律の解釈として裁判で争える
具体的権利説	国家は憲法上の義務を負う	生存権侵害を争える

(2)　判例理論

この点，裁判所の立場は必ずしも明確ではないが，生存権の内容確定が「立法府の広い裁量に委ねられている」とする解釈の傾向を考慮すると，限りなくプログラム規定説に近い。たとえば，健康で文化的な最低限度の生活を決めるのは誰かという点が争われた**朝日訴訟**において，最高裁は，「何が健康で文化的な最低限度の生活であるかの認定判断は，いちおう，厚生大臣の合目的的な裁量に委されており，その判断は，当不当の問題として政府の政治責任が問われることはあっても，直ちに違法の問題を生ずることはない」と述べている（最大判昭和42・5・24）。また，年金の併給禁止が生存権を侵害しているかどうかが争われた**堀木訴訟**で，最高裁は，健康で文化的な最低限度の生活とは，「その時々における文化の発達の程度，経済的・社会的条件，一般的な国民生活の状況等との相関関係において判断決定されるべきものであるとともに，右規定を現実の立法として具体化するにあたっては，国の財政事情を無視することができず，また各方面にわたる複雑多様な，しかも高度の専門技術的な考察とそれに基づいた政策的判断を必要とするものである」という判断を示している（最大判昭和57・7・7）。

地方公務員災害補償法の遺族補償年金につき，死亡した職員の妻については，当該妻が一定の年齢に達していることは受給の要件とされていないにもかかわらず，死亡した職員の夫については，当該職員の死亡の当時，当該夫が一定の年齢に達していることを受給の要件とする旨を定めている同法32条1項但し書及び附則7条の2第2項の各規定が，憲法14条1項に違反する旨を争った事件において，最高裁は，この訴えを退けている（最判平成29・3・21）。

論点　制度後退禁止原則と最高裁

では，いったん実施されている保障水準を下げたり，廃止することを生存権侵害として主張することは可能なのであろうか。このような場合，既に保障されている生活水準が低下することになりかねないのであるから，制度が後退することによって生存権が国家により脅かされる事態を招くとも考えられる。この点に関して，70歳以上の者に対して認められていた老齢加算が3年かけて段階的に減額されることになり，支給額が減額される決定が行われたことに対して，憲法25条の生存権侵害を争った事例がある。最高裁は，老齢加算が行われることを前提にした生活への期待権があることを認め，激変緩和措置を講ずべきことを認めながら，しかし，これらの具体的な内容は，厚生労働大臣の裁量に属するとして，訴えを認めなかった（最判平成24・2・28）。本件は，生存権の自由権的側面への侵害と見る余地もある。

Ⅲ 教育を受ける権利

1　教育を受ける権利の性質

(1)　教育を受ける権利の性質

憲法26条は,「すべて国民は, 法律の定めるところにより, その能力に応じて, ひとしく教育を受ける権利を有する」(1項) と定め,「すべて国民は, 法律の定めるところにより, その保護する子女に**普通教育**を受けさせる義務を負う。義務教育は, これを無償とする」(2項) と定めている。

人が一個の独立した人格として, 自分自身でものごとを判断し, 納得のいく意思決定を行うには, ある程度の判断力が要る。今日のように, 複雑化した社会システムのなかで生活する人間にとっては, この判断力を得るには, 長い教育のプロセスが要求される。また, 一国の教育水準は, 経済発展の基本条件となる。だが, 教育という財は, それが当面の利益に直結しないことから, みずから積極的に購入しようとする**インセンティブ（動機）**に欠ける傾向がある。当面の利益を優先すれば, 教育以外にも投資する対象は多い。そこで, 憲法は, 教育を受けさせる義務を親に課し, 教育サービスを提供する責務を国に課している。このように, 教育を受ける権利は, 子供, 親, 教師, 国家の四者がそれぞれにかかわり合うところに特色がある。

(2)　教育を受ける権利の内容

憲法26条1項が定める教育を受ける権利は, **教育基本法**にも反映され,「すべて国民は, ひとしく, その能力に応ずる教育を受ける機会を与えられなければならないものであって, 人種, 信条, 性別, 社会的身分, 経済的地位又は門地によって, 教育上差別されない」(3条1項) と定められている。また「国及び地方公共団体は, 能力があるにもかかわらず, 経済的理由によって修学困難な者に対して, 奨学の方法を講じなければならない」(同2項) として, その権利が具体化されている。

「その能力に応じて, ひとしく」とは, 能力を基準とした選別を認める趣旨であって，各人の適性や学習能力に応じた取扱いをすることを否定する趣旨ではない。しかし，本条が求めるのは，能力に応じた教育を受ける権利である以上，能力検査により，教育を受ける権利を拒んだり，様々な障害を理由として，学習権を否定することは許されない。

では，身体障害を持つ子を普通学級と特殊学級のいずれに通わせるかどうかの決定権は，子自身と親にあると解すべきかどうか。下級審判決には，これを否定したものがある（札幌高判平成６・５・24）。本項の趣旨からは，少なくとも，同じ学修能力を持ちながら，身体障害者を受け入れる体制が完備されていないとの理由だけで，普通学級への修学許否が行われたならば，それは違法となるであろう。

また，本項には，障害を持つ児童，生徒の教育を受ける権利に対応して，積極的な環境整備に努める国家の責務まで含まれているとする学説もある。

本条２項後段は，**義務教育の無償**を定めている。無償とは何か。これについて学説はいくつかに分岐する。まず，無償の意味を最も広く解する立場がある（**修学費用無償説**）。授業料はいうまでもなく，教科書代金，教材費，その他修学に必要な経費をすべて国費でまかなうとする立場である。次に，これを最も狭く解する立場がある。すなわち，本項にいう無償とは授業料を徴収しないとの意味であるとする（**授業料無償説**）。これが通説といえよう。さらには，無償の意味は法律に委ねられているとする立場（**法定説**）もあるが，この立場でも授業料の徴収を法定することまで認めてはいないであろうから，実質的には，授業料無償説に近い。最高裁判所は，授業料無償説に立つことを明らかにしている（最大判昭和39・２・26）。

2　教育権の主体をめぐる問題

(1)　教育権の所在

教育を受ける権利の主体（主人公）は，子どもである。親と国家は，この権利にどのようにかかわるべきであろうか。教育権は誰にあるか（**教育権の所在**）をめぐる議論はこの点にかかわっている。

論点　教育の内容を決めるのは誰か

教育権の所在をめぐる議論は，誰が教育内容を決定できるのかに関する論争であった。この決定権が国家にあるとする立場を「**国家教育権説**」，国民にあるとする立場を「**国民教育権説**」とよぶとすれば，国家教育権説は，子供と国家との関係を重視し，親の役割を補充的なものと考えている。逆に，国民教育権説は，子供と親との関係を重視し，教育プロセスにおける国家を補助的な役割をになう位置に置く。なお，この対立が，近代の公教育における二つのモデルにほぼ対応していることにも注目したい。前者は，国家が親のような中間的存在を排除することによって，直接子供と対峙するフランス型公教育に，後者は，親が子供の教育に責任と権限を持つイギリス的教育に，その原型を持つといえる。

この点に関して，最高裁は「子供の教育は，教育を施す者の支配的権能ではなく，子供の学習をする権利に対応し，その充足を図り得る者の責務に属」し，「国は，子供が自由かつ独立の人格として成長することを妨げるような介入」はできないとし，教育権とは，誰かの独占的権能ではあり得ないと判示した（**旭川学力テスト事件最高裁大法廷判決**：最大判昭和50・5・21）。これは，一般論としては正しい。むしろ，何が「子供が自由かつ独立の人格として成長することを妨げるような介入」に当たるのかを認定することが問題といえよう。

教育権の所在に関連して，小中高校の教員がどれほどまでの教育，教授の自由を有するのかも問題となる。この点について，前出の旭川学力テスト事件最高裁判決は，教員の自由が一定範囲で認められるものの，「国政の一部として教育政策を樹立，実施し，教育内容についてもこれを決定する権能を有する」と述べ，実質的には，教員の教育，教授の自由を狭い範囲に限定している。この立場は，教育指導要領（伝習館訴訟最高裁判決：最判平成2・1・18）や教科書検定の正当化（第一次教科書訴訟最高裁判決：最判平成5・3・16）にも反映されていると考えてよい。

(2)　教育を受ける権利と国家の責務

教育を受ける権利が，国による一定の給付義務に対応すると考えるならば，この義務の不履行を争うことはできるのだろうか。公立高校が不足しているので，やむを得ず子弟を私立高校に通学させている親が私立学校と公立学校との学費などの差額分の損害賠償を争ったケースでは，この義務の実現が国会や行政の広範な裁量に属しており，違法の判断はできないとする立場が明らかにされている（大阪高判昭和59・11・29）。しかし，身体に障害をもつ受験生を，高等学校での全課程の修了が困難だとの見込みに基づいて，入学不許可処分にすることは裁量権の範囲を超えていると判断したケースがある（神戸地判平成4・3・13）。過疎や過密を理由とした，小中学校の統廃合，分校が教育を受ける権利を侵害しないかも問題となる。

Ⅳ 労働権

1 労働権の保障

(1) 勤労の権利と義務

憲法27条は，1項で「すべて国民は，勤労の権利を有し，義務を負う」と定めている。勤労の権利とは，職業選択の自由と重なり合う部分が多い。それゆえ，22条との違いを解明しなければならない。多くの学説は，本項の権利を社会権保障の文脈でとらえ，国家は国民に対して，勤労の機会を提供する積極的施策をとるべき責務を定めたものと解釈している。そうすると，本項は，むしろ国民の主観的権利というより，国家の努力義務（客観法秩序）を謳った条文ということになって，条文の表現からは離れることになる。そこで，本項により積極的な意義を見出だそうと試みる学説も唱えられている。それによると，本項は，使用者との関係で**解雇制限の根拠**となり，国家との関係では，本項に反する立法措置を争う根拠となるという。また，勤労の権利を実現するために必要な措置を講じない立法府に対しては，**不作為の違憲性**を主張する根拠となるとする学説もある。ただし，いずれも，国家に対して具体的な勤労の機会を与えるよう求める権利まで認めるわけではなく，その具体的な主張の点では，際だった違いはない。

なお，勤労の義務については，第8章でみることにしたい。

(2) 労働条件法定主義

憲法27条2項は，「賃金，就業時間，休息その他の勤労条件に関する基準は，法律でこれを定める」と定めている。勤労条件は使用者と被用者の間の自由な交渉によって決定されるというのが**私的自治の原則**である。しかし，この両者の間には，自由な交渉を行うために必要な，実質的対等性があるわけではない。そこで，憲法は，勤労条件の基準を法定し，私的自治に対する国家の介入を認めたのである。本項を受けて，**労働基準法**や**最低賃金法**，**労働安全衛生法**などが制定されている。また，これらの実施を国家として監督するため，**労働基準局**，**労働基準監督署**が設置されている。

⑶　児童の酷使の禁止

憲法27条３項は，**児童の酷使**を禁止する。これは，かつて児童に対して過酷な労働を強いる歴史があったことを意味し，その反省に立って，児童に対する保護を謳ったものと考えられる。

労働基準法は，本項を受けて，「満15歳に満たない児童は，労働者として使用してはならない」（56条１項）との原則を定め，例外的な場合にのみ，児童の使用を認めることにした。なお，児童の就労に対しては，**児童福祉法**による制限もある（34条）。

2　労働基本権の保障

いわゆる社会国家では，国家が国民の生存にかかわりを持つことになるが，労働の場面では，労働契約の締結や実施に際して，国家が一定の後見的な監督を及ぼすことになる。日本国憲法は，28条で，労働基本権（団結権，団体交渉権，団体行動権）という形で労働者の権利を保障するとともに，国家が労使関係に介入することを認めたのである。

⑴　団結権

団結権とは，労働者の団体を結成する権利である。本条にいう「勤労者の団結する権利」とは，21条で認められる結社の自由の特別法的な意味合いを持つが，その具体的な内容には，**労働組合を結成する自由**，**労働組合に参加する自由**，**労働組合内部の自治**，**組合の統制権**などが含まれている。問題は，消極的な団結の自由（労働組合に参加しない自由）が本条によって保障されているかどうかであるが，多くの学説はこれを否定する。一般の結社とは異なり，労働組合に参加しない自由は認められないというのである。

論点　**労働組合への加入強制**

これにはいくつかの理由が考えられる。労働組合の交渉力を担保するためには，組合員の脱落を防止しなければならないし，非組合員にも労働組合の交渉力の恩恵が及ぶような場合（**フリーライダー**）には，組合活動に参加するインセンティブが低下し，ひいては組合の存在意義が損なわれることを防ぐ必要がある。**クローズド・ショップ**（組合加入を雇用条件とする制度）や**ユニオン・ショップ**（組合から脱退・除名された者は解雇するという制度）は，このような観点から合憲であると解釈されている。ただし，ユニオン・ショップ制の具体的な運用は，かなり緩やかである。なお，国家公務員法108条の23項，地方公務員法52条3項は，公務員における組合への強制加入制度を認めていない。

団結権を担保するためには，組合員に対する一定の統制権が認められなければならない。組合が決定した活動への参加を強制する権限である。しかし，この権限は，組合員が一主権者として自ら決定すべき事柄（たとえば，思想信条の自由に関する事柄や政治的な意思決定）には及ばないとするのが判例の立場である（最大判昭和43・12・4）。

(2)　団体交渉権

労働者団体が，代表者を通じて労働条件等に関して，使用者と交渉を行う権利である。労組法上，使用者が理由なく**団体交渉**を拒むと，**不当労働行為**と認定される（7条2項）。交渉のテーブルに着く義務を使用者に課し，交渉の場を実質的に保障しようという趣旨である。

(3)　団体行動権

団体行動を行う権利とは，一般的に争議を行う権利と解されている。団体行動を権利として保障することの効果は，正当な争議行為に対する刑事及び民事免責に現れる。労組法は，このことを実定法上保障する（1条2項・8条）。正当な争議行為について問題となるのは，**政治ストの合法性**である。この点について，考え方は，(a)政治ストを一般的に合法と見るもの，(b)政治ストを全体として違法とするもの，(c)純粋な政治ストと労働条件の改善や労働者の地位向上に直接かかわりのあるものを合法とするものが考えられるが，最高裁の立場は明らかではない。(c)的な立場が妥当であろうが，問題は純粋な政治ストとそうでないものの区別である。

V　環境権

憲法で定められている基本的人権のほとんどは「個人的権利」であって，それが誰の利益かという点が比較的はっきりしている場合が多い。財産権や思想信条の自由，信仰や表現の自由にしても，その輪郭はそれなりに明確で，これらに対する侵害も目に見えやすい。つまり，憲法が保障し，その救済を裁判所に求めることができる権利とは，個人的権利に限定される傾向がある。

論点　**環境権は人権か**

しかし，誰の権利に属するのかを明確にはできなくても，万人に影響を及ぼすような利害や紛争は少なくない。その典型的なケースが**環境権**である。人間として生活するのに適した環境は，すべての人に利益をもたらす。この「すべての」人という点に困難さが含まれている。この種の利益は，特定個人の権利に分解できない。裁判所は，これを理由にして環境権の権利性を認めることをためらっている（名古屋新幹線訴訟：名古屋高判昭和60・4・12）。

ただし，裁判所は，環境権的な権利利益のうち，個々人の権利に分解可能なものについては，これを人格権の一環として保障する場合がある。その例としては，大阪空港訴訟大阪高裁判決（大阪高判昭和50・11・27）を挙げることができよう。また，最近，環境権の権利性について一定の理解を示す判断も現れるようになっている（女川原発訴訟：仙台高裁判決，仙台高判平成11・3・31）。

環境に対する認識がこれほどまでに高まりをみせているにもかかわらず，なぜ環境への権利を権利として認めないのか。その理由としては，日本国憲法にインプットされている「権利の個人性」を見出だすことができる。環境権の難しさは，この権利自身が様々な立場や利益の調和から成り立つというところにも表されている。「すべての」人が良好な環境についての権利を持つとすれば，これは，同時に「すべての」人に対して，自分の欲望を制約するよう求める権利でもある。しかし，これはかなりの困難を伴う。その意味では，環境権の実定化については，立法に期待するのが本筋であるともいえよう。

第8章

国務請求権・国民の義務

I 国務請求権

1 国務請求権の性質

これまでの憲法学説は，自由権，社会権，参政権と並んで国務請求権（受益権）という人権の分類を認めてきた。そして，そこには，請願権，国家賠償請求権，刑事補償請求権，裁判を受ける権が含まれると考えてきたのである。

国務請求権とは，国家の何らかの行為（給付）を求める点で，社会権とも共通している。しかし，社会権は，社会国家思想と結びついた，歴史的な意義のはっきりした権利であるのに対して，国務請求権は，そのような性格を持たない点で，社会権と区別される。

2 請願権

憲法16条は，「何人も，損害の救済，公務員の罷免，法律，命令又は規則の制定，廃止又は改正その他の事項に関し，平穏に請願する権利を有し，何人も，かかる請願をしたためにいかなる差別待遇も受けない」と規定する。

請願権は，君主主権の政治制度においては，これを独自の権利として定め，国民の声を聞くべき君主の義務として構成しておく必要があった。だが，現代の民主主義国家においては，**直接投票制**や表現の自由の保障，その他，国民の意思を権力に反映させるしくみが備わっているので，**請願権**という権利が独自の意味を持つ場面は限られている。また，合衆国憲法修正１条のように，請願を表現の自由と並べて規定することによって，その意義づけを明確にしている例もある。したがって，請願権は，政治的意見表明の自由の中に解消され，その独自の意義が失われつつあると考えることも，あながち不当ではない。

しかし，請願権の保障は，その歴史的意義にとどまらず，代表民主制の限界を補うしくみとして再評価されるべきである。請願権には，直接的な政治参加の意味合いがある。国民の苦情を処理する機関（**オンブズマン制度**）の必要性や**パブリック・コメント制度**の導入は，結局のところ，請願権の保障と軌を一にしている。それゆえ，請願権を君主主権の時代における恩恵的制度に由来するものとしてとらえ，その現代的な意義を低く見るのではなく，その新しい可能性を探るべきである。

3　国家賠償請求権

憲法17条は,「何人も, 公務員の不法行為により, 損害を受けたときは, 法律の定めるところにより, 国又は公共団体に, その賠償を求めることができる」と定めている。

かつて, 君主主権の時代には, 主権（君主）の責任を問うことができないという建前が採用されていた（主権無問責）。実際, 国家賠償という概念は, 20世紀に入ってから, その輪郭が形作られたものであって, わが国でも, 国の不法行為責任を否定する考え方がとられてきたのである。本条は, このような考え方を否定する意義を持つ。

本条を受けて, **国家賠償法**が制定されているので, 現実の国家賠償請求は, 国賠法上の解釈問題に解消されている。そこでは, 二つの訴訟の型が掲げられ,「公権力の行使に当たる公務員が, その職務を行うについて, 故意又は過失によって違法に他人に損害を加えたとき」（1条1項）と「道路, 河川その他公の営造物の設置又は管理に瑕疵があったために他人に損害が生じたとき」（2条1項), 国家の損害賠償責任が認められるという制度がとられているのである。

なお, 国家賠償請求は, 国家の政策のあり方を問う制度としても使われている。立法の不作為の違憲性を争う訴訟や国の政教分離原則違反を追及する憲法訴訟では, 国家賠償請求という訴訟の枠組みが利用されるケースも少なくない。

4　刑事補償請求権

憲法40条は,「何人も, 抑留又は拘禁された後, 無罪の裁判を受けたときは, 法律の定めるところにより, 国にその補償を求めることができる」と定めている。刑事補償請求権である。

この制度は, 刑事手続の保障によっても, 結果的に人権侵害が生じる場合があることを率直に認め, 裁判の結果無罪判決が下された者に対する「**補償**」を制度化したものである。本条は刑事手続の遂行に伴うリスクに対応するものであって, 違法な活動による国家賠償とは異なり, 刑事手続の遂行全体を適法とみた上で, 結果として避けられないリスクを軽減しようとするものである。それゆえ, 刑事補償請求権は, 関与した公務員の過失の有無を問わない, **無過失責任制度**が採用されている。刑事補償請求の具体的手続は, 刑事補償法によって定められている。

なお，刑事手続の遂行に伴うリスクは，無罪判決が出された場合に限られない。不起訴の場合にも，同様なリスクは生じるはずであるが，憲法の文言からして，不起訴の場合にまで補償を要するとは考えられておらず，刑事補償法も不起訴の場合における補償についての定めをおいていない。そこで，学説には，少なくとも，憲法の趣旨からして，立法的措置が必要であるとするものもある。

5　裁判を受ける権利

(1)　裁判を受ける権利の意義

これについては，すでに第2章Ⅵでくわしく述べているので，ここでは中心となる理念についてのみ述べることとする。

憲法32条は，「何人も，裁判所において裁判を受ける権利を奪はれない」と定めている。裁判を受ける権利は，近代国家の生命線でもある。裁判による紛争解決は，法の支配を貫徹する意味からも不可欠な制度である。法の支配，すなわち法による紛争の実効的な解決が図られなければ，近代国家が封印した，力の支配が復活する。その意味で，裁判を受ける権利は，近代国家の生命線であるといえる。裁判を受ける権利が拒絶され，裁判に対する信頼が損なわれるとき，近代国家は，その基盤を失うことになろう。

(2)　裁判を受ける権利をめぐる問題

憲法32条は，「裁判所において裁判を受ける権利」と定めている。ここでいう「裁判所」とは何か。前述したように，裁判を受ける権利が，**法の支配**の帰結であるならば，裁判所とは，法を用いて，紛争を公平に，実効的かつ終局的に解決する機関でなくてはならない。それゆえ，本条の「裁判所」とは，①第三者的で公平な構成がとられていること，②公正な手続により運営されていること，③理性による紛争解決が行われること，④結論が実効性を持って実施されることが求められるであろう。これら属性のいずれを欠いても，法の支配の貫徹は困難となる。

裁判による紛争解決には，いくつかの方法がある。紛争が判決という形で決着をつけなければならないのか，和解でも紛争は解決できないのか，紛争の解決に裁判所はどこまで関与すべきなのか。これらには，難しい政策的判断が伴っている。しかし，問題は，法の支配の貫徹からして，紛争解決の実効性を伴う裁判制度を設計，維持することにある。

II 国民の義務

1 国民の義務の性質

日本国憲法には，義務をまとめて規定した章は置かれていない。これは，基本的人権を重視した日本国憲法の編成方針からして当然のことであった。

日本国憲法は，教育を受けさせる義務（26条2項），勤労の義務（27条1項），納税の義務（30条）を定めているが，その定め方は一様ではない。多くの学説は，これらの義務を倫理的な指針であると解している。ただし，人権規定が直接私人間の問題に効力を有する場合には，その効果として一定の義務が生じる場合も考えられる。憲法15条4項における**秘密投票の保障**，18条の**奴隷的拘束，苦役からの解放**，27条3項の**児童の酷使禁止**は，同時に国民の義務という性格をも合わせ持っている。また，プライバシーの保障や，名誉に対する利益，私有財産権の保障も，反射的効果ではあるが，国民に一定の義務を課すものである。

一方，日本国憲法には，より包括的な義務も定められている。12条は，次のように定めている。「この憲法が国民に保障する自由及び権利は，国民の不断の努力によって，これを保持しなければならない。又，国民は，これを濫用してはならないのであって，常に公共の福祉のためにこれを利用する責任を負う」。

従来，憲法12条は，倫理的指針であるにとどまり，具体的な法的義務を課したのではないと解されてきた。たしかに，基本的人権の尊重という，日本国憲法の理念を浸透させるために，本条を精神的指針と解したことには，戦略的な意義があったと思われる。しかし，本条を単に倫理的な性格を持つにとどまると解釈したことには，さほどの論理必然性があったわけではない。多くの学説は，本条から法的効果は生じないと断定するが，その根拠は明確には示されていない。

このようなことから，近時，人権制約原理としては，憲法13条ではなく，憲法12条に着目すべきとする解釈も展開されてきていることに注意が必要である。

論点　国民の義務

これまでの憲法学説は，上に見た三つの義務をひとまとめにして扱ってきた。しかし，これらは「義務」という言葉が共通しているだけで，相互に関連性が認められるわけではない。憲法学説は義務の解明については消極的であったといわざるを得ない。

勤労の義務は，職業選択の自由の裏返しであって，幸福追求の権利や個人の尊重に源を持っている。一人ひとりが一個の個人として生きていく上では職業を持ち，その職業を遂行していくことが個人の人格を発展させ，社会の発展にもつながっていく。この義務は，「働かざる者食うべからず」というような標語を具体化したのではなく，自立した個人が憲法の秩序を支えるという原理に裏打ちされたものと解釈すべきである。

教育を受けさせる権利については，多くの研究がある。その意味は，子どもの学習権に対応して，子どもが教育を受ける機会を親の事情で奪うことを許さないという意味であった。ここでいう義務は，子どもの権利を裏づける意味で用いられている。

納税の義務については，未解明なところが多い。憲法30条は31条と並んで，国民に対して課される二つの負担を定めたものである。30条は納税の負担を，31条は刑罰という負担を定めたものであって，それらが法律に根拠を持たなければならないことを明確にしている。31条が生命や自由，財産を奪う根拠とはならないように，30条も税を納めなければならない根拠にはならない。むしろ，30条の本意は，84条と結びつき，納税の義務が法律によって定められることにより発生するところにあるのではなかろうか。

2　教育を受けさせる義務

憲法26条２項は，国民に対して「その保護する子女に教育を受けさせる義務」を課している。その意義は，前章Ⅲで述べたとおりである。これを受けて，学校教育法は，就学義務に反した保護者に制裁を課す規定を置いている（22条１項・91条）。なお，自己の宗教的信念から，その子弟を義務教育課程に通わせないことが可能かどうかも問題となろう。

3　納税の義務

国家は，税収入を主たる財源として，公共サービスを提供している。このサービスの多くは，公共財として，国民全体に波及するため，**フリーライダー**

を生みやすい。サービスの対価として税金を支払わなくても，その効果を受けることができるからである。

それゆえ，国家は，納税を義務として課して，滞納者から強制的にこれを徴収したり，刑罰を科すことで，その収入を確保しようとする。憲法30条には，そのような意味が込められている。なお，税の使途が自己の思想，信条に反することを理由にして，納税の義務を拒むことができるかという問題もあるが，これを肯定する余地は広くない。

論点　納税の義務と国民主権

納税の義務をこのようにとらえたなら，税とは主権者が国家を運営していくときに支払うべき負担金という性格が明らかとなる。主権者は，国家の最終的な意思決定権者として，国家のあり方を決めるだけでなく，その運営費を支払う義務が生じるというのである。ただ，そのように考えたとき，普通選挙の原則が定められる一方，国民と同じく納税の義務を負う外国人に政治参加の機会が与えられていないことをどう説明するのかという難問に遭遇する。国民国家がグローバル化した経済社会の中で，そのあり方を考え直さなければならない状況に直面しているとしたならば，納税の義務と外国人の参政権の問題は避けてとおれない。

〔図：納税の義務と主権者の権利〕

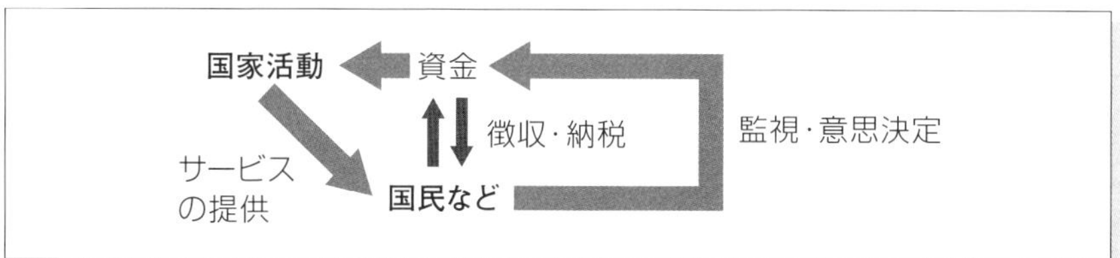

4　勤労の義務

勤労の義務もまた，一種の倫理的な性格を持つにとどまると解されている。憲法は，勤労の義務とは別に，苦役からの解放を保障しているから，国家が強制的に労働に徴用することは禁止されている。ただし，社会保障の受給資格認定において，働く能力や機会があるのに，働く意欲のない者がその適格を欠くと定められていることには注意が必要である。その限りで，勤労の義務は，一定の法的な効果を持っていると考える余地がある。なお，軽犯罪法１条４号には，「生計の途がないのに，働く能力がありながら職業に就く意思を有せず，且つ，一定の住居を持たないで諸方をうろつく者」に対する処罰規定が置かれているが，その実効性ははっきりとしない。

事項索引

欧　字

あ　行

か　行

さ　行

た　行

な　行

は　行

ま　行

や　行

ら　行

わ　行

判例索引

最高裁判所

高等裁判所

地方裁判所

簡易裁判所

■著者紹介

橋本　基弘（はしもと　もとひろ）

1959年生まれ
1982年　中央大学法学部法律学科卒業
1989年　中央大学大学院法学研究科博士課程単位取得（博士（法学））
1991年　高知女子大学（現高知県立大学）専任講師，1992年同助教授，2002年同教授
2004年　中央大学法学部教授，2009年10月～2013年11月　同法学部長，学校法人中央大学理事，2014年11月～2017年10月　中央大学副学長，2017年11月～2020年5月　学校法人中央大学常任理事，2021年5月～現在　中央大学副学長
1998年10月～2004年3月　高知県公文書開示審査会委員，2004年4月～2020年3月　日野市情報公開・個人情報保護審査会委員（会長），2014年9月～現在　八王子市個人情報保護審議会委員（会長）等歴任

〔主な著作〕
『憲法の基礎』（北樹出版，2000年），『近代憲法における団体と個人』（不磨書房，2004年），『プチゼミ憲法1［人権］』（法学書院，2005年），『よくわかる地方自治法』（編著，ミネルヴァ書房，2009年），『新・判例ハンドブック憲法』（共著，日本評論社，2003年），『憲法［第5版］』（共著，不磨書房，2014年），『表現の自由　理論と解釈』（中央大学出版部，2014年）など。

日本国憲法を学ぶ（第3版）

2015年10月10日　第1版第1刷発行
2018年9月25日　第1版第3刷発行
2019年3月25日　第2版第1刷発行
2022年2月15日　第2版第6刷発行
2023年3月25日　第3版第1刷発行
2024年10月30日　第3版第3刷発行

著者　橋本基弘
発行者　山本継
発行所　㈱中央経済社
発売元　㈱中央経済グループパブリッシング
〒101-0051　東京都千代田区神田神保町1-35
電話　03(3293)3371(編集代表)
03(3293)3381(営業代表)
https://www.chuokeizai.co.jp
印刷／東光整版印刷㈱
製本／誠製本㈱

ISBN978-4-502-45381-6　C3032